BASTEI
LÜBBE

Chrystine Brouillet
im BASTEI-LÜBBE-Taschenbuchprogramm:

Die historischen Romane um
Marie LaFlamme

13 674 Band 1 Marie LaFlamme
13 729 Band 2 Die Einwanderer
13 791 Band 3 Die Gefangenschaft

Chrystine Brouillet

DIE GEFANGENSCHAFT

Der Abschluß der großen Saga um eine abenteuerdurstige Frau im 17. Jahrhundert

Historischer Roman

Ins Deutsche übertragen von Rudolf Brenner

BASTEI LÜBBE

BASTEI-LÜBBE-TASCHENBUCH
Band 13 791

Erste Auflage
September 1996

Deutsche Lizenzausgabe 1996
Bastei-Verlag Gustav H. Lübbe
GmbH & Co., Bergisch Gladbach
Originaltitel: La Renarde
Lektorat:
Isolde Pflaum-Weidlisch/
Dr. Edgar Bracht
Titelbild: Photographie Giraudon
Umschlaggestaltung:
Agentur Karl Kochlowski, Köln
Satz: KCS GmbH,
Buchholz/Hamburg
Druck und Verarbeitung:
Brodard & Taupin,
La Flèche, Frankreich
Printed in France

ISBN 3-404-13791-4

Der Preis dieses Bandes
versteht sich einschließlich der
gesetzlichen Mehrwertsteuer

Die Autorin möchte sich für die ebenso wertvolle
wie freundschaftliche Hilfe bedanken bei:
ihren Eltern, Gilles Langlois,
Jean-Pierre Leroux und Jean Héritier.

Für Marianne Marcoux

1. KAPITEL

Guillemette Couillard und Rose Rolland eilten gleichzeitig zu Marie, die soeben ohnmächtig zusammengebrochen war. Guillaume hatte aber seine Frau schon hochgehoben und entfernte sich mit ihr jetzt rasch aus der Menge, die herbeigeströmt war, um der Ankunft des Marquis de Prouville de Tracy und der vier Infanteriekompanien beizuwohnen. Maries Ohnmachtsanfall fiel zwar einigen Siedlern auf, der Anblick der Landung aber faszinierte sie zu sehr, als daß sie sich ernsthaft Sorgen um Marie gemacht hätten. Noch nie hatte man so viele Menschen am Quai Champlain gesehen! Der Begründer Québecs hätte sich über diese Begrüßung durch die Einwohner gefreut. Am Hafen herrschte ein solcher Hochbetrieb, daß sich manche an den Jahrmarkt von Saint-Germain in Paris oder an die Place de Grève an Hinrichtungstagen erinnert fühlten.

An diesem 30. Juni 1665 sollte aber niemand enthauptet, gehängt, ausgepeitscht oder gefoltert werden, auch wenn die Neuankömmlinge nicht viel besser aussahen als Sträflinge. Nach der wochenlangen Seefahrt waren die ersten Soldaten langsam und mit unsicheren Schritten von Bord gegangen. Sie hatten nicht gedacht, daß sie von der Ile Percée so lange nach Québec brauchen würden. Der Boden unter ihren Füßen schien ihnen zu fest und zu eben, einige stolperten. Schwindelgefühle allein waren nicht die Ursache für dieses Straucheln. Die Gesichter der Rekruten waren von Müdigkeit und Fieber so schwer gezeichnet, daß die Siedler die Soldaten am liebsten gestützt hätten, wenn sie nicht befürchtet hätten, sie in ihrer Selbstachtung zu verletzen. Die Soldaten wollten sich genauso zusammennehmen wie ihr Kommandant, der trotz seiner Ermattung kraftvoll ausschritt. Prouville de Tracy war schrecklich blaß, bemühte sich aber, den ihn feierlich empfangenden Einwohnern ein Lächeln zu schenken. Er wollte sie nicht enttäuschen und war froh, daß alles ablief, wie er es an Bord schon vorbereitet hatte: vierundzwanzig die Farben Seiner Majestät tragende Gardisten und vier junge Pagen warteten auf sein Zeichen, um sich in Bewegung zu setzen. Sobald sie losmarschiert waren, folgten ihnen der Marquis und der Chevalier Alexandre de Chaumont, sein Adjutant, sechs Lakaien und mehrere prächtig gekleidete Offiziere. Es ging in Richtung Kirche, wo sie vom Bischof, Monsignore de Montmorency-Laval, erwartet wurden. Mit Begeisterung folgte die Menge dem Zug. Das fröhliche Glockengeläute wurde von den Freudenschreien und Jubelrufen der Siedler beinahe übertönt.

Zwei Frauen, die zunächst mit allen anderen zur Kirche geeilt waren, blieben plötzlich stehen und drehten sich zu Marie und Guillaume um. Aber noch bevor sie sich entschließen konnten, zu ihnen hinzugehen, hatte sich Rose ihnen energisch in den Weg gestellt. Rose kannte Marie viel zu gut und befürchtete daher, daß sie wieder einmal in irgendeine schlimme Geschichte geraten war. Gewiß war Maries Leben geordneter, seit sie das Gefängnis Saint-Louis hatte verlassen können, aber Marie war so geheimnisvoll! Obwohl sich die beiden Frauen sehr nahe standen, fragte sich Rose oft, ob ihre Freundin ihr nicht einige Dinge aus ihrer Vergangenheit verheimliche. Nicht Neugierde, sondern Vorsicht war es, die Rose dazu veranlaßte. Wie sollte sie sich keine Sorgen machen nach so vielen mißlichen Ereignissen? Marie hatte Rose einiges aus ihrem Leben erzählt: die Verurteilung ihrer Mutter wegen Hexerei, ihre Zwangsheirat in Nantes mit dem schrecklichen Geoffroy de Saint-Arnaud, ihren kurzen Aufenthalt in Paris, wo sie Zeugin eines Mordes gewesen war, und dann ihre heimliche Abreise nach Neufrankreich. Fünf Monate hatte Marie bei den Barmherzigen Schwestern im *Hôtel Dieu* gearbeitet und war noch immer nicht von ihrer schlechten Angewohnheit, sich Ärger einzuhandeln, kuriert: nachdem Germain Picot versucht hatte, sie zu vergewaltigen und Ernest Nadeau sie hatte erpressen wollten, war sie des Mordes angeklagt worden. Rose war froh, daß sie zur Entlassung ihrer Freundin aus dem Gefängnis beigetragen hatte, wunderte sich aber immer noch, daß Marie freigekommen war. Es war nicht zu leugnen: Marie hatte die Gabe, sich Ärger einzuhandeln!

»Geht dem Regiment nach!« sagte Rose lachend zu den Klatschweibern. »Und erzählt mir dann, wie's war! Ihr wißt doch, daß Marie LaFlamme partout keine Schwäche zeigen will! Sie wird sich geschämt haben, daß sie vor euch ohnmächtig geworden ist.«

Eine der Frauen nickte und fügte mit einem spöttischen Lächeln hinzu, Marie müsse doch eingestehen, daß auch sie ihre Schwächen habe und daß ihr übel werden könne wie anderen schwangeren Frauen auch.

»Schwanger?« rief Rose.

»Ich meine ja bloß. Oder wüßten Sie einen anderen Grund?«

Rose war verblüfft, rannte dann aber plötzlich auf Noémie zu, die gefährlich nahe an die Kaimauer geraten war. Ganz bestimmt aber hätte Mkazawi sie zurückgehalten, bevor sie in den Sankt-Lorenz-Strom gestürzt wäre, denn dieser Wolfshund war ergebener und klüger als viele Menschen. Ob er auch begriffen hätte, daß er sie in die Rue Sault-au-Matelot zurückbringen mußte?

Während Rose Rolland die kleine Noémie festhielt, sagte sie zu ihrem Mann, er solle ruhig schon in die Kirche gehen, sie würde später nachkommen. Guillemette Couillard pflichtete ihr bei, konnte jedoch ihre Ratlosigkeit nicht verbergen.

»Glauben Sie wirklich, es ist eine Frauensache?«

Rose zuckte mit den Schultern. Marie hätte ihr dieses Geheimnis bestimmt anvertraut. Beide standen sich so nahe! Und dann dieser Schrei. Sie war sich sicher, daß es ein Schrei des Entsetzens oder der Angst gewesen war. Hatte Marie geglaubt, das Kind, das sie austrug, zu verlieren? Rose sah auf den Boden. Nirgends eine Spur von Blut oder sonst einer Flüssigkeit. Maries hellblaues Kleid war makellos gewesen, als ihr Mann sie in die Arme genommen hatte. Was konnte es dann gewesen sein? Rose hob die kleine Noémie hoch und stemmte sie gegen ihre Hüfte, um schneller das Haus der Laviolettes zu erreichen.

Ohne anzuklopfen, drückte Rose die Haustür auf. Guillaume bemühte sich gerade recht ungeschickt, seiner Frau das Leibchen aufzuknöpfen, und tätschelte ihr dabei die Wangen.

»Marie!«

Während Rose sich neben Marie kniete, erinnerte sie sich, daß sie ihre Freundin nur ein einziges Mal in einem vergleichbaren Zustand gesehen hatte. Das war an einem Morgen im Mai 1664 gewesen, als ihr ein Seemann einen Brief von Victor Le Morhier übergeben hatte, in dem dieser ihr Simon Perrots Tod mitgeteilt hatte. Rose war die einzige, die die Wahrheit über diesen Mann kannte. Marie hatte ihn aus ganzem Herzen geliebt und sich gewünscht, ihn heiraten zu können. Sie hatte ihr diesen Mann ausführlich beschrieben.

»Er hatte das schönste Gesicht, das man sich erträumen kann. Seine Augen waren so dunkel wie die Beeren der Zaunrübe, und seine schwarzen Haare hatten tausend glänzende Locken. Seine Lippen? ... Seine Lippen waren so rot, daß ich sie kosten und am liebsten hineinbeißen wollte. Wenn er lachte, hatte er Grübchen, und sein Kinn war ganz eckig. Sogar seine Nase war wohlgeformt. Er war groß. Ich konnte meinen Kopf ganz auf seine Schulter legen, und er konnte mit seinen Händen meine Taille umfassen. Er rannte schneller als ein Hund, konnte alle Fische fangen und war so flink wie Ancolie, wenn er auf die Bäume kletterte. Wie oft hat er sich darin versteckt und über meine Angst gelacht, wenn ich ihn suchte! Andauernd neckte er mich, um meine Liebe auf die Probe zu stellen.«

Rose hatte bezweifelt, daß jemand so schön sein konnte, wie Marie behauptete. Behutsam hatte sie dann gefragt, in welcher Schlacht Simon gefallen sei. Marie hatte gezögert und dann stockend geantwortet, daß ihr Verlobter auf der Pont-Neuf überfallen worden sei, als er den hohen Gast des Barons, in dessen Diensten er gestanden hatte, nach Hause begleitet habe. Das alles hatte sie Rose erzählt, ein paar Tage nachdem sie erfahren hatte, daß Simon in der Seine ertrunken war. Bevor sie weitere Einzelheiten hatte berichten können, war ihre Adoptivtochter dazwischengekommen und hatte Marie aus ihrer Benommenheit gerissen.

Rose erwartete nicht, daß Noémie, die an Maries Haube zerrte, mit ihrem Lachen jetzt das gleiche bewirkte. Sie hielt Marie eine Flasche Essig unter die Nase. Die junge Frau hustete, schnalzte mit der Zunge, schüttelte den Kopf und öffnete schließlich ein Auge.

Stirnrunzelnd starrte sie Rose und Guillaume an.

»Was macht ihr hier?«

Guillaume räusperte sich und sagte in einem gewollt scherzhaften Ton: »Ich bin dein Mann, folglich wohne ich mit dir im selben Haus ...«

Marie erhob sich und riß die Augen auf. Sie fuhr sich mit der Hand an den Hals, als bekäme sie keine Luft mehr.

»Marie!« schrie Rose, »was ist los mit dir?«

Rose entdeckte wieder diesen verstörten Ausdruck in Maries Gesicht, an den sie sich vorhin erinnert hatte. Jetzt glaubte sie überhaupt nicht mehr an eine Schwangerschaft, sondern machte sich große Sorgen, weil ihr klargeworden war, daß ihre beste Freundin unter den Soldaten einen Mann wiedererkannt hatte. Einen Mann, der ihr noch größere Furcht einflößte als Ernest Nadeau, der Marie eine böse Überraschung bereitet hatte. Wer konnte sie mehr erschrecken als dieser verdammte Schriftsteller?

»Marie! Wen hast du gesehen? Sag mir, wen?«

Guillaume Laviolette unterdrückte einen Fluch, als er begriff, daß Rose recht hatte. Seine Frau war ohnmächtig geworden, weil ein Gespenst aufgetaucht war! Wer hatte Marie so sehr in Angst und Schrecken versetzt, daß sie sogar Frankreich verlassen hatte? Der Reeder aus Nantes?

»Marie! Sag mir, war es Geoffroy de Saint-Arnaud? Hast du den gesehen? Rede, ich flehe dich an, rede!«

Marie blinzelte, stöhnte und schüttelte den Kopf. Nein, es war nicht ihr Ehemann, der nach Neufrankreich gekommen war.

»Wer dann?«

Marie LaFlamme seufzte. Sie mußte geträumt haben, denn die Person, die sie zu sehen geglaubt hatte, war schon lange tot.

»Es ist bestimmt die Müdigkeit ... Ich habe heute von frühmorgens bis zum Mittag Heilkräuter gepflückt. Ich will jetzt schlafen.«

Guillaume kannte seine Frau gut genug, um zu wissen, daß

sie log. Er nahm Noémie auf den Arm und führte Rose aus dem Zimmer.

»Marie muß sich ausruhen. Wenn sie aufgewacht ist, wird sie mir alles erzählen.«

Rose hätte Guillaume gerne beruhigen wollen, aber sie ging wortlos Richtung Hafen, wo sie wieder ihren Mann traf.

»Und?« fragte Alphonse Rousseau.

»Versuch ausfindig zu machen, ob ein gewisser Simon Perrot von Bord gegangen ist.«

»Und wenn ja?«

»Dann wird Marie erneut Ärger bekommen.«

Alphonse Rousseau unterdrückte einen Seufzer. Konnte Marie LaFlamme denn kein ruhiges und beschauliches Leben führen, das bestimmt war von Ehe und Familie, vom Wechsel der Jahreszeiten, von Heilungen und Entbindungen? Mußte er jedesmal zittern, wenn die Ankunft eines Schiffes bevorstand? Er hatte Julien du Puissac versprochen, auf Marie aufzupassen, aber ahnte denn der Chevalier, wie schwierig diese Aufgabe war?

»Wenigstens ist Guillaume da.«

»Ich weiß nicht, ob das wirklich gut ist«, brummte Rose.

»Was willst du damit sagen?«

Rose zuckte mit den Schultern und faßte ihrem Mann um die Hüfte.

»Komm! Gehen wir nach Hause.«

Als Rose das kurze, heftige Geräusch vernahm, das Alphonse Rousseaus Holzbein bei jedem Schritt machte, war sie froh, daß sie ihrem Mann alles aus ihrem Leben erzählt hatte, ohne etwas zu verheimlichen. Sie hatte in der *Cour des Miracles* gelebt, als eine Dame von Welt in der Pariser Unterwelt. Sie hatte so viele Männer über sich ergehen lassen, daß sie keinen von ihnen wiedererkannt hätte, wenn er in Neufrankreich an Land gegangen wäre. Sogar mit dem ehrenrührigen Lilienstempel hatte man sie gebrandmarkt, und das Wort ›Hure‹ konnte sie nicht hören, ohne sich jedesmal zu bekreuzigen und Gott zu danken, daß sie diesem Elend entgangen war und daß er dafür gesorgt hatte, daß sie Alphonse Rousseau begegnet war. Auch er hatte die unmittelbare

Umgebung des *Temple* kennengelernt, man hatte ihn verstümmelt, damit er auf Betteltour hatte gehen können. Bevor er von dem Chevalier aufgenommen worden war, hatte er Hunger und Kälte erduldet. Über Roses Vergangenheit hatte er nie ein böses Wort verloren. Im Gegensatz zu etlichen seiner Landsleute hatte er diese Frau, die vergewaltigt worden war, nicht verurteilt. Er hatte gedacht, daß sie Opfer dieser Schmach geworden war, wie er die Verstümmelung erlitten hatte. Er war erst fünf Jahre alt gewesen, als man ihm den Fuß abgeschnitten hatte. Niemals aber würde er den Schrecken, den Schmerz und die Ohnmacht vergessen, die er gefühlt hatte. Rose hatte ihm anvertraut, daß sie jahrelang die gleichen Gefühle mit sich herumgetragen habe.

»Marie hat Angst«, sagte Rose bedächtig, während Alphonse ein Scheit ins Feuer legte, um die Feuchtigkeit zu vertreiben.

»Wenn dieser Simon vorhat, sie wie Nadeau zu erpressen, dann wird er erfahren, daß hier andere Sitten herrschen!«

»Ich glaube nicht, daß es dieser Soldat mit der gleichen Masche versucht wie der Schriftsteller«, warf Rose ein. »Versuchen wir erst einmal herauszukriegen, ob er wirklich noch am Leben ist.«

»Und wie das?«

Rose erinnerte an den Brief an Marie, in dem Victor behauptet hatte, daß Simon tot sei.

»Wenn er tot ist, dann kann er sich jetzt nicht am Hafen herumtreiben«, sagte Alphonse. »Marie hat einfach nur einen Mann gesehen, der ihm ähnlich sieht. Oder es ist sein Zwillingsbruder. Sie ist schon lange von Paris fort und wird sich nicht mehr so gut erinnern können ...«

Doch das konnte sie.

Und wie sie das konnte. Ganz genau.

Marie hielt die Augen geschlossen, um nicht auf die Fragen ihres Mannes antworten zu müssen. Was konnte sie ihm sagen? Was mußte sie ihm sagen? Daß sie Tage, Monate und Jahre gehofft hatte, Simon würde kommen? Daß sie am liebsten gestorben wäre, als sie von seinem Tod erfahren hatte? Daß sie vor Freude ohnmächtig geworden war, als sie ihn am

Hafen wiedergesehen hatte? Daß sie wahnsinnige Lust hatte, zum Quai Champlain zu laufen und sich in die Arme des Soldaten zu werfen?

Wie sollte sie Guillaume das alles erklären, ohne ihn zu verletzen? Sie hörte ihn im Zimmer nebenan mit Noémie spielen. Ihre Kleine kreischte vor Vergnügen, wenn er das Brummen eines Bären nachmachte und so tat, als würde er sie gleich verschlingen, ihr dann aber die Wangen küßte. Seit Guillaume mit ihnen zusammenlebte, lachte Noémie viel. Sobald er sich hinsetzte, kletterte sie auf seinen Schoß und versuchte, ihm Zöpfe zu flechten, genau so, wie sie es im Fort der Huronen gesehen hatte. Sie zwang ihn, die kümmerlichen Früchte, die sie zerdrückt hatte, zu essen. Sie drängte ihn dazu, daß er sie auf seine Schultern hob. Sobald Guillaume das Haus verließ, fing sie an zu schreien, bis sie den Waldläufer eines Tages so weit gebracht hatte, daß er sie regelmäßig mitnahm. Québecs Einwohnerinnen waren gerührt von Noémies Zuneigung für den Koloß, und Marie war ihm dankbar, daß er ihr oft die Tochter abnahm. Über die Dankbarkeit hinaus liebte sie ihn aber auch. So sehr, wie sie Anne LaFlamme und Simon Perrot geliebt hatte.

Simon. Durch welches Wunder war er am Leben geblieben?

Und wenn es ein Doppelgänger wäre? Nein, Simon war zu schön. Niemand konnte so aussehen wie er. Ihn und keinen anderen hatte sie gesehen. Wie konnte sich Victor nur so geirrt haben? Hatte er sie belogen? Und warum? Wann hatte Simon erfahren, daß sie in Neufrankreich war? Und wie? Wann hatte er beschlossen, zu ihr zu kommen? War er noch immer verheiratet? Tausend Fragen schwirrten ihr im Kopf herum. Kein Tanz, nicht einmal die Ringeltänze auf dem Johannisfest hätten sie so benommen machen können. Marie hatte Angst, vor Liebe zu vergehen, wenn sie Simon wiedersah. Sie mußte sich wieder fangen.

Wie sollte ihr das gelingen, wo sie doch wußte, daß Simon gekommen war, um sie zurückzuholen? Wo sie wußte, daß er sie noch immer liebte?

Liebte er sie wirklich noch? Und wenn man ihn nur nach

Québec geschickt hatte, weil er Soldat war? Nein. Er war ihretwegen gekommen.

Marie zog sich die Decke übers Gesicht und schämte sich ihres Glücks. Guillaume würde leiden, das ließ sich nicht vermeiden. Sie hatte daran gedacht, ihm zu verheimlichen, daß es Simon gab und was er für sie bedeutete. Guillaume aber kannte sie zu gut. So leicht konnte sie ihn nicht belügen, und außerdem schätzte sie ihn zu sehr, um ihn zu betrügen. Sie würde ihm erzählen, wer dieser Soldat war.

Marie brauchte gar nicht nach Guillaume zu rufen. Plötzlich stand er vor ihr, als habe er erraten, daß sie eine Entscheidung getroffen hatte. Ohne sie zu unterbrechen, hörte er ihr zu. Als sie die Geschichte ihrer Leidenschaft für Simon Perrot zu Ende erzählt hatte, schwieg er eine ganze Weile. Marie wagte nicht, Guillaume anzusehen, auch wenn sie sich ständig sagte, daß zwischen dem Waldläufer und ihr von Liebe nie die Rede gewesen war. Sie waren sich einig gewesen, daß ihre Ehe eine auf gegenseitige Wertschätzung und Vernunft begründete Verbindung war.

Sie konnte aber nicht umhin, auch an die paar Nächte zu denken, in denen sie Spaß mit ihm gehabt hatte. Und sie erinnerte sich an die Art und Weise, wie er sie angeschaut hatte.

»Wann wirst du ihn treffen?« fragte Guillaume lediglich.

»Ich weiß es nicht.«

»Was hast du vor?«

»Ich weiß es nicht«, wiederholte Marie und wunderte sich über ihre Unschlüssigkeit.

Sie empfand ebensoviel Angst wie Ungeduld bei dem Gedanken an das Wiedersehen mit Simon, und sie ahnte, daß ihr Leben sich ändern würde, sobald sie ihre Jugendliebe wiedergetroffen hatte.

»Und Noémie?«

»Ich will euch nicht verlassen«, flüsterte Marie. »Ich darf es nicht und kann es auch nicht. Aber ich muß mit Simon reden.«

Guillaume erklärte seiner Frau, daß es besser sei, Simon Perrot in der Rue Sault-au-Matelot zu treffen. Dort sei sie vor indiskreten Lauschern geschützt. Sie würde ihm sagen, daß sie allen Leuten von einem verstorbenen Vetter in Paris erzählt habe.

»Niemand darf Simon mit dem Brief von Victor Le Morhier in Zusammenhang bringen. Während du mit ihm sprichst, werde ich mit der Kleinen draußen warten. Sei vorsichtig, Marie! Ich werde dich nicht des Ehebruchs bezichtigen, aber wenn die anderen dich mit Simon erwischen, dann wirst du schnell verurteilt. Monsignore de Laval hat kein Verständnis für solche Sünden.«

»Guillaume! Ich habe Simon noch gar nicht gesehen, und schon glaubst du ...!«

»Ich glaube nur, daß man dir Noémie wegnehmen würde, wenn du dich nicht zurückhältst. Niemals wirst du als Hebamme zugelassen werden, wenn du dich nicht wie eine gute Christin verhältst. Ich warne dich, Marie. Simon Perrot kenne ich nicht, aber ich weiß, daß er dir Ärger bereiten wird. Das sage ich nicht aus Neid, sondern aus Angst. Ich mache mir Sorgen um dich. Und ich habe Angst vor dir.«

Guillaume ging hinaus und murmelte etwas davon, daß er zu Boisdon gehen müsse. Ihm war sehr nach einer Zecherei zumute!

Simon Perrot zog seinen Waffenrock aus Tuch zurecht. Die Uniform der Soldaten des Carignan-Salières-Regiments saß nicht so gut wie das Gewand der königlichen Leibgarde, aber das war Simon völlig gleichgültig. Schon lange hatte er seine Pariser Träume aufgegeben. Seine Geliebte, die Baronin von Jocary, hatte immer behauptet, aus ihm einen Musketier zu machen. Den weiten blauen Rittermantel mit dem weißen Kreuz würde er nicht tragen und auch niemandem dienen, nicht einmal seinem König. Bald würde er reich sein und dann selbst Leute zu seinen Diensten haben.

Simon strich sich über den Bart. Vor allem würde er hübsche Mädchen einstellen. Junge Mädchen, Jungfrauen, die er sich nach seinem Geschmack heranziehen würde. Bald würden sie lernen, ihren Hintern richtig auszustrecken und ohne Widerrede die Beine breit zu machen. Wie Josette, die zwar nicht sein Dienstmädchen war, die ihm aber liebend gern die Füße gewaschen hätte. Mit Verärgerung erinnerte er sich an ihren treuen Hundeblick. Simon haßte Hunde, Katzen und Kinder. Als Josette ihm gesagt hatte, daß sie schwanger sei, hatte er sich beherrschen müssen, um ihr nicht ins Gesicht zu spucken. Danach hatte er mehrmals mit ihr geschlafen, in der Hoffnung, sie würde das Kind verlieren. Als sie allmählich dicker geworden war, hatte er sie gemieden, was Armande de Jocary keinesfalls unangenehm gewesen war. Noch immer bedauerte er sehr, daß er dieser undankbaren Person vor seiner Abreise aus Paris keine Tracht Prügel mehr hatte verpassen können! Bis aufs Blut hätte er sie ausgepeitscht, um sie für ihre Selbstsucht zu bestrafen. Wie hatte sie ihn nur so leichtfertig vor die Tür setzen und Victor Le Morhier auf ihn hetzen können! Wegen ein paar armseliger Schmuckstücke! Wegen eines Anhängers, eines Armbands, ein paar Ringen und eines Karfunkelsteins ... Der kleine Schatz der Jocary, na und? Bei all den feinen Herren, die in ihrem Salon verkehrten, hätte sie sich bald einen Geliebten aufgetan, der ihr neue Geschmeide schenkte.

Simon verzog das Gesicht. Beinahe wäre er draufgegangen, nur wegen ein paar Edelsteinen, die er sich von der Baronin geliehen hatte. An der Schulter trug er noch die Narbe des Dolchstoßes, den ihm Räuber versetzt hatten, kurz bevor sie ihn in die Seine gestoßen hatten. Er hatte Glück gehabt und sich an einem Ast festhalten können. Nichts von alledem wäre passiert, wenn Victor Le Morhier ihn in Ruhe gelassen hätte. Eines Tages würde er es ihm heimzahlen. In La Rochelle war ihm dazu keine Zeit geblieben. Aber er würde ihn wiederfinden, ihn zwar nicht eigenhändig umbringen, aber einen gedungenen Mörder dafür bezahlen, vielleicht einen, der dem Kleinen ähneln würde, den Geoffroy de Saint-Arnaud beschäftigte. Simon Perrot wußte schon lange, daß der Krüppel sich nicht nur damit begnügte, den Besitz des Reeders zu bewachen, wenn er am Quai de la Fosse auf und ab ging. Er lauerte einem Opfer auf oder hielt Ausschau nach einem Bettler für ein schmutziges Geschäft. Der Kleine war sehr geschickt, denn nie war er in Verdacht geraten. Simon aber kannte die Wahrheit, weil er ihm eines Abends gefolgt war und gesehen hatte, wie er einen Mann erwürgt hatte, der gerade Geoffroy de Saint-Arnauds Haus verlassen hatte. Einen Ortsfremden, um den sich niemand sorgen würde, dessen pralle Geldbörse aber den Reeder erfreuen würde. Simon hatte sich immer gefragt, ob der Kleine die Geldbörse abgeliefert hatte, ohne sie zu öffnen, oder ob er ein paar Geldstücke für sich abgezweigt hatte. Er jedenfalls hätte das an seiner Stelle getan. Der Kleine aber war nicht so schlau wie er und hatte vielleicht nie daran gedacht, seinen Herrn zu betrügen. Simon Perrot dagegen war zu de Saint-Arnaud gegangen, überzeugt, daß er ihn belügen würde. Das hatte er beschlossen, nachdem er Michelle getroffen und sie ihm endlich erzählt hatte, wo sich Marie befand. Um sie wiederzusehen, hatte er sich Geld beschaffen müssen. Wer hatte seine Schäfchen mehr im trockenen als der Reeder? Bevor Perrot nach Nantes gekommen war, hatte er von Diebstählen gelebt, was ihm sehr leichtgefallen war, weil er mit dem Rittermantel, den er einem Musketier gestohlen hatte, kaum Mißtrauen erweckt hatte. Perrot hatte gewußt, daß er es mit einem starken Gegner zu tun haben würde. Der reichste Mann in Nantes hatte etliche Leute betrogen, um sein Vermögen zu vermehren. Er war gerissen und noch viel mißtrauischer als Lieutenant Chalumeau gewesen, der über das übliche Maß hinaus die Fesseln der Gefangenen im Château überprüft hatte, wenn Simon und er sie aus den Kerkern geholt und zur Hinrichtung geführt hatten. Gewiß, Geoffroy de Saint-Arnaud war ein schlauer Fuchs gewesen, aber Perrot war es gelungen, den Schiffseigner so weit zu bringen, daß er ihn für seinen Verbündeten gehalten hatte. Wiederholt hatte er betont, daß sie zu zweit vorgehen sollten, um Marie LaFlamme zu täuschen. Der Haß, den der Reeder für seine Frau empfunden hatte, hatte Simon Perrots Plan begünstigt. Nachdem er ihm erzählt hatte, daß er wisse, wo sich Marie versteckt halte, hatte der steinreiche Herr aus Nantes seine Haltung ihm gegenüber geändert. Er hatte Simon nicht mehr mit Verachtung betrachtet und ihn zum Abendessen eingeladen. Der Reeder hatte sich von Pater Thomas und vom Stadtrat Delveau verabschiedet, mit dem er über die Ankunft eines holländischen Schiffes gesprochen hatte, auf dem angeblich Juden zugelassen worden waren. Unter dem Vorwand, plötzlich Zahnschmerzen zu haben, war er nach Hause gegangen und hatte dort mit wachsender Ungeduld auf Simon Perrot gewartet.

Der Soldat hatte ihm berichtet, was er von seiner Schwester Michelle erfahren hatte.

»Sie hat versucht, mir zu entwischen, aber ich habe sie doch noch zum Reden gebracht. Sie hat von Anfang an alles gewußt, die Baronin ebenfalls!«

»Welche Baronin?« hatte der Reeder geschrien, dem es zuwider gewesen war, daß so viele Leute über Marie LaFlammes Schatz Bescheid gewußt hatten.

In Gedanken hatte der Reeder sie aufgezählt: Michelle Perrot, deren Bruder, Victor Le Morhier und dessen Eltern natürlich, und dann diese Baronin. Außerdem noch der verdammte Seemann, der des Rätsels Lösung hatte liefern sollen. Seit zwei Jahren schon hatte Geoffroy de Saint-Arnaud darauf gewartet. Allmählich hatte er zu glauben begonnen, es sei nur ein Märchen, und sich nichts sehnlicher gewünscht, als Marie LaFlamme wiederzufinden, damit sie es endlich bereuen würde, daß sie sich über ihn lustig gemacht hatte, als Simon Perrot ihn auf dem Kai angesprochen hatte.

»Die Baronin? Ein Luder!« hatte der Soldat geantwortet. »Aber sie war die erste, die mir von Maries Schatz erzählt hat. Michelle hat dann zugegeben, daß ihre Freundin vor Ihnen geflohen ist, weil sie den Schatz für sich behalten wollte.«

»Sie hatte keinen Sou, als sie weggegangen ist!« hatte der Reeder versichert. »Ich ließ sie beobachten. Sie hat keinen einzigen Seemann getroffen. Darum hat sie des Rätsels Lösung nicht gefunden, mit der sie möglicherweise in den Besitz des Schatzes gekommen wäre.«

»Meiner Schwester ist ein riesengroßer Ring an Maries Finger aufgefallen.«

»Das ist der Diamant, den sie mir gestohlen hat!« hatte der Reeder geschrien.

»Sie muß dafür bestraft werden. Wäre es Ihnen recht, wenn ich sie Ihnen hierher zurückbringe?«

Geoffroy de Saint-Arnaud hatte die Stirn gerunzelt. War Simon Perrot vermessen oder hatte er einen guten Grund, an seinen Erfolg zu glauben?

»Marie LaFlamme ist nach Paris gekommen. Sie ist nämlich Chahinian gefolgt, der im Moment in der Bastille einsitzt, was Sie vielleicht freuen wird. Gewiß, sie war vor Ihnen auf der Flucht, aber niemals wäre sie so weit von Nantes weggegangen, wenn sie sich nicht in den Kopf gesetzt hätte, mich wiederzufinden. Sie hat immer beteuert, mich zu lieben ... und sie glaubt, daß ihre Gefühle erwidert werden. In diesem Glauben werde ich sie auch lassen.«

»Wie wollen Sie das machen?« hatte de Saint-Arnaud gefragt.

»Auch wenn man Marie zwingen würde, nach Nantes zurückzukehren, würde sie Ihnen niemals sagen, wo sich ihr Schatz befindet. Eher würde sie sich umbringen. Das hat sie meiner Schwester gesagt. Sie hat ihr auch erzählt, daß sie so weit weggehen würde, daß Sie sie niemals wiedersehen werden.«

»Wie will sie sich denn ihren Schatz holen, wenn sie am Ende der Welt lebt?«

»Sie wird jemanden beauftragen. Jemanden, zu dem sie absolutes Vertrauen hat. Jemanden wie mich.«

Simon Perrot hatte das mit einem breiten Grinsen gesagt. De Saint-Arnaud hatte zurückgegrinst. Er würde sich die Naivität des Soldaten zunutze machen. Soldat? Von wegen! Viele Leute in Nantes hatten Simon geglaubt, als er vorgegeben hatte, ein Königlicher Musketier zu sein. De Saint-Arnaud hatte jedoch geahnt, daß Perrot den liliengeschmückten Rittermantel gestohlen hatte. Auf die Frage Jacques Lecoqs, warum er nicht bei seiner Truppe sei, hatte Simon erzählt, er sei mit einer geheimen Mission betraut, die sehr viel Diskretion erfordere und die er allein ausführen müsse. De Saint-Arnaud hatte schon von Fahnenflucht reden wollen, sich dann aber anders besonnen. Vielleicht aus Bequemlichkeit? Er war froh gewesen, daß er diesen Perrot, der ihn zum Schatz führen würde, nicht verärgert hatte. Im geeigneten Moment würde er ihn schon loswerden.

»Ich möchte, daß Marie Ihnen hierher folgt.«

»Das will ich auch«, hatte Simon Perrot geantwortet. »Man müßte sie glauben machen, daß Sie tot sind, denn sie hat große Angst vor Ihnen.«

»Sagen Sie ihr, daß ich vom Wechselfieber befallen bin und daß Hornet mich so schlecht verarztet hat, daß ich schon bald meine Seele aushauchen werde, wahrscheinlich noch bevor ihr nach Nantes zurückkehren werdet. Übrigens, wo steckt sie denn eigentlich?«

»Ihre Seele?« hatte Simon gewitzelt.

Geoffroy de Saint-Arnaud hatte die Spitze des jungen Mannes mit einem höhnischen Lachen erwidert.

»Marie haßte Monsieur Hornet. Sie wird sich über diese Nachricht freuen. Wo hält sie sich versteckt?«

»Zuerst möchte ich die Garantie, daß wir uns ihren Schatz teilen werden.«

»Das will ich auch. Seit Sie hier sind, frage ich mich sowieso, weshalb Sie mich um Hilfe bitten.«

»Ich brauche dringend Geld, um Marie zurückzuholen. Sie könnten mich in Dienst nehmen und mir meinen Lohn im voraus zahlen.«

»Wer sagt mir, daß Sie den Schatz nicht für sich allein behalten werden, wenn Sie Marie wiedergefunden haben?«

»Der Schatz befindet sich in Nantes. Hat mir Michelle versichert. Sie hat mir auch von dem Matrosen erzählt, der des Rätsels Lösung hierherbringen wird. Glauben Sie, ich wäre so dumm, Sie in Nantes hereinzulegen? Wo Sie doch hier so unangefochten herrschen wie ein Fürst! Da hätte ich nicht mal mehr Zeit, meine Dummheit zu bereuen.«

»Sie sind klug, mein Freund!« hatte de Saint-Arnaud geflüstert. »Sagen Sie mir, wohin Sie müssen ... in unserem gemeinsamen Interesse?«

»In die Kolonien.«

»In die Kolonien? Dort also ist sie jetzt?«

»Ja. Das heißt, wenn sie noch lebt. Das werden wir aber erst wissen, wenn ich in Neufrankreich an Land gehe. Ich werde nicht lange brauchen, um sie zu überreden. Das kann ich Ihnen versprechen.«

Eine Woche nach ihrem Gespräch hatte Geoffroy de Saint-Arnaud Simon Perrot mit neuer Kleidung und ordentlichen Stiefeln ausgestattet. Er hatte ihm genügend Geld gegeben, damit er die Anreise bis La Rochelle und die Überfahrt in die Kolonie bezahlen konnte. Was beide aber nicht hatten voraussehen können, war der Umstand, daß wochenlang kein einziges Schiff in Richtung Québec auslaufen würde. Um in La Rochelle über die Runden zu kommen, hatte Simon sein gesamtes Reise- und Zehrgeld ausgegeben und sich dann freiwillig in der Infanteriekompanie des Poitou gemeldet. Diese Kompanie hatte zu Prouville de Tracys Flotte gehört, die am 26. Februar 1665 Frankreich verlassen würde.

Die Überfahrt war Simon Perrot ein Greuel gewesen. Obwohl der Aufenthalt in Cayenne seine Ankunft in Neufrankreich verzögert hatte, war er stolz darauf gewesen mitzukämpfen, als die Stadt von den Holländern zurückerobert wurde. Auf der Fahrt hatte er viele Inseln gesehen: Martinique, Tortue, Guadeloupe, Grenade und Marie-Galante. Dann war die Flottille durch die Caicos-Passage gefahren, hatte die Bermudainseln umsegelt und schließlich den Sankt-Lorenz-Golf erreicht. Vier Wochen später hatten die Schiffe dann vor der Ile Percée geankert, an Bord sechshundertfünfzig Siedler und vier Infanteriekompanien. Einen Monat später war schließlich Québec in Sicht gekommen.

Je mehr das Schiff sich der Stadt genähert hatte, desto freudiger hatte sich Simon Perrot die Hände gerieben. Es war kein armseliger Marktflecken gewesen, wie er befürchtet hatte. Jedoch war das Stadtgebiet klein und übersichtlich genug gewesen, um Marie schnell wiederzufinden. In der lauten Menschenmenge, die sich im Hafen getummelt hatte, war sie ihm nicht aufgefallen. Aber selbst wenn er sie entdeckt hätte, wäre es ihm nicht möglich gewesen, sich in diesem Augenblick von seiner Kompanie zu entfernen, um sie zu begrüßen. Sein Vorgesetzter hätte dies nicht erlaubt. Er war auch nicht ausgewählt worden, um das schöne Gewand der Gardisten zu tragen, obwohl sich alle einig gewesen waren, daß er etwas hermachte. Der Marquis de Tracy hatte ihn bestrafen wollen, weil er ihn am Abend zuvor beim Abendgebet gestört hatte.

Es war nicht das erste Mal gewesen, und Simon war schon einmal zu zwei Sous Strafe verurteilt worden. An diesem Junimorgen hätte er liebend gern noch einmal gezahlt, aber der Kommandant war unerbittlich gewesen. Simon hatte darauf verzichten müssen, mit den Gardisten aufzumarschieren. Sei's drum! Wenn der Oberleutnant die übliche Strafe verhängt hätte, dann wäre er eine Woche lang in Ketten gelegt worden. So war er noch gut dabei weggekommen. Er brauchte sowieso nur zu lächeln, um die Blicke der Frauen auf sich zu ziehen. Dabei achteten sie weniger auf seine Aufmachung als auf seine ungewöhnlich roten Lippen. In dem Punkt waren sie alle gleich, ob Herzogin oder Bäuerin, alle waren vernarrt in seine vollen und warmen Lippen.

Als Simon zur Kirche schritt, fühlte er sich beobachtet. Er wandte seinen Blick nicht von den Schultern des vor ihm gehenden Soldaten, obwohl er doch überzeugt war, bereits der einen oder anderen verheirateten Frau aufgefallen zu sein. Monsieur de Tracy hatte zwar seinen Männern geraten, sich so zu benehmen, daß sie dem König Ehre machten, indem sie Québecs Siedlern und ›deren Frauen‹ ihren Respekt erwiesen. Simon aber hatte sich fest vorgenommen herauszufinden, ob sein Charme hier in der Kolonie genauso wirkte wie in Paris.

Marie würde sein erstes Opfer sein.

Die Kirche war zu klein, um das ganze Regiment und Québecs Bevölkerung aufzunehmen. Viele Leute begnügten sich damit, Monsignore de Lavals Gebete zu erahnen. Simon war einer der wenigen, der nicht bedauerte, vor dem Kirchenportal stehen zu müssen. Auf dem Schiff hatte er das Gefühl gehabt, eingesperrt zu sein, und jetzt genoß er die frische Luft. Der beißende Weihrauchgeruch hätte ihm den Magen umgedreht. Außerdem glaubte er nicht, daß sich Marie unter dem betenden Volk in der Kirche befand. Nur anständige, rechtschaffene Leute waren eingelassen worden. Ganz in seiner Nähe mußte er sie suchen, vor oder hinter sich.

Plötzlich sah er, etwa drei Klafter von ihm entfernt, eine Rothaarige, die ihm den Rücken zukehrte. Es gelang ihm, sich unauffällig an sie heranzuschleichen. Er berührte sie leicht und flüsterte: »Marie.« Die junge Frau hob den Kopf und bedeutete ihm, noch einen Augenblick, bis zum Ende des *Tedeums*, still zu sein, dann schloß sie wieder die Augen. Sie schlug sie erst wieder auf, als sie merkte, daß sich alle in Bewegung setzten und Monsieur de Prouville de Tracy die Kirche verließ, um sich ins Schloß Saint-Louis zu begeben.

»Sie sind nicht der erste, der mich mit ihr verwechselt. Marie LaFlamme trägt aber stets einen Zopf, außer an Feiertagen. Das ist bequemer, beim Pflanzenpflücken und bei der Krankenpflege.«

»Sind Sie eine Freundin von Marie?«

Nicolette Jasmin nickte ernst.

»Sie ist so gut zu mir gewesen.«

Simon Perrot konnte gerade noch einen Ausruf der Verblüffung unterdrücken. Sollte sich Marie in Neufrankreich so sehr verändert haben? Er konnte sich nicht an ein sanftes, hilfsbereites und frommes Mädchen erinnern. Oft hatte er gesehen, wie ihre dunkelblauen Augen vor Zorn und Hochmut violett geworden waren. Ohne Michelle Perrot, die sie oft beschwichtigend zurückgehalten hatte, hätte sie etliche Frauen in Nantes auf offener Straße beleidigt. Auf dem Markt hatte sie sich ganz ungeniert über die Klatschweiber lustig gemacht, die sich um einen dicken Fisch, ein Viertelpfund Fleisch oder um das letzte Stück eines Stoffs geprügelt hatten. Sie war ganz anders gewesen als Michelle. Der Soldat wunderte sich zwar immer noch, daß seine jüngere Schwester und Marie Freundinnen gewesen waren, war aber sehr froh darüber, denn ohne Michelle hätte er nie erfahren, wo Marie LaFlamme war, geschweige denn ihr Schatz …

Geoffroy de Saint-Arnaud hatte behauptet, er wisse nicht, welche Art von Schatz es sei, er vermute aber, es handle sich um Edelsteine.

Darauf war Simon nicht hereingefallen. Und er fragte sich jetzt, als er Nicolette Jasmin beobachtete, wie hoch seine Ausbeute sein würde, wo er Diamanten und Rubine zum besten Preis verkaufen und auch, wie er den Reeder loswerden könnte.

»Wissen Sie, wo ich Marie finden kann?«

»Die Überfahrt muß sehr beschwerlich gewesen sein.«

Simon nickte. Warum erinnerte sie ihn an diesen Alptraum?

»Stimmt es, daß Sie Leute auf See verloren haben?« fragte Nicolette. »Sie sind alle so abgemagert und so blaß. Marie wird einige von euch wieder gesund pflegen müssen.«

»Gesund machen?«

»Sie bereitet die Wurzeln besser als sonst irgend jemand zu und wird auch euch wieder auf die Beine bringen. Sie ist bestimmt im Hôtel-Dieu.«

»Im Hôtel-Dieu?« stammelte Simon. »Ist sie … Novizin?«

Nicolette mußte über diese Frage laut lachen. Der Soldat schien Marie LaFlamme nicht sehr gut zu kennen, wenn er dachte, daß sie im Kloster lebte! Niemand stand so voll im Leben wie die Heilerin. Von früh bis spät rannte Marie von einem Kranken zum anderen, über die Felder ans Flußufer, vom Hafen zum Huronenfort, vom Garten der Barmherzigen Schwestern ins Warenhaus. Ob es regnete, hagelte, schneite oder stürmte, immer war sie unterwegs und gab ihr Wissen weiter. Die Aussage von Louis Jasmin hatte sie vom Mord an Ernest Nadeau entlastet und ihr die früheren Patienten zurückgebracht. Sogar die Lästerzungen, die es nun bereuten, sie für schuldig gehalten zu haben, erbaten wieder ihren ärztlichen Rat.

»Marie ist weder Novizin noch Laienschwester. Aber sie ist Oberschwester Catherine, die sie aufgenommen hat, sehr dankbar.«

Simons Gesicht verfinsterte sich. Wenn Marie bei den Nonnen wohnte, dann würde es nicht so leicht werden, sie zu treffen, und noch weniger, sie zu verführen …

»Aber vielleicht ist sie zu Hause«, fuhr Nicolette Jasmin fort. »Seit Guillaume von seinen Streifzügen zurück ist, bleibt sie gern in der Rue Sault-au-Matelot.«

»Guillaume?«

Nicolette wurde unsicher. Vielleicht erzählte sie diesem Fremden, der sie so nett anlächelte, ein wenig zu viel. Und wenn er zum gleichen Gesindel gehörte wie Ernest Nadeau?

»Was haben Sie? Wer ist dieser Guillaume?«

»Und Sie? Wer sind Sie? Sie stellen mir Fragen, ohne daß wir uns miteinander bekannt gemacht hätten!«

Simon strich ihr sanft über die Schulter.

»Sachte! Ich will dir nichts Böses. Und Marie auch nicht. Meine jüngere Schwester und sie waren Nachbarinnen in Nantes. Als ich von Bord ging, habe ich ihren Namen gehört und mich gefragt, ob es die gleiche Marie ist. Wenn sie so rothaarig und so hübsch ist wie du, dann ist sie es bestimmt.«

Die junge Frau wurde rot und stammelte, Marie sei noch viel schöner als sie.

Simon hätte sie gebeten, ihn in die Rue Sault-au-Matelot zu bringen, aber einer seiner Regimentskameraden winkte ihn zu sich.

»Na, Perrot! Schon dabei, mit den Weibern zu schäkern?«

Simon lächelte nur und reihte sich wieder in sein Regiment ein. Innerhalb kurzer Zeit hatte er viel erfahren. Marie wohnte ganz in der Nähe, jeder kannte sie, und sie war wie ihre Mutter Heilerin. Gewiß, es gab da diesen Guillaume. Simon aber hatte schon genug Frauen dem heiligen Bund der Ehe und ihren Angetrauten abspenstig gemacht, als daß er sich deswegen Sorge gemacht hätte.

Und zum Teufel, diese Ehe war nur eine Scheinehe, denn Marie war noch immer mit Geoffroy de Saint-Arnaud verheiratet. Er würde sie schon daran erinnern, falls dies nötig sein sollte.

Der Gedanke, sie wiederzusehen, stimmte ihn sehr heiter, und er vergaß seine Erschöpfung. Überdies unterschied er sich vom Gros der Soldaten, die zu den Fahnen geeilt waren, weil sie gehofft hatten, nach den Kämpfen etwas Vermögen und ein Grundstück zu erwerben, aber Angst bekamen, wenn sie an die Zusammenstöße mit den Wilden dachten. Simon kämpfte gerne. Er liebte es, das Gewehr zu laden und zu schießen oder das Bajonett oder die Säbelklinge in den Bauch des Feindes zu stoßen. Er fürchtete sich nicht vor den Indianern. Er hatte gehört, daß die meisten mit Pfeil und Bogen bewaffnet waren. Die armen Teufel würden nicht mal dazu kommen, in den Köcher zu greifen, bevor ihr Gehirn explodierte. Freilich würde er nicht die Zeit haben, viele von ihnen zu töten, denn er wollte noch vor dem Herbst nach Nantes zurückkehren. Sobald Marie bereit wäre, ihn zu begleiten.

Vor der Erntezeit würde sie sich ihm hingeben.

Und an Allerheiligen würde er ein reicher Mann sein.

2. KAPITEL

»Monsieur de Tracy wird nicht auf dem Fest erscheinen«, sagte Guillaume Laviolette zu seiner Frau. »Aber alle gesunden Soldaten werden dasein.«

»Hätte man mich zum Marquis gerufen, dann müßte er nicht mehr das Bett hüten.«

»Du wärst zu ihm gegangen?«

Der Waldläufer spielte darauf an, daß seine Frau sich mehrmals geweigert hatte, ihre Patienten zu besuchen. Marie hatte behauptet, daß sie keine Heilkräuter und kein Moos mehr habe und daß sie diese Pflanzen vor der großen Julihitze pflücken müsse. Weder Guillaume noch Rose und Alphonse hatten ihr geglaubt. Sie wußten, daß sie Angst hatte, Simon Perrot zu treffen. Am Tag zuvor hatte sie ihre Ungeduld, ihn wiederzusehen, kaum verbergen können. Doch am nächsten Morgen schob sie die Begegnung hinaus und ging lieber außerhalb der Stadt Wurzeln suchen.

»Also, du wärst an sein Krankenbett gegangen?« bohrte Guillaume nach und starrte Marie an.

»Er ist der neue Gouverneur!«

»Vielleicht wärst du deinem Simon über den Weg gelaufen.«

»Er ist nicht mein Simon«, verteidigte sich Marie schwach. »Er war verheiratet, als ich Paris verlassen habe.«

»Du wirst ihn aber sehen müssen, um zu erfahren, was er von dir will. Nachher auf dem Fest mußt du mit ihm reden.«

»Ich weiß. Kommst du mit?«

Seufzend sagte Guillaume Laviolette zu. Er wußte, daß er Simon Perrot hassen würde. Marie hatte ihn zwar geheiratet, das änderte aber nichts an der Tatsache, daß sie in Wahrheit den Soldaten schon seit langem liebte. Er war ein Teil von ihr wie Nantes. Sie ging so gern am Quai Champlain spazieren, um den Sankt-Lorenz-Strom zu sehen und das Plätschern der Wellen zu hören, denn sie hatte ihre Kindheit am Quai de la Fosse verbracht. Simon, das bedeutete: Blindekuh und Verstecken spielen, um die Wette laufen und wild tanzen, Äpfel stehlen in Nachbars Obstgarten und Fischen mit der Rute. Simon mochte das Meer nicht, er war aber begeistert, wenn er einen Korb voller Fische zurückbrachte. Er aß schrecklich gerne kleine gebratene Fische und Aalragout.

Marie fragte sich, wann Simon in die Rue Sault-au-Matelot zum Essen kommen würde. Sie freute sich, daß sie bei Nanette das Kochen gelernt hatte, als sie noch beim Reeder gelebt hatte. Sie konnte Fleisch zubereiten und Pflanzen abkochen. Guillaume versäumte nie, ihre Kochkunst zu loben, Nanette wäre stolz auf sie gewesen. Allerdings hätte sie es nicht gemocht, daß sie Simon Perrot bediente ... Marie fragte sich immer noch, warum ihre alte Amme ihn gehaßt hatte. Er hatte ihr doch nichts getan, was ihr hätte mißfallen können. Nanette hatte immer behauptet, Simon Perrot sei ein Taugenichts, ein Gauner und Lump, dem man besser aus dem Weg ging. Marie hatte entgegnet, daß er wie alle Kinder ein paar Dummheiten gemacht habe, daß er aber ein guter Ehemann sein würde.

Marie sah Guillaume an. Er war ein guter Ehemann, das würde sie nie bestreiten. Wie sollte sie Simon wiedersehen, ohne den Waldläufer zu verletzen? Ach, hätte sie diese Sache doch ebenso leicht regeln können, wie sie mit der Lanzette und Pessaren umging, wie sie Balsam und Basilikumsalben zubereitete!

»Dieses Fest soll genauso schön werden wie das Kornfest«, sagte Guillaume. »Vorhin habe ich die Klatschweiber reden hören. Alle werden sie sich fein herausputzen. Mach es doch auch so, Marie!«

Die junge Frau errötete über diesen gutgemeinten Vorschlag, denn sie würde sich so richtig hübsch machen können für dieses Fest. Ihre Haare würde sie kräuseln, denn sie war sicher, daß Simon lieber wallende Locken auf ihren Schultern mochte als einen Zopf. Sie würde das hübsche rote Kleid anziehen, das Mariette Robin ihr genäht hatte, um ihr zu danken, daß sie ihre Nagelgeschwüre kuriert hatte. Vielleicht würde sie einem Ordensbruder begegnen, dem ihre entblößten Brüste mißfallen würden. Es war aber warm genug, sich so zu kleiden, ohne den Unmut der Siedler befürchten zu müssen. Nicolette Jasmin, Anne-Marie Dumont und viele andere Frauen würden tief ausgeschnittene Kleider tragen. Nur Rose zeigte etwas mehr Schamgefühl.

Guillaume nahm Noémie auf die Arme und ging hinaus, ohne seine Frau wie gewohnt zu umarmen. Marie war nahe daran, ihn zurückzurufen, ihm zu sagen, daß sie nicht vorhatte, ihn zu verlassen, aber Simon wollte sie eben auch wiedersehen. Ob er sich sehr verändert hatte? Als sie sich kämmte, bedauerte sie, daß Hauptmann Dufour ihr den Diamant, den de Saint-Arnaud für sie hatte schleifen lassen, abgenommen hatte. Gerne hätte sie Simon mit diesem Schmuckstück imponiert. Andererseits aber war es ihr lieber, daß ihr schöner Soldat nichts von ihrer Heirat mit dem Reeder wußte, denn das würde ihn vielleicht abstoßen. Niemand konnte Geoffroy de Saint-Arnaud leiden. Die Vorstellung, daß sie ihm gehört hatte, wenn auch nicht aus freien Stücken, könnte Simon mißfallen. Marie betrachtete sich in dem Spiegel, den sie zur Hochzeit geschenkt bekommen hatte. Er war ziemlich klein, aber was sie darin sah, beruhigte sie. Simon Perrot würde einzig und allein Augen für sie haben!

Als Guillaume mit Noémie zurückkam, war er vom Anblick seiner Frau so angetan, daß er einen Schritt zurücktrat. Seine Lippen zitterten zwar, dennoch brachte er einen bewundernden Pfiff zustande. Marie LaFlamme würde alle Frauen in den Schatten stellen, und alle Männer würden den Waldläufer beneiden, ohne zu wissen, daß sie sich nicht für ihn so zurechtgemacht hatte. Gerne hätte er an der langen roten Haarlocke gezogen, die Marie in den Ausschnitt gerutscht war und ihre Haut in einem noch helleren Rosa schimmern ließ. Guillaume hatte an diesem Tag schon gebetet, Simon möge Marie enttäuschen, damit sie ihn vergaß. Er hatte gehofft, daß all die Stunden, in denen er aufopferungsvoll für die Barmherzigen Schwestern gearbeitet hatte, um deren kleine Gartenmauer auszubessern, ihm Gottes Gnade sichern würden. Manchmal lästerte er, wenn er durch die Wälder streifte, aber Gott mußte wissen, daß in seinen Flüchen keine Bosheit lag. Auf der anderen Seite würde Gott einen Mann, der seinem Bruder Böses wünscht, nicht erhören. Und genau das wünschte Guillaume diesem Simon, ohne ihn jemals gesehen zu haben. Warum war Simon nicht ertrunken?

Noémie, die sich lachend in die Arme ihrer Mutter geworfen hatte, schien für Marie das einzige Hindernis auf dem Weg zu Simon zu sein. Guillaume bewunderte den Anblick, den seine Frau bot: Sie strahlte vor Glück, als sie Noémie abküßte. Würde vielleicht das Kind die Füchsin zur Vernunft bringen? Gerne hätte Guillaume das geglaubt. Schon jetzt haßte er dieses Fest, für das er so viel gearbeitet hatte. Aber er dachte auch, daß es besser sei, Simon bald von Angesicht zu Angesicht gegenüberzustehen. Er erinnerte sich daran, wie ein Medizinmann ihm mit einem einzigen Ruck einen Pfeil aus der Schulter gezogen hatte, um ihn nicht noch länger leiden zu lassen. Er mußte Simon sehen und die verliebten Blicke, die Marie diesem zuwarf, ertragen. Er hatte sogar vor, Simon zu ihr hinzuführen, damit die Leute glaubten, er habe ihn schon vor Marie gekannt.

Nicolette Jasmin stellte Simon Marie vor. Sie hatte ihn sofort in der am Marktplatz versammelten Menge erkannt und war rot geworden, als er sie begrüßt hatte. Zaghaft hatte sie zurückgelächelt und ihm dann, nachdem sie Marie, die hinter seinem Rücken näher gekommen war, bemerkt hatte, ein Zeichen gegeben. Blitzschnell hatte er sich umgedreht und sie nicht einmal ihren Satz beenden lassen. Da hatte sie begriffen, daß er einzig und allein nach Neufrankreich gekommen war, um Marie LaFlamme wiederzusehen. Diese Abfuhr hatte sie ziemlich verwundert, denn sie hätte schwören können, daß sie dem Soldaten gefallen hatte. Sie schob diesen Gedanken beiseite, als sie Maries Blick sah. Ihre schönen Augen schienen dunkelblau, so groß war Maries Erregung. Sie hielt sich sehr gerade, war aber zu bleich geworden, um in der von ihr sonst gewohnten stolzen Art aufzutreten. Dann stellte Nicolette fest, daß auch Guillaume blaß war und Simon anschaute, als stünde der Teufel in Person vor ihm. Wer war dieser Soldat, der einen Mann wie den Waldläufer so einschüchtern konnte?

Nicolette sah Rose Rolland, die Noémie an sich drückte, und ihren Mann, der sichtlich verärgert mit der Spitze seines Holzbeins Kreise in den Sand zeichnete. Nicolette ging zu Rose, um sie auszufragen, aber diese starrte Simon an und erinnerte sich an Maries Schilderung: die schwarzen Haare, das eckige Kinn, die sehr gerade Nase und die stolze Stirn. Sie fand Simons Blick unanständig und errötete, obwohl sie nicht schüchtern war, denn in ihrem kurzen Leben hatte sie schon alles gesehen; und im Gegensatz zu Marie kannte sie die Männer gut. Sie wäre jede Wette eingegangen, daß der Soldat, der alle Frauen umgarnte und mit den Augen geradezu streichelte, Marie nicht liebte. Seine Grausamkeit aber würde über kurz oder lang an den Tag treten ... Instinktiv griff Rose nach der Hand ihres Mannes, glücklich darüber, einen Mann zu lieben, der ihr niemals weh tun würde.

»Marie!« sagte Simon. »Es stimmt also, bis hierher hast du dich zurückgezogen!«

Unfähig ein Wort zu sagen, nickte Marie LaFlamme. Sie wollte Simon anfassen, um sicherzugehen, daß sie nicht phantasierte, aber sie war wie gelähmt. Sie schaute in dieses Gesicht, nach dem sie so lange in ihren Träumen gesucht hatte. Sie sah auf diese Lippen, die sie so begehrt hatte, und fragte sich, wie viele Frauen sie in Paris geküßt hatten, wie lange sie Simon widerstehen würde und ob er ihretwegen gekommen war. Als Guillaume Simon die Hand gab, kam ihr die Geste unglaublich langsam vor. Roses Worte vernahm sie wie ein Echo, Alphonses und Nicolettes Stimmen schienen ihr unwirklich. Erst Noémies schallendes Lachen riß sie aus ihrem Taumel. Sie schluckte, lächelte ihre Tochter an und bewunderte dann wieder Simon.

»Du hast eine sehr anstrengende Seefahrt hinter dir«, sagte

Guillaume mit fester Stimme. »Ich hoffe, du wirst seit deiner Ankunft gut behandelt!«

Ohne die Augen von Marie zu wenden, nickte Simon. Sie war hinreißend! Er erinnerte sich nicht, daß sie so anmutig war und so ein zartes Gesicht hatte. Ein Kind hatte er verlassen, jetzt entdeckte er eine Frau. Von all ihren Reizen betört, hätte er trotz der ermüdenden Reise bestimmt mehrmals mit ihr schlafen können. Er sah ihren Mann an. Sie hatte sich einen richtigen Koloß ausgesucht, mit dem er sich nicht anlegen durfte. Guillaume aber würde nichts anderes übrigbleiben, als einzusehen, daß seine Ehe mit Marie von Gott nicht vorgesehen war …

»Ich bin ein Landsmann von dir«, bemerkte Guillaume. »Bin in Le Croisic geboren.«

»Dort bin ich schon gewesen«, antwortete Simon. »Habe jemanden eskortiert.«

»Ich … ich freue mich, dich zu sehen«, brachte Marie schließlich hervor. »Wie geht es Michelle?«

»Sie hat einen Marquis nach Versailles begleitet, sie wird aber bald die Gelübde ablegen.«

Er erwähnte nicht, daß seine Schwester ihm gesagt hatte, daß ihr nicht einmal neun Leben reichen würden, um für die Erlösung von all ihren Sünden zu beten.

»Ich bin jetzt Witwer.«

»Ah!« sagte Marie.

Guillaume und Simon spürten zugleich die Erleichterung, mit der Marie dies aufnahm. Nein, Guillaumes Gebete würden nicht erhört werden. Rose schaute zum Himmel, als ihre Blicke sich kreuzten. Alphonse schien so verzweifelt, daß er sich anschickte, auf Guillaume zuzugehen, als Mkazawi, der herumschnüffelte, plötzlich vor Simon stehenblieb und anfing zu bellen, als habe ihn der Mann bedroht.

»Still, Mkazawi!« rief Marie.

»Mkazawi? Ein Name von den Wilden?«

»Ja«, sagte Marie stolz. »Er ist ein guter Hund. Brav, Mkazawi, brav …!«

Der Hund hörte auf zu bellen, aber das Zittern seiner großen Ohren verriet, daß er Angst hatte. Guillaume erklärte, der

Hund verhalte sich immer so bei Fremden. Alle Anwesenden wußten, daß das gelogen war. Dann herrschte Schweigen, bis Rose vorschlug, sich Crêpes holen zu gehen, solange noch welche übrig waren.

»Alle Frauen in der Kolonie haben Crêpes gebacken, aber eure Truppen müssen ja ziemlich ausgehungert sein!«

»Ja, sicher«, bestätigte Simon. »Ich wünsche keinem eine solche Überfahrt.«

»Ich weiß noch, wieviel Hunger ich auf der *Alouette** hatte«, sagte Marie.

»Im Moment aber hat dein kleines Leckermaul Hunger«, sagte Rose und übergab Noémie ihrer Mutter.

Lachend nahm Marie ihre Tochter auf den Arm.

»Genau wie ich!« sagte sie zu Simon. »Sie hat immer Hunger. Erinnerst du dich, wie groß mein Appetit war an dem Tag, als ich mehr Krebse gegessen habe als du? Und Nanettes gelierte Früchte! Wie sehr sie mir doch fehlt!«

»Ist das deine Tochter?« fragte Simon überrascht.

Noch bevor Marie antworten konnte, erklärte Guillaume, der Noémies rote Locken sanft streichelte: »Das ist unsere kleine Noémie. Sie ist schon zwei Jahre alt. Die Leute sagen, sie wird mal so ein Plappermaul wie ihre Mutter!«

Mit bewunderndem Blick sah Alphonse Rousseau den armen Guillaume an. Er redete mit Simon wie mit einem Bruder oder einem Vetter von Marie, nicht wie mit einem Rivalen. Hoffte er so, den Soldaten zu zwingen, sich wie ein Verwandter zu benehmen? Immer noch überrascht schaute dieser das Kind an.

»Zwei ist sie?« wiederholte er.

»Seit ein paar Tagen.«

Marie, die die Patschhändchen ihrer Tochter küßte, hatte nicht den Zorn in Simon Perrots Augen aufblitzen sehen. Im nächsten Augenblick lächelte er aber schon wieder. Guillaume hatte begriffen, wie sehr Maries Mutterschaft den Soldaten verärgerte. Sollte er darüber erfreut oder beunruhigt sein? Würde Simon vielleicht Marie wegen Noémie aufgeben

* Schiffsname, zu deutsch: Lerche (Anmerkung des Übersetzers).

oder versuchen, die junge Frau von ihrem Kind zu trennen? Guillaume schwor sich, dafür zu sorgen, daß die Kleine nicht unter Simon Perrots Anwesenheit zu leiden hatte.

»Gehen wir was essen!« wiederholte Rose, »sonst fängt Noémie gleich an zu schreien. Wenn sie will, kann sie nämlich so laut sein wie Mkazawi.«

Als der Wolfshund seinen Namen hörte, drehte er sich zu Rose um, rührte sich dann aber nicht von der Stelle. Er blieb vor Simon stehen, als ob er ihn an der geringsten Bewegung hindern wollte. Tatsächlich knurrte Mkazawi, als Simon zum ersten Schritt ansetzte. Guillaume mußte den Hund am Hals packen, um ihn wegzuzerren. Marie wurde rot, verlegen über das Verhalten des Tieres.

»Das sind all die Leute. Seit gestern so viele neue Gesichter! Er ist ...«

»Marie LaFlamme! Marie Laviolette! Marie!«

Marie stellte sich auf die Zehenspitzen, um zu sehen, wer nach ihr gerufen hatte. Guillaume sagte es ihr.

»Es ist der Herzog! Er rennt, so schnell er kann.«

Horace Bontemps, genannt der Herzog, schrie immer noch, obwohl Marie nur zwei Fuß von ihm entfernt war.

»Ein Soldat bei Boisdon. Er ist plötzlich ganz blaß geworden und dann von seinem Stuhl gefallen. Er hatte nicht mal was getrunken!«

Marie seufzte und übergab ihre Tochter wieder Rose.

»Ich gehe hin.«

Guillaume und Simon begleiteten sie. Geoffroy de Saint-Arnaud hat also recht, sagte sich Simon. Marie war in die Fußstapfen ihrer Mutter getreten. Vielleicht mußte er sie daran erinnern, welchen Gefahren eine Hexe ausgesetzt war.

Marie betrat die Schenke, und die Leute traten sofort beiseite. Selbst wenn sie allein gewesen wäre, hätte man sie selbstverständlich durchgelassen, denn von Tag zu Tag war der Respekt der Leute vor dem medizinischen Wissen der Heilerin größer geworden.

Als Marie sich zu dem Soldaten hinabbeugte, stellte sie fest, daß jetzt schon Kinder angeworben wurden, um in der

Kolonie zu dienen: Dieser Bursche hatte noch nicht mal einen Bart und so schmale Schultern!

Sie öffnete seine Lider, sah in die leeren Augen und tastete seinen Körper ab: dünner Bauch und abstehende Rippen. Am Tag zuvor mußte der Junge reichlich gegessen haben, und sein auf der Überfahrt geschrumpfter Magen hatte die Unmengen von Nahrung nicht vertragen.

»Gib mir ein bißchen Schnaps!« forderte sie Guillaume auf.

Schnell zog Guillaume den kleinen Schlauch aus seinem Hemd hervor. Der Bischof hätte zwar gesagt, ein guter Christ dürfe keinen Alkohol bei sich tragen, aber niemand würde auf die Idee kommen, Guillaume Laviolette zu verraten, denn jeder war ihm zu Dank verpflichtet. Wegen seiner großen Kraft, seines sicheren Urteils und seiner Fröhlichkeit schätzten ihn die Siedler sehr. Er hatte vielen Familien geholfen, sich anzusiedeln, ihr Land zu roden, Bäume zu fällen und sie zu brauchbaren Brettern zuzuschneiden. Wohin der Waldläufer auch kam, für ihn gab es immer zu essen und zu trinken. Insgeheim hoffte man, daß er mit den Irokesen verhandeln könnte, falls es ihnen gelingen sollte, in die Stadt einzufallen. Es war bekannt, daß er die Indianersprachen beherrschte und zu mehreren Stämmen gute Kontakte hatte. Das wiederum betrübte Québecs Mönche, denn ein Mann wie Laviolette wäre ihnen bei ihren Bekehrungen sehr nützlich gewesen. Guillaume hatte sich aber kategorisch geweigert, die Priester bei ihren Bemühungen zu unterstützen. Er wollte neutral bleiben. Gerne brachte er denen, die das wünschten, die Grundbegriffe der verschiedenen Sprachen und die Sitten der Indianer bei, zeigte ihnen die Passagen, Routen und Stationen seiner Streifzüge, doch er würde Gott verleugnen, wenn man ihn gefangennehmen würde, obwohl er getauft war. Er würde nicht den Märtyrertod sterben wie die Jesuitenpatres Brébeuf und Lalement. Er war nach Neufrankreich gekommen, um einem Todesurteil zu entgehen und nicht, weil er in sein Verderben rennen wollte. Wenn er mit Indianern zusammenkam, dann besprach er mit ihnen Tauschgeschäfte und nicht religiöse Fragen. Ihn interessierte ihre Lebensweise, und oft bewunderte er sie. Einige Verhaltensweisen hatte er von ihnen übernommen. Die Montagnais hatten ihn gefoltert, er trug es ihnen aber nicht nach, denn sie hatten nach ganz bestimmten Regeln gehandelt, die dem Waldläufer bekannt gewesen waren, als er sich in ihr Territorium gewagt hatte. Als sie ihn vom Marterpfahl losgebunden hatten, war er trotz seiner Schmerzen aufrecht stehengeblieben. Eine alte Frau hatte dann erklärt, sie wolle ihn als Sklaven haben. Sie hatte ihn in ihr Zelt gebracht und seine Wunden gepflegt. Er hatte begriffen, daß er der Frau ihren von den Franzosen getöteten Sohn ersetzen sollte. Bei diesem Stamm hatte er dann mehrere Monde verbracht. Oft hatte er Sehnsucht nach seinen indianischen Brüdern.

Als Guillaume Marie seinen Schlauch gab, erinnerte er sich, ihn einem Feind abgenommen zu haben, bei einem Kampf in der Nähe von Ville-Marie. Diesen Feind hatte er getötet und seit damals nicht mehr an ihn gedacht. Jetzt fiel er ihm wieder ein. Er hatte genauso schwarze Haare und schwarze Augen wie Simon Perrot gehabt.

Marie tröpfelte ein wenig Schnaps auf die Lippen des jungen Soldaten. Er hustete, rollte verängstigt die Augen, beruhigte sich aber, als Marie ihm die Hand auf die Stirn legte.

»Alles in Ordnung«, sagte sie, »heute solltest du dich aber mit Wasser und Kräutern begnügen. Dein Magen ist solche Unmengen an Fleisch nicht mehr gewöhnt. Außerdem könnte ich wetten, daß du zum Frühstück einen Laib Brot gegessen hast, der noch warm gewesen ist.«

Mit einem Augenzwinkern bejahte der junge Soldat und hielt sich den Bauch.

»Eine Kolik«, sagte Marie. »Warte!«

Sie holte ein paar Blätter Engelwurz aus ihrem Vorratssack und gab sie dem Kranken. Sie erklärte ihm, er müsse die Blätter ziehen lassen und dann den Sud trinken. Der Herzog würde das sicher für ihn machen.

»Wenn es dir morgen nicht bessergeht, dann laß nach mir rufen. Ich heiße Marie.«

Beinahe hätte sie Marie LaFlamme gesagt, aber dann hatte sie Guillaumes Schatten hinter sich gesehen und gedacht, sie müsse Marie Laviolette sagen. Neben Guillaume stand jedoch

Simon, deshalb hatte sie geschwiegen. Sehr lange hatte sie geglaubt, sie würde eines Tages Marie Perrot heißen.

Guillaume half dem jungen Soldaten auf.

»Für einen Soldaten bist du aber nicht sehr alt«, sagte er zu ihm. Er ging Marie voran, die ihn zum erstenmal an diesem Tag anlächelte, als habe dieser Vorfall beide wieder auf die gleiche Wellenlänge gebracht. Denn in den alltäglichen Dingen waren sie bestens aufeinander eingespielt, hatten oft die gleichen Gedanken.

»Ich bin genauso alt wie mein Vater, als er in den Krieg zog.«

»Hast du ihn wiedergesehen?« fragte Marie.

»Nein.«

»Hat man dich gezwungen anzuheuern?«

Guillaume meinte damit die Zwangsrekrutierungen vieler Matrosen, wenn Schankwirte und Proviantmeister gemeinsame Sache machten und den Männern so viel Alkohol gaben, bis sie volltrunken oder verschuldet waren und ihre Anheuerung auf ein Schiff unterschrieben.

»Nein! Ich wollte nach Neufrankreich.«

»Warum?«

»Weil ich reich werden will!«

Das erregte allgemeines Gelächter. Die Siedler, die bei Boisdon saßen, lebten lange genug in der Kolonie, um zu wissen, daß sie es nie zu einem Vermögen bringen würden. Sie beklagten sich nicht darüber, denn sie verdienten immerhin mehr als in Tours, Mortagne, Paris, Châlons, Aumale oder Lusignan. Sie hofften, eines Tages ein kleines Stück Land erwerben zu können, und sie konnten sich mehr als einmal in der Woche Fleisch leisten. Reich aber wurden Händler, Adelige und Kaufleute. Einige Siedler waren gut versorgt und besaßen mehr als ein Hemd zum Wechseln. Der junge Soldat aber hatte noch hoffnungsvolle Ideen im Kopf: Er träumte von Waffenröcken mit Verzierungen, von erlesenen Speisen und von Pferden, die ihn zu seinem schönen Haus bringen würden.

»Dir hat man zu viele Märchen erzählt«, sagte Marie leise und dachte daran, wie schnell sie selbst ins Schwärmen geriet.

Als Alphonse und Rose in die Schenke traten, rief Guillaume nach dem Wirt.

»Bring meinen Freunden einen Krug Wein! Los!«

Simon fühlte sich in den Hintergrund gedrängt. Während Marie sich um den jungen Soldaten kümmerte, ging er auf sie zu.

»Du machst es wie deine Mutter? Es hat also gestimmt?«

Marie runzelte die Stirn.

»Was hat gestimmt?«

»Michelle hat mir erzählt, daß du Heilerin bist«, log Simon.

»Beim Apotheker in Paris habe ich viel gelernt ...«

Sie sprach nicht weiter und kramte in ihrem Vorratssack, um ihre Verlegenheit zu überspielen. Beinahe hätte sie Jules Pernelle erwähnt. Es war aber noch viel zu früh, um mit Simon über dieses heikle Thema zu reden. Sie mußte sich zuerst wieder an ihn gewöhnen. Es rührte sie, ihn in ihrer Nähe zu spüren, aber es machte sie auch verlegen, als sei sie nicht ganz sicher, daß er kein Gespenst war. Sie hatte das Gefühl, eine Ewigkeit sei vergangen zwischen dem Tag, an dem sie ihn in Frankreich zum letztenmal gesehen hatte, und ihrer Ankunft in Québec. Er war zwar der Simon ihrer Erinnerungen und Träume, und doch war er anders. In ihren Träumen lächelte er mehr. Und Noémie hätte er in die Arme nehmen müssen.

»Hier«, sagte sie zum Kranken, den man auf einen Stuhl gesetzt hatte, »nimm das auch!«

Sie gab ihm ein Säckchen getrockneter Lindenblüten. Der junge Soldat bedankte sich und stammelte, sie sei ebenso gut wie schön. Marie hörte Simon flüstern, daß der Kranke recht habe. Sie spürte, wie sie rot wurde, aus Verlegenheit und aus Freude. Aber zum Glück rief Rose nach ihr.

»Laß doch die Männer ihren Wein trinken! Deine Tochter verlangt nach dir!«

»Ihr solltet euren Wein mit Wasser verdünnen«, ermahnte sie die Siedler. »Es ist zu heiß, um ihn pur zu trinken, sonst bekommt ihr Bauchweh wie euer Freund hier.«

Zwei oder drei Siedler standen auf, um Wasser in ihren Becher Wein zu gießen. Marie ließ sich die Genugtuung nicht anmerken, mit der sie feststellte, daß man auf sie hörte, und überlegte, wie sie sich von Simon verabschieden und ihm zugleich zu verstehen geben konnte, daß sie ihn wiedersehen wollte. Doch Guillaume kam ihr zuvor. »Marie, geh schon voraus und sieh, ob du uns was zum Essen herrichten kannst. Ich komme dann später mit unserem Freund nach.«

Simon lächelte zuerst Marie, dann Guillaume zu. War er denn so dumm, selbst den Wolf in den Schafstall zu lassen? Er setzte ja alles daran, betrogen und gehörnt zu werden ... In dieser Hinsicht würde er ihn nicht enttäuschen! Wenn der Waldläufer glaubte, sein freundschaftliches Getue würde ihn von seinem Vorhaben abbringen, dann hatte er sich schwer getäuscht. Was Simon dennoch verstimmte, war die Tatsache, daß er nicht genau wußte, wie lange er brauchen würde, um Marie zu verführen. Er hätte schwören können, höchstens ein oder zwei Wochen. Er sah, wie der Becher Wein in Guillaumes rechter Hand verschwand, und dachte sich, daß man mit einem Mann, der solche Fäuste besaß, vorsichtig sein sollte.

Der Waldläufer leerte seinen Becher in einem Zug und schenkte sich nach.

»Eh! Magst du den Wein nicht?« sagte er zu Simon, als er dessen vollen Becher sah.

»Doch! Aber ich fürchte, der Oberleutnant könnte hier auftauchen. Er hat uns nämlich verboten zu trinken.«

»Dein Oberleutnant hat ganz andere Dinge im Kopf, als auf dich aufzupassen. Er wird mit allerlei Fragen bedrängt, man verlangt von ihm die Post aus Frankreich und lädt ihn überall ein. Außerdem muß er sich dem Oberst von Salières bereit halten, und der wiederum muß sich um den kranken Monsieur de Tracy kümmern. Also, was ist? Du wirst dich doch nicht weigern, mit einem Landsmann anzustoßen?«

Die Anspielung auf ihre gemeinsame Herkunft war ganz natürlich; gewöhnlich freuten sich die Siedler über die Ankunft von Leuten aus ihrer Stadt, aus ihrem Dorf oder ihrem Weiler. So erfuhren sie von Todesfällen, Geburten und Hochzeiten, wußten darüber Bescheid, ob Land, Viehherden und Geschäfte verkauft worden waren. Sie bekamen dann zwar ein bißchen Heimweh, das war aber schnell vertrieben vom Glücksgefühl, den ehemaligen Nachbarn zu zeigen, wie man hier in der Kolonie lebte. Einige Siedler behaupteten sogar, sie hätten sich an den Winter gewöhnt.

Guillaume erhob seinen Becher auf Simons Wohl. Als sein Hemdsärmel nach oben rutschte, fiel Simon eine Narbe auf, die gut eine Handlänge maß.

»Woher hast du denn die Narbe?«

»Das war ein Bär.«

»Ein Bär?«

Simon lächelte, denn er glaubte, daß der Waldläufer ihn auf den Arm nahm. Als Guillaume erzählte, wie er einem Braunbären gegenübergestanden hatte, begriff Simon, daß der Mann die Wahrheit sagte. Noch einmal musterte er seine Fäuste und seinen Oberkörper. In Paris hätte dieser Koloß als Henker wahre Wunder vollbracht! Zwanzigmal hintereinander hätte er den Hammer gehoben, ohne müde zu werden, und in seinen Händen hätte das Schwert nicht gezittert, wenn er einen Adeligen enthauptet hätte.

»Hat der Bär den Kampf verloren?« fragte Simon.

»Keiner hat gewonnen«, sagte Guillaume nur.

»Und die Wilden? Bist du von ihnen schon mal überfallen worden?«

»Nein«, log Guillaume, weil er keine Lust hatte, schon wieder zu erklären, was die Indianer für ihn bedeuteten.

Aber Simon, der ganz gierig war auf blutrünstige Geschichten, ließ nicht locker.

»Auf dem Schiff wurde erzählt, daß sie einem die Kopfhaut abziehen. Ich bin hierhergekommen, um die Horde zu bändigen.«

»Aha! Nicht etwa, um dich hier niederzulassen?«

Simon schien überrascht.

»Hier, an diesem Ort?«

»Über die Hälfte der Soldaten bleibt nach dem Armeedienst in Neufrankreich.«

»Ich nicht. Ich will die Wilden zähmen, dann gehe ich wieder nach Hause. Sag mal, in Québec gibt es doch ein Indianerfort. Warum hat man denn diese Hunde gefangengehalten, statt sie zu töten?«

Guillaume hielt ein Grinsen zurück, denn Marie würde die Art und Weise, wie Simon von den Indianern sprach, gewiß nicht mögen.

»Sie sind freie Menschen, Huronen, die unter dem Schutz des Gouverneurs stehen.«

»Trotzdem sind sie dumm!« beharrte Simon.

»Negabamat ist klug genug, um den Baldachin bei der Fronleichnamsprozession mitzutragen. Das ist nämlich eine Auszeichnung.«

Guillaume fragte Simon, ob er sich dazu entschlossen habe, Frankreich zu verlassen, weil er Witwer sei.

»Ja«, antwortete der Soldat etwas zu hastig. »Und du? Hast du Marie auf dem Schiff, mit dem ihr gekommen seid, geheiratet?«

»Nein. Ich habe Marie hier in Québec kennengelernt.«

»Eure Tochter ist schon groß …«

»Ich habe Marie nicht geheiratet, um ihre Ehre zu retten, falls es das ist, was du meinst. Sie hat Noémie angenommen, nachdem ihre Mutter auf der *Alouette* bei der Geburt gestorben ist.«

Um zu verbergen, daß ihm diese Erklärung gefiel, trank Simon einen Schluck Wein. Die Verbindung zwischen Marie und Guillaume war also nicht so innig, wie er befürchtet hatte.

»Laß uns nach Hause gehen zu Marie. Bestimmt wartet sie schon mit dem Essen auf uns.«

Als Simon aus der Schenke ins Freie trat, blendete ihn das helle Tageslicht. Schon während der Fahrt auf dem Sankt-Lorenz-Strom war ihm die klare Luft aufgefallen. Die Ufer hatten sich so scharf abgezeichnet, daß man die Wipfel der Tannen und Fichten hätte zählen können. Er hatte zuerst gedacht, die Stadt würde, wegen der Nähe des Stroms und der Vielzahl der Ansiedlungen, im Dunst liegen, hatte sich aber getäuscht. Ganz klar sah er nun die Konturen der Häuser, sogar die Äste in den an eine Mauer gelehnten Brettern oder das ungleichmäßige Glas der wenigen Fensterscheiben. Benommen hielt er sich einen Moment die Hand vor die Augen.

»Das ist noch gar nichts«, sagte Guillaume. »Im Winter ist

man wie blind! Der Strom glänzt wie Gold, und der Schnee erinnert an einen Diamantenberg. Da möchte man reich sein!«

Simon biß die Zähne zusammen. Hatte Marie Guillaume etwa von ihrem Schatz erzählt? Er hatte überhaupt nicht die Absicht, ihn mit dem Waldläufer zu teilen. Weder mit ihm noch mit de Saint-Arnaud würde er sich einigen. Vielleicht würde ihn der Reeder umbringen lassen, sobald er wieder in Nantes wäre. Simon aber würde Marie vor ihm verstecken, denn sie war die einzige, die den geheimnisvollen Weg zum Schatz kannte, und deshalb würde sich de Saint-Arnaud ihren Forderungen beugen ... Vielleicht würde er dann versuchen, sie zu verfolgen? Simon würde schon Geld genug haben, um die nötigen Komplizen zu finden, die ihm helfen würden, aus Nantes wegzukommen. Auch die schnellsten Pferde und die eifrigsten Kutscher würde er auftreiben. Er konnte es kaum erwarten, mit Marie über den Schatz zu reden.

»Unser Haus ist ganz in der Nähe.«

»Aber mein Regiment?«

»Deine Kameraden feiern oder liegen im Spital. Niemand wird deine Abwesenheit bemerken. Wir werden sagen, daß du Nachrichten für Marie hattest.«

In der Tat hatte er welche, aber vor Guillaume würde er nichts erzählen. Als er jedoch Marie seine Schüssel reichte, um sich nochmals vom Aalragout auftun zu lassen, sprach er von sich aus über Victor Le Morhier. Simon wollte herausfinden, ob er die Verbindung zu Marie aufrechterhalten hatte und ob Marie wußte, daß Victor ihn bis zur *Pont-Neuf* in Paris verfolgt hatte. Er war überzeugt, daß Le Morhier ihn am Tag vor seiner Einschiffung nach Québec in La Rochelle nicht bemerkt hatte. Simon hatte ihn, satt und in aller Seelenruhe, aus dem Schwarzen Lamm kommen sehen und war ihm bis zum Hafen gefolgt, obwohl er ihm am liebsten gleich seinen Dolch in den Rücken gestoßen hätte. Dort war Victor in ein kleines Boot geklettert und hatte die Matrosen aufgefordert zu rudern. War er Offizier geworden? Die Matrosen hatten ihm nämlich sofort gehorcht ... Simon hatte dann beobachtet, wie das Boot auf die *Grand Faucon** zugesteuert war, ein riesiges Schiff, das seit einer Woche vor La Rochelle festgemacht hatte.

Simon war verärgert gewesen, Victor nicht endgültig losgeworden zu sein, hatte sich aber nach und nach beruhigt, weil er durch einen glücklichen Zufall hatte zusehen können, ohne selber gesehen zu werden. Hätte ihn Victor nämlich erkannt, hätte er gewiß die gesamte Garnison alarmiert und ihn des Mordes und des Diebstahls beschuldigt. Auch wenn Paris weit weg war, so hätte sich Simon doch vor seinem Oberleutnant oder gar vor Monsieur de Tracy rechtfertigen müssen. Der hatte zwar gewußt, daß die meisten Rekruten nicht gerade Chorknaben waren, hätte aber guten Gewissens keinesfalls zulassen können, daß ein Mörder an Bord eines seiner Schiffe ging.

Vier Monate später freute sich Simon Perrot immer noch über sein großes Glück. Beiläufig sagte er zu Marie, daß seine Schwester Michelle ihm erzählt habe, daß Le Morhier mit einem Schiff nach Amsterdam und London unterwegs sei.

»Warum?« fragte Marie. »Seine Eltern wohnen in Nantes. Leben sie noch?«

»Das weiß ich nicht«, antwortete Simon. »In Paris habe ich sie nicht gesehen.«

»Bist du denn nicht in Nantes gewesen?« fragte Guillaume.

Simon verneinte und berichtete dann, was er von seiner jüngeren Schwester über Victor erfahren hatte.

»Angeblich will er mit den Engländern Handel treiben. Wenn er aber ein Verräter ist?«

»Was willst du damit sagen?«

Seufzend zuckte Simon mit den Schultern.

»Nichts. Victor ist verrückt. Jeder weiß, daß die Pest in Amsterdam viele Todesopfer gefordert hat und daß sie auch London heimsuchen wird. Als ich Ende Februar weggegangen bin, habe ich einen Schiffskapitän kennengelernt, der sich weigerte, Matrosen anzuheuern, die von der Insel kamen. Er sagte, die Lage sei noch viel schlimmer, als man glaubt.«

* Schiffsname, zu deutsch: großer Falke (Anmerkung des Übersetzers)

»Victor muß zurückkommen!« rief Marie. »Ich will nicht, daß er stirbt!«

Dieser Ausruf der jungen Frau gefiel Perrot nicht. Warum machte sie sich solche Sorgen um Le Morhier? Er hätte doch schwören können, daß sie nur ihn liebte!

»Der hält mehr aus, als man denkt«, sagte Guillaume. »Du kannst sicher sein, daß er in London nicht sterben wird!«

Simon, der gerade Weißwein getrunken hatte, verschluckte sich. Lächelnd reichte ihm sein Gastgeber einen Krug Wasser.

»Ja. Ich kenne Victor Le Morhier. Er begleitete Marie, als sie hierherkam.«

»Er ist Noémies Pate«, fügte Marie hinzu. »Sie ist auf dem Schiff getauft worden, und Victor hatte große Bedenken, sie fallen zu lassen!«

Marie schaute ihre Tochter liebevoll an. Wie kräftig sie in den zwei Jahren geworden war! Ihr Pate würde sie nicht wiedererkennen. Falls er sie überhaupt wiedersehen wird … Marie wollte nichts von der Pest hören. Sie erinnerte sich an die Angst, die sie um ihre Mutter gehabt hatte, wenn diese Pestkranke gepflegt hatte. Es war jedoch nicht der Schwarze Tod gewesen, der Anne LaFlamme getötet hatte, sondern die Grausamkeit der Menschen. Wußte Simon, was ihrer Mutter zugestoßen war?

»Du weißt, daß Mama tot ist?« fragte Marie.

»Ja, Michelle hat es mir erzählt.«

Simon schwieg einen Augenblick lang. Es sollte ein ehrfürchtiges Schweigen sein. Dann behauptete er, daß er tiefe Trauer empfunden habe.

»Sie hat meine Mutter entbunden, als ich auf die Welt gekommen bin. Bist du auch Hebamme?«

Marie seufzte. Nein, sie sei es noch nicht, denn man verweigere ihr das Recht, als Hebamme tätig zu sein. Seit ihrer Ankunft hoffe sie darauf. Das unheilvolle Auftauchen Ernest Nadeaus und sein rätselhafter Tod hätten alles zerstört. Sie sei zwar vom Mordverdacht freigesprochen worden, aber das reiche nicht aus. Man halte sie noch immer nicht für würdig, das Hebammenamt auszuüben. Wie lange mußte sie noch warten?

»Ich bin Heilerin, eine ebenso gute wie meine Mutter.«

»Hast du denn keine Angst?«

Marie schüttelte den Kopf. Nein, in Neufrankreich würde man sie nicht verbrennen.

Guillaume gähnte unverhohlen und räkelte sich.

»Wenn ich noch länger sitzen bleibe, dann schlafe ich gleich ein wie Noémie.«

Er nickte seiner Frau zu und ging mit dem Kind hinaus. Sobald er durch die Tür war, rückte Simon näher zu Marie. Er umfaßte ihre Hände und schaute sie lange an.

»Diese Hände verdienen es nicht, beim Pflanzenausreißen oder beim Hemdenwaschen für deinen Mann geschunden zu werden.«

»Pflanzen zu pflücken hat mir schon immer Spaß gemacht«, stammelte Marie.

»Aber du würdest lieber meine Hemden waschen, oder?« flüsterte Simon. »Ich bin gekommen, um dich zurückzuholen. Nachdem meine Frau gestorben war, wußte ich, daß ich dich haben wollte.«

Marie machte einen schwachen Versuch, sich von ihm zu lösen, aber er hielt sie fest. Dann gab er sie doch frei und lachte hämisch.

»Verzeih! Ich hatte ganz vergessen, daß du verheiratet bist. Dabei hat mir Michelle geschworen, daß du mich noch liebst! Du hast dich ja schnell getröstet. Zuerst mit Victor, dann mit diesem Waldläufer ... Hat es noch andere gegeben?«

Marie errötete und sagte, er habe sie zuerst im Stich gelassen. Hatte er nicht in Paris geheiratet? Schon lange bevor sie sich nach Neufrankreich eingeschifft hatte?

»Als ich von deiner Heirat erfuhr, war ich so verzweifelt. Deshalb habe ich Frankreich verlassen.«

»Ist das der einzige Grund gewesen?«

Marie nestelte an ihrer Schürze herum. Was wollte er wissen, und wieviel konnte sie ihm erzählen? Hatte er davon erfahren, daß sie gesehen hatte, wie er Jules Pernelle getötet und Guy Chahinian verhaftet hatte, und daß sie Angst gehabt hatte, selber dieses Verbrechens beschuldigt zu werden?

»Marie, ich habe mich mit Geoffroy de Saint-Arnaud

getroffen. Nur, vor deinem Waldläufer wollte ich das nicht sagen. Ich bin nämlich in Nantes gewesen und habe dich gesucht. Ich weiß, daß du vor dem Reeder hierher geflüchtet bist.«

»Ich hatte keine andere Wahl«, beteuerte Marie leise.

Sie hatte gezittert, als Simon ihre Hände festgehalten hatte, zögerte jetzt aber, Pernelles Tod zu erwähnen. Warum traute sie ihm nicht? Seit sie sich erinnern konnte, war sie doch in Simon verliebt gewesen. Irritiert von seinem Verhalten, redete sie sich ein, daß es nur die ungestüme Art Simons sei, die sie verwirrte. Sie hatte an seine forsche Direktheit gar nicht mehr gedacht, bis er sich dicht neben sie gesetzt hatte, kaum daß Guillaume das Haus verlassen hatte. Die Ruhe und das verschmitzte Lächeln des Waldläufers lagen ihr mehr. Simon gab ihr das Gefühl, als ob er sie auf der Stelle verschlingen wollte. Sein durchdringender Blick beunruhigte sie und zog sie zugleich an. Sie hatte die Eifersucht in Simons Augen aufleuchten sehen, als sie von Victor gesprochen hatte, und sich geschmeichelt gefühlt. Jetzt aber hatte sie Angst, ihm von de Saint-Arnaud zu erzählen.

»Ich wurde gezwungen, ihn zu heiraten.«

»Ihn ja, aber diesen Waldläufer doch nicht, oder?«

»Guillaume ist ...«

»Ist was?«

»Ein lieber Freund.«

»O Gott, wenn ich all meine lieben Freundinnen geheiratet hätte ...«

Marie schwankte zwischen Freude und Wut. Es gefiel ihr zwar zu sehen, daß Simon so sehr an ihr hing, doch sie konnte den Gedanken nicht loswerden, daß er ihr schnell untreu geworden sein mußte. Er war ein Mann, das war ihr klar, aber daß er sich alles erlaubte, damit wollte sie sich nicht abfinden.

»Geoffroy de Saint-Arnaud hat mich gezwungen.«

»Ich werde ihn töten!« schrie Simon. »Als ich ihn in Nantes gesehen habe, konnte ich mich gerade noch beherrschen. Auf der Place du Bouffay spielte er den großen Herrn. Ich wollte ihm eine Falle stellen, damit er büßt, was er dir angetan hat.«

»Simon!«

»Ich konnte dich nicht rächen, leider. Aber die Natur wird es für uns erledigen.«

»Was?«

»Vielleicht ist er noch nicht tot. Aber als ich Nantes verließ, hatte er das Wechselfieber. Hornet hat ihn gepflegt ...«

»Dieser Esel!«

Simon gefiel, wie sich das Gespräch entwickelte. Er brachte Marie dorthin, wo er sie haben wollte, und schon hing sie an seiner Angel. Er hatte einen Anflug von Bewunderung in ihrer Stimme gehört, als er von Rache gesprochen hatte.

»Und wenn am Reeder jetzt schon die Würmer nagen?«

»Nein!« rief Marie. »Ich wollte ihn mit meinen eigenen Händen umbringen!«

»Sachte, sachte!« sagte Simon. »Er hat mir versichert, er würde wieder gesund werden, allein schon, weil er sich das Vergnügen, dich auf dem Scheiterhaufen brennen zu sehen, nicht entgehen lassen möchte!«

Er erklärte ihr, daß er de Saint-Arnaud mit dem Versprechen, sie gegen eine gute Belohnung nach Frankreich zurückzubringen, getäuscht habe.

»Der Reeder ist ein Idiot! Ich habe mir die Hälfte der Belohnung genommen, um zu dir zu kommen. Wenn wir zurück sind, bekomme ich noch mal so viel. Er glaubt, daß er dich zwingen kann, ihm deinen Schatz zu geben, aber ich werde dich beschützen. Schließlich war ich Musketier! Und wenn ich eine Kolonie verteidigen kann, dann werde ich auch für meine Liebste den Säbel schwingen können!«

Simon lächelte Marie zu, die ihm Wein nachschenkte. Sie war stolz auf ihre ruhige Hand, wenn sie Kranke operierte. Erleichtert stellte sie fest, daß ihre Hände sie jetzt, vor Simon, nicht im Stich ließen.

»Hast du in Paris den Rittermantel der Musketiere getragen?« fragte Marie.

»Ja, und der war ganz schön warm!« log Simon. »Wenn ich bei den Tuileries in der prallen Sonne Wache hielt, dann träumte ich von dir, um mich aufzumuntern. Ich hatte mir so sehr gewünscht, daß du mich in meinem blauen Rittermantel siehst.«

»Warum hast du Frankreich verlassen?«

»Deinetwegen, Marie. Ich bin zu dir gekommen, sobald ich konnte. Ich mußte de Saint-Arnaud sehen, um zu erfahren, ob es ihm gelungen war, an dein Vermögen zu kommen. Sei unbesorgt! Er hat nichts gefunden.«

Mit ruhiger Stimme erklärte Marie, daß der Schiffseigner den Schatz ganz einfach deshalb nicht habe finden können, weil dieser Schatz überhaupt nicht existiere.

»Was?«

»Ich habe lange gebraucht, bis es mir klargeworden ist. Aber Kapitän Le Morhier hat recht. Es gibt keinen Schatz. Mein Vater hat die Sache mit dem Schatz erfunden.«

Marie glaubte nur halb, was sie selbst erzählte. Sie hoffte nach wie vor, daß es den Schatz gab, zweifelte aber immer mehr daran. In den zwei Jahren in der Kolonie hatte sie aufgehört, irgendwelchen Träumen nachzuhängen. Sie stand mit beiden Beinen auf der Erde. Lebte in der Wirklichkeit, im täglichen Leben. Und das gefiel ihr, denn ihre Mitbürger schätzten sie, Guillaume war ein guter Partner, sie hatte eine süße Tochter und verläßliche Freundinnen. Nur, warum mußte Simon immer noch so gut aussehen?

»Kein Schatz?« schrie Simon »Was redest du denn da für einen Unsinn!«

Marie schaute ihn traurig an.

»Nein, es ist kein Unsinn. Tut mir leid, aber Monsieur Le Morhier und Monsieur Chahinian irren sich selten.«

»Dieser Ketzer wird den Schatz für sich haben wollen!«

»Das ist unmöglich!«

»Er hätte mir nicht alles so lange verschwiegen, wenn er damit gerechnet hätte, daß er aus dem Gefängnis kommt, um ihn sich zu holen. Das kannst du mir glauben!«

»Im Gefängnis?« brachte Marie hervor. »Wie das? Wer hat ihn da hineingesteckt?«

Die Füchsin konnte sich genau erinnern, was sie in der Apotheke gesehen hatte. Noch wollte sie es nicht glauben und hoffte, Simon würde sich rechtfertigen. Ungeduldig sagte er: »Was weiß ich? Jedenfalls war er im Loch, als ich ihn besucht habe. Ich wollte ihm helfen, aber seine Lage war aussichtslos.

Er ist ein Ketzer und Meister einer gottlosen Sekte! Nachdem ich weg war, ist er bestimmt hingerichtet worden.«

Marie stöhnte.

»Das hat er nicht verdient.«

»Und ich habe nicht verdient, dich hier mit einem anderen Mann verheiratet zu finden«, sagte Simon, der nicht über Chahinian reden wollte.

Er packte Marie am Handgelenk und zog sie an sich. Mkazawi bellte. Verwirrt machte sich Marie von Simon los. Sie hatte sich vorgestellt, er würde einfach aus Liebe kommen. Statt dessen brachte er Beschuldigungen gegen sie vor und drang in sie. Als begreife er nicht, daß sie sich zuerst wieder aneinander gewöhnen mußten. Sie hatte sich ausgemalt, daß sie durch die schlafende Stadt spazierengehen, sich das Wellenrauschen am Quai Champlain anhören und über ihre Kindheit, ihre Jugend und ihre Freundschaft sprechen würden. Statt dessen erzählte Simon von Geoffroy de Saint-Arnaud und kam ihr mit Lügen über Guy Chahinian.

Nein. Sie konnte ihn jetzt nicht umarmen.

»Du bist zwar verheiratet, aber du wirst mich doch jetzt nicht zurückweisen … Außerdem, du bist ja gar nicht wirklich verheiratet hier, du bist nach wie vor die Gattin des Reeders.«

Marie biß sich auf die Lippen. Sie hatte es geschafft, sich einzureden, daß die Ehe mit Guillaume gültig war. Doch Simon hatte recht. Diese Ehe konnte vor Gott nicht bestehen.

Und in den Augen der Siedler? Oder der Mönche, deren Unterstützung sie brauchte, um Hebamme zu werden? Mußte sie dieses Vorhaben aufgeben?

»Du hast selbst behauptet, de Saint-Arnaud liege im Sterben«, sagte Marie. »Das bedeutet doch, daß Gott jetzt meine Ehe gutheißt.«

»Aber ich will es nicht!« beharrte Simon und schleuderte seinen Zinnbecher gegen die Wand. »Du wirst diesen Waldläufer verlassen!«

»Aber, Simon, das kann ich nicht!«

»Ach nein?«

»Was werden die Leute denken? Ich würde wegen Bigamie

verurteilt und müßte Neufrankreich verlassen. Wo sollte ich dann hin?«

»Nach Nantes, mit mir, und wir holen deinen Schatz. Das ist unser Land, dort müssen wir leben. Du wirst dich doch hier nicht vergraben wollen?«

»Es gibt keinen Schatz.«

Simon mußte sich zusammennehmen, denn am liebsten hätte er die junge Frau geschlagen, weil sie die Existenz des Schatzes bestritt.

»Du liebst mich nicht mehr!« sagte er mit rauher Stimme.

»Simon!«

»Wenn du meine Liebste wärst, dann würdest du mit mir zurückgehen.«

Marie trat auf Simon zu, legte ihre Hände auf seine Schultern und fixierte ihn. Sie hoffte, die Autorität, die sie bei den Kranken genoß, würde auch auf diesen eifersüchtigen Mann wirken.

»Simon, ich habe dich immer geliebt, das weißt du sehr gut. Aber du weißt auch, daß wir im Moment nicht nach Nantes zurück können. Du hast dich bei der Armee verpflichtet und mußt deiner Kompanie folgen. Sonst bist du ein Deserteur, Simon, und würdest entsprechend bestraft werden …«

»Ich werde in die Wälder gehen wie dein Waldläufer.«

»Du bist aber nicht Guillaume!«

Simon fluchte. »Zum Henker! Du liebst ihn!«

Marie seufzte.

»Ich wollte damit nur sagen, daß Guillaume die Indianersprachen beherrscht und mit ihnen verhandeln kann.«

Simon tastete nach der Pistole, die er in den Falten seines Tuchmantels versteckt hielt.

»Ich habe, was ich brauche, um mir Respekt zu verschaffen. Die Wilden werden schon sehen, was ein bißchen Schießpulver anrichten kann!«

Entmutigt schüttelte Marie den Kopf. Simon hatte keine Ahnung vom Leben in der Kolonie, sonst würde er nicht glauben, so ohne weiteres sein Regiment verlassen und bis zu seiner Rückkehr nach Frankreich in den Wäldern überleben zu können. Aber wie sollte sie ihm das klarmachen? Er wurde so schnell wütend. Obwohl sie sich über das Wiedersehen nach so langer Trennung gefreut hatte, mußte sie feststellen, daß Simon sehr reizbar war, und sie gab schon fast die Hoffnung auf, er würde sie verstehen. Weil sie schwieg, versuchte er zu lächeln.

»Ende des Sommers sind wir weg«, versicherte er.

Marie erwiderte sein Lächeln und hob den Becher auf, der unter den Ahorntisch gerollt war. Simon hatte Lust, sie um die Taille zu fassen und ihr unter den Rock zu greifen oder ihr den Halskragen, der die Brust bedeckte, wegzureißen. Marie war zwar noch schöner als in Nantes, aber nicht mehr so unbekümmert wie damals. Vielleicht würde sie sich wehren, wenn er sie bedrängte. Sie sah ihn aber unablässig an, was für ihn ein eindeutiger Beweis war, daß sie sich zu ihm hingezogen fühlte.

Er mußte ein paar Tage Geduld haben. Im Moment spielte Marie die sittsame Ehefrau, die sich um das Gerede der Leute sorgte. Sie hatte Guillaume nur geheiratet, weil sie sich hier hatte niederlassen wollen. Diese Flausen würde er ihr schon aus dem Kopf schlagen …

Marie stellte den Becher auf den Tisch und füllte ihn wieder mit Weißwein, den Simon in einem Zug leerte. Als sie ihm gerade nachschenkte, hörte sie draußen Noémie plappern. Schnell brachte sie ihr Leibchen und ihre Haare in Ordnung, wie eine Frau, die beinahe bei einem Seitensprung erwischt worden wäre und ihre Kleider zurechtstrich, damit ihr Mann nichts merkte.

Guillaume stieß die Tür auf und reichte Marie einen Korb voller Erdbeeren.

»Catherine schickt sie dir. Erinnerst du dich, wie sehr Victor Erdbeeren mochte?«

Abrupt stellte Simon seinen Becher ab.

Guillaume nahm den Krug Wein, um ihm nachzugießen. Zunächst lehnte Simon ab, ließ sich dann aber doch seinen Becher füllen und trank gierig aus.

»Und was gibt es sonst für Neuigkeiten, außer der Pest?« fragte Guillaume.

Simon lächelte seltsam.

»Nichts. Krieg gab es nicht … Mir war es langweilig, deshalb habe ich beschlossen, die Kolonien zu verteidigen. Die Wilden werden meine Medizin schon noch kennenlernen.«

Erneut klopfte er auf seine Pistole. Marie konnte einen Seufzer nicht unterdrücken. Simon glaubte, sie sei seinetwegen beunruhigt.

»Sei unbesorgt! Sie hat mir immer gute Dienste erwiesen.«

Er verabschiedete sich von Guillaume und Marie und sagte, er müsse zu seiner Kompanie zurück.

»Der hatte es plötzlich äußerst eilig«, bemerkte Guillaume.

»Er entscheidet immer alles sehr schnell«, antwortete Marie. »Er ist …«

Sie hielt inne, weil sie erkannt hatte, daß es taktlos gewesen wäre, Guillaume jetzt zu erzählen, daß Simon ihretwegen gekommen war und daß er sie nach Nantes zurückbringen wollte.

»Er hat einen guten Zug«, meinte Guillaume und zeigte auf den leeren Krug. »Hat keinen Tropfen Wein übriggelassen.«

Marie bot an, sofort frischen zu holen.

»Nein! Laß doch! … Er ist also in Nantes gewesen?«

»Wie bist du drauf gekommen?«

»Als ich ihn vorhin danach gefragt habe, hat er es abgestritten, ein wenig zu schnell. Hat er den Reeder gesehen?«

Marie nickte. Sie war verlegen und erleichtert zugleich, daß Guillaume sie befragte. Sie war es gewohnt, seinen Rat einzuholen und ihm von ihrer täglichen Arbeit und ihren Erlebnissen zu erzählen. Plötzlich nichts mehr zu sagen, war ihr seltsam vorgekommen, und so beschloß sie, ihm alles zu sagen, was er wissen konnte, ohne verletzt zu sein.

»De Saint-Arnaud liegt im Sterben.«

»Der wird doch nicht einfach so den Geist aufgeben, ohne jeden Schmerz?«

»Simon versichert, er will mich am Galgen hängen sehen, bevor er stirbt. Die Hoffnung, daß Simon mich nach Nantes zurückbringt, hält ihn am Leben.«

»Er glaubt noch immer an den Schatz«, flüsterte Guillaume. »Und Simon auch.«

Während Marie dem Waldläufer zuhörte, zog sie ihre Tochter aus. Sie erinnerte sich an seine Reaktion, als sie von ihrem Schatz erzählt hatte. Es war drei Wochen nach ihrer Hochzeit gewesen, am Tag bevor er zu seinen Streifzügen aufgebrochen war. Gelacht hatte er, und Marie war deswegen beleidigt gewesen. Er hatte ihr klargemacht, daß Martin Le Morhier und Guy Chahinian keine Verrückten waren und daß sie keinen Grund hatte, deren Worte anzuzweifeln. Sie hatten nämlich behauptet, Anne LaFlamme habe diesen Schatz erfunden, um ihrer Tochter das Leben zu retten. Damit hatten beide die Wahrheit gesagt. Wenn es überhaupt einen gab, dann war dieser Schatz die Freundschaft, die die beiden Männer ihr bekundet hatten, um sie zu retten. Weiter hatte ihr Guillaume von einem Medizinmann erzählt, der sich Jahre zuvor über ihn lustig gemacht hatte, weil er bei der Jagd nach einem Silberfuchs beinahe ertrunken wäre. Guillaume hatte dem Montagnais- Indianer erklären wollen, daß seine Beute viel wert sei. Aber dieser hatte ihm zur Antwort gegeben, daß er wenig Männer kenne, denen ein Fell lieber sei als ihr eigenes Leben.

»Wenn du in Frankreich geblieben wärst, dann wärst du jetzt tot.«

»Soviel Macht hat de Saint-Arnaud gar nicht«, hatte sie entgegnet.

»Du hast mir erzählt, daß du Zeugin eines Mordes warst und später dieses Mordes beschuldigt worden bist.«

Marie nahm Noémie auf den Schoß, stellte einen Krug mit Wasser vor sich und griff nach einem großen weißen Tuch, um ihrer Tochter Schmutz- und Obstflecke wegzuwischen.

Guillaume kitzelte Noémie, die so laut lachte, daß Mkazawi bellte. Dann sagte er zu Marie, daß es viel leichter sei, den Schmutz von Noémies verschmierten Knien zu entfernen als einen Fehler, den man einmal gemacht hatte, wiedergutzumachen.

»Ich denke, daß dein Simon viel zu stolz ist, um außer sich selbst noch jemanden zu lieben. Er hat sich geschmeichelt gefühlt, als Nicolette auf ihn zugegangen ist.«

»Nicolette!« rief Marie. »Die ist ja noch ein Kind.«

Um seine Verwirrung nicht zu zeigen, beugte sich Guillaume zu Noémie hinüber. Maries Reaktion sprach Bände. Sie war schlicht und einfach eifersüchtig. Guillaume erinnerte sich, daß Simon ähnlich reagiert hatte, als Marie sich um Victor gesorgt hatte.

Victor Le Morhier. Wäre er doch in Neufrankreich geblieben! Dann hätte er Marie geheiratet, und dann wäre er es, der jetzt leiden mußte.

Ein tiefer Seufzer entfuhr Guillaume bei diesem Gedanken. Marie fragte ihn, ob er wirklich glaube, daß Victor nicht in Gefahr sei.

»Gerade habe ich an ihn gedacht«, sagte Guillaume. »Ich hoffe, daß er vorsichtig sein wird. Er schien mir ein besonnener Mann zu sein.«

»Du hast recht«, sagte Marie und reichte ihm die Hand, »wie immer ...«

3. KAPITEL

Trotz des heftigen Windes hatte sich Victor Le Morhier einige Stunden im Londoner Hafen umgesehen. Viel früher schon hätte er Paul Brune aufsuchen können, aber es war seine Art, sich mit einer fremden Stadt vertraut zu machen, indem er am Wasser, die Kais entlang, spazierenging. Das war beruhigend und aufschlußreich zugleich. Ob in Nantes, Kadir oder Amsterdam, überall waren die gleichen Takler, Schreiner, Proviantmeister, Kleinkrämer, Händler, Köche, Werber, Trimmer, Offiziere und Matrosen anzutreffen. Und überall gab es die gleichen leichtgeschürzten Mädchen, die die Schiffsbesatzungen der Fleuten, Binnenländer oder Huker willkommen hießen. Nur sprachen sie nicht dieselbe Sprache.

Eine Rothaarige hatte versucht, ihn zu überreden, mit ihr zu kommen. Obwohl ihr Haar Victor Le Morhier an Marie LaFlamme erinnert hatte, hatte er ihre Einladung abgelehnt. Er hatte Lust gehabt spazierenzugehen, um über den Handel, den er Monsieur Brune vorschlagen würde, nachzudenken. Er hatte die Anzahl der vor Anker liegenden holländischen, spanischen und französischen Schiffe geschätzt und sich in etwa eine Vorstellung von der Handelssituation in London gemacht. Er hatte den Eindruck gehabt, daß es hier mehr arme Leute gab als in Paris, auf jeden Fall mehr als in La Rochelle, wo er angeheuert hatte. Denn dort war es nicht so leicht gewesen, eine komplette Schiffsmannschaft zusammenzustellen. Hier dagegen durften viele Männer ihre Holzschuhe in der Hand tragen und sie nur beim Betreten einer Kirche oder eines bürgerlichen Hauses anziehen. Die Leute hatten seltener gelächelt und etwas Unruhiges im Blick gehabt. Er hatte gehört, der Engländer sei distanziert, hatte es aber nur halb geglaubt. Der englische und der französische Matrose waren sich zwar ähnlich in ihrem dröhnenden Gelächter und in dem Gebrüll, das aus den Schenken hallte, in denen das Bier in Strömen floß. Der Engländer geriet aber nicht so heftig in Zorn wie etwa ein Seemann aus Saint-Malo oder Dieppe, wenn er feststellte, daß er nicht nur seine Heuer versoffen, sondern auch noch so viele Schulden gemacht hatte, so daß er am nächsten Tag schon wieder anheuern mußte. Victor hatte zwei Betrunkene gesehen, die bei einem Schiffskapitän ihre Heuer unterschrieben hatten, ohne daß sie dazu gezwungen worden waren. Zu diesem Zeitpunkt wußte Victor aber noch nicht, daß diese armen Kerle London verlassen wollten, denn holländische Seeleute hatten ihnen von den Verwüstungen erzählt, die die Pest in ihrem Land angerichtet hatte. Sie waren so vernünftig gewesen, diesen Fremden zu glauben. Sie hatten sich genügend Mut angetrunken, um auf einem Schiff anzuheuern, das sie weit weg bis zur Insel Trinidad bringen würde. In der Schenke waren sie ausgelacht worden, als sie von der Seuche erzählt hatten. Gewiß hatte es in der Nähe von Clerkenwell und Holborn Todesfälle gegeben. Aber die kalten Winde und die Fröste hatten diese Stadtbezirke von den übelriechenden Miasmen gesäubert, und eine Epidemie war nicht mehr zu befürchten gewesen.

Victor Le Morhier hatte einige Gerüchte über die Pest gehört, sich aber keine weiteren Gedanken darüber gemacht, denn hätte eine ernsthafte Gefahr bestanden, dann wäre den ausländischen Schiffen der Zugang zum Hafen verwehrt worden. Er hatte sich erinnert, daß seine Patin Anne La-Flamme schon Pestkranke in einer Quarantäne-Anstalt behandelt hatte. Einige waren gestorben, und mit ihnen die Seuche. Trotzdem hatte Victor Gamaschen übergezogen, um seine Stiefel vor dem Unrat auf den Straßen zu schützen, und sich ein Taschentuch um den Mund gebunden, als er von Bord gegangen war. Unauffällig hatte er es aber wieder in seinen Gürtel gesteckt, nachdem er festgestellt hatte, daß er der einzige mit einem Mundschutz gewesen war. Beim Anblick der vielen Menschen im Hafen hatte er seine Ängste sehr schnell abgelegt: Es war ein Hafen, der schnell wachsen würde. Victor hätte wetten können, daß der Handelsverkehr sich innerhalb von fünf Jahren verdoppeln, ja sogar verdreifachen würde. Die Vielzahl der Schiffe aus dem Ausland bewies, wie wichtig London als Transithafen war. Hellbegeistert von einigen riesigen Schiffen, hatte Victor beschlossen, die englische Sprache zu lernen, denn er würde bald regelmäßig den Ärmelkanal überqueren müssen. An diesem Tag im März 1665 war er nicht überrascht gewesen, neben Spanisch und Englisch auch Französisch und Italienisch zu hören. Die Leute hatten sich mit einem Kauderwelsch beholfen, denn allen war die Sprache des Geldes gemeinsam gewesen. Mit zehn Fingern hatte sich jeder verständlich machen können.

Victor Le Morhier hatte sich aber dann doch gefreut, daß Monsieur Brune ein Franzose aus Angers war. So könnten sie sich leichter miteinander unterhalten. Als Victor den Hafen verließ, suchte er nach dem Brief, den sein Vater ihm für Monsieur Brune mitgegeben hatte. Er kannte ihn auswendig und vertraute darauf, daß Monsieur Brune den Kapitän Martin Le Morhier in guter Erinnerung haben würde: Warum auch nicht? Sein Vater war zwar ein harter Geschäftsmann, aber gerecht und loyal. Gewissenhaft hielt er sein Wort, und diejenigen, die anfänglich meinten, er würde zuviel feilschen, waren später über seine Ehrlichkeit erfreut. Egal ob es Rückschläge oder Hindernisse auf See gab, Kapitän Le Morhier zahlte, was er versprochen hatte. Genauso wie die anderen mußte ihn auch Monsieur Brune schätzen.

Victor Le Morhier bedauerte, sich so lange auf den Docks aufgehalten zu haben, als er erkannte, daß es in London noch schwieriger war sich zurechtzufinden als in Paris. Nach zwei Stunden mußte er eine Passantin nach dem Weg fragen: Er sagte ihr langsam und deutlich den Namen des Platzes, an dem Monsieur Brune wohnte, sie verstand jedoch kein Wort. Würde er also erst nach Einbruch der Dunkelheit bei dem Kaufmann ankommen? Gewiß, Monsieur Brune erwartete ihn nicht auf die Minute genau. Sie hatten keinen bestimmten Zeitpunkt oder einen bestimmten Tag vereinbart, denn man konnte ja nie genau wissen, wann ein Schiff einen Hafen anlief. Da Victor sich aber vorgenommen hatte, seinen Gesprächspartner noch vor dem Abendessen zu treffen, hoffte er, bald die St.-Clement-Kapelle zu finden. Der Kaufmann hatte ihm geschrieben, sein Haus liege fünf Straßen links von dieser Kapelle und sechs Straßen vor Saint Paul's Cathedral. Wie weit mochte es noch sein bis dorthin?

Schließlich konnte ihm ein Edelmann Auskunft geben. Er las den Zettel, den Victor in der Hand hielt, und zog seinen Degen. Victor wich zurück, doch dann machte sich der Engländer daran, mit der Klinge den Weg auf den Boden zu zeichnen. Victor begriff, daß er der Themse folgen, an der Brücke hinter dem Tower rechts abbiegen und nordwärts weitergehen mußte.

Der Mann steckte seine Waffe wieder weg und hob den Daumen.

»One mile.«

Victor Le Morhier bedankte sich herzlich bei ihm und war froh, daß er nur noch eine halbe Stunde Fußweg vor sich hatte.

Während Victor Le Morhier sich fragte, ob er mit Monsieur Brune ins Geschäft kommen würde, fielen ihm etliche neue Häuser aus Ziegelsteinen auf. Sie sahen alle gleich aus und waren kaum heller als jene Pariser Häuser, die nicht viele Fenster hatten, dafür aber trauriger, trostloser und langweiliger in ihrer Eintönigkeit. Bestimmt irrten sich die Bewohner schon mal in der Haustür. Vielleicht waren diese neuen Häuser der Gesundheit förderlicher als die alten.

Als er am Tower vorbeiging, mußte er an die vielen Verurteilten denken, die hinter diesen Mauern gestorben waren. Er fand den Turm noch finsterer als die Erkertürmchen des Châtelet. Da hatten Anne Boleyn, Catherine Howard und Thomas More ihren Kopf auf den Richtblock gelegt. Und wie viele andere noch? Eines Abends hatte Emile Cléron in der *Fosse aux lions** erzählt, daß es im Tower Gespenster gebe. Victor hatte sich damals über seinen Freund lustig gemacht. Aber in dem Moment, in dem er vor dem düsteren Gebäude stand, konnte er Clérons Leichtgläubigkeit verstehen. Denn der Tower wirkte in der Tat schrecklich genug, um derlei Legenden hervorzubringen. Er hatte ihn jedoch schnell wieder vergessen, als er die Brücke sah.

Die Brücke. Die einzige Brücke in einer so großen Stadt. Wie konnte man sich einzig und allein mit der London Bridge begnügen? In Paris verbanden mehrere Brücken die Inseln mit den Seineufern. Die Pariser hätten heftig protestiert, wenn es anders gewesen wäre. Kein Mensch hätte unzählige Umwege in Kauf genommen, um über die einzige Brücke der Hauptstadt zu gelangen. Es gab zwar Boote, die die Londoner von einem Ufer zum anderen brachten, aber wäre es nicht einfacher gewesen, neue Brücken zu bauen? Victor bog nach links ab und kam an sechs Kapellen vorbei, ehe er St. Clement entdeckte, keine zweihundert Fuß weiter! Dann wandte er sich nach links, zählte fünf Straßen und wußte zunächst nicht, ob er an dem Eckhaus klopfen sollte.

Eine Blumenverkäuferin bestätigte ihm, daß es das Haus des Herrn aus Frankreich sei. Victor ordnete sein Hemd und sein Wams, fuhr sich mit einer Hand durchs Haar und band die Schleife, die es zusammenhielt, enger. Dann hatte er es plötzlich eilig, denn er wollte Monsieur Brune so schnell wie möglich kennenlernen und ihm alle Vorteile des Handels mit den französischen Kolonien auseinandersetzen. Er betrach-

* Name eines Wirtshauses, zu deutsch: Löwengrube (Anmerkung des Übersetzers).

tete die Fliederbäume und erinnerte sich dabei an Marie LaFlammes Augen. Er fragte sich, ob es in Neufrankreich Flieder geben mochte. Gern hätte er Marie diese Blumen mit den großen Rispen geschenkt, von deren verführerischem Duft sie ebenso betört wäre, wie an jenem Sommerabend im Jahr 1663, als sie ihn geküßt hatte. Gerne wäre er ihren Lippen, die so sanft waren wie der Flieder, inmitten einer Wolke aus blauen Blütenblättern begegnet.

Während er den Platz überquerte, dachte er, daß er Marie demnächst wiedersehen würde, und zwar, sobald er genügend Geld zusammengetragen hätte, mit dem er ihr den Schatz ersetzen könnte. Er stellte sich eine Tätigkeit als eine Art Handlungsreisender vor, der im Auftrag einiger Großhändler verschiedene Effekten kaufen und verkaufen würde. Dabei schwebte ihm aber nicht billiger und wertloser Tand vor, sondern Gewürze, Waffen, Felle, Edelsteine oder andere sehr begehrte Waren. Auf seiner letzten Reise hatte ihm ein spanischer Offizier erzählt, daß die Franzosen Schokolade einführen würden, weil die Königin Maria Theresia sie so gern möge. Er hatte die cremige Masse beschrieben, deren Duft und Wärme sowie deren Wohltat für Körper und Seele. Die Pariser seien richtig verrückt nach Kakao; der Spanier hätte dafür sogar seinen Siegelring verwettet.

Oft hatte Victor an diese geheimnisvolle Schokolade zurückdenken müssen; vielleicht würde er sie eines Tages probieren können. Und wenn er damit dann ins Importgeschäft einsteigen würde? Jeder Warenhandel hatte seinen Markt, sagte er sich immer wieder, ganz gleich, um welche Waren es ging, ob um Lebensmittel, Metalle oder Stoffe. Sein Vater hatte ihm viel von den englischen Tuchwaren erzählt, und es war sein Wunsch, schnell mehr darüber zu erfahren. Er klopfte heftig an Monsieur Brunes Tür, und ein Diener öffnete ihm sofort. Monsieur Brune mußte von einem der drei auf die Straßenseite gehenden Fenster nach ihm Ausschau gehalten haben, denn er wirkte erleichtert, als er Victor sah. Dann musterte er Victor eingehend, als suche er nach Ähnlichkeiten mit dem Kapitän Le Morhier: Da waren die hohe Stirn, die breiten Lippen und dann dieser aufrichtige Händedruck. Victor überreichte ihm den Brief, aber Monsieur Brune brauchte ihn gar nicht zu lesen, um sich für Martin Le Morhiers Sohn zu interessieren. Mit der Aufforderung, ihm zu folgen, führte er ihn ins Wohnzimmer. Monsieur Brune schien ihn bereits erwartet zu haben, denn ein Sessel war an eines der Fenster gerückt worden.

»Ich habe schon befürchtet, Sie hätten sich verlaufen.«

»Es tut mir leid, ich habe am Hafen etwas Zeit verloren.«

»Auf Surrey's Dock?« hatte M. Brune gefragt.

Victor zuckte mit den Schultern.

»Ich spreche Ihre … ich meine, diese Sprache, nicht besonders gut.«

»Sagen Sie ruhig meine Sprache«, antwortete Paul Brune seufzend. »Setzen Sie sich doch bitte, und sagen Sie mir, was Sie nach London führt.«

Victor erläuterte Monsieur Brune die Gründe für seinen Besuch. Dieser hörte zu, ohne ihn zu unterbrechen, nickte nur hin und wieder oder runzelte die Stirn. Der junge Mann kam ihm sehr ehrgeizig und ausgesprochen kühn vor: Wie sein Vater wollte er Kapitän werden, sich aber mehr auf den Handel verlegen, auf die Vielfalt und die Qualität von Waren setzen. Er hatte vor, eine kleine Handelsgesellschaft zu gründen, in der die verschiedenen Partner durch seine Vermittlung ihre besten Produkte austauschen würden. Er sprach sogar von Schokolade und Kaffee, beides Produkte, nach denen die feine Gesellschaft zwar noch nicht ausdrücklich verlangte, die aber bald in Mode kommen würden. Er berichtete von seinen Reisen nach Madeira und zu den Kanarischen Inseln, auch von seiner abenteuerlichen Seefahrt nach Neufrankreich. Er sagte, er sei bereit, trotz der schrecklichen Überfahrt wieder dorthin zu reisen, denn er habe gehört, die Preise für Biberfelle seien gefallen, weil die Nachfrage in Europa zurückgegangen sei. Er habe sich aber davon überzeugen können, wie ungeduldig die Siedler auf die mit Waren beladenen Schiffe warteten. Salz, Zucker, Schnaps, Werkzeug, Arzneien und Stoffe seien in dem Warenhaus, in dem sich die Bewohner versorgten, nur selten zu bekommen. Die Waldläufer, die dort ihre Felle verkauften, seien neben ihrem Gewinnanteil am Fellhandel auch noch am Erwerb von Tabak und kleinen Geschenken, interessiert, um die Indianer bei Laune halten zu können. Ja, falls es nötig sein sollte, würde Victor jederzeit wieder nach Neufrankreich segeln.

»Trinken Sie doch!« forderte Monsieur Brune Victor auf und reichte ihm ein Kristallglas. »In London schätzt man Portwein sehr, er wird immer beliebter ...«

Victor nippte an seinem Glas und wunderte sich über dessen feinen Schliff, denn das Wohnzimmer, in dem sein Gastgeber ihn empfangen hatte, war ohne jeden Geschmack eingerichtet. Sessel und Teppiche paßten nicht zueinander, und der Tisch war viel zu groß für den Raum. Dieses Zimmer ließ in keiner Hinsicht auf Monsieur Brunes großen Reichtum schließen, und Victor fragte sich sogar, ob der englische Kaufmann in letzter Zeit einige Mißerfolge erlitten haben mochte. Er hatte den Portwein noch nicht ausgetrunken, als sein Gastgeber ihm nachschenkte. Er erzählte ihm, daß England und Portugal einander nähergekommen seien, seit England den spanischen Markt eingebüßt habe, dafür aber jetzt Zugang zu Portugals Kolonien in Asien, Afrika und Amerika haben würde. Für den einfachen Mann, der von dem 1654 unterzeichneten Vertrag keine Ahnung habe, würden die Verbindungen beider Länder auf den Export von Kammgarnen der Neuen Tuchmanufakturen und den Import von Portwein hinauslaufen.

»Sie werden sehen, der Portwein wird den Bordeaux verdrängen«, sagte Monsieur Brune. »Er verträgt den Transport nämlich besser.«

»Außerdem haben sich Engländer und Franzosen noch nie besonders gemocht.«

Monsieur Brune sah Victor eindringlich an.

»Ja, das stimmt leider. Das weiß ich besser als sonst jemand.«

»Bedauern Sie es, in England zu sein? Warum kehren Sie nicht nach Frankreich zurück?«

»Dazu bin ich zu alt. Meine Töchter sind Engländerinnen wie ihre Mutter. An Paris könnten sie sich bestimmt nicht gewöhnen.«

»Aber in Nantes würde man Sie sehr herzlich aufnehmen!« versicherte Victor. »Mein Vater hat Sie in allerbester Erinnerung.«

»Ich schätze ihn auch sehr«, erklärte Monsieur Brune. »Und es freut mich, seinen Sohn kennenzulernen. Sind Sie auch so ein gewiefter Bursche wie er?«

»Das hoffe ich doch!« antwortete Victor Le Morhier. Früher war er oft etwas naiv gewesen, seine vielen Reisen aber hatten seinen Horizont erweitert: Flink und beweglich mußte man sein, wenn man auf einem Schiff überleben wollte. Und schlau und schweigsam, wenn man Geschäfte machen wollte. Der Umgang mit Emile Cléron hatte ihm diesbezüglich viel gebracht, er würde aber nie so ein Lump werden wie sein Freund. Er beabsichtigte nicht, die Bürger, die in Spielsalons in schlechte Gesellschaft gerieten, hereinzulegen, aber er würde ihre Vorlieben genau beobachten. Er kannte sie schon gut genug, um ihren Wünschen zuvorzukommen und ihre Neigungen zu ahnen, und nötigenfalls würde er sogar Bedürfnisse für sie erfinden. Die Pariser hatten ein Faible dafür, Dinge in Mode zu bringen! Das würde er sich zunutze machen. Mehrmals schon hatte er von den Neuen Tuchmanufakturen gehört, jetzt wollte er vor Ort einen ihrer Vertreter treffen.

»Seit dreiundzwanzig Jahren lebe ich in London, Victor. Ich habe nicht mehr allzuviel Zeit vor mir, hoffe aber, daß diese Stadt die Handelsmacht erlangt, die ich ihr prophezeie. In den letzten zehn Jahren hat sich hier viel verändert, und der einheimische Handel wird sich bald durchsetzen. Die Rohstoffe werden jetzt im Land verarbeitet, bevor sie in alle Welt und manchmal sogar wieder in ihr Herkunftsland geschickt werden, wie z. B. Zucker, Tabak oder Baumwolle … Um auf dem Kontinent zu verkaufen, braucht man Schiffe, und die müssen erst einmal gebaut werden. Wußten Sie, daß das Baugewerbe einer der wichtigsten Industriezweige des Landes ist? Daß die Heuer unserer englischen Matrosen ständig steigt? Die Insel wird ein neues Gesicht bekommen, überall. Vor drei Jahren wurden alle Stadtmauern abgerissen, und sogar die Menschen verändern sich. Es gibt Adelige, die jetzt reiche Bürgerstöchter heiraten.«

»Aber die Londoner exportieren ihre Wolle nach wie vor nicht«, gab Victor zu bedenken.

Paul Brune lachte schallend. Le Morhier junior hatte sich also vor seinem Besuch gut informiert. In der Tat, er war nicht dumm. Brune füllte Victors Glas bis zum Rand mit Portwein, nachdem er sich selbst bedient hatte, und entgegnete dann: »Die Wolle wird im Land bleiben. Wir wollen nämlich unsere Schafzüchter unterstützen.«

»Ich glaube nicht, daß das der richtige Weg ist«, meinte Victor. »Es kann nichts Gutes geben, die Leute zum Kauf der Wolle zu zwingen. Ihre Qualität ist nämlich schlechter geworden, und in Paris behaupten einige Leute, daß man den spanischen Garnen englische Fasern beimische, um sie zu verbessern.«

In der Tat! Dieser junge Bursche gefiel Paul Brune immer besser. Schon eine Weile fragte er sich, ob sein Freund Le Morhier ihn nicht aus einem ganz bestimmten Grund zu ihm geschickt hatte, nämlich, um ihn mit einer seiner Töchter zu verheiraten. Er läutete nach seinem Diener und beauftragte ihn, seine Frau und seine Töchter zu holen, bevor er Victor Portwein nachgoß, obwohl dieser abgelehnt hatte.

»Na! Ein Schluck Portwein wird einen Seemann doch nicht umwerfen!«

Plötzlich neugierig geworden, öffnete er schließlich den Brief. Martin und Myriam Le Morhier waren wohlauf, Nantes nach wie vor eine blühende Stadt und Victor eigensinniger, als es den Anschein habe. »Mein Sohn ordnet sich nicht leicht unter«, schrieb der Kapitän. »Auf See tut er, was man ihm sagt, sobald er aber von Bord ist, findet er tausend Möglichkeiten, wie man zu Geld kommen kann. Nichts würde ihn von diesem Vorsatz abbringen. Myriam behauptet, er sei genau wie ich.« Weiter versicherte ihm Martin Le Morhier, daß sein Sprößling ehrlich und klug sei, er verbürge sich für sein Benehmen. Am Ende des Briefes bat er seinen Freund, doch in sein Heimatland zurückzukehren.

Mit keinem Wort aber sprach er von einer möglichen Heirat zwischen Victor und Mary oder Elizabeth. Vielleicht hatte Martin gar nicht daran gedacht, daß die Mädchen mittlerweile erwachsen waren. In seiner Erinnerung waren sie wohl noch so, wie er sie bei seinem einzigen Besuch in London kennengelernt hatte. Mit aufgelöstem Haar waren sie damals ihrem Reifen hinterhergelaufen und hatten ihre Mutter bekniet, am Themse-Ufer spielen zu dürfen. Le Morhier wäre erstaunt, wenn er sehen könnte, wie sehr sie sich verändert hatten. Aus den Zwillingsschwestern waren reife Frauen geworden. Nach all den Jahren waren sie sich immer noch erstaunlich ähnlich, aber weder Paul Brune noch seine Frau verwechselten sie, denn sie hatten nicht die gleichen Augen. Mary war so fröhlich und setzte ihrer Umgebung ziemlich zu, weil sie von morgens bis abends sang, lachte oder herumalberte. Für die Nachbarskinder erfand sie immer neue Spiele, hüpfte vor Freude, wenn sie den armen Leuten milde Gaben brachte. Oft mußte ihre Mutter sie ermahnen, ihre Stimme zu dämpfen, wenn sie im Gottesdienst sang. Auch Elizabeth hatte grüne Augen, sie erinnerten aber nicht an jungen Klee wie die ihrer Schwester, sondern eher an karges Heideland. Man hätte glauben können, daß Elizabeth schon alles über die Welt begriffen hatte, das Gute wie das Böse, und daß diese Bilder sich auf ihrer Netzhaut eingraviert hatten. Das junge Mädchen war nicht etwa traurig. Es lächelte eben nur, wenn seine Zwillingsschwester in schallendes Gelächter ausbrach, oder nickte bloß, wenn jemand eine witzige Bemerkung fallenließ. Elizabeth war zwar zurückhaltend, die Brunes wußten jedoch, daß sie nur dem Anschein nach so brav und wehrlos war. Einmal hatten sie nämlich beobachtet, wie ihre Tochter einem Kutscher einen Stein an den Kopf geworfen hatte, weil dieser ein Pferd mißhandelt hatte. Häufig konnten die Eltern nur vermuten, daß sie sich wieder geschlagen hatte, um Schwächere zu verteidigen, wenn sie vorgab, nur gestolpert zu sein. Die Eltern wußten nämlich, daß sie viel zu gelenkig war, um so oft hinzufallen. Die Schrammen und Kratzspuren in ihrem Gesicht hatten ihr in Wahrheit kleine Rotzbengel zugefügt. Erst vor kurzem war es Madame Brune gelungen, Elizabeth von diesen Raufereien abzubringen, denn kein Mann auf der Welt würde eine Frau heiraten wollen, die sich schlägt wie die Riesenweiber auf den Jahrmärkten, mochten ihre, Elizabeths, Gründe noch so edel sein. Elizabeth aber hatte lediglich geantwortet, daß sie sich aus dem Heiraten nichts mache, dafür sei Mary um so mehr daran interessiert.

Noch lange würde Monsieur Brune über diese Antwort lächeln müssen, denn im Grunde hatte seine Tochter recht. Seit Mary verlobt war, wurde in ihrem Haus nur noch über die Hochzeit gesprochen. Man hatte alles auf den Kopf gestellt. Das Wohnzimmer, in dem Monsieur Brune Victor empfangen hatte, war der beste Beweis dafür. Dann aber war Monsieur Brune eingefallen, daß sein Besucher von dem bevorstehenden Ereignis ja noch gar nichts wissen konnte.

»Victor, meine Tochter Mary heiratet in ein paar Tagen. Deshalb ist das Wohnzimmer in diesem Zustand ... Ich weiß überhaupt nicht, was hier vorgeht, und bis zur Hochzeit halte ich mich lieber in der Stadt auf.«

»Bestimmt sind Sie sehr glücklich, daß Ihre Tochter an den Traualtar geführt wird!«

Monsieur Brune nickte. In der Tat war er sehr glücklich über den Lauf der Dinge. James Alley, Marys Verlobter, war der Sohn eines Parlamentsmitglieds, älter zwar als seine Tochter, aber ein Altersunterschied von mehr als zwanzig Jahren zwischen Eheleuten war keine Seltenheit. Mary war sehr impulsiv und brauchte die Autorität eines Ehemannes. Zwar hatte Monsieur Brune mit Freuden festgestellt, daß Elizabeth das Glück ihrer Schwester teilte, er hatte aber auch gemerkt, daß sie es nicht mehr hören konnte, wenn diese von ihrer Mitgift sprach oder die Vorzüge ihres Verehrers rühmte. Mary war sofort bereit gewesen, den ersten, der um ihre Hand angehalten hatte, zu heiraten, weil sie das Leben nahm, wie es kam, ohne sich Fragen zu stellen oder auf ihr Herz zu hören.

Paul Brune und seine Frau rechneten aber damit, bei Elizabeth auf mehr Widerstand zu stoßen, wenn es galt, sie zu verheiraten. Dieser Zeitpunkt konnte aber nicht mehr lange hinausgeschoben werden, denn wenn Mary im ehefähigen Alter war, dann war es ihre Zwillingsschwester auch. Monsieur Brune wollte wissen, ob Victor weiterhin Reisen unternehmen oder sich wegen seiner Geschäfte in Nantes niederlassen würde.

»Mich niederlassen?« fragte Victor überrascht. Hatte ihm Monsieur Brune denn nicht zugehört?

»Ich meine, wenn Sie genug Geld verdient haben, um sich niederzulassen, würden Sie dann aufhören, kreuz und quer durch die Welt zu reisen?«

Energisch schüttelte Victor den Kopf. Niemals! Dafür liebte er die See zu sehr! Er hatte nämlich gerade damit angefangen, sie zu umwerben wie eine Braut. Auf den Azoren hatte er erlebt, wie sanft und warm sie sein konnte. An den englischen Küsten war sie stürmisch gewesen, und vor Neufundland eisig und mörderisch. Er wußte, daß sie voller Koketterie war und jeden Tag ein anderes Kleid trug, um den Himmel zu verführen. Sie schmückte sich in allen Farben: indigoblau, königsblau, hellblau und blaßgrün. Mal war sie gesprenkelt oder gekräuselt, mal silberglänzend oder schillernd, mal jungfräulich mit ihren Schaumkronen. Victor hatte aber auch gesehen, wie sie sich rot verfärbte, wenn die Sonne sie umarmte; und er hatte gespürt, in welche Wut sie geriet, wenn sie schiefergrau wurde. Sie konnte überall zugleich sein, erstreckte sich unter allen Himmelsstrichen ins Unendliche und verzauberte die Seeleute. Sie hatte den Sirenen ihren Gesang beigebracht, daran hatte Victor keinen Zweifel. Wie sollte er auf sie verzichten, nachdem er sie doch gerade erst kennengelernt hatte? Wenngleich die einzige Frau, deretwegen er dieser Leidenschaft entsagt hätte, auch diejenige war, die ihn dazu getrieben hatte, erneut auf hohe See zu gehen.

»Lassen wir das Thema«, brummte Monsieur Brune.

Als draußen Schritte zu hören waren, stand er auf.

»Meine Frau und meine Töchter«, sagte er zu Victor, als Madame Brune mit den Zwillingen das Zimmer betrat.

Madame Brune war eine große, eher hagere Frau; sie hatte einen langen Hals und ein wenig vorteilhaftes Gesicht. Aber als sie Victor ansah, begriff er sofort, warum Monsieur Brune in London geblieben war. Jane Brune hatte unbeschreiblich schöne Augen, von einem so tiefen Grün, daß er sich sofort an Tadoussac erinnert fühlte, an seine Ankunft auf dem Sankt-Lorenz-Strom in Neufrankreich und die Entdeckung unendlich vieler Hektar Wald. Dann dachte er an Anne LaFlamme, die auch nicht schön war, der aber niemand widerstehen konnte. Madame Brune schien genauso energisch und entschlossen zu sein wie seine Patin. Auf einmal trat sie zur Seite, um ihm Mary und Elizabeth vorzustellen.

Ihre Ähnlichkeit war für alle Fremden ebenso verwunderlich wie beunruhigend. Hieß es nicht, daß Zwillinge vom Teufel besessen seien? Nie hatte jemand vor den Brunes auch nur eine Andeutung gemacht, viele Frauen aber hatten bei ihrer Beichte in St. Clement davon erzählt. Der Beichtvater hatte versucht, sie zu beruhigen, indem er ihnen versichert hatte, daß die Brunes eifrige Kirchgänger und ihre Töchter in göttlicher Ehrfurcht erzogen wären. All diese Gerüchte seien erlogen, den Teufel müsse man woanders suchen. Die Brunes hatten viel Glück gehabt, daß dieser Pfarrer ein vernünftiger, besonnener Mann war. Nach der Geburt der Zwillinge war ihr Geschäft nicht dem Niedergang anheimgefallen, wie man hätte befürchten können.

Auch Victor Le Morhier fielen die ähnlichen Gesichtszüge von Elizabeth und Mary auf, er spürte aber, daß sie vom Charakter her sehr verschieden waren. Die Art und Weise, wie beide ihn begrüßten, verstärkte dieses Gefühl. Nachdem Mary sich vor ihm verbeugt hatte, hätte man meinen können, sie würde gleich zu tanzen anfangen, wogegen Elizabeth den Eindruck erweckte, einen Fleck auf dem Teppich zu untersuchen. Mary lächelte freundlich, als sie ihn ansah, während die Schwester ihn mit einem festen Blick musterte. Beiden Frauen aber war dieser reizende Akzent im Französischen gemeinsam, für den sie sich, ganz zu Unrecht, entschuldigten.

»Ich habe ihnen unsere Sprache beigebracht«, erklärte Monsieur Brune seinem Gast. »Sie sprechen sie aber kaum. Und meine Frau benutzt auch lieber ihre Muttersprache.«

Victor konnte Madame Brune und ihre Töchter beruhigen. Ihr Französisch war ausgezeichnet.

Beim Abendessen hatte er dann die Gelegenheit, jedes Mitglied der Familie näher kennenzulernen. Die Sicherheit, mit der Monsieur Brune über den Handel sprach, verriet den Fachmann. Er kannte alle Geschäftsleute und Honoratioren der Stadt, ihre Verkäufe und Einkäufe und auch ihren

Umsatz. Er wußte, welcher Reeder welche Pläne hatte und ob Gesetze aufgehoben werden würden. Er klärte Victor über die Bedeutung der Steinkohle auf und erwähnte mehrmals die Neuen Tuchmanufakturen. Madame Brune ergänzte da und dort einige Einzelheiten und zeigte so ihr Interesse für die Pläne des Franzosen. Mary und Elizabeth waren reizend, jede auf ihre Art. Als Victor den Tisch verließ, erklärte er seinen Gastgebern, wie sehr er es bedaure, ein Einzelkind zu sein. Er sehne sich geradezu nach solchen gemeinsamen Mahlzeiten bei lebhaften Gesprächen, die ihm ganz unbekannt seien. Zum erstenmal an diesem Abend mußte Elizabeth herzlich lachen.

»Bleiben Sie nur eine Woche bei uns, dann werden Sie bald genug davon haben, daß Mary ständig nur vom Heiraten redet!«

Daraufhin zwickte sie Mary. Während Monsieur Brune die Aussprachefehler seiner Töchter korrigierte, entschuldigte sich seine Frau bei Victor, daß sie sich nicht früher um seine Unterbringung gekümmert habe. Ja, sie müsse Elizabeth recht geben, diese Hochzeit bringe sie alle durcheinander!

Victor erzählte, er habe unweit der Brücke ein Gasthaus gesehen, in dem er sich bestimmt sehr wohl fühlen werde. Monsieur Brune bestand jedoch darauf, ihn in seinem Haus aufzunehmen, falls Victor sich mit einer kleinen Kammer unterm Dach begnügen würde.

»In diesen Gasthäusern verkehren manchmal recht zweifelhafte Leute«, sagte Monsieur Brune.

»Und oft sind es schmutzige Unterkünfte«, fügte seine Frau hinzu.

»Da kann man sich vielleicht anstecken«, bemerkte Mary.

Victor zuckte zusammen.

»Ich habe gehört, daß die Kälte die giftigen Ausdünstungen im Keim erstickt hat und daß es keine Pestkranken mehr gibt.«

Monsieur Brune nickte.

»Stimmt. Die armen Leute haben in diesem Winter viel durchgemacht. Die Luft war so eisig, daß die Vögel erfroren sind. Aber jetzt haben wir nichts mehr zu befürchten, auch wenn es im Gemeindebezirk St. Giles recht viele Bestattungen gibt.«

»Seien Sie still, Bester!« flüsterte Madame Brune. »In der Stadt ist niemand an der Seuche erkrankt. Und wir sind auch nicht nach St. Giles gegangen, um zu überprüfen, ob es tatsächlich die Pest war oder nicht doch nur eine Rippenfellentzündung, die diese armen Leute hinweggerafft hat.«

Monsieur Brune lächelte.

»Meine Frau hat recht. Die Kälte hat die Seuche im Keim erstickt, und die Pest hat bestimmt nur ein paar Opfer gefordert. Trotzdem muß man vorsichtig sein und solche Gasthäuser meiden, denn man weiß ja nie, wer vor einem in dem Bett gelegen hat.«

»Es wird wie bei meiner Tante in Paris sein«, meinte Victor, als er die Gastfreundschaft der Brunes annahm. »Da habe ich auch ganz oben unter dem Dach geschlafen und die Sterne sehen können.«

Mary klatschte in die Hände, als sie hörte, daß er bleiben würde, und er mußte versprechen, ihr alles über Paris zu erzählen. Allein beim Namen der Stadt geriet sie ins Schwärmen.

Victor Le Morhier würde sich noch lange und mit freudigen Gefühlen an den Empfang der Brunes erinnern. Im Verlauf seines ersten Aufenthaltes in London stellte ihm Paul Brune nicht nur die Geschäftsleute vor, die sein Projekt unterstützen konnten, sondern gab ihnen auch zu verstehen, daß er Victor als Familienmitglied betrachtete. Madame Brune bat ihn, von seinen Reisen und seiner Einschiffung nach Neufrankreich zu berichten. Ihr fiel die Veränderung in Victors Stimme auf, als er die Fähigkeiten Marie LaFlammes, einer jungen Heilerin, lobte. Am letzten Abend erzählte er von einem Zusammenstoß mit Piraten, vom Entern des Schiffes, vom Gemetzel an Bord und den getöteten Kameraden. Als er Marys verängstigten Blick bemerkte, wechselte er das Thema und beschrieb die Annehmlichkeiten der Azoren, ihre seltsamen Blumen und bunt gefiederten Vögel.

Elizabeth erklärte daraufhin, sie würde gerne auf Reisen gehen wie ein Mann. Ebenso belustigt wie irritiert blinzelte ihre Mutter und forderte Victor auf, sich noch einmal Bacon zu nehmen.

»Sie müssen essen, bald werden Sie wieder auf dem Schiff sein und Hunger haben!«

Victor reichte ihr den Teller, denn das geräucherte Schweinefleisch war wirklich vorzüglich! Es schmeckte ihm besser als das gekochte Fleisch, das er am Abend vorher gegessen hatte, oder die übliche Wurzelgemüsesuppe. Madame Brune hatte recht, ihn an die schmale Kost auf der *Grand Faucon* zu erinnern. Die Überfahrt zum Kontinent war zwar kurz, aber warum sollte er auf so gute Dinge verzichten, wenn man sie ihm auf so liebenswürdige Weise anbot?

Victor wußte nicht, wie er sich bei seinen Gastgebern bedanken sollte. Er war traurig, daß er bei Marys Hochzeit nicht dabeisein würde, und schenkte ihr eine kleine mit Intarsien verzierte Dose. Elizabeth bat er, sich den Ablauf des Festes gut zu merken, damit sie ihm im Sommer, wenn er wieder nach London käme, alles erzählen könnte.

Die *Grand Faucon* war ohne Zwischenfälle ausgelaufen. Bevor die Seeleute das Schiff aufs offene Meer hinauslenkten, hatten sie sich vergewissert, daß sich am Schiffsrumpf kein Seegras festgehakt hatte, das die Fahrt behindern würde. Ein Seemann hatte sich abgemüht, diese lästigen Pflanzen abzuschneiden, und Victor erklärt, daß sie verflucht hartnäckig seien.

Le Morhier hatte beobachtet, wie der Südwestwind die Segel aufblähte, und sich gefragt, ob sich dieser Wind länger als eine Nacht halten würde. Denn wenn das Schiff zu sehr Schlagseite bekam, mußte man vielleicht zu den Scherleinen greifen, um die Wanten zu spannen. Der Seemann hatte tief Luft geholt und zwischen zwei Takelagen gesehen, wie sich die große Insel allmählich entfernt hatte. Mit seiner Reise nach London war er zufrieden. Er glaubte fest daran, diese Handelsgesellschaft, von der er träumte, auf die Beine stellen zu können. Sie würde es ihm ermöglichen, Marie LaFlamme einen Schatz zu schenken.

Zwei Tage und zwei Nächte war er dann geritten, um so schnell wie möglich wieder in Paris zu sein. Er hatte es eilig gehabt, Emile Cléron zu treffen, um ihm von seinen Handelsprojekten zu erzählen. Zuerst war er zur Baronin von Jocary gegangen, die ihn zunächst etwas verwundert, dann aber mit großer Begeisterung empfangen hatte. Sie erzählte ihm, daß Cléron zu ihr unterwegs sein müsse, denn am frühen Abend würde sie vornehme Leute in ihrem Salon empfangen.

»Nach Ostern ist ein Engländer bei mir gewesen«, erklärte die Baronin. »Er hat gespielt und alles verloren. Und Sie? Haben Sie Ostern auf See verbracht?«

Victor nickte, dann pfiff er bewundernd. Der kleine Salon hatte sich nämlich während seiner Abwesenheit sehr verändert. Armande de Jocary hatte neue Stühle gekauft, und die Zierleisten an den Wänden waren neu gestrichen worden, in einem undefinierbaren Rosa.

»Seufzer eines Maiabends.«

»Wie bitte?«

»So heißt die Farbe meiner Zierleisten.«

»Sie haben wohl Mademoiselle de Scudéry an der Place Royale getroffen, weil Sie so reden?«

Die Baronin streckte ihm die Zunge heraus.

»Die wird genauso zu mir kommen wie die anderen!«

»Sie haben es schon sehr weit gebracht, Baronin!« sagte er, nachdem er geschätzt hatte, wieviel diese Renovierungsarbeiten gekostet haben mochten. In diesem Salon war so mancher Herr tüchtig gerupft worden, damit sich die Baronin ihren Luxus leisten konnte.

Er lächelte sie nachsichtig an. Madame de Jocary war schlau und naiv zugleich, ohne Illusionen und doch wie ein Kind, launenhaft und besonnen. Im Umgang mit ihr hatte er begriffen, daß sie eine harte Frau war, weil sie keine andere Wahl gehabt hatte. Sie war sehr eigensinnig, und jeder mußte sich nach ihren Wünschen richten. Wenn diese Intrigantin allerdings zufrieden war, dann wußte sie sich zu amüsieren und nahm sich von allem, was das Leben ihr zu bieten hatte. Sie war nie krank, nie müde, aber die Tatsache, daß sie eine Frau war, erlaubte ihr nicht, von einem illegalen Spielsalon zum nächsten zu laufen. Cléron erzählte Victor nämlich alles, wenn er von seinen nächtlichen Spritztouren zurückkam.

»Ihr Freund ist sehr umgänglich«, vertraute sie Victor an. »Vernünftig und spöttisch, hat immer irgendeine witzige Bemerkung auf Lager, um mich zu unterhalten.«

»Ich hoffe, er bringt gute Nachrichten von Monsieur Chahinian.«

Die Baronin verschränkte die Arme auf der Brust, als sei ihr plötzlich kalt.

»Der Goldmacher sitzt immer noch in der Bastille ein.«

»Kann denn der Marquis de Saint-Onge nichts für ihn tun?«

Die Baronin wirkte angespannt.

»Weder der Marquis noch der Chevalier. Monsieur Chahinian ist nämlich ein Ketzer.«

»Der Chevalier?«

»Julien du Puissac, ein Freund von Monsieur Chahinian. Er hat in Neufrankreich gelebt und ist vor einem Jahr hierher zurückgekehrt, kurz nachdem Sie auf die Inseln gereist sind. Er besucht ihn jede Woche in der Bastille, leider ist er kein Magier, der den Goldmacher mit seinen Wundertaten befreien könnte! Es ist schon ein Wunder, daß er überhaupt noch am Leben ist ...«

Armande de Jocary führte Victor in ihr Zimmer, um ihm den Alkoven zu zeigen, den sie sich einen Monat vorher hatte bauen lassen. Seitdem stieg sie nach Herzenslust auf das Podest und streichelte mit einem nie nachlassenden Vergnügen die Bettsäulen. Sie wünschte sich, daß alle das große Bett sehen konnten, an dem jedes Teil mit einem amarantroten Kattun bezogen war: der Himmel, das Bettende, die Nackenrolle, der Überwurf und die Schabracke. Der Stoff hatte ein Vermögen gekostet, aber keine der Preziösen*, die ihr Haus bisher noch verschmähten, besaß einen vergleichbaren.

* Der preziöse Frauentyp, eine Modeerscheinung um 1650, die vor allem im Salon des Hôtel de Rambouillet und im Umkreis der Madame de Scudéry gepflegt wurde, bemühte sich im Streben nach weiblicher Emanzipation um den Ausgleich zwischen Prüderie und Koketterie (Anmerkung des Übersetzers).

Seit sie ihre Gäste im Alkoven empfing, hatte man ihr sogar schon einige Madrigale vorgetragen. Die Verszeilen waren unterschiedlich lang und nicht so ausgefeilt wie die eines Sonetts gewesen, aber zart und angenehm. Mit einem offenkundigen Vergnügen hatte die Baronin diese Huldigungen entgegengenommen, nicht so sehr weil sie Gedichte liebte, sondern weil diese Ausdrucksform bei der vornehmen Gesellschaft in Mode war und sie in der Lage sein wollte, wenigstens einen Vers aufsagen zu können, wenn sie die Damen an der Place Royale traf.

Victor hatte Platz genommen und strich über die Lehne seines Stuhls, die mit diesem Kattun bezogen war. Die Baronin hatte in der Tat seit Jahresbeginn gute Geschäfte gemacht und genoß genügend Protektion, um sich zu erlauben, diese kostbare Seide zur Schau zu stellen, ohne Vergeltungsmaßnahmen befürchten zu müssen.

»Haben Sie denn keine Angst?« fragte er seine Gastgeberin.

»Nein«, antwortete die Baronin mit fester Stimme. »Diese Seide wird mir keinen Ärger einbringen, dafür habe ich zu viele Freunde. Übrigens glaube ich, daß man dieses Verbot bald aufheben wird, denn kaum jemand beachtet es noch.«

»Und Ihr Marquis kann wirklich nichts für Monsieur Chahinian tun?«

Mit einer bedauernden und resignierten Geste verneinte die Baronin.

»Der Marquis de Saint-Onge ist weit weg. Immerhin hat er erreicht, daß Guy Chahinian statt im Châtelet in der Bastille verwahrt wird. Er würde sich aber selbst in Gefahr begeben, wenn er Seine Majestät um mehr Unterstützung bitten würde, zumal er Monsieur Chahinian nicht persönlich kennt. Das würde man seltsam finden.«

»Und Michelle Perrot?«

»Sie wird bis Weihnachten beim Marquis bleiben und dann ihre Gelübde ablegen.«

»Ist sie denn wirklich so fest dazu entschlossen?«

Ganz unverhohlen machte die Baronin ein verächtliches Gesicht.

»Und wie! Es ist wirklich eine Schande! Nehmen Sie sich doch von dem Gebäck! Es macht mich krank, wenn ich an Michelle-Ange denke!«

Wütend biß Madame de Jocary in ihr Gebäckstück, und Victor Le Morhier mußte über die Art und Weise, wie sie ihrer Enttäuschung Ausdruck verlieh, lächeln.

»Und Sie lachen noch darüber! Wenn ich mir vorstelle, was ich für diese dumme Gans alles getan habe!«

Victor protestierte. Michelle Perrot hatte viele Leute zu der Baronin gebracht, bevor sie weggegangen war, um beim Marquis zu leben und ihm die Abende mit ihrer göttlichen Musik zu verzaubern. Die Spieler und ihre Freunde waren Stammgäste in ihrem Salon in der Rue du Bourubourg geworden. Worüber beklagte sie sich also?

Die Baronin nahm sich nochmals von dem Gebäck, um nicht auf Victors Frage antworten zu müssen. Dann bat sie ihn, ihr von seinen Reisen auf der *Rubis* zu den Inseln und von seiner Ankunft in London zu erzählen, wohin sie selber noch vor Jahresende reisen wollte.

»Stimmt es, daß man den Ausbruch der Pest befürchtet?«

Victor schüttelte den Kopf.

»In einem Gemeindebezirk weit weg von der Innenstadt hat es ein paar Todesfälle gegeben. Wegen der Kälte in den letzten Monaten hat sich die Seuche allerdings nicht weiter verbreitet.«

Victor war gerade dabei, der Baronin von seinen Gesprächen mit den Geschäftsleuten zu berichten, als ein Dienstmädchen Emile Cléron ankündigte. Amüsiert und überrascht zugleich beobachtete Le Morhier, wie lässig Cléron seinen Hut auf das Bett warf. Sein Freund fühlte sich bei der Baronin offensichtlich wohl. Er umarmte sie zärtlich und blickte dann glücklich in das vertraute Gesicht. Danach zog sich Armande de Jocary zurück, denn sie hatte gespürt, daß beide Männer ihr dankbar sein würden, wenn sie sie allein ließe. Sie schloß die Tür hinter sich, so daß sie in aller Ruhe über die Ereignisse der letzten Monate reden konnten. Als sie zwei Stunden später aus ihrem Zimmer kam, lud sie sie zum Abendessen ein. Das Dienstmädchen trug eine Wildentensuppe mit weißen

Rüben auf, danach Entenpastete und ein Barbenragout. Victor aß mit großem Appetit und erklärte: »Guy Chahinians Schicksal betrübt mich sehr. Jedenfalls hat Madame Brune keine so begnadete Köchin wie Sie, Baronin! Den Bacon habe ich gemocht, aber das Lammfleisch, das es bei denen gab …«

Emile Cléron lachte, als er die Gläser mit Wein füllte. Dann wurde er wieder ernst und teilte Victor mit, wie ungewiß Chahinians Zukunft sei.

»Sie wissen nicht, was sie mit ihm anfangen sollen. Um dem Marquis nicht zu mißfallen, hat man ihn am Leben gelassen. Der Marquis lebt aber mittlerweile nicht mehr in Paris. Und wir dürfen nicht vergessen, daß Simon Perrot den Goldmacher des Mordes an Jules Pernelle beschuldigt hat. Perrot war der einzige, der die Wahrheit kannte, aber er ist ja vor deinen Augen in der Seine ertrunken.«

»Er hätte nie gestanden, daß er und nicht Chahinian der Mörder war! Marie gibt es zwar nicht zu, aber sie hat gesehen, wie Simon Pernelle getötet hat.«

»Auch wenn Perrot der Mörder war, ändert das nichts. Denn der Mord an diesem obskuren Apotheker ist nur ein Vorwand. Chahinian ist eingekerkert worden, weil er der Großmeister der Brüderschaft des Lichts ist. Man hat die Haftbedingungen zwar etwas gemildert, aber der Chevalier du Puissac befürchtet das Schlimmste.«

»Wieso das Schlimmste? Könnte er womöglich hingerichtet werden?«

Emile Cléron schloß die Augen. Er hätte Victor Le Morhier diese Geschichte besser nicht erzählen sollen. Denn wenn dieser wußte, wie es um Chahinian stand, dann würde er bei seiner Flucht mithelfen wollen, was Cléron kategorisch ablehnte. Er würde die Befürchtungen des Chevaliers, daß Chahinian in seinem Kerker erdrosselt werden könnte und daß man dann erklären würde, er sei in seinem Kerker tot aufgefunden worden, für sich behalten.

»Er ist nicht bei bester Gesundheit«, stammelte Cléron, der an den Bericht Julien du Puissacs dachte.

»Er muß unbedingt aus der Bastille raus!« rief Victor.

»Ich weiß«, flüsterte Emile Cléron. »Monsieur du Puissac

kümmert sich darum und trifft jeden Tag Leute, um ihm zu helfen.«

Emile Cléron und sein Freund verließen ihre Gastgeberin und gingen ins Gasthaus *Trois Maillets**.

»Ich will dem Chevalier helfen«, verkündete Victor leidenschaftlich.

»Deine Zeit wird schon noch kommen. Chahinian wird sich verstecken müssen, wenn er aus dem Gefängnis kommt. Weder in Paris noch sonstwo in Frankreich wird er lange bleiben können.«

»Hat er vor, nach London zu gehen?«

Der Spieler nickte und erklärte, der Chevalier du Puissac habe angedeutet, daß noch weitere Mitglieder der Brüderschaft auf der Insel lebten. Cléron fügte hinzu, daß er nicht verstehe, wie man sein Leben für eine Idee aufs Spiel setzen könne.

»Ich habe keinen Hang zum Märtyrertum ...«

»Aber Chahinian willst du doch helfen?«

»Ja. Du Puissac zahlt gut, und der Goldmacher ist dein Freund. Wenn er aus der Bastille rauskommt, dann wird er sogar bei der Baronin unterkommen.«

»Eigentlich müßte ich das alles mit du Puissac organisieren.«

Cléron lächelte ironisch, denn Victor konnte ihm dabei gar nicht zur Hand gehen. Er kannte weder Schurken noch Manteläuber, geschweige denn gedungene Mörder. Seit jeher hatte Emile Cléron vom Spiel und vom Diebstahl gelebt; er würde schon die richtigen Leute finden. Weil er aber über den Plan des Chevaliers nicht sprechen konnte, behauptete er, du Puissac werde für Vorbereitungen noch bis zum Herbst brauchen.

Er nahm einen Schluck Bordeaux und gab zu, daß der Chevalier einflußreicher sei, als er es sich am Anfang vorgestellt habe.

»Erzähl mir von dem Mann!«

»Er ist ein sehr vornehmer Herr. Er bezahlt, bevor er etwas

* Deutsch: Zu den drei Holzhammern (Anmerkung des Übersetzers).

für sein Geld verlangt hat. Leider hat er nichts übrig für das Spiel und zieht die okkulten Wissenschaften vor. Bei sich zu Hause hat er Retorten und Zauberbücher. Von der Magie hält er nichts und versichert, daß es bei den Experimenten, die er mit dem Goldmacher durchführt, keinerlei Zauber gebe. Ich habe aber sehr wohl Pülverchen und Phiolen gesehen, und obwohl er das bestreitet, glaube ich, daß er nach dem Stein der Weisen sucht.«

Victor Le Morhier neigte sich zu seinem Freund.

»Soll das heißen, er ist in der Lage, Metall in Gold zu verwandeln?«

Dann begriff er, aus welchen Beweggründen Cléron seine Hilfe angeboten hatte. Er hoffte, in die Alchimie eingeführt zu werden oder wenigstens eine fürstliche Belohnung zu bekommen, wenn er dem Großmeister der Brüderschaft das Leben rettete. Victor Le Morhier war überzeugt, daß weder Chahinian noch du Puissac nach dem Stein der Weisen suchten, ließ Cléron aber in diesem Glauben. Sie bestellten sich noch einen Krug Wein, dann erzählte Victor von seiner Begegnung mit Paul Brune und seinen interkontinentalen Handelsprojekten. Emile Cléron nahm ihn auf den Arm: »Dann wirst du ja der Konkurrent der West- und Ostindischen Kompanie werden!«

»Mach dich ruhig lustig über mich! Du wirst schon sehen, ich habe Erfolg.«

Emile Cléron fragte ihn nicht, warum er so versessen darauf sei, Geschäfte zu machen. Er wußte nämlich, daß sein Freund Marie LaFlamme nie vergessen hatte und daß er ihr so schnell wie möglich mit seinen Erfolgen imponieren wollte. Der Narr! Sicher hatte diese Frau längst in Neufrankreich geheiratet. Warum hätte sie auf ihn warten sollen? Er hatte sich ihr nicht einmal erklärt, hatte kein Versprechen abgegeben und auch keines bekommen. Zum Glück war Victor Le Morhier in geschäftlichen Dingen nicht so naiv! Als Victor sich von ihm verabschiedete, versprach er ihm, am nächsten Tag, nachdem er Monsieur Chahinian in der Bastille besucht haben würde, wiederzukommen.

Victor Le Morhier hatte keinerlei Schwierigkeiten, um Guy

Chahinian sehen zu dürfen, weil er vom Gefängniseingang bis zum Kerker des Goldmachers großzügig Geld verteilte. Der letzte Soldat, den er bestach, ›mietete‹ ihm den Gefangenen für eine Stunde, durchsuchte ihn auf die Schnelle und holte dann seine Schlüssel hervor, um die schwere Zellentür aufzusperren. Er trat zur Seite, um Victor vorbeizulassen, und flüsterte ihm zu, daß er für einen weiteren Livre seinen Besuch verlängern könnte.

»Victor!« rief Chahinian. »Sind Sie es wirklich?«

Der Goldmacher war so überrascht, daß seine Stimme zitterte.

»Chevalier du Puissac hat mir geholfen. Er bringt mir Essen, Bücher und was zum Schreiben. So vergehen meine Tage schneller, und ich komme nicht aus der Übung. Mein Kerkermeister achtet darauf, daß ich etwas besser behandelt werde. Ich habe genug zu essen und kann gehen.«

Guy Chahinian machte ein paar Schritte, um seine Fortschritte zu zeigen. Er war noch etwas ungeschickt, konnte sich aber ziemlich schnell bewegen, ohne zu stolpern. Victor Le Morhier lächelte dem Goldmacher zu, während er an die Mißhandlungen dachte, die ihm Simon Perrot zugefügt hatte. Damit er preisgab, was er über Marie LaFlammes Schatz wußte, hatte ihm dieser das linke Bein zerquetscht. Daraufhin hatte dem Goldmacher das Bein vom Knie ab amputiert werden müssen.

»Ich brauche nur noch eine Krücke.«

»Haben Sie wenigstens keine Schmerzen mehr?«

Guy Chahinian zuckte mit den Schultern. Ein Tag ohne Schmerzen war für ihn nicht mehr vorstellbar, und jede Nacht wachte er schweißgebadet auf. Er freute sich aber so sehr über die guten Nachrichten, die ihm du Puissac regelmäßig überbrachte, daß er seine Schmerzen Gott als Opfer darbrachte, ohne sich zu beklagen. Er hoffte nur, daß das Geschwür, das jetzt sein gesundes Bein angegriffen hatte, bald geheilt sein würde. Es brannte auf seiner Haut, und er hätte unablässig darauf blasen können. Er brauchte seinen ganzen Willen, um den Verband nicht abzureißen, den ihm du Puissac angelegt hatte. Er mußte auch täglich an Anne LaFlamme denken. Am

Anfang seiner Gefangenschaft hatte er sich darüber gewundert, denn die Hebamme war zwar zum Teil verantwortlich für die Ereignisse, die ihn ins Gefängnis Le Châtelet gebracht hatten; trotzdem hatte er sie kaum gekannt. In Nantes hatte er sie nur ein paarmal gesehen, bevor sie wegen Hexerei verurteilt worden war. Sie hatten sich damals über ernste Dinge unterhalten. Chahinian hätte aber nie geglaubt, daß ihr Schicksal einmal so eng mit seinem verknüpft sein würde. Weil er Anne LaFlammes Tochter beschützt hatte, war er verhaftet worden. Nein, das stimmte nicht ganz, denn da war auch noch Pernelle gewesen, der ihn verraten hatte, weil er Marie verfallen war.

Marie LaFlamme ... Guy Chahinian bat Victor, von seinen Eltern, von Nantes, von seinen Reisen und Plänen zu erzählen. Im Verlauf seines Berichtes wartete er auf eine Gelegenheit, um ihm behutsam beizubringen, daß Marie in Québec geheiratet hatte. Aber jedesmal wenn Victor eine Pause machte, um ihn etwas zu fragen, trieb er ihn an fortzufahren, unfähig das Gespräch auf Marie zu bringen. Schließlich spürte Victor ein Unbehagen bei seinem Gegenüber und forderte ihn auf zu reden.

»Hatte Chevalier du Puissac vielleicht Neuigkeiten von Marie LaFlamme?«

Der Goldmacher schwieg schrecklich lange; und dieses Schweigen schien in dem elenden Kerker noch schwerer zu lasten. Victor war sich später nicht einmal sicher, ob er seine Frage wirklich gestellt oder nur geträumt hatte. Weil der Goldmacher seine Niedergeschlagenheit kaum verbergen konnte, ahnte Victor, was Chahinian ihm sagen würde.

Guy Chahinian wiederholte zweimal, daß die junge Frau keine andere Wahl gehabt habe, als Guillaume Laviolette zu heiraten. Anders hätte sie in Neufrankreich nicht überleben können.

»Sie hatte mir versprochen, bei den Barmherzigen Schwestern im Spital zu bleiben«, flüsterte Victor und starrte den Gefangenen an.

»Und Sie haben ihr geglaubt?«

Beinahe hätte Chahinian Victor gefragt, wie Marie es

schaffe, daß die Männer alles, was sie sagte, für bare Münze nahmen. Aber er mußte ehrlich sein. Die Füchsin, wie du Puissac sie nach dem Beispiel vieler Siedler in Québec nannte, war außerordentlich schön, ebenso klug und eigensinnig. Du Puissac hatte keinen Hehl aus seiner Bewunderung gemacht. Er war von Marie nicht verzaubert, wie es Pernelle gewesen war oder wie es Victor seit jeher war, hatte aber erklärt, daß sie durch ihre Klugheit und ihren Mut die Verhaftung Germanin Picots, eines Verbrechers, ermöglicht habe. Chahinian war sehr erfreut, daß Anne LaFlammes Tochter sich in der Kolonie ausgezeichnet und immer mehr Patienten hatte.

Während Chahinian dies alles Victor Le Morhier erzählte, fiel ihm auf, daß der Seemann aus Nantes ihm gar nicht richtig zuhörte.

Er wehrte ab.

»Marie hat Laviolette gar nicht heiraten können. Sie ist nämlich schon mit Geoffroy de Saint-Arnaud verheiratet. Das wissen Sie doch auch!«

»Ja, weiß ich. Sie wissen es, und die Leute in Nantes auch. Aber in Québec weiß es niemand. Ihre erste Ehe hin oder her, Marie wird trotzdem geheiratet haben. Vermutlich ist sie nicht die einzige, die zu dieser List gegriffen hat.«

»Und wenn in Neufrankreich einer aus Nantes auftaucht?«

Ratlos murmelte Chahinian, daß dies wenig wahrscheinlich sei. Nur wenig Leute aus Nantes würden eine solche Seefahrt unternehmen. Die Siedler kämen eher aus der Normandie, aus dem Perche, dem Poitou oder aus Saint-Malo.

»Haben Sie schon mal gehört, daß jemand aus Nantes nach Neufrankreich ausgewandert wäre?«

Victor Le Morhier wollte Chevalier du Puissac treffen. Der Goldmacher zögerte zunächst, teilte ihm aber schließlich mit, wo sein Freund wohnte. Wenn Victor Le Morhier immer wieder die gleiche Geschichte zu hören bekäme, dann würde er sie letztendlich auch glauben.

Er mußte Marie LaFlamme vergessen.

4. KAPITEL

Am 4. Juli 1665 hißte Victor Le Morhier die Segel der *Poseidon* und riß sich dabei die Hände auf. Am Tag zuvor hatte er gelächelt, als er den Namen des Schiffes erfahren hatte, das ihn nach England bringen würde. Er hatte sich gesagt, daß der Eigentümer gut daran getan habe, dem Gott des Meeres zu schmeicheln. Der Binnenländer brachte es gerade mal auf achtzig Registertonnen, und der Kapitän beteuerte, eine strenge Inspektion würde das Schiff vor einer Havarie bewahren. Victor glaubte ihm nur halb.

Er schiffte sich nach London ein, auch wenn er der Meinung war, daß der Binnenländer schon zu viele Fahrten hinter sich hatte. Er war aber das einzige Schiff, das die große Insel anlief.

Kein einziger Kapitän mit gesundem Menschenverstand war bereit, in dieser Stadt anzulegen, in der die Pest wütete.

Victor Le Morhier schloß daraus, daß die Besatzungsmitglieder der *Poseidon* alle mehr oder weniger verrückt sein mußten, er selbst mit eingeschlossen.

Kapitän Bourré und die meisten Seeleute glaubten, daß sie es Adeligen und Bürgerleuten gegen viel Geld ermöglichen könnten, ihre Stadt zu verlassen. Bourré beabsichtigte, einige Meilen vor der Stadt festzumachen und dann auf Angebote zu warten. Selbstverständlich würde er keine Pestkranken aufnehmen, aber gesunde Menschen sollten ihre Chance haben, vorausgesetzt, sie waren in der Lage zu zahlen. Ein Kalfaterer jedoch hatte behauptet, die Pest sei eine tückische Krankheit; viele gesund aussehende Menschen könnten daran erkrankt sein, ohne es zu wissen.

»Habe alles gut bedacht, mein Sohn«, hatte der Kapitän zu ihm gesagt. »Wir werden die Leute einige Tage auf eine Feluke, fünfzig Klafter von der Poseidon entfernt, bringen, mit genügend Lebensmitteln. Wenn sie in der Zeit nicht sterben, dann sind sie dem Schwarzen Tod entkommen, und wir können sie an Bord lassen.«

»Und zahlen lassen!«

Der Kapitän hatte schallend gelacht. Er hatte schon von dem Schiff geträumt, das er sich nach der Rückkehr aus London würde kaufen können. Es war nicht leicht für ihn gewesen, eine Mannschaft zusammenzustellen, die Verlockungen des Geldes hatten dann aber Wunder gewirkt. An diesem Juliabend, während alle Seeleute sich um ihn herum eifrig zu schaffen gemacht hatten, hatte Kapitän Bourré den Seelsorger gebeten, die *Poseidon* mit seiner ganzen Überzeugung dem Allerhöchsten zu empfehlen.

Pater Jodoin hatte sich über ihn lustig gemacht.

»Ich habe geglaubt, Sie hätten keine Angst vor der Pest, Herr Kapitän!«

»Nicht vor der Pest, die Piraten sind es, die mir Sorgen machen!«

Der Seelsorger hatte versprochen, sein Bestes zu tun. Dieses Versprechen hatte aber weder den Kapitän noch Victor Le Morhier überzeugt, der gewußt hatte, daß der Seelsorger mehr oder weniger gezwungen worden war, sich einzuschiffen. Sein schlechtes Benehmen an Land, wo er die sieben Todsünden begangen und großes Talent darin gezeigt hatte, sich neue Vergehen auszudenken, hatten ihn verdammt, auf der *Poseidon* zu enden. Er war nahe daran gewesen, dem Allerhöchsten Besserung zu geloben, wenn er lebend von dieser Reise zurückkehrte, dann jedoch gegen Gott in Zorn geraten, weil er ihn als jüngsten Sproß einer Familie hatte auf die Welt kommen lassen und somit Anspruch auf ihn erhoben hatte. Warum hatte er nicht der älteste Sohn sein können? Warum war er nicht derjenige, der das Familienvermögen erbte, warum war er jetzt gezwungen, den Seeleuten beim Befestigen der Segel zu helfen?

Pater Jodoin spürte Victors Blick auf sich. Einen Augenblick musterte er ihn, dann fragte er: »Was willst du von mir? Willst du beichten?«

»Mir macht es nichts aus, in der Hölle zu schmoren.«

»Um so besser, denn wir fahren direkt dorthin«, antwortete Gilles Jodoin. »Aber wenn du glaubst, daß du sterben wirst, warum hast du dann angeheuert? Vielleicht wirst du nicht mal mehr die Zeit haben, deine Heuer auszugeben, weil du vorher an der Pest verfaulen wirst …«

»Habe keine Lust zu sterben.«

»Verstanden, mein Freund. Sterben kannst du aber auch, wenn du in die Seine fällst.«

»Ich will Freunden in England helfen, vorausgesetzt sie sind noch am Leben. Was dann mit mir geschieht … Abwarten. Schauen wir uns doch lieber die Kimm an!«

»Die Kimm?«

»Die Linie da hinten, wo die Sonne untergeht.«

Der Seelsorger sah in die Ferne und murmelte, daß er kein Seemann sei und den Sinn vieler Wörter nicht begreife.

»Hauptsache, Sie kennen Ihre Gebete«, sagte Victor.

Pater Jodoin rang sich ein Lächeln ab. Er hatte den Eindruck, daß der Horizont arg schwankte, und ihm wurde übel. Er senkte den Kopf, bemühte sich, auf das Deck zu schauen, aber auch das tanzte. Er hatte das Gefühl, daß sich die Bretter ineinanderschoben. Dann ließ er sich auf den Boden fallen, und Victor versprach ihm, den Arzt zu holen. Dieser konnte zwar nichts gegen die Seekrankheit tun, aber vielleicht würde er den Kirchenmann trösten. Marie LaFlamme hatte das auf der *Alouette* oft getan.

Marie.

Nicht mehr an sie denken. Nie mehr!

Als Emile Cléron erfahren hatte, daß Victor vorhatte, nach London zu reisen, hatte er ihm eine Ohrfeige gegeben. Wenn die Baronin nicht dazwischengegangen wäre, dann hätte er ihn sogar geschlagen. Er war wütend auf Victor gewesen, dessen Vorhaben reinen Selbstmord bedeutet hatte.

»Willst du wegen dieser Liebesgeschichte zum Märtyrer werden? Marie hat geheiratet, und du willst an der Pest sterben? Ein Narr bist du, ein Dummkopf und ein Feigling. Hochmütig und stolz! Begreif doch ein für allemal, daß diese Frau nicht die richtige für dich ist. Vergiß sie und lebe, potztausend!«

»Das darf doch nicht wahr sein! Du hast kein Recht, so zu reden!«

»Es ist meine Pflicht, weil ich dein Freund bin, Victor! Du

bist verrückt, dich nach London einzuschiffen. Wenn ich dich wegen geistiger Umnachtung einsperren lassen könnte, dann würde ich es tun, um dich vor dir selbst zu schützen.«

»Ich muß den Brunes helfen.«

»Um deinen Tod zu rechtfertigen? Eine Heldentat vollbringen, dann sterben und so einen Selbstmord kaschieren. Glaubst du denn, Gott wird darauf reinfallen?«

Wortlos war Victor aus dem Salon der Baronin von Jocary gelaufen. Bei Cléron in der Rue de la Verrerie hatte er ein paar Sachen zusammengepackt. Er würde sich einschiffen, ohne seinen Eltern sein Reiseziel mitzuteilen. Sie würden es schnell genug erfahren.

Nicht an sie denken!

An nichts denken!

Das fiel ihm ziemlich leicht, denn auf der *Poseidon* fehlte es an Leuten. So hatte jeder Seemann mehr als eine Aufgabe zu erfüllen, und alle mußten länger Wache schieben. Nach drei Tagen Fahrt sagte ein Schiffszimmermann zu Victor, daß Sträflinge bestimmt nicht mehr schwitzen müßten als sie. Der Koch fügte hinzu, daß sie bei ihrer Ankunft bestimmt noch schlechter aussähen als die Londoner, die sie dann an Bord nehmen würden.

Das war übertrieben. Nachdem er dies eingesehen hatte, sperrte er sich in seiner Küche ein und ließ sich nicht mehr blicken.

Die *Poseidon* traf zuerst auf ein Flieboot. Die Seeleute riefen dem Kapitän zu, er solle umkehren, in London wüte die Pest. Dann kreuzte sie ein Fischerboot und einen Huker, zuletzt kam sie an mehreren Lastkähnen vorbei, die alle im seichten Wasser an der London Bridge stromabwärts vor Anker lagen. Niemand wußte, ob es das in London herrschende Chaos war, das diese Boote dazu veranlaßt hatte, lange, geordnete Zweierreihen zu bilden. Der Anblick jedoch war ziemlich seltsam, und Victor mußte an die Roten Kinder in Paris denken, die auch paarweise in aufeinander folgenden Reihen gingen, wenn sie mit ihrem Lehrer unterwegs waren. Die Roten Kinder aber lachten manchmal, während die Insassen aller Boote hier einen verstörten und verängstigten Eindruck machten.

Sie warnten die Männer der *Poseidon* vor der Gefahr, in die sie sich begaben, wenn sie sich weiter in die Stadt wagten. Kapitän Bourré aber war nicht der Mann, der auf Warnungen hörte.

Dann sah er einige Fuß vom Schiff entfernt eine Leiche im Wasser treiben. Dann zwei oder drei weitere. Gegenüber Redriff fiel ihm ein Schlepper auf, auf dem kein Mensch zu sehen war. Als Bourré näher kam, konnte er von der *Poseidon* herab sieben Leichen auf dem Kahn ausmachen. Schwarze Gestalten, eine Mischung aus Blut, Körpersäften und Fliegen. Niemand war dagewesen, um sie über Bord zu werfen und das Totengebet zu sprechen. Der Seelsorger segnete diese armseligen Menschen und flehte den Kapitän an, endlich umzukehren, dann mußte er sich ausgiebig übergeben.

Bourré weigerte sich, auf den Mann Gottes zu hören. Zuerst wollte er Passagiere an Bord nehmen. Er erinnerte seine Mannschaft, sich ein in Essig getränktes Taschentuch vors Gesicht zu binden.

»Essig haben wir genug. Der Krätzer ist sauer geworden«, rief ein Seemann und lachte.

Der Kapitän lachte ebenfalls.

»Bald werden wir so viel Gold haben, daß wir uns zehn Fässer Rum kaufen können! Wir bitten die Engländer zur Kasse, bringen sie in eine von der Pest verschonte Stadt und fahren wieder weg. Rum, Leute! Rum und Louisdore für alle! Ihr werdet so reich sein, daß ihr nicht mehr anheuern müßt! Das wird eure letzte Reise!«

Voller Zynismus sagte sich Victor, wie recht der Kapitän doch hatte. Nur wenige Männer würden diese Expedition überleben. Die Schiffspassagiere, die stromaufwärts fuhren, hatten London noch rechtzeitig verlassen. Die meisten hatten sich nicht angesteckt, aber die Einwohner, die nicht in der Lage gewesen waren zu fliehen, hatten erheblich weniger Aussichten, der Seuche zu entkommen. Lange betrachtete Victor die in der Sonne verwesenden Leichen und kam zu dem Schluß, daß das Leben ein Hohn war. Diese Toten waren Menschen gewesen, die gelacht, geweint, gearbeitet, gegessen, gehurt, gebetet und geschummelt hatten. Sie hatten den Tod gefürchtet und versucht, ihn zu täuschen, indem sie an Bord lächerlich kleiner Boote geklettert waren. Der Unbarmherzige aber hatte sie dann mit seinem giftigen Finger berührt. Drei Stunden oder drei Tage hatten sie gelitten, dann waren sie gestorben. Wie absurd! Noch eine Woche zuvor waren sie auf den Beinen gewesen, hatten miteinander geplaudert, Lebensmittel eingekauft und ihre Schiffskoffer für die Reise gepackt. Nicht einmal bis Ratcliff Dock waren sie gekommen.

Victor war fest entschlossen, bis zum Haus der Brunes vorzudringen. Als einer der ersten ging er von Bord der *Poseidon*. Seine Gefährten hatten sich alle ein Tuch vor das Gesicht gebunden, bis unter die Augen. Er hatte diese Vorsichtsmaßnahme jedoch abgelehnt. Wie im Frühling, als er hiergewesen war, wollte er durch die Stadt gehen, durch dieselben Straßen. Abermals würde er sich über die merkwürdige Brücke wundern, an St. Clement vorbeikommen und an die Tür der Brunes klopfen, um ihnen seine Hilfe anzubieten.

Er ging so schnell, daß die Matrosen, die ihm folgten, ihn bald aus den Augen verloren. Er hatte schon St. Katherine erreicht, als ihm die Trostlosigkeit des Ortes auffiel. Träumte er, oder war er wirklich in London? Eine beängstigende Stille war an die Stelle des sonst so regen Straßenlebens getreten. Viertausend Hunde und zwanzigtausend Katzen waren getötet worden. Im Augenblick war es aber nicht die Abwesenheit der Tiere, die ihn beunruhigte, sondern die Stille auf den Docks. Zimmerleute, Schwertfeger, Kalfaterer, Seiler, Tauzieher und Fährleute irrten an den Flußufern entlang. Ihre Hände waren so leer wie ihre Blicke. Sie hatten ihre Werkzeuge im Stich gelassen, denn seit ein paar Wochen nahm niemand mehr ihre Dienste in Anspruch, weil kein einziges Schiff mehr einlief. Und die, die den Hafen verließen, verzichteten auf die übliche Inspektion, weil sie es eilig hatten wegzukommen. Die Hämmer der Schmiede und der Handwerker waren verstummt. Man hörte nur noch die Schreie der Händler und Passanten, die etwas kaufen oder verkaufen wollten, ohne sich dabei zu nahe zu kommen. Zugleich sah Victor jedoch Menschen in die Kirchen gehen, als befürchteten sie dort keine kranken Banknachbarn.

In dem Moment, in dem er an den Tower kam, hatten sich Menschen um eine Frau, die so eindringlich zum Himmel blickte, daß die Umstehenden sie sofort nachahmten, versammelt. Victor verstand nicht alles, was die Frau sagte, aber er hatte den Eindruck, daß sie von einem Drachen sprach, der die Stadt in Flammen setzte. Der Engel, der ihr eben erschienen war, trug ein goldenes Schwert und kämpfte gegen die Pest. Er prophezeite, daß zwei Drittel aller Einwohner sterben würden. Ein Mann bestätigte diese Vision und beschrieb die Flügel des Engels, sehr große und sehr weiße Flügel, und sein langes blaues Kleid.

Victor ging weiter und hatte das Gefühl, daß die Leute verrückt geworden waren, um dieser Engelserscheinung zu glauben. Dann sah er eine offene Geldbörse auf dem Boden liegen. Münzen waren herausgefallen und drei Fuß weit weg gerollt. Einige Passanten, die das Geld angelockt hatte, waren drauf und dran, die Börse aufzuheben, entfernten sich aber sehr schnell, nachdem ihnen klargeworden war, daß sie einem Pestkranken gehört haben mußte. Victor begann allmählich, sich eine Vorstellung vom Ausmaß des Grauens, das über die Stadt hereingefallen war, zu machen und bemerkte, daß auf die Mauern bestimmter Häuser lange rote Kreuze gemalt worden waren. Er begriff, daß der Tod alle Hausbewohner hinweggerafft hatte, sprang sofort zur Seite und beschloß, von nun an in der Straßenmitte weiterzugehen.

Ohne sich dessen bewußt zu sein, wollte er sich vor einer Ansteckung schützen. Er war jedoch von dem schrecklichen Anblick, der sich ihm bot, derart erschüttert, daß er gar nicht richtig begriff, daß er jetzt nicht mehr lebensmüde war. Er war fasziniert von den Veränderungen, die in der Stadt vorgegangen waren. Jeder vierte Krämerladen war geschlossen. Breite Handkarren standen auf den öffentlichen Plätzen, wo Scharlatane Wundermittel anpriesen und behaupteten, sie verdankten ihnen Gesundheit und Wohlergehen. Die Menschen warfen sich seltsame Blicke zu. Weil jeder den Tod in sich tragen konnte, empfanden die Leute Angst und Mitleid für ihren Nachbarn, der ebensogut Verbrecher wie Opfer sein konnte, den man von sich wegschob und den man beweinte.

Als Victor nur noch wenige Klafter vom Haus der Brunes entfernt war, verlangsamte er seinen Schritt. Wie würde er reagieren, wenn das Haus auch rot gekennzeichnet wäre? Würde er die Flucht ergreifen, wohl wissend, daß er sich sein Leben lang Vorwürfe machen und Scham empfinden würde? Oder wäre ihm sein eigenes Leben gleichgültig, wenn er die Brunes wiedersehen würde? Er hatte zwar gesagt, daß er im Sommer wiederkäme, sie erwarteten ihn aber nicht und hatten ihn vielleicht in den Wirren, die die Stadt heimsuchten, vergessen. Noch konnte er umkehren.

Er bat Gott, ihm diese Dummheit zu verzeihen und ihm mit Rat beizustehen. Ohne zu zögern, kniete er nieder. Seit er das Schiff verlassen hatte, hatte er viele Menschen auf die Knie fallen sehen. Mitten auf der Straße und mit lauter Stimme beichteten die Londoner ihre Sünden, wenn sie sich sicher waren, daß die Krankheit sie befallen hatte und sie in der nächsten Stunde die Seele aushauchen würden. Alles gaben sie zu: Ehebruch, Diebstahl, Betrug, ja sogar Mord. Einige dieser Morde waren erst vor kurzer Zeit verübt worden. Da hatte zum Beispiel ein Mann einen Bürger ausgeraubt, der bewußtlos auf einer Bank gelegen war. Jetzt litt er an der gleichen Krankheit wie sein Opfer. Eine Frau hatte ihren Mann betrogen, der Geliebte hatte die Pest gehabt. Jetzt konnte sie spüren, wie unter ihren Achseln die Lymphknoten anschwollen. Aus Angst, ihr Bruder könnte sie vor die Tür setzen, hatte eine alte Jungfer gelogen und ihre Neffen und ihre Schwägerin angesteckt.

Victor erhob sich wieder und klopfte an die Tür der Brunes. Er fing schon an, sich das Schlimmste vorzustellen, weil ihm lange nicht geöffnet wurde. Dann aber hörte er Paul Brunes Stimme hinter der Tür, die sich nach dem Besucher erkundigte.

»Ich bin's, Victor Le Morhier. Ich komme aus Paris.«

»Mein armer Freund!« seufzte der Händler. »Hat man Sie denn nicht vor der Gefahr gewarnt?«

Victor wagte nicht, Monsieur Brune zu fragen, ob er auch von der Pest befallen sei. Er sagte sich immer wieder, daß es ziemlich unwahrscheinlich sei, denn das Haus war nicht mit einem roten Kreuz gekennzeichnet worden, was den Inspektor aufmerksam gemacht hätte. Trotzdem wollte er es von Brune selbst bestätigt haben.

Einen Augenblick schwiegen die beiden Männer, dann öffnete Monsieur Brune die Tür. Er schaute Victor von Kopf bis Fuß an, bevor er ihn hereinbat, und entschuldigte sich dann.

»Die Gewohnheit, wissen Sie ... Man versucht ständig herauszufinden, wer sterben wird oder wer einem den Tod bringen kann. Warum sind Sie hergekommen?«

Paul Brunes Gesicht war grau, seine Augen rot unterlaufen, und er hatte seine Perücke nicht aufgesetzt, so daß er noch einen viel mitgenommeneren Eindruck machte. Victor, der ihn nur mit den langen weißen Locken gekannt hatte, sah nun einen vor Schrecken und Verzweiflung gealterten Mann vor sich.

»Meine Frau ist tot, meine Tochter auch.«

»Elizabeth?«

»Nein, Mary. Ihr Mann ist noch vor ihr gestorben. Nach seinem Tod ist sie zu uns nach Hause zurückgekommen. Ich habe meiner Frau und meiner Tochter angeordnet, die Stadt zu verlassen. Sie waren aber nicht mal bis Whitechapel gekommen, als sie zusammenbrachen, unser Dienstmädchen auch.«

»Wie haben Sie es erfahren?«

»Ein Schöffe hat einen Dieb überrascht, als er sie ausraubte. Er hat meine Frau erkannt und mich dann benachrichtigt.«

Mit tonloser Stimme erzählte Paul Brune vom Tod seiner Frau und seiner Tochter, seine zitternden Hände verrieten seine Verzweiflung.

»Wo ist Elizabeth?«

»Im Nachbarhaus. Sie ist gesund. Niemand kann dort eindringen, obwohl diese Woche die Schöffen bei mir waren. Ich habe eine Mauer durchbrochen, um in das Haus zu gelangen, dessen Bewohner London vor mehr als einem Monat verlassen haben, noch vor dem Massensterben ... Auch ich hätte weggehen sollen.«

»Aber Sie hatten ja Verpflichtungen, denen Sie nachkommen mußten ...«

»Daß Sie daran gedacht haben! Deshalb sind Sie hergekommen?« rief Paul Brune ungläubig.

Als Victor ihn das erste Mal besucht hatte, hatte er ihm erzählt, daß man ihn in den Stadtrat gewählt habe und daß er sehr stolz darauf sei. Er hatte geschworen, die Schöffen und den Lord Mayor so gut wie möglich zu unterstützen.

»Ich muß mich darum kümmern, daß die Inspektoren die Einhaltung der Quarantänevorschriften überwachen. Dann müssen Krankenschwestern gefunden werden, und es muß dafür gesorgt werden, daß die Leichen aus den Häusern geschafft werden und diese makabre Fracht auch tatsächlich auf die Karren geladen wird.«

»Wie schützen Sie sich, wenn Sie unterwegs sind?«

»Ich esse Knoblauch, rauche Tabak und habe meine Perücke mit Essig eingerieben. Und in der Öffentlichkeit bedecke ich mein Gesicht.«

»Und Ihre Tochter? Wie kommt es, daß sie hiergeblieben ist?«

Paul Brune zwang sich zu einem Lächeln.

»Ironie des Schicksals, Victor. Elizabeth lag seit einer Woche krank im Bett. Ich habe geglaubt, es sei die Pest und habe ihrer Mutter und ihrer Schwester befohlen, das Haus zu verlassen. Elizabeth hatte sich von dem harmlosen Fieberanfall schon wieder erholt, als uns Jane und Mary weggenommen worden sind. Ich habe meiner Tochter untersagt, aus dem Haus zu gehen, gebe aber zu, daß ich glücklich wäre, wenn Sie mit ihr reden könnten. Der Tod ihrer Zwillingsschwester hat sie so erschüttert, daß ich Angst um ihren Verstand habe. Ständig spricht sie davon, daß sie zu ihr will, niemand könne sie daran hindern. Jedesmal wenn ich das Haus verlasse, befürchte ich, daß sie meine Abwesenheit ausnutzt und fortläuft. Reden Sie mit ihr, ja, reden Sie mit ihr.«

»Ich bin gekommen, um Ihnen vorzuschlagen, auf der *Poseidon* Schutz zu suchen. Nehmen Sie mein Angebot an!«

Unter Tränen bedankte sich Paul Brune bei Victor. Hatte Gott etwa beschlossen, daß er genug durchgemacht hatte, um ihm einen solchen Schutzengel zu schicken?

»Elizabeth könnte aus London flüchten.«

»Und Sie auch! Elizabeth ist jetzt ganz allein auf der Welt. Sie dürfen sie nicht im Stich lassen!«

»Aber ich habe doch Verpflichtungen ...«

»Wenn Sie hierbleiben, dann werden Sie beide sterben!«

Paul Brune nickte, denn Victor hatte recht. Er bat ihn aber, ihm zwei Stunden zu geben. Er mußte zu seiner Bank, um seine Geschäfte in Ordnung zu bringen, und den Schöffen bestimmte Listen übergeben. Victor versuchte, ihn von diesem Vorhaben abzubringen, aber der Kaufmann blieb stur. Er erklärte Victor, daß sein Vater genauso handeln würde. Die Erinnerung an seinen Vater Martin Le Morhier brachte Victor zum Schweigen. Er versprach dem Kaufmann, Elizabeth zu überzeugen, mit ihnen auf das Schiff zu gehen.

Victor Le Morhier war unsicher und zögerte, Elizabeth aufzusuchen, weil er nicht wußte, wie er sie ermutigen sollte. Was sagte man einer jungen Frau, die gerade Mutter und Schwester verloren hatte? Gewiß, es war Gottes Wille gewesen, aber diese Erklärung würde sie kaum trösten. Er sagte gar nichts, nahm Elizabeth einfach nur in die Arme. Sie weinte lange, bis sie sich wieder beruhigt hatte und ihr plötzlich bewußt wurde, wie ungelegen Victors Besuch in London war.

»Wissen Sie denn nicht, daß die Pest unsere Stadt vernichtet?«

»Doch, das weiß ich sehr wohl«, antwortete Victor. »Aber ich hatte versprochen wiederzukommen.«

»Die Kaufleute, von denen Sie Waren beziehen wollten, sind alle weggegangen.«

Elizabeth berichtete von den ersten Abreisen. Nachdem Victor nach Frankreich zurückgekehrt war, hatte es erneut Pestfälle gegeben. Im Juni hatten dann die Adeligen und die reichen Bürger London verlassen und waren in die Grafschaften Lincoln, Northampton, Bedford und in noch weiter entfernte geflohen. Diejenigen, die noch gewartet hatten, mußten zu Fuß entkommen. Mittlerweile gab es in der ganzen Stadt keine Kutschen und keine Pferde mehr. Viele Gasthäuser hatten schließen müssen, weil die Londoner Angst hatten, sich dort mit der Pest anzustecken. Lieber schliefen die Leute bewaffnet in einem Zelt als in einem zwar vor Regen und Dieben sicheren, dafür aber verseuchten Bett.

»Nur die Ärmsten, die nichts haben, sind geblieben, oder?«

Den Handwerkern, den kleinen Geschäftsleuten, den Dienstboten und den Arbeitern ging schnell das Geld aus, weil sie keine Kunden mehr hatten. Die kleinen Leute waren durch die Bank arbeitslos: Putzmacherinnen, Tapezierer, Maurer, Lakaien, Bandweber, Tischler, Maler, Dienstmädchen, Spiegelhändler. Man verschloß die Häuser, anstatt neue zu bauen. Lieber stopfte man die alten Kleider in einen Koffer, als neue zu kaufen, ließ seine Dienstboten im Stich und vergaß seine Lieferanten. Jeden Tag wäre die Masse der Arbeitslosen weiter angestiegen, wenn der Tod nicht so viele dahingerafft hätte. Zu den Ärmsten kamen weitere Arme hinzu, und gemeinsam warteten sie in London auf den Tod, weil sie wußten, daß kein einziges Dorf sie aufnehmen würde. Manche trieben sich in den verlassenen Häusern herum, um die Leichen auszurauben. Für einen Hungerlohn waren manche bereit, die Toten einzusammeln und zu begraben.

»Vor Hunger zu sterben ist nicht viel besser als an der Pest zu sterben«, sagte Victor.

Elizabeth nickte und fuhr mit ihrem apokalyptischen Bericht fort.

»Unser Dienstmädchen Jamie ist gestorben, weil es zu einer Wahrsagerin gegangen ist. Jamie glaubte nämlich, daß wir sie nicht behalten würden und wollte es genau wissen. Die Wahrsagerin hatte die Pest, sie hat Jamie angesteckt. Und Jamie hat dann meine Mutter und Mary angesteckt.«

»Auf dem Weg zu Ihrem Haus habe ich sehr viele Leute in den Kirchen gesehen, als bestehe überhaupt keine Gefahr.«

»Ich weiß«, sagte Elizabeth leise.

»Zunächst haben die Gemeindemitglieder in den Kirchen großen Abstand voneinander gehalten. Sie haben sich sogar geweigert, sich zum Pfarrer in den engen Beichtstuhl zu begeben, so daß nunmehr alle die Sünden der anderen mit anhören konnten. Aber keiner hat bei den Beichten wirklich zugehört, denn jeder war ganz damit beschäftigt, in den Gesichtern der anderen Gläubigen nach Anzeichen der Pest zu forschen. Alle haben gewußt, daß die Hälfte von ihnen ihrem letzten Gottesdienst beiwohnte, und in der Hoffnung, verschont zu werden, um so inbrünstiger gebetet. Dann hat es aber immer mehr Tote gegeben. An dem fürchterlichen 13. Juli waren es Hunderte. Nicht selten sah man jemanden mitten auf der Straße zusammenbrechen, von der Krankheit getroffen wie vom Blitz. Am Tag zuvor hatte man noch neben ihm gebetet, nun betete man für ihn. Denn solange man betete, war man am Leben, hatte sich nicht angesteckt. Die Leute verstanden überhaupt nicht mehr, welche Absicht der Schwarze Tod verfolgte. Am Anfang hatte er sich die armen Leute ausgesucht. Deshalb hatte man geglaubt, die Pest sei eine Krankheit der Bettler. Aber lange ließ sich diese Ansicht nicht halten, denn sie schlug blind zu. Sie befiel die Guten und die Bösen, die Reichen und die Armen, Männer, Frauen, Kinder, Alte, die Frömmler und die Gottlosen. Unzählige Vorsichtsmaßnahmen wurden ergriffen, sowohl ganz einfache als auch völlig verrückte. Die Metzger baten ihre Kunden, das Geld in einen Essigtopf zu werfen, auf diese Weise würde es gereinigt werden. Die Gemüsegärtner verkauften ihre Waren nur noch vor den Toren der Stadt. Eine Putzmacherin lutschte ein Stück Blei. Ein Schreiner hatte sich, in der Hoffnung geschützt zu sein, einen Holzkäfig gebastelt, mit dem er sich mühsam fortbewegte. Etliche Apotheker rieten zum Ausräuchern und verkauften Pflasterstangen, kleine Schwefelzylinder, um den stinkenden Dunst zu vertreiben. Die ohnehin schon zahllosen Scharlatane tauchten jetzt an jeder Straßenecke Londons auf. Sie alle hatten das Wundermittel gegen die Seuche gefunden: Pastillen, Salben, Elixiere, Reliquien, Säfte, Umschläge, Pülverchen und Zauberformeln.

Aber nichts von alledem hatte die Pest abschrecken können. Sie war wie eine Menschenfresserin, die nach Tonnen von Fleisch verlangte, und genauso gierig wie ihr Kollege mit der Sense. Viele Männer trauerten dem Krieg nach. Lanzen, Hellebarden, Degen und Musketen raubten einem das Leben wenigstens auf saubere und würdige Art. Man bekam eine

Klinge ins Herz, und schon war es vorbei. Man wurde nicht wahnsinnig wegen unerträglicher Schmerzen. Man sprang nicht aus dem Fenster seines Hauses, man steckte es nicht an, und man tötete auch seinen Vater nicht. Jeder Londoner hatte Schreckliches miterlebt. Jeder hatte gesehen, wie der Wahnsinn die Herzen etlicher Leute verändert hatte, als die Geschwülste im Körper gewuchert und die Eiterbläschen hart geworden waren. Die Ärzte, die die Beulen aufschnitten, fügten den Pestkranken ebenso große Qualen zu wie der Henker im Châtelet, wenn er die Gefangenen folterte.«

Victor verzog das Gesicht, doch Elizabeth fuhr unbeirrt fort. Das Erzählen konnte diese schrecklichen Wochen nicht ungeschehen machen, das war ihr klar. Niemals würde sie den Sommer 1665 vergessen, falls sie ihn überleben sollte. Trotzdem und obwohl sie wußte, daß es vollkommen falsch war, hatte sie das Gefühl, daß Victor gesund war und daß sie eine Zukunft vor sich hatte, wenn sie nur mit ihm redete.

Sie berichtete nach und nach von ihren Erlebnissen. Von der ersten Toten, die sie gesehen hatte, direkt gegenüber bei den Wrights. Dann war es eine ganze Familie gewesen, die Watermans; ihr Haus war verriegelt worden, und ein Mann hatte ein rotes Kreuz, etwa einen Fuß groß, an dessen Wand gemalt.

»In Frankreich war es ein weißes Kreuz«, unterbrach sie Victor, dessen Eltern oft von der Seuche im Jahr 1634 erzählt hatten.

»Und in Holland legen sie Stroh vor die Häuser.«

»In London wurden Fenster und Türen zugenagelt. Ein Wächter machte regelmäßig seine Runde, um sich zu vergewissern, daß die Pestkranken nicht die Flucht ergriffen hatten. Es hat Leute gegeben, die versucht haben, einen Tunnel zu graben, um aus ihren Häusern zu kommen.«

»Aber wenn es nur einen einzigen Kranken im Haus gibt, sind dann alle Familienmitglieder verurteilt?«

»Ja.«

Natürlich verstand Victor warum. Wenn auf See einer starb, wurde er ins Meer geworfen, um eine Ausbreitung der Krankheit zu verhindern.

»Und wie ist es mit dem Essen? Wie kommen Sie zurecht?« fragte er.

Elizabeth seufzte. Der Hunger war das einzige, was sie noch nicht hatten erleiden müssen. Es gab genausoviel Brot wie vorher. Man mußte lediglich das abgezählte Geld mitbringen, um nicht verseuchte Münzen anfassen zu müssen. Zur Not zahlte man mehr, um kein Wechselgeld in die Hand zu bekommen.

»Außerdem kann ich hier Brot backen«, sagte die junge Frau und erhob sich.

Sie ging zu einer großen Anrichte und öffnete sie. Darin lagen Mehlsäcke, gesalzene Butter, Chester-Käse, Malz für das Bier, Zucker, Portwein und ein Fäßchen Essig.

»Fleisch esse ich nicht, und ich wasche alles mit Essig oder Asche. Und ich bete viel, fragt sich nur weshalb«, fügte sie mit leiser Stimme hinzu.

»Sie lästern Gott«, flüsterte Victor. In seiner Stimme lag nicht die Spur eines Vorwurfs.

»Ich weiß.«

Ohne ein Wort zu sagen, klopfte Victor ihr sanft auf die Schulter.

Sie erzählte weiter. Erklärte, daß ihr beim Klang der Glocke, die den Pestkarren ankündigte, immer der Schreck durch die Glieder fahre. Mittlerweile lade man bis zu zwanzig Leichen auf einmal auf den Karren. Es würden Gruben ausgehoben, die über vierzig Fuß lang und fünfzehn Fuß breit seien.

»Meine Mutter und Mary ... Man hat sie begraben wie Hunde!«

Elizabeth schluchzte laut auf. Dann sagte sie, die Behörden seien von den Ereignissen völlig überfordert. Alle hätten Schuld, weil sie nicht rechtzeitig die nötigen Maßnahmen getroffen haben.

»Man will es einfach nicht glauben.«

»Man *wollte* es nicht«, korrigierte Victor zum ersten Mal ihr Französisch und entschuldigte sich sofort dafür.

Elizabeth sagte, es sei schon in Ordnung.

Victor hielt den Augenblick für günstig, ihr mitzuteilen,

daß Paul Brune zur Bank gegangen sei, nicht um dort seinen gewohnten Pflichten nachzugehen, sondern um seine Ersparnisse abzuheben.

»Sobald er wieder hier ist, werden wir aufbrechen. Eigentlich sollte er schon zurück sein.«

Elizabeth zog das Tuch, das vor dem Fenster hing, etwas zur Seite.

»Er möchte gleich kommen.«

»Er *wird* gleich kommen«, verbesserte Victor in der Hoffnung, daß die junge Frau recht hatte.

Elizabeth zündete eine neue Kerze an und bat Victor, ihr von seinen Reisen zu berichten.

»Ich hoffe, daß die Pest nicht überall so wütet!«

»Seien Sie unbesorgt! Die Pest hat Frankreich nicht heimgesucht, und wenn englische Schiffe unsere Küsten erreichen, dann wird sofort Quarantäne über sie verhängt. Auch wir werden sie über uns ergehen lassen müssen, aber anschließend werden wir nach Paris oder nach Nantes gehen. Die Loire wird Ihnen gefallen ... Und meine Eltern werden sich freuen, Ihren Vater wiederzusehen.«

Elizabeth nickte. Victor stellte fest, daß ihm ihr aufgelöstes Haar besser gefiel. Eines Tages hatte er Cléron erzählt, so komplizierte Frisuren würden junge Frauen älter machen. Cléron aber mochte diese hochgesteckten Frisuren in erster Linie wegen der Juwelen, die sich darin befanden. Juwelen, die schöne Frauen beim Pharao-Spiel einsetzten.

»Erzählen Sie mir von Paris!«

Victor schickte voraus, daß er die Stadt des Königs nicht sehr gut kenne, weil er nur ein paar Monate dort verbracht habe. Dennoch beschrieb er ihr die Tuileries, das Palais Royal, den Louvre, in dem Ludwig XIV. wohnte, die Place Royale, die unter der Herrschaft des Weiberhelden Heinrich IV. erbaut worden war, wo sich Preziösen und gefallene Mädchen trafen. Er berichtete von Notre-Dame und von der Seine, die unter mehreren Brücken durchfloß, auf denen Häuser standen, außer auf der Pont-Neuf. Er schilderte ihr die Ile Saint-Louis, die Ile aux Vaches und auch die Bastille direkt gegenüber, und teilte ihr mit, daß dort einer seiner Freunde wegen Ketzerei gefangengehalten werde. Elizabeth wollte mehr über die Gründe für Chahinians Inhaftierung wissen, und Victor erzählte, was er von der Brüderschaft des Lichts wußte. Recht wenig im Grunde, und er begriff jetzt, daß der Goldmacher ihn mit seinem Schweigen schützen wollte.

Er schwieg und erinnerte sich an seinen letzten Besuch bei Chahinian. Er war egoistisch gewesen und hatte nur über sich selbst gejammert. Er hatte sich beim Häftling noch nicht einmal nach dem Schicksal seiner eingekerkerten Brüder erkundigt. Er hatte nur eines im Sinn gehabt: schnell weg und bloß nicht noch einmal dorthin zurück.

Elizabeth fing an, sich Sorgen zu machen, weil ihr Vater so lange ausblieb. Sie wollte aber auch das Gespräch mit Victor fortsetzen und fragte ihn mit ängstlicher Stimme, ob es wahr sei, daß der König gern tanze. Victor bejahte. Der Marquis de Saint-Onge habe es der Baronin von Jocary erzählt. Er gab sich Mühe, die Baronin in heiterem Licht zu schildern, aber es gelang ihm nicht. Elizabeths Unruhe war ansteckend, und Victor sagte sich ständig, daß Paul Brune von einem Schöffen oder sogar vom Lord Mayor persönlich aufgehalten worden sein mußte und daß er länger gebraucht hatte, um seine Geschäfte zu erledigen. Aber die beinahe zur Gänze heruntergebrannte Kerze zeigte, daß schon zu viele Stunden verstrichen waren.

Als Elizabeth eine neue Kerze in den silbernen Ständer steckte, sagte sie zu Victor, daß ihr Vater wohl nicht zurückkommen werde.

Er glaubte ihr, auch wenn er sich gegen den Gedanken sträubte. Auch wenn er sie zwang, mit ihm einen Fladen Brot zu essen, und er es schaffte, ihr lachend von Clérons Gaunereien zu berichten.

Er vernahm das Glockengeläut und hielt Elizabeth mit seinen Händen die Ohren zu. Dann hörte er Schreie, die in der Nacht verhallten.

Im Morgengrauen sah Elizabeth zwei Männer auf ihr Haus zukommen. Sie bestand darauf, mit ihnen allein zu sprechen und ging durch die Maueröffnung. Ein Inspektor rief ihr durch die Tür zu, daß ihr Vater gestorben sei und daß weder sie noch sonst jemand das Recht hätten, Monsieur Brunes Haus zu verlassen. Mit Rücksicht auf seine Stellung als Ratsmitglied habe man ihn schon bestattet.

Die Boten entfernten sich sehr schnell und hörten so Elizabeths Wutausbruch, ihre Flüche gegen Gott und ihre herzzerreißenden Schreie nicht mehr. Sie wiederholte, daß sie zu ihrer Familie wolle, daß sie allein auf der Welt sei, daß sie sich nie hätte von ihrer Mutter trennen dürfen und daß sie dieses Haus verlassen würde, auch wenn sie den Wächter erwürgen müßte. Sie hörte auf zu schreien, als ihr klar wurde, daß ihr Vater sie und Victor Le Morhier möglicherweise angesteckt hatte. Diese Erkenntnis ließ sie erstarren, und sie sah Victor lange an. Er ging auf sie zu. Sie schauten einander in die Augen, als seien sie Spiegel eines angekündigten Todes. Konnte es sein, daß diese Hände, die blaue Enten auf einen grauen Rock gestickt oder die den Besan und das Bugsprietsegel gerefft hatten, bald ohne jedes Leben wären? Daß die blauen Venen am Handgelenk sich schwarz verfärbten, weil krankes Blut sie vergiftet hatte? Daß diese Hälse, Leisten und Achseln noch vor dem Morgengrauen anschwellen und voller Abszesse sein würden? Daß diese Münder für alle Zeiten schweigen würden, daß diese Augen nie mehr die Sonne sehen und von Würmern zerfressen würden? Daß ihre Jugend von nun an ein Leichentuch tragen würde? Konnte es sein, daß sie noch vor Ende dieses Julitages sterben würden?

Elizabeth ging zu Victor und öffnete den Knopf, der den Kragen seines Hemdes schloß. Dann zog sie ihm das Wams aus und ließ es auf den Boden gleiten. Sie kniete sich nieder und fing an, ihr Mieder aufzuschnüren, ohne den Blick von dem Mann zu wenden, der sie zum ersten und vielleicht letzten Mal besitzen würde. Sie fand ihn schön. Seine Haut war noch straff, sein Gesicht war nicht verzerrt wie die vielen Gesichter, die sie in den letzten Tagen gesehen hatte. Er hatte helle, leuchtende und wache Augen.

Victor half Elizabeth beim Ausziehen und küßte sie. Zunächst ganz sanft, dann fast brutal, als er die gleiche Heftigkeit in ihr spürte. Er hoffte, sie beide würden in diesem Kuß aufhören zu atmen und sich so über die Pest erheben. Er vergaß den Tod, als er die Brustwarzen der jungen Frau berührte und sie vor Lust stöhnen hörte. Sie sagte nichts, als er die Kerze näher heranhielt, um sie besser zu sehen. Das Schamgefühl gehörte der Vergangenheit an. Sie spürte, wie die Flamme der Kerze ihre Schultern, ihre Hüften und ihre Brust erhellte, und sie versuchte auch nicht, ihre Verwunderung zu verbergen, als sie Victors Geschlecht sah. Seltsam fand sie diese Säule aus Fleisch und die kleinen behaarten Hodensäcke. Sie waren so sonderbar, daß sie ihr weder schön noch häßlich vorkamen. Sie wollte sein Glied sofort berühren, um sich davon zu überzeugen, daß es wirklich war. Seine Steifheit verblüffte sie, und sie war erstaunt, als sie spürte, wie leicht es sich unter ihrer Hand bewegte, wie der Vogel, den sie einmal einer Katze weggeschnappt hatte. Elizabeth vernahm Victors lustvolles Stöhnen und war gerührt und stolz zugleich, einem Mann so viel Vergnügen bereiten zu können. Er hielt sie jedoch zurück, rollte sein Hemd zusammen und legte es Elizabeth unter den Hintern. Er spreizte ihre Beine und leckte sie mit so zärtlicher Hingabe, daß auch sie die Pest vergaß. Sie erbebte tief in ihrem Leib, zuckte und fühlte, daß es Momente gab, in denen man vor Wonne sterben wollte. Als er in sie eindrang, schrie sie auf, nicht vor Schmerz, sondern vor Überraschung. Sie hatte sich oft vorgestellt, was die Mütter ihren Töchtern verheimlichen. Mit Mary hatte sie darüber gesprochen, aber das hier war etwas ganz anderes. Victor verschmolz in ihr, füllte sie mit dem Meer, dem Himmel und dem Licht.

Sie weinte, und Victor, der sich bemüht hatte, so sanft wie möglich zu sein, entschuldigte sich, daß er ihr so weh getan hatte.

»Aber nein! Ich denke an meine Schwester, die nie mehr einen Mann hat.«

»Haben wird«, flüsterte Victor.

Dann küßte er sie, betrachtete sie und fand sie noch schöner. Ihre Augen hatten genau die Farbe der samtigen Schale, die die Mandeln umhüllt. Ihre Haut war rot angelaufen, und ihre verklebten Haare lagen auf ihren Brüsten, hüllten sie ein wie ein dunkles Spitzenmuster, das den jungen Mann an ein

Kirchenfenster erinnerte, das er in Kadir bewundert hatte und auf dem die Heilige Jungfrau dargestellt war. Er flehte die Muttergottes an, sie möge Elizabeth retten.

Er wollte nicht, daß sie sterben mußte. Er wollte sie lieben, wieder und immer wieder.

5. KAPITEL

»Er ist wieder da«, schimpfte Rose. »Ich wußte doch, daß er nicht in Paris bleiben würde.«

Marie LaFlamme hob den Kopf und wischte sich die Stirn ab. Es war so heiß, daß sie die Heilkräuter vor Sonnenaufgang pflücken mußte, damit sie nicht auf der Stelle verdorrten. Hatte sie die Winterkälte, die zugefrorenen Seen und die Schneestürme nur geträumt? Wie konnte es sein, daß die Sonne jetzt so auf sie herunterbrannte? Seit drei Tagen schon lag die Schwüle vom Morgengrauen an über der Stadt. Marie hatte etliche Siedler wegen Sonnenstichs behandelt; mehreren Kindern hatte sie Rettich gegen Spulwürmer gegeben. Sogar zu einer Ziege, die Galle erbrochen hatte, war sie gerufen worden. Weshalb würde man sie heute holen? Marie war erschöpft, aber sie beklagte sich nicht. Diese zusätzliche Arbeit hinderte sie daran, über ihre Situation nachzudenken. Sie rannte von einem Kranken zum anderen, verteilte Medikamente und gute Ratschläge, legte sich spät schlafen, nachdem sie Basilikum-Salben zubereitet hatte, und stand vor allen anderen auf, um Farnkraut, Knöterich, Merk und Kräuter gegen Umläufe zu suchen. Die meisten Soldaten hatten wunde Füße, wegen ihrer schlechten Schuhe, oder Durchfall. Marie hatte die Männer des Carignan-Salières-Regiments wieder auf die Beine bringen müssen, bevor sie aufbrachen, um Forts zu bauen. Sie hatte ihren Vorrat an Heilkräutern aufgebraucht und mußte wieder frische sammeln. In der Hoffnung, ihre Freundin würde sich ihr anvertrauen, wenn sie allein wären, hatte Rose angeboten, Marie zu helfen. Nun streifte sie schon drei Tage mit ihr durch Wald und Flur, aber Marie hatte Simon Perrot noch mit keinem Wort erwähnt.

»Hörst du mir zu?« fragte Rose Rolland mit bissiger Stimme.

Marie runzelte die Stirn. Rose schien schlechte Laune zu haben.

»Ja, du hast von Bourdon gesprochen.«

»Und, sagst du nichts dazu?«

»Dazu habe ich nichts zu sagen.«

»Und Guillaume? Was hält er von dieser Geschichte mit den Fellen?«

Marie seufzte. Guillaume kümmerte diese alte Geschichte gar nicht mehr. Daß Jean Bourdon drei Jahre zuvor von Dusmesnil beschuldigt worden war, über die Rohfelle, die die Kompanie der Einwohner verkauft hatte, schlecht Buch geführt zu haben, war seine geringste Sorge. Wie Marie ging ihm Simon Perrot nicht aus dem Sinn. Obwohl er erleichtert gewesen war zu erfahren, daß der Soldat als einer der ersten ausgewählt worden war, um bei der Errichtung eines Forts auf dem Richelieu mitzuhelfen, hatte er sehr schnell begriffen, daß Perrots Abwesenheit nichts an Maries Verwirrung ändern würde. Ihre Jugendliebe konnte sie einfach nicht vergessen; sie suchte sie, wies sie aber gleichzeitig zurück. Guillaume wußte, daß sie dem Soldaten irgendwann erliegen würde. An einem Morgen wollte er seinen bevorstehenden Waldlauf verschieben und in Québec bleiben, um Marie daran zu hindern, eine Dummheit zu begehen, am anderen wollte er dann früher aufbrechen, um dieses Durcheinander nicht mit ansehen zu müssen. Nein, er dachte wirklich nicht an Jean Bourdon.

»Guillaume bereitet sich auf seinen Waldlauf vor.«

»Jetzt schon?«

»Nach der Ernte wird er Québec verlassen.«

»Und du wirst allein sein, wenn dein Soldat zurückkommt?«

Sprachlos starrte Marie ihre Freundin an und wollte etwas erwidern, aber Rose kam ihr zuvor.

»Glaubst du, ich bin blöd? Seit Tagen warte ich darauf, daß du mit mir redest, anstatt so ein böses Gesicht zu machen, vor dem Noémie bald Angst haben wird. Du lächelst kaum noch, meine Liebe, du schmachtest nach diesem Soldaten. Gott, bin ich froh, daß er fortgeht!«

»Sei still!«

»Nein! Du hast vielleicht die Sprache verloren. Ich dagegen bin nicht auf den Mund gefallen! Denk an Noémie, denk an Guillaume, der dir ein Zuhause gibt, denk an dich!«

»Ich liebe ihn«, seufzte Marie. »Schon immer.«

»Seit Jahren hast du ihn nicht gesehen …«

Rose versuchte, Marie zur Vernunft zu bringen. Vergeblich. Nach einer Stunde malte sie sich mit entsetzlicher Deutlichkeit die tragischen Ereignisse aus, die den nächsten Winter beherrschen würden. Sie war von Marie enttäuscht. Hatte sie denn nichts gelernt aus der Geschichte mit dem Schriftsteller Nadeau? Begriff sie denn nicht, daß man sie, weil sie schon einmal im Gefängnis gesessen hatte, ohne zu zögern ins Schloß Saint-Louis einsperren würde, wenn sie Ehebruch beging? Welcher Dämon war es, der die Füchsin beherrschte und ihr den ganzen Verstand raubte? Rose zog es vor, wieder von Jean Bourdon zu reden.

»Er soll eine Karte Québecs gezeichnet haben.«

»In Paris?« fragte Marie, obwohl sie die Antwort kannte. Sie war erleichtert, daß Rose das Thema gewechselt hatte.

»Ja, mit seinem Sohn Jean-François. Sie haben die Ober- und Unterstadt so genau dargestellt, daß es ein wahres Wunder ist. Guillemette Couillard hat sie gesehen und alles wiedererkannt. Vielleicht hat sich der König diese Karte angesehen und weiß jetzt, wo wir genau stecken.«

Marie fand diese Treue für Ludwig XIV. und dessen Vater lächerlich, nachdem den Monarchen nichts Besseres eingefallen war, als für die Dirnen Magdalenenstifte zu eröffnen und die Salpêtrière zu bauen, in der man schon Mädchen eingesperrt hatte, als die Bauarbeiten noch gar nicht beendet gewesen waren.

»Ich denke, der König macht sich über uns lustig«, erwiderte Marie. »Er glaubt alles, was ihm Monsignore Laval erzählt, was zur Folge hat, daß er uns immer schlechtere Gouverneure schickt.«

Darauf wußte Rose keine Antwort. Es war immer noch die Rede von Voyer D'Argensons Dummheit, der Radisson und Des Groseilliers eingesperrt hatte, und noch lange würde man sich an die Launen von Saffray de Mézy erinnern. Voller Angst erwartete man den neuen Gouverneur, Monsieur de Courcelle. Prouville de Tracy hatte bei den Honoratioren Québecs ein Loblied auf ihn gesungen, und die Ratsmitglieder hatten überall erzählt, endlich werde ein vernünftiger Mann die Kolonie regieren. Die Siedler aber hielten mit ihrer Meinung zurück.

»Ich hoffe, er wird Monsignore de Laval die Stirn bieten. Mutter Marie soll ein wenig zur Ruhe kommen.«

Rose spielte auf den Streit an, der François de Montmorency-Laval und die Oberin der Ursulinerinnen trennte. Die Oberin lehnte jede Änderung der Klosterregeln ab und verwarf ebenso höflich wie bestimmt die Vorschläge Monsignore de Lavals, der es, wenn er nach Frankreich reiste, nicht unterließ, sich darüber beim König zu beklagen.

»Du kannst dir doch denken, daß unser Bischof bestimmt versucht hat, sich einen Gouverneur nach seinen Vorstellungen auszusuchen.«

»Am Anfang gefiel ihm Mézy«, sagte Marie lachend.

Rose freute sich über dieses erste Lachen. Vielleicht würde sich ihre Freundin wieder fangen, wenn Simon erst weg wäre. Sie durfte nicht so unvorsichtig sein!

Das beste wäre, die Montagnais würden die Soldaten angreifen und nur einen einzigen von ihnen töten, nämlich Simon. Die Truppen würden Québec in wenigen Tagen, am 23. Juli, verlassen. Es würden wieder viele Leute dasein, wie bei der Ankunft eines Schiffes, um den Soldaten zuzujubeln. Vier Kompanien würden aus der Stadt marschieren. Einige Siedler hatten sich über diese Aufgabe beklagt und gemeint, daß die Irokesen es erfahren und sie skalpieren würden. Tracy hatte sie daran erinnert, daß die Soldaten des Regiments gekommen seien, um Forts zu errichten. Sie würden nicht alle ihr Quartier in der Nähe von Schloß Saint-Louis beziehen können. Um die Siedler zu beruhigen, hatte er die Ankunft mehrerer zusätzlicher Kompanien noch vor Ende des Sommers angekündigt.

Rose fragte sich, ob diese neuen Soldaten ihnen nicht auch böse Überraschungen bereiten würden, als Marie plötzlich überschwenglich rief: »Himbeeren! Berge von Himbeeren!«

Ihre Freundin lachte schallend. Seit gut zwei Jahren hatte sie diesen Ausdruck nicht mehr gehört. Sie betrachtete den Strauch, auf den die Heilerin deutete. Er trug eine Unmenge von roten Früchten, die großen Genuß versprachen.

»Heute abend bekommt Alphonse Himbeerkuchen!« rief Rose begeistert.

»Guillaume auch!« ergänzte Marie.

Rose sah sie an, dann schlug sie vor, Körbe zu holen, um die Beeren zu pflücken. Sie mußten vorsichtig zu Werke gehen, denn die Nachbarinnen brauchten von ihrer Entdeckung nichts zu wissen.

»Catherine Lemieux hat uns nie gesagt, wo sie ihre Pilze gefunden hat. Dann müssen wir ihr unsere Fundstelle auch nicht verraten, selbst wenn sie sich am Sonntag verlobt.«

Marie schlug vor, ihr statt dessen einen Himbeerkuchen zu bringen.

»Ja. Ein Himbeerstrauch ist ein Himbeerstrauch. Hast du ihren Verlobten gesehen? Er ist fast so kräftig wie dein Guillaume. Er hätte gegen die Türken kämpfen können.«

»Ist er Soldat?«

»Nein. Trommler. Er wird die Männer, die sich von der Truppe entfernen, zur Fahne zurückrufen.«

Marie nickte leicht und sagte sich, daß Simon wohl oft zur Ordnung gerufen wurde. Er war so widerspenstig gegen jede Autorität! Sie wunderte sich, wie er Musketier hatte sein können, aber man hatte ihn ja mit mehreren Missionen beauftragt, bei denen er auf sich allein gestellt gewesen war. Er sprach wenig über diese Aufgaben, und Marie wagte nicht, ihn danach zu fragen, weil sie vermutete, daß er gewisse Staatsgeheimnisse verschweigen mußte. Und wenn sie ihn sah, dann unterhielten sie sich mehr über Geoffroy de Saint-Arnaud, Nantes und Québec als über die Adeligen, für deren

Sicherheit Simon in Frankreich gesorgt hatte. Wenn sie ihn sah … Er war nur zweimal in die Rue Sault-au-Matelot gekommen, und dann war sie ihm in den Straßen Québecs fast zufällig über den Weg gelaufen. Sie versuchte es einzurichten, daß ihre Kräuterwanderungen oder ihre Krankenbesuche mit den Manövern und den Kontrollgängen der Wachsoldaten zusammenfielen, aber sie konnte nie im voraus wissen, ob Simon abberufen wurde, um zum Hafen zu gehen oder die unmittelbare Umgebung der Stadt zu erkunden, ob er in die Schreinerei oder zur Wartung der Waffen geschickt wurde.

Er mochte Waffen sehr. Voller Stolz hatte er ihr seine Muskete gezeigt und behauptet, sie sei das Neueste auf dem Gebiet. Er hatte sie poliert, sobald eine Fliege sich darauf gesetzt hatte, und Marie hatte sich über diesen Fimmel lustig gemacht. Er hatte geantwortet, Frauen verstünden nichts von Waffen, seien aber sehr froh, daß die Männer damit umgehen könnten, um sie zu schützen. Marie hatte protestiert; sie könne schießen, Guillaume habe es ihr im Frühling beigebracht. Simon hatte sie bedauert, weil sie einen Ehemann hatte, der so oft weg war, daß er seiner Frau hatte beibringen müssen, wie sie sich verteidigen konnte. Wenn sie erst wieder in Nantes wären, brauche sie sich keine Sorgen um ihre Sicherheit zu machen, hatte er hinzugefügt. Dann hatte er wieder von dem Schatz gesprochen, und Marie hatte zum wiederholten Male erklärt, daß sie nicht mehr daran glaube und daß sie in große Gefahr geräte, wenn sie nach Nantes zurückginge, wo jeder sie als eine Hexe in Erinnerung habe. Simon hatte versichert, daß er auf sie aufpassen werde. Sie hatte geantwortet, daß er gegen die Menge, die ihre Mutter zum Henker gebracht hatte, nichts ausrichten könne.

»Außerdem würde man mir in Nantes verbieten, die Heilkunst auszuüben. Ich will aber weiterhin Menschen pflegen!«

»Aber das brauchst du dann nicht mehr zu tun, Marie«, hatte Simon entgegnet. »Wir werden reich sein! Du wirst schöne Seidenkleider haben. Allen Männern wirst du den Kopf verdrehen, aber gehören wirst du mir. Du gehörst nur mir!«

Er hatte sie auf den Nacken geküßt, und sie hatte nicht versucht, ihn wegzuschieben. Zu gerne hatte sie seine Lippen auf ihrer Haut gespürt, zu sehr hatte sie es gemocht, sein gepudertes Haar zwischen ihren Fingern zu kneten, seinen warmen Duft einzuatmen, der sie an das gemeinsame Angeln in der Kindheit erinnert hatte, an das Wettlaufen an der Loire oder im Straßengewirr des Quai de la Fosse, an die saftigen Schenkelbirnen, die sie von Jules Médards Birnbaum gestohlen hatten. Zu oft hatte sie von diesen Umarmungen geträumt, um jetzt darauf zu verzichten. Selbst wenn sie es noch nicht zugelassen hatte, daß er ihre Brust entblößt oder ihr unter die Röcke gegriffen hatte, hatte sie gewußt, daß sie sich ihm bald hingeben würde. Sie hatte nur gewartet bis Guillaume wieder zu seinen Streifzügen durch die Wälder aufbrechen würde. Sie würde sich nämlich zu sehr schämen, in ein und derselben Woche von den Armen ihres Mannes in die ihres Geliebten zu fallen. Sie hatte sich bemüht, die Erinnerung an Anne LaFlamme zu verdrängen, wenn Simon sie liebkost hatte, aber abends war sie lange nicht eingeschlafen, weil sie immer wieder an sie gedacht hatte. Guillaumes Liebkosungen, die sie vorher entspannt hatten, hatten sie nicht zur Ruhe kommen lassen. Sie hatte aber viel Leidenschaft an den Tag gelegt, wenn ihr Mann sie geliebt hatte. Gewiß, sie hatte ihn betrogen, aber seltsamerweise hatte sie ihm zeigen wollen, daß sie doch auch an ihm hing: Sie haßte Guillaume nicht, nur weil sie Simon liebte. Davon hätte sie ihren Mann gerne überzeugt.

Marie rieb sich die Schläfen und atmete tief ein. Sie hatte Kopfschmerzen. Noch in dieser Woche würde sie ihre Monatsblutung bekommen. Deswegen fing sie an, sich Sorgen zu machen. Obwohl Guillaume häufig weg war, hatte er seit über einem Jahr oft genug mit ihr geschlafen, daß sie hätte schwanger werden können. Verweigerte Gott ihr die Mutterschaft, um sie für ihre Sünden zu bestrafen? Noémie machte sie sehr glücklich, sie wünschte sich aber ein eigenes Kind. Wieviel Vertrauen würde man einer unfruchtbaren Hebamme denn schenken? Die Frauen würden sich von ihr nicht einmal mehr berühren lassen, aus Angst, ihre

Unfruchtbarkeit könnte ansteckend sein. Aber wenn sie von Guillaume schwanger wäre, dann wäre Simon ganz sicher wütend.

Ihrer Erinnerung zufolge war er früher nicht so jähzornig gewesen. Jetzt geriet er leicht in Wut, seine Hand umklammerte krampfhaft das Gewehr, sein Blick wurde finster, und wenn Marie dann in seine Augen sah, fühlte sie sich unwillkürlich an den Gesichtsausdruck von Tobsüchtigen erinnert. Sie vermied es, ihm zu widersprechen, fand aber, daß er ihr aufmerksamer hätte zuhören sollen: Sie kannte Québec besser als er und hätte ihm ein paar gute Ratschläge geben können. Sie hätte ihm sagen können, daß sein Gewehr, auch wenn es noch so neu war, ihm vielleicht nicht sehr viel nützen würde. Guillaume hatte ihr erklärt, daß diese glänzenden Waffen eher für Kämpfe in Frankreich und Navarra geeignet seien, wenn die Soldaten in engen Reihen gegen den Feind vorrückten, und daß die Männer des Carignan-Salières-Regiments sich besser mit den Hinterhalten der Irokesen befassen sollten.

Privat sah Marie Simon nie länger als eine halbe Stunde, denn sie fürchtete das Gerede der Leute. Sie hatte zwar in der Vergangenheit viele Gefahren abwenden können, dachte aber jetzt daran, ihre Nachbarn mit indianischer List zu täuschen. Sie konnte sich nicht vorstellen, wie sie es schaffen sollte, im Herbst dem Drängen Simons nachzugeben, ohne daß die Klatschweiber es mitbekamen. Sie spürte sehr wohl, daß sie in Rose keine Komplizin finden würde.

Marie drehte sich zu ihrer Freundin um und beneidete sie um ihre Ausgeglichenheit. Sie hatte Alphonse geheiratet, und kein einziger Soldat des Regiments hätte ihr den Kopf verdrehen können. Sie hatte beschlossen, mit ihrem Ehemann glücklich zu sein. Marie bedauerte sie aber auch. Würde sie jemals diese Leidenschaft erfahren, die alle Sinne erregt, den Verstand schwächt und das Herz rasen läßt? Wenn Marie Simon Perrot sah, dann hatte sie das Gefühl, ebenso heftig zu brennen wie das Feuer im Kohleofen. Ihre Seele schmolz dahin wie die Metalle der Goldschmiede und tröpfelte eine solche Freude in ihr Blut, daß es beinahe weh tat.

Simon Perrots Weggang würde sie traurig machen, aber auch erleichtern. Denn sie würde dann nicht mehr befürchten müssen, die Siedler könnten bemerken, wenn sie rot wurde oder vor sich hinstammelte. Einige Wochen wenigstens hätte ihr Gewissen Ruhe, sie würde den Himmel nicht dauernd um Vergebung bitten und sich nicht den Kopf zerbrechen müssen über eine Lösung, die es nicht gab.

Am 23. Juli würde sie vielleicht aufatmen können.

Am 23. Juli ließen die vier von etwa hundert Freiwilligen verstärkten Kompanien des Carignan-Salières-Regiments die Boote zu Wasser und brachen zu ihrer Expedition zum Richelieu-Fluß auf. Hauptmann Jacques de Chambly leitete die Operation. Die Einschiffung all dieser Soldaten bot einen prächtigen Anblick. Bei ihrer Ankunft in Québec war ihr schlechtes Aussehen aufgefallen, jetzt bewunderte man ihre stolze Haltung in den Uniformen. Die Kniehosen waren alle mit Schnürbändern verziert, der Rock aus Sedan-Tuch oder Wollstoff wölbte selbst die Brust des dürrsten Mannes. Eine Halsbinde und ein schwarzer Hut mit Band vervollständigten die Uniform der Soldaten. Wie Simon hatten sie gepudertes Haar. Zumindest für einige Tage ... Der Marsch, das Rudern und das Tragen der Boote würden die hübschen Locken bald wieder zusammenfallen lassen. Aber die Frauen Québecs würden später die schmutzigen und erschöpften Soldaten nicht zu Gesicht bekommen. Sie bestaunten sie jetzt, vor ihrer Abreise.

Der Marquis de Prouville de Tracy und der Kapitän zogen ebenso die Blicke auf sich wie der Oberleutnant und die beiden Fähnriche mit den Fahnen. Aber als Guillemette Couillard ausrief, daß alle Männer des Regiments dem König die Ehre erwiesen, stimmten ihr die Siedler zu und spendeten den Truppen Beifall.

Verpflegung und Munition waren aufgeladen worden, die letzten Soldaten gingen an Bord und sahen, wie die Siedler niederknieten und für sie beteten. Mehrere Soldaten hatten Berichte über die Qualen gehört, die die Montagnais ihren

Gefangenen zufügten. Sie sagten sich immer wieder, daß sie viel zu zahlreich und viel zu gut bewaffnet waren, um von den Indianern angegriffen zu werden, waren aber fest entschlossen, die Forts schnell fertigzustellen, sich dort einzuschließen oder nach Québec zurückzukehren.

Als die Siedler die Gesichter der Soldaten wegen der Entfernung nicht mehr erkennen konnten, standen sie auf und gingen wieder an ihre Arbeit. Die Felder waren sehr ertragreich in diesem Jahr, doch es fehlte an Arbeitskräften. Zu viele Kleinkinder und zu viele Männer hatten das Regiment begleitet. Zum Glück murrten die Frauen nicht über die Arbeit. Hinter dem Rücken der Pfarrer waren sogar Wetten abgeschlossen worden, ob Rose Rolland mit der Sichel wieder die Beste sein würde. Antoine Souci und Horace Bontemps behaupteten, daß Nicolette Jasmin gute Chancen habe. Auch Marie LaFlamme könne gewinnen, wenn sie beim Mähen dabei wäre.

»Sie wird bei Guillaume bleiben, solange es ihm nicht bessergeht«, sagte Rose Rolland zufrieden.

»So schlimm ist er gar nicht dran«, sagte Emeline Blanchard mit einem spöttischen Lächeln.

»Marie will sichergehen, daß er nicht aufsteht. Guillaume haßt es, das Bett hüten zu müssen.«

»Nicht wenn die Füchsin neben ihm liegt«, flüsterte Souci. »Sie kümmert sich sehr gut um ihn. Diese dämliche Anna hat sich getäuscht.«

»Getäuscht?« fragte Rose.

»Sie hat erzählt, daß der Soldat Perrot und Marie was miteinander hätten.«

»Sie ist ein dummes Stück«, warf Emeline ein. »Das hab' ich mir immer gedacht.«

»Ihr Mann tut mir leid«, fügte Rose hinzu.

»Nicht umsonst hat er sich freiwillig gemeldet«, sagte René Blanchard und zeigte auf die Schiffe, die dem Horizont entgegenfuhren.

Vom Friedhof aus sahen die Siedler die Schiffe, die sich unter der Sonne trafen und einen Pfeil bildeten, der dem Flug der Weißgänse ähnelte. Sie schienen genauso klein und zierlich wie die Vögel, aber Rose Rolland wußte, daß die Wildgänse ausdauernd waren. Es wurde erzählt, daß sie Reisen machten, die so lang waren wie Fahrten übers Meer. Die Soldaten des Regiments würden nicht weniger mutig sein, und an Neujahr würden drei, vielleicht sogar vier Forts an den Ufern des Richelieu stehen und Québec und Ville-Marie verteidigen. Es stand bereits fest, daß das erste errichtete Fort Richelieu heißen sollte, wie der Kardinal, der die Angriffe seiner Feinde siegreich abgewehrt hatte. Bestimmt hätte er auch die Montagnais bezwungen. Sein Name würde Glück bringen.

Die Sonne tauchte alles in ihr gleißendes Licht, so daß man nicht lange auf das Wasser schauen konnte. Der Sankt-Lorenz-Strom funkelte wie ein Louisdor, und die Kinder behaupteten, man könne darin baden, ohne die Kälte fürchten zu müssen. Rose, die Noémie zum Hafen mitgenommen hatte, hatte ihre Zehen ins Wasser getaucht. Sie hatte nicht wie gewohnt die beißende Kälte des Frosts gespürt, den Fuß aber nicht länger als ein paar Minuten im Wasser halten können. Die Jungen, die den eisigen Strömungen des Sankt-Lorenz-Stroms trotzten, waren sehr stolz. Zudem hatte Rose den Sohn der Bouchers erkannt, der mit seinen zwölf Jahren gebeten hatte, dem Regiment folgen zu dürfen!

Guillaume hatte im richtigen Moment Fieber bekommen. So mußte er nicht die spitzen Bemerkungen der Einwohner über sich ergehen lassen, die es gerne gesehen hätten, wenn er sich den Soldaten angeschlossen hätte. Er war kräftiger als alle Siedler, er kannte den Wald, die Tragewege und die Indianersprachen. Warum wollte er der Kolonie nicht helfen? Rose wußte, daß Marie ihn vor einigen Kranken hatte in Schutz nehmen müssen. Guillaume leistete Fronarbeit, wenn er in Québec war, aber der Bau der Forts fiel mit dem Beginn seiner Streifzüge zusammen. Wie Marie glaubte Rose, daß Guillaume das Regiment vor seinem Aufbruch in die Wälder gerne ein paar Wochen begleitet hätte, aber er hatte sich geweigert, um Simon Perrot, den er verachtete, aus dem Weg zu gehen. Bei einem Abendessen in der Rue Sault-au-Matelot hatte Rose sofort Guillaumes Abneigung gespürt, auch wenn er höflich zu dem Soldaten gewesen war. Alphonse hatte es ihr bestätigt: Laviolette hatte ihm anvertraut, Perrot sei ein Mann, der nichts anderes im Sinn habe, als mit seinem Gewehr oder mit seiner Hakenbüchse zu spielen.

»Rose! Du trödelst! Vom Herumstehen wirst du auf keinen grünen Zweig kommen!«

Rose drehte sich zu Emeline um, die ihr die Hand reichte. Emeline vermutete bestimmt, daß Rose an ihre Vergewaltigung denken mußte. Es war im Januar gewesen, hier oben an diesem Berghang auf dem Friedhof. Rose lächelte Emeline zu, um sie zu beruhigen. Sie hatte keine Angst mehr, über das Grundstück von Ruette d'Auteuil zu gehen. Germain Picot war tot, und sie war am Leben. Sie wurde von Einbein, wie die Siedler ihren Mann nannten, geliebt und hatte viele Freunde hier. Ihr fehlte nur ein Kind. Geduld, sagte sie sich immer wieder, nur Geduld. Sie war nicht unfruchtbar, das wußte sie, denn nach der Schandtat, die sie erlitten hatte, hatte sie eine Fehlgeburt gehabt.

»Hab Geduld«, sagte Marie zu Guillaume. »Morgen bist du wieder auf den Beinen.«

»Ich glaube, ich hätte Hauptmann de Chambly folgen sollen. Er ist nicht so streng wie du«, schimpfte der Waldläufer.

Marie lächelte ihm zu. Obwohl sie Lust dazu gehabt hatte, die Schiffe des Regiments auslaufen zu sehen, war sie nicht zum Hafen gegangen. Nie würden die Siedler auch nur ahnen, daß sie sich um ihren Mann kümmerte und dabei daran dachte, daß sie sich Simon hätte hingeben müssen. Sollte er während der Expedition sterben, dann würde sie ihr Leben lang bereuen, daß sie sich ihm verweigert hatte. Sie brachte Noémie in ihr Bett und kam mit einer Schüssel und einem Glas zu Guillaume zurück.

»Hier, spül dir damit den Hals!«

»Was ist das?«

»Ein Sud aus Drachenwurz. Das wird dir deine Stimme zurückgeben.«

Guillaume tat wie befohlen, verzog das Gesicht und erinnerte sich an das halbe Jahr bei den Irokesen. Seine Adoptivmutter hatte ihm auch schreckliche Mixturen eingeflößt. Er mußte zugeben, daß sie seine Wunden von den Martern gut behandelt hatte. Marie hätte viel von ihrer Heilkunst gelernt. Wie sehr bedauerte er doch, daß er sie nicht mitnehmen konnte. Er hätte sie vor Simon bewahrt, und sie hätte seine indianischen Freunde kennengelernt.

Guillaume schlief in dem Gedanken ein, wie sehr die Ankunft des Regiments seine Beziehungen zu den Montagnais ändern würde. Eines war sicher: Niemals hätte er bei der Errichtung der Forts mitmachen können. Er hatte vor, es dem Stamm der Neutralen gleichzutun, der weder auf der Seite der Irokesen war, noch sich den Huronen anschloß.

Entgegen Antoine Soucis Meinung war Guillaume wirklich krank, und Marie wachte mehrere Nächte über ihn. Als die *Aigle* am 18. August einlief, war er wieder auf den Beinen, blieb aber nicht länger als eine halbe Stunde im Hafen. Das rege Treiben ermüdete ihn, und er ging rasch nach Hause in die Rue Sault-au-Matelot. Marie hatte gesagt, eine Schiffslandung sei nur eine Schiffslandung, war aber am Quai Champlain geblieben, um die vier neuen Kompanien aufmarschieren zu sehen. Die Siedler waren zwar noch hellauf begeistert von dem Anblick, Marie hatte aber am nächsten Tag den Eindruck, daß deutlich weniger Leute gekommen waren, um die Soldaten zu empfangen, als die *Paix* festmachte. Mehrere Familien waren auf die Felder gegangen, um das Heu zu rechen. Die Soldaten würden gar keine Zeit haben, ihnen zu helfen. Unter dem Befehl von Pierre de Saurel würden sie die Stadt schon am 25. August verlassen und ins Tal des Richelieu gehen. Andere Männer würden sie ersetzen. Prouville de Tracy behauptete, daß noch vor Ende des Sommers acht neue Kompanien in Québec eintreffen würden. Man würde dann wieder die braunen Röcke mit den blauen Verzierungen und die mit Bändern geschmückten Schuhe sehen. Marie hatte gehört, wie sich Simon über diese Schuhe lustig gemacht hatte, die in Neufrankreich gut ein Paar Stiefel hätten ersetzen können. Ludwig XIV. sei nie in die Kolonie gereist, bloß um Schuhe in Mode zu bringen, hatte Marie geantwortet. Simon hatte gesagt, daß er dennoch Schuhe tragen würde, wenn er nach Nantes zurückkehre. Für einen Edelmann gehöre es sich, den König nachzuahmen, der in allen Punkten recht hatte.

Hatte der König auch geahnt, daß die Schiffe, die am 13. Mai im Hafen von La Rochelle vor Anker lagen, hundertsiebzehn Tage brauchen würden, um die Kolonie zu erreichen? Daß acht Männer sterben würden und daß hundert weitere bei ihrer Ankunft in Québec ins Krankenhaus gebracht werden müßten? Gewiß, Jean Talon du Quesnoy war auf der Ile Percée von Bord gegangen, um Mineralien zu sammeln, aber tatsächlich war es nicht dieser Zwischenaufenthalt gewesen, der die Fahrt der *Saint-Sébastien* verzögert und die Krankheit verursacht hatte. Es war die Erleichterung gewesen, endlich Land zu sehen. Die Männer hatten die Pforten zu früh geöffnet. Die eindringende Luft hatte vielerlei Übel mit sich gebracht. Daniel Rémy de Courcelle, der seinen Posten als Gouverneur bezog, fragte sich, ob er den Mut haben würde, die Überfahrt in umgekehrter Richtung zu machen, wenn er seine Mission erfüllt haben würde. Viele Männer an Bord seines Schiffes waren zwangsweise nach Neufrankreich geschickt worden. Sie schworen, sie würden nach den zehn Monaten Verbannung, die der König verordnet hatte, wieder heimkehren. Ob sie die schlimme Überfahrt bis dahin vergessen haben würden?

Es gab zu viele Kranke, als daß das Spital von Québec sie alle hätte aufnehmen können. Die Kirche war bis zur Balustrade belegt, und die Nonnen liefen bis zur völligen Erschöpfung von einem Kranken zum anderen. Marie beobachtete Schwester Catherine de Saint-Augustin. Sie machte sich Sorgen um die Nonne, die genauso blaß war wie ihre Patienten. Sie hatte immer noch dieses leuchtende Lächeln, das die Siedler bezauberte, und Marie bedauerte, daß die Ordensfrauen nicht wie die Priester die Beichte abnahmen durften. Es wäre so leicht gewesen, sich Schwester Catherine anzuvertrauen! Seit der Ankunft des Gouverneurs und seines Intendanten hatte Marie aber nicht oft an Simon gedacht. Tagsüber brachte sie den Kranken, die die Siedler bei sich aufgenommen hatten, Medikamente, abends bereitete sie Salben zu, die sie am nächsten Tag verteilen würde. Sie hatte sich bei Guillaume entschuldigt, daß sie ihn vernachlässigte und ihm kein so gutes Essen kochte. Er hatte ihre Worte jedoch vom Tisch gefegt und gemeint, daß es ganz gut sei, daß er sich an eine andere Kost gewöhne. In wenigen Tagen würde er in die Wälder ziehen. Die Bäume fingen an, sich rot zu färben, die Tage wurden kürzer. Die Siedler dachten schon an den Winter. Das Fieber hatte Guillaumes Abreise verzögert, er mußte Québec aber unbedingt vor der kalten Jahreszeit verlassen.

Marie beobachtete, wie Guillaume Noémie einen Apfel gab, und dachte bei sich, daß er die Kleine so verwöhnt hatte, daß sie bestimmt weinen würde, wenn er weg war. Guillaume würde die Zuneigung des Kindes vermissen, aber er war immer zwischen dem Ludwigs- und dem Martinstag zu seinen Streifzügen aufgebrochen. Auch dieses Jahr mußte es so sein, sonst würden sich die Leute wundern. Marie wollte ihn gerade daran erinnern, daß sie zum Abendessen bei den Rousseaus eingeladen waren, als sie ein Klopfen an der Tür hörte. Ein Regimentssoldat brachte Marie LaFlamme eine Nachricht des Marquis de Tracy. Ein Brief aus Frankreich liege für sie im Fort Saint-Louis bereit.

Marie wurde blaß. Guillaume bat den Boten, ein paar Minuten zu warten.

»Was will man von mir? Man überbringt den Leuten Briefe, ohne sie ins Schloß kommen zu lassen!«

»Vielleicht will man dir einen Todesfall mitteilen?«

»Nein. Dann hätte ich meinen Brief wie jedermann bekommen. Was mag der Marquis von mir wollen?«

Guillaume begleitete Marie zum Schloß. Obwohl sie ihren Umhang anhatte, spürte er, wie sie dicht an seiner Seite fröstelte. Sie erinnerte sich nur zu gut an ihre wochenlange Haft und an den Kerker, den sie in Frankreich kennengelernt hatte. Als sie von einem Offizier zu Monsieur de Tracy geleitet wurde, hielt sie sich jedoch sehr aufrecht und legte eine bewundernswerte Gelassenheit an den Tag. Der Marquis stellte ihr den neuen Gouverneur, Monsieur de Courcelle, vor, der schon von ihren Fähigkeiten als Heilerin gehört hatte.

Marie deutete ein Lächeln an. Man wollte ihr offenbar nichts Böses.

»Ich habe einen Brief für Sie, Madame. Es ist ein Brief, den ich Ihnen bei meiner Ankunft hätte geben müssen. Aber ich hatte ihn in ein Wams gesteckt und bin jetzt erst wieder auf ihn gestoßen. Vor meiner Abreise in La Rochelle habe ich mit einem Ihrer Freunde gegessen.«

Marie stockte der Atem. Ein Freund? Wirklich?

»Victor Le Morhier hat Ihnen geschrieben. Bitte sehen Sie es mir nach, daß ich Ihnen seinen Brief so spät übergebe.«

Marie lächelte den Marquis höflich an, ohne den Blick von dem Brief zu wenden. Welche Nachricht war es wert, daß Victor ihr schrieb? Sie hatte Angst, das Siegel aufzubrechen, aber Rémy de Courcelle warf ihr einen aufmunternden Blick zu. Sie fand ihn sanft und zurückhaltend und dachte, daß seine fast kindlichen Lippen nicht zu seiner schweren Perücke paßten. Während sie Victors Brief auseinanderfaltete, fragte sie sich, ob er seine Handschuhe mit Ambra oder Mandelparfum parfümierte, wenn er in Paris wohnte.

Liebe Marie,
ich reise nach London, denn ein Seemann aus Nantes hat mir mitgeteilt, daß Dein Vater dort geweilt hat. Da werde ich mehr über Deine Erbschaft erfahren. Ich bete dafür, daß Du an Land genauso geschätzt wirst wie auf See. Ich habe keine Zweifel: bestimmt mögen Dich inzwischen die Siedler alle. Ich habe Marquis de Tracy von Dir erzählt. Vielleicht kann er Dir bei Bedarf helfen. Ich lege eine Geldbörse für Noémie bei. Ich habe zwei Messen für mein Patenkind und Dich lesen lassen. Gott schütze euch.

Dein Freund Victor

»Ich hätte mir gewünscht, daß Monsieur Le Morhier mit uns an Bord kommt«, sagte Tracy, »aber er bestand darauf, nach London zu gehen. Ich habe ihm jedoch von der Pest erzählt, das können Sie mir glauben. Ich habe ihm versprochen, Sie zu unterstützen. Womit kann ich Ihnen helfen?«

Marie brauchte einige Augenblicke, bis sie sich von ihrer Überraschung erholt hatte. Dann wandte sie sich an Guillaume, um ihn wegen Victors Schicksal zu beruhigen. Anschließend erklärte sie allen Anwesenden, daß sie gerne Hebamme werden wolle. Und daß man dafür Monsignore de Laval gewinnen müsse.

Jean Talon, der erst seit ein paar Tagen in der Kolonie war, seufzte. Der Bischof hatte wirklich überall ein Wörtchen mitzureden. Marie wechselte einen Blick mit ihm; würde sie in ihm einen weiteren Fürsprecher haben? Von den drei Herren, die sie empfangen hatten, fand sie, daß Monsieur Talon der energischste war, obwohl er gerade mal zwei Worte gesprochen hatte. Sie vermutete, daß er sich gut mit Schwester Marie Guyart verstehen würde, mit der man sich sowohl über göttliche Dinge als auch über Brotbacken für das Essen der Schüler oder die Grundstückspreise unterhalten konnte und die, so sagte man ihr nach, sehr gut über die Entwicklung in Neufrankreich Bescheid wußte.

»Hebamme?«

»Ich pflege Kranke, aber Hebammen brauchen eine kirchliche Genehmigung für Entbindungen. Könnten Sie ein gutes Wort für mich einlegen? Vielleicht wird man Ihnen antworten, daß ich mit gefesselten Händen hierhergekommen bin. Das stimmt. Ich war aber unschuldig. Ich bin zu Unrecht beschuldigt worden, und man hat nie daran gedacht, mich zu rehabilitieren. Veranlassen Sie bitte, daß ich meine Schwestern entbinden kann. Meiner Dankbarkeit dürfen Sie gewiß sein.«

Während Monsieur de Tracy seinen Schnurrbart glattstrich, sah er Marie LaFlamme genau an. Sie verdiente ihren Namen, die Füchsin, mit ihren feuerroten Haaren und diesem wilden Blick. Der Seemann aus Nantes hatte ihm nicht gesagt, daß sie so schön war. Es hatte ihn durchzuckt, als sie sich vor ihm verbeugt hatte. Er wollte François de Laval nicht verärgern, der ihm berichtet hatte, wie wenig ruhmreich sich die Herren Boissy und d'Alleret im letzten Jahr verhalten hätten und daß die schamlose Marie LaFlamme in ihre Unterschlagungen verwickelt gewesen sei. Tracy aber war daran gelegen, dieser jungen Frau gefällig zu sein. Nicht wegen ihrer Schönheit, sondern wegen ihrer Entschlossenheit: Sie hatte nicht gezögert, ihren Wunsch vorzubringen. Er schätzte Menschen, die ihm nicht die Zeit stahlen. Er wollte auch die Achtung des Waldläufers gewinnen, von dem man ihm schon viel erzählt hatte. Dieser Koloß konnte ihm von großem Nutzen sein, weil er die Wilden kannte.

»Ich werde mich für Sie verwenden«, versprach der Marquis de Tracy.

Mit einem strahlenden Lächeln verneigte sich Marie vor ihrem Wohltäter. Hatte sie endlich diese Chance, weil sie kein liederliches Leben mehr führte? Würde sie sie verlieren, wenn Simon Perrot wieder in Québec wäre? Nein, so konnte man nicht mit Gott handeln. Er war weder Schiffseigner noch Kleinkrämer, er war auch nicht so pingelig in seiner Buchführung.

»Mein Oberleutnant leidet an einem Magengeschwür, Madame. Vielleicht könnten Sie nach ihm sehen, bevor Sie das Schloß verlassen?«

Marie war einverstanden und erklärte, daß sich ein Geschwür nicht festsetzen dürfe, sonst werde es unheilbar.

»Während Sie sich um den Mann kümmern, werde ich Ihren Gatten bei mir behalten, damit er mir von den Wilden erzählt.«

Mit einem fast verliebten Blick schaute Marie Guillaume an und folgte dann dem Soldaten, der sie zu dem Patienten bringen würde. Sie war glücklich über dieses Gespräch mit Monsieur de Tracy. Sie hatte dem Marquis, dem Gouverneur und dem Intendanten gefallen. Guillaume würde sie ebenfalls begeistern, ohne seine indianischen Freunde zu verraten. Maries Seele hatte Flügel wie die großen gelben Schmetterlinge, die ihr die Schwalbenwurzel streitig machten. Was für eine Freude, nachdem sie schon das Schlimmste befürchtet hatte. Gewiß, Victor war nach London gegangen, wie Simon behauptet hatte, aber es war nicht erwiesen, daß die Pest dort noch wütete und Victor ihr zum Opfer gefallen war. Sie würde ihn wiedersehen. Simon würde sie den Brief nicht zeigen. Mit ihm wollte sie nicht über den Schatz sprechen.

Ratlos dachte sie an ihre Mutter, die Pierre LaFlammes Reise nach London nie erwähnt hatte. Woher konnte Victor diese Information haben? Eines Nachts hatte sie geträumt, daß der Schatz in ein Tuch gewickelt war, das sich so sehr abgenutzt hatte, daß Schimmel die Edelsteine verdarb. Als sie aufgewacht war, hatte sie sich keinen Reim darauf machen können. Wenn es den Schatz wirklich gab und wenn Victor ihn wiederfände, dann würden sie alle glücklich sein.

Wie in einem Märchen.

6. KAPITEL

Marie sah auf den Sankt-Lorenz-Strom hinaus und hoffte, dadurch etwas zur Ruhe zu kommen. Guillaumes Aufbruch im Morgengrauen hatte sie mehr verwirrt, als sie sich vorgestellt hatte. Noémies Tränen hatten sie ebenso aufgeregt wie das Bellen Mkazawis, der zu spüren schien, daß der Waldläufer nicht vor dem Frühling zurückkommen würde. Sie hatte ihre Tochter in den Armen gewiegt und gesungen, um sie zu beruhigen, aber Noémie war nicht mehr eingeschlafen. Marie hatte sie zum Quai Champlain mitgenommen, um den Sonnenaufgang zu beobachten. Sie hatte sie warm angezogen, denn der Nordwind wehte seit drei Tagen über Québec und entlaubte die Bäume viel zu früh. Für Noémie war es ein Vergnügen zu sehen, wie ihr Hund hinter den wirbelnden roten Blättern herlief. Ihre Mutter aber bedauerte, daß das welke Laub schon jetzt die Straßen der Stadt bedeckte. Es kam ihr vor, als ob ihre Jugend mit dem Sommer zu Ende ging, einem Sommer der Veränderungen, der schönen Träume und der Unschlüssigkeit. Oftmals hatte sie über Simon und über Guillaume nachgedacht, hatte aber keine Lösung gefunden. Sie hätte sich gewünscht, ihre Sorgen würden von einer Windböe weggeweht werden wie die Marienfäden.

Noémie lief auf sie zu und reichte ihr einen Strauß Blätter. Die meisten waren abgebrochen. Trotzdem steckte Marie ihr

Gesicht erleichtert in das farbige Durcheinander aus Blättern und Stengeln. Sie dufteten nach Erde und Kälte, und das heiterte die junge Frau auf. Lange sah sie durch die zackigen Blätter hindurch auf den Sankt-Lorenz-Strom, der vom Wind aufgewühlt wurde und eine tiefdunkle Farbe angenommen hatte. Er war übersät mit Schaumkronen, und Marie träumte von den Turteltauben, die Guillaume für sie geschossen hatte. Das Gefieder der Vögel hatte die gleiche Farbe gehabt: graubraun und weiß gestreift. Dieser in wechselnden Farben schillernde Strom erinnerte an einem Tag an den hellbraunen Bauch eines Fischotters, am nächsten gefiel es ihm, so blau wie der Feuerstein zu werden oder so gelb wie eine Teichrose, wenn die Sonne ihn in ihr gleißendes Licht tauchte.

Ob wenigstens einer der Soldaten der vier Kompanien, die nach Trois-Rivières gegangen waren, den Sankt-Lorenz-Strom bewundert hatte? Gestern hatte es im Hafen von Leuten gewimmelt, die gekommen waren, um den Soldaten zuzuwinken und die *Saint-Jean-Baptiste* zu warten, die in Kürze einlaufen sollte.

Die Soldaten waren nicht mehr da, aber die Leute hielten immer noch Ausschau nach dem Schiff. Marie hatte überhaupt keine Lust, im Gedränge auf dem Kai herumgeschubst zu werden, um neue Siedler oder weitere Soldaten zu sehen. Sie hatte noch viele Heilkräuter zu trocknen, Wurzeln aufzukochen und Pessare zu nähen. Außerdem mußte sie bei Marie Bernier, die sich einen Arm gebrochen hatte, und beim Herzog, der nach wie vor an Bauchschmerzen litt, noch Krankenbesuche machen. Sie war entschlossen, ihm Angst einzujagen; sie wollte ihm sagen, daß sie ihn operieren würde, wenn ihn seine Gedärme wieder einmal malträtierten. Vielleicht würde er dann aufhören, damit zu prahlen, daß er der größte Vielfraß der ganzen Kolonie war, weil er mehrere Kürbistorten verschlungen hatte. Außerdem hatte sie noch vor, Jean Patoulet aufzusuchen, der sich beim Holzhacken den Fuß gespalten hatte. Vor dem Griff nach der Axt hätte er besser René Blanchard genau zugesehen. Er verdiente zwölfhundert Livres im Jahr, also ein Zehntel des Gehalts von Monsieur Talon, seinem Vorgesetzten. Und hatte es überhaupt nicht nötig, sein Holz selbst zu hacken! Zunächst hatte er versucht, sich bei Marie damit herauszureden, daß er vor den Siedlern nicht so stolz auftreten wolle, dann jedoch versprochen, von nun an vernünftiger zu sein. Während sie ihm einen Gänsefingerkrautumschlag um den Fuß gelegt hatte, hatte er wissen wollen, wie sie in Neufrankreich zurechtkomme. Vorsichtig hatte Marie die Verdienste der Barmherzigen Schwestern und der Ursulinerinnen gerühmt und Pater Chaumonots Mut gepriesen, der sich dem Carignan-Salières-Regiment angeschlossen hatte. Der Sekretär des Intendanten hatte ihr anvertraut, Jean Talon sei von der Hingabe sehr angetan gewesen. Von der Hingabe, mit der sie sich um die kranken Soldaten gekümmert hatte. Marie hatte geantwortet, daß das keine besondere Leistung sei, denn es bedeutet, ihr viel, die Leute zu heilen. Patoulet hatte sie dann gefragt, ob man sie wegen ihrer roten Haare die Füchsin nenne oder weil sie schlau sei. Marie hatte mit den Achseln gezuckt und zu verstehen gegeben, daß es in Neufrankreich noch viel Schlauere gebe als sie. Monsieur de La Chesnaye zum Beispiel sei bestimmt kein Dummkopf. Er wisse immer, wann er ein Haus oder ein Stück Land kaufen mußte und an wen er es mit Profit weitervermieten konnte.

Marie hoffte, Jean Patoulet würde ihr jetzt vom Intendanten Talon erzählen, dem man allgemein nachsagte, er werde der Kolonie den ersehnten Aufschwung bringen. Er hatte vor, eine Brauerei zu eröffnen, und die im Hinblick auf den Weinimport vom Mutterland abhängigen Siedler, deren Schnapskonsum von Monsignore Laval streng überwacht wurde, unterstützten dieses Vorhaben natürlich. Man behauptete auch, Talon habe dem König geschrieben, um ihn zu bitten, mehr Frauen nach Québec zu schicken; er glaube fest daran, daß die Kolonie eines Tages allein bestehen könne. Das glaubte auch Marie, und sie freute sich, daß Talon dem König gegenüber kein Hehl aus seinen Überzeugungen machte. Sie wünschte zwar nicht, daß Talon krank würde, aber sie hätte nichts dagegen gehabt, wenn ihn rasende Zahnschmerzen oder Furunkel gequält hätten, dann hätte sie nämlich ihre Fähigkeiten bei ihm unter Beweis stellen können.

Sie schüttelte den Kopf. Wie konnte sie nur so dumm sein?

Hatte sie denn nicht Arbeit genug, um sich noch einen Patienten zusätzlich zu wünschen?

»Noémie, komm her, mein Kleines!« rief sie leise.

Marie beugte sich zu ihrer Tochter hinab und sagte zu ihr, daß ihre Wangen so rot seien wie Emelines kleine Äpfel. Sofort verlangte die Kleine nach Obst, und beide gingen in die Rue Sault-au-Matelot zurück. Guillaumes Aufbruch hatte Marie zu sehr mitgenommen, um etwas zu essen, aber beim Betrachten des Stroms hatte sie sich beruhigt. Zuhause ließ sie sich dann ein Stück Brot und ein Ei schmecken, und Noémie verschlang einen Kürbisbrei. Als Marie LaFlamme gerade ein großes Stück Birkenrinde aus dem Kessel zog, klopfte Rose an ihre Tür.

»Die *Saint-Jean-Baptiste* ist eingelaufen! An Bord sind Frauen. Du solltest hingehen, vielleicht brauchen einige deine Hilfe?«

»Man wird eine Hebamme hinschicken, die sich um sie kümmern wird.«

»Aber wenn sie krank sind, und du sie wegen eines Bruchs oder eines Fieberanfalls behandelst, dann haben sie dich als erste hier kennengelernt und werden später nach dir verlangen. Sie und ihre Familien. Dann wirst du einen schönen Patientenstamm haben! Es sollen mehr als fünfzig Weibsbilder sein!« Rose Rolland hatte recht. Hundertdreißig Männer und zweiundsechzig Frauen waren von Bord der *Saint-Jean-Baptiste* gegangen. Marie freute sich darüber. Man könnte nämlich die Kolonie besiedeln, wenn genügend Frauen im gebärfähigen Alter kämen. Manchmal hatte Marie Lust, nach Frankreich zurückzukehren, um ihre Landsmänninnen zu überzeugen, daß sie in Québec besser behandelt würden als in Versailles, Châlons oder Angers. Um ihnen zu sagen, daß sich ihnen ein neues Land bot, in dem sie auch etwas zu sagen haben würden, wenigstens in manchen Dingen. Würde man auf sie hören oder würde man sie verbrennen?

Sie beobachtete, wie die Frauen Richtung Kirche gingen. Die Frauen Québecs hatten ihnen Decken auf die Schultern gelegt, denn die armen Dinger zitterten vor Kälte und Müdigkeit. Nichts aber hätte sie vom Beten abgehalten; mit langsamen und tastenden Schritten betraten sie nacheinander die Kapelle, in der Monsignore Laval eine Predigt halten würde, an die sie sich lange erinnern würden. Einige würden schreiben, daß der Bischof genausogut predige wie der große Bourdaloue in Paris.

Marie ging nach Hause und sagte sich, daß ihr Pater Chaumonot lieber war als François de Montmorency-Laval. Guillaume behauptete, daß der Geistliche nie in irgendwelche Intrigen verwickelt sei, weil ihn das Schicksal seiner huronischen Freunde viel mehr bekümmere. Seit über zwanzig Jahren lebte er schon in der Kolonie, und Marie hatte bedauert, daß er die Regimentstruppen begleitet hatte, denn sie hatte angefangen, mit Pater Chaumonot die Indianersprache zu lernen. Sie hoffte, eines Tages die Grammatik zu sehen, die er geschrieben hatte, um den Ordensbrüdern zu helfen. Im Spital hieß es, sein Mut sei bewundernswert. Mehr als einmal sei er von Irokesen fast hingemordet worden, aber nichts habe ihn von seiner Mission abbringen können. Er habe nämlich geschworen, die Huronen zu schützen. Auch im Indianerfort in Québec hatten etliche bedauert, daß er mit dem Regiment aufgebrochen war.

Darum freuten sich alle über seine Rückkehr am nächsten Tag. Das emsige Treiben im Hafen riß nicht ab, und Marie wies mindestens zehn Leute zurecht, die ins Freie gegangen waren, ohne sich warm anzuziehen.

Sie zeigte ihnen die Vögel, die ihr Gefieder aufplusterten, um den Wind zu trotzen.

»Die sind nicht so dumm wie ihr! Ich werde doch meine Wurzeln nicht für Unvorsichtige verschwenden. Ihr gebt den Neuankömmlingen ein ziemlich schlechtes Bild!«

»Es ist wegen Pater Chaumonot«, sagte Antoine Souci, um Marie zu beschwichtigen. »Er ist heute zurückgekommen und berichtet dem Marquis de Tracy von der Expedition. Aber die Soldaten, die ihn begleiten, sitzen bei Boisdon. Da wollten wir auch hin.«

»Welche Soldaten?« fragte Marie und lief rot an dabei.

»Boiteau, Chauvin, Delisle und Melanson. Sie sind verdammt dünn geworden, die Burschen.«

Die Frauen tranken in der Schenke nicht mit, aber viele waren den Männern zu Boisdon gefolgt. Eine kleine Gruppe von Leuten hatte sich vor dem Gasthof zusammengefunden; dort wurde den neuen Siedlern erklärt, wie wichtig diese Expedition sei, denn bald müsse man die Bedrohung durch die Irokesen nicht mehr fürchten.

Während die Soldaten ihre Suppe aßen, gaben sie Antwort auf die drängenden Fragen der Bewohner. Alles, was sie sagten, wurde den Schaulustigen weitererzählt, die sogleich in ein Freudengeschrei ausbrachen. Am Zusammenfluß von Richelieu und Sankt-Lorenz-Strom war ein Fort errichtet worden, dann ein weiteres, das Fort Saint-Louis, so benannt, weil in der Woche, in der man diesen Heiligen feierte, mit dessen Bau begonnen worden war.

»Ich glaube, man hat dabei auch an den König gedacht«, sagte der Herzog, aber niemand hörte ihm zu.

Beifällig wurden die Berichte über die Heldentaten des Carigan-Salières-Regiments aufgenommen. Man würde die Irokesen niederzwingen wie einst die Türken!

Im September schließlich war das Fort Sainte-Thérèse errichtet, und in den darauffolgenden Wochen die Forts Saint-Jean, Sainte-Anne und Lamothe. Der Fluß Richelieu, die bevorzugte Route der Montagnais, war nun gut bewacht. Natürlich würden einige Soldaten in Québec sowie direkt gegenüber auf der Ile d'Orléans stationiert bleiben, wo Huronen von ihren Feinden angegriffen worden waren. Prouville de Tracy hatte beschlossen, fünfzehn Kompanien auf Ville-Marie, Trois-Rivières und auf jedes der Forts zu verteilen. Die wenigen Bewohner, die sich gesträubt hatten, als der Marquis ganz Québec dazu verpflichtet hatte, die in der Stadt verbleibenden Soldaten mit achthundert Klaftern Brennholz zu versorgen, waren nun stolz, bei der Verteidigung der Kolonie mitzuwirken.

Die Leute schrien ›Es lebe der Marquis!‹, als Jean Talon erschien. Er war gekommen, um den Bewohnern die guten Nachrichten zu überbringen, aber ihre strahlenden Gesichter sprachen Bände, denn alle kannten sie schon. Der Intendant würde sich damit begnügen, mit den Soldaten anzustoßen, die bei Boisdon saßen. Bevor er die Schenke betrat, lobte er Marie für die aufopfernde Pflege seines Sekretärs.

»Jean Patoulet hat mir ihre Fähigkeiten gepriesen. Feenhände, hat er zu mir gesagt!«

Verlegen bedankte sich Marie bei dem Intendanten. Hinter ihr wurde getuschelt. Die Neuankömmlinge wollten erfahren, wer diese Rothaarige war, die die Aufmerksamkeit des Mannes, den alle seit vierundzwanzig Stunden rühmten, auf sich lenkte. Nachdem man ihnen von den Heilerfolgen der Füchsin erzählt hatte, kamen ein paar Frauen auf sie zu, um sich über ihre Leiden zu beklagen. Rose sah zu Marie. Diese hörte sich die Beschwerden der Frauen mit echtem Interesse an und wollte alles genau wissen: das Auftauchen der Symptome, Dauer und Häufigkeit. Sie forderte die Frauen auf, gleich nachher zu ihr zu kommen. Rose hatte schon öfter beobachten können, wie Marie sich veränderte, wenn man sie um Rat fragte. Ihre Launen, ihre kindische Dickköpfigkeit und ihr geziertes Getue waren wie weggeblasen. Sogar ihre Stimme nahm einen anderen Klang an. Sie wurde tiefer, gesetzt und beruhigend. Sie suchte in ihren Taschen nach Pastillen, die ängstlichen Leuten immer guttäten. Ihr aufreizendes Lächeln war dann nur noch gutmütig, ihre weichen Augen wollten nicht mehr verführen, sondern überzeugen. Wie gern sie doch Menschen pflegte!

Jean Talon, der gerade aus der Schenke trat, sah, daß Marie im Mittelpunkt stand, und grüßte sie, bevor er wieder zum Schloß Saint-Louis hinaufging. Rose schöpfte Hoffnung, daß soviel Wertschätzung Marie vor ihrer Torheit bewahren würde. Sie konnte das alles doch nicht aufgeben, falls Simon Perrot zurückkommen sollte.

Sie erzählte ihrem Mann von den Ereignissen des Tages. Er betete mit ihr, Gott möge Marie LaFlamme von ihrer unheilbringenden Leidenschaft abbringen.

In der Nacht träumte Rose von Marie. Als Marie zu dem Soldaten gehen wollte, stürzte sie von einer Brücke und ertrank.

Ein paar Tage später war Rose auf dem Heimweg von ihrem täglichen Besuch bei einer armen Witwe in Ohnmacht gefallen. Sie machte diese Besuche aus Barmherzigkeit und weil sie glaubte, Gott würde ihren Kinderwunsch erhören, wenn sie sich jeden Tag, und das einen Monat lang, um diese alte Frau kümmerte und auf ihrem Weg entlang dem Fluß Saint-Charles betete. Sie mußte über eine Meile bis zur alten Turgeon gehen, und das bei jedem Wetter, ob es regnete oder stürmte. Sie hatte gerade an Alphonse gedacht, der es nicht gerne sah, wenn sie sich allein aus der Unterstadt entfernte, als sie plötzlich an der Flußbiegung etwas Rotes hatte aufblitzen sehen. Ihr Atem war still geworden. Irokesen! Sie hatte eine Indianerfeder gesehen, jetzt war sie dran, man würde sie skalpieren! Sie hätte auf ihren Mann hören sollen, anstatt sich auf diese Wallfahrten zu kaprizieren. Sie war hinter eine Tanne geschlichen. Nach einer Stunde hatte sich der rote Fleck immer noch nicht bewegt, und Rose war vor Kälte erstarrt gewesen. In der Luft hatte ein Duft von Humus aus Blättern, Früchten und Blumen gelegen; es hatte sogar nach Röhrlingen und Ritterlingen gerochen, die Rose in einer anderen Situation Appetit gemacht hätten. Sie hatte fünfzig Ave-Maria und genauso viele Vaterunser gebetet, als sie eine Wildkatze am Flußufer entdeckt hatte. Rose hatte beobachtet, wie das Tier von dem roten Punkt angelockt und näher gekommen war, und sich gefragt, ob es den Zorn der Montagnais erregen könnte und diese schneller angreifen würden?

Die Katze hatte sich durch die Anwesenheit der Irokesen anscheinend nicht gestört gefühlt, sie aber bestimmt gewittert. Marie hatte Rose erzählt, die Indianer hätten die Gabe, mit den Tieren zu reden. Aber Rose hatte nicht geglaubt, daß die wilden Tiere ihnen so gut gehorchten, daß sie ihnen sogar auf Expeditionen folgten! Die Katze hatte sich bewegt und vor den Augen der verblüfften Rose den roten Punkt geschnappt. Eine Weile war sie mit dem Gegenstand herumgetollt, dann aber des Spielens müde geworden. Sie hatte den Gegenstand fünf Fuß von Rose entfernt fallen lassen und war geflüchtet, nach dem sie sie entdeckt hatte.

Rose hatte gesehen, daß das, was sie für eine große feindliche Feder gehalten hatte, in Wirklichkeit eine rote Wollmütze gewesen war, von der Art, wie sie viele Siedler trugen. Daraufhin hatte sie ihr Versteck verlassen, erleichtert, nicht von einem Irokesen belauert worden zu sein. Sie hatte sogar lachen müssen, bis sie plötzlich gemeint hatte, einen weiteren roten Fleck auszumachen. Sie hatte ihren Schritt beschleunigt und sich niedergebeugt.

Sie hatte eine Leiche entdeckt.

Als Rose Rolland wieder zu sich gekommen war, hatte sie sich trotz ihrer Angst den Toten angeschaut. Diesen Mann hatte sie noch nie gesehen. Sie hatte sich gedacht, er müsse vor Entsetzen gestorben sein, denn sein Gesicht war schrecklich verzerrt gewesen. Sie hatte tief Luft geholt, ein Gebet für den Toten gesprochen und sich gefragt, wer dieser Unbekannte war. Sie hatte die Leiche zurückgelassen und Sédilot alarmiert, der gerade nach Hause gekommen war. Er hatte seinen Nachbarn beauftragt, den Toten zu holen, und Rose in die Oberstadt begleitet. Er war bewaffnet gewesen.

»Hatte er noch seine Haare auf dem Kopf?«

»Ja«, versicherte Rose. »Alle seine Haare. Das war kein Wilder, der ihn getötet hat. Falls er getötet worden ist … Nur am Handgelenk habe ich eine Wunde gesehen, ich habe ihn nicht umgedreht. Vielleicht ist er von hinten angegriffen worden.«

»Ein Irokese! Ich bin fast hundertprozentig sicher, daß ein Wilder hier herumschleicht und diesen armen Kerl umgebracht hat.«

»Er muß auf der *Saint-Jean-Baptiste* gewesen sein. Ich kenne nicht alle Passagiere.«

»Hast du ihn durchsucht?«

Rose wurde rot. Wie konnte er glauben, daß sie so etwas getan hatte.

Sédilot wollte ihrer barschen Antwort zuvorkommen.

»Du hättest ihn abtasten können und vielleicht eine Medaille oder ein Ausweispapier gefunden, das uns sagen würde, wer er ist.«

Rose Rolland schüttelte den Kopf, und ihr wurde schwarz vor den Augen. Sédilot ging langsamer, als er bemerkte, daß sie blaß wurde, aber sie lächelte ihm zu.

»Hat mich ganz schön erschreckt, dieser Tote«, gestand sie. »Wie ist er dorthin gekommen?«

»Vielleicht wollte er sich in der Gegend ein bißchen umsehen und hat sich verirrt.«

Rose hoffte, daß Sédilot recht hatte und daß der Tote keine Familie ernähren mußte. Auf dem Weg zum Schloß Saint-Louis, wo sie den Intendanten informieren wollten, erzählten sie allen Bewohnern, denen sie begegneten, von Roses grausigem Fund und beantworteten deren Fragen. Nein, der Mann sei nicht skalpiert worden; Rose hatte weder einen Pfeil noch ein Beil gesehen. Man müsse den Neuankömmlingen Bescheid sagen, die die Überfahrt gemeinsam mit dem Toten gemacht hatten. Es würde sich schon jemand finden, um ihn zu identifizieren. Die Frauen erschauderten, als sie die schreckliche Nachricht erfuhren, und dachten an die grausamen Überfälle, die Germain Picot im Jahr zuvor verübt hatte. Trieb sich in der Kolonie wieder ein Verbrecher herum?

Rose wiederholte, sie habe nur eine leichte Verletzung gesehen, Sédilot aber fügte hinzu, daß sie die Leiche nicht untersucht habe. Als sie vor dem Intendanten standen, schilderte Sédilot das Geschehen so genau, daß Rose sich fragte, wer von ihnen den Mann entdeckt hatte, sie oder er. Jedesmal wenn sie die Frage eines Siedlers beantwortet hatte, hatte er sie schon unterbrochen. Sie wäre am liebsten umgekehrt, hätte sie nicht den dringenden Wunsch nach einem persönlichen Gespräch mit Jean Talon gehabt. Wie die meisten hatte sie ihn auf dem Marktplatz, am Quai Champlain und im Neuen Warenhaus gesehen. Jetzt aber sah er ihr in die Augen. Ihr, Rose Rolland, der ehemaligen Dame von Welt, gebrandmarkt mit dem Lilienstempel. Wenn sie später Alphonse von ihrer Unterhaltung berichtete, dann würde er ihr mit Sicherheit verbieten, die Witwe weiterhin zu besuchen, aber er würde stolz drauf sein, daß seine Frau sich mit dem Intendanten unterhalten hatte. Er würde Marie bitten, dies dem Chevalier du Puissac zu schreiben, seinem früheren Herrn, der jetzt in Paris lebte. Rose fing an, Sédilot nachzueifern; sie hob die Stimme und hätte so laut wie Sédilot geschrien, wenn Talon nicht beide aufgefordert hätte zu schweigen.

»Wer von Ihnen hat die Leiche gefunden?«

»Ich!« rief Rose laut.

»Folgen Sie mir! Sie werden mir unterwegs alles erzählen.«

»Aber der Tote liegt am Fluß. Ich kam gerade von einem Besuch bei einer alten Witwe. Ein paar Männer werden ihn in die Stadt bringen. Sie sind schon dort, mit einem Pferd.«

Jean Talon schien verärgert, forderte aber seine Besucher mit einer liebenswürdigen Geste auf, sich auf die große Eichenbank zu setzen, während er es sich in einem gepolsterten Stuhl bequem machte. Aufmerksam verfolgte er Roses kurzen Bericht und sagte sich, daß ihn dieser Vorfall, sollte er sich als Mord herausstellen, in eine schwierige Situation bringen würde. In etwa einer Stunde, wenn er die Leiche vor sich hätte, würde er wissen, ob er eine Untersuchung anordnen und einer Frau mitteilen mußte, daß ihr Mann gestorben sei. Dann würde sich auch zeigen, ob es nötig war, seinen Einfluß auf die Menge geltend zu machen. Denn das Volk würde sich aufregen, und man würde es beruhigen müssen. Jean Talon versuchte, Rose zu beschwichtigen, indem er von einem Unfall sprach.

»Sie werden sehen, vermutlich werde ich diesem armen Kerl nur die Augen schließen und Pater Chaumonot bitten müssen, eine Messe für sein Seelenheil zu lesen.«

Jean Talon schlug ihr vor, mit ihm zu warten, bis man die Leiche brachte. Rose aber legte ihm nahe, Marie LaFlamme kommen zu lassen.

»Die Füchsin hat so viele Talente, die kann sogar die Toten zum Reden bringen. Ich habe nur eine Wunde am Handgelenk gesehen, aber er muß noch andere Verletzungen haben. Vielleicht hat er einen heftigen Schlag bekommen, und Marie wird es feststellen können.«

Der Intendant hätte Jean Madry rufen können, aber die Füchsin, wie sie etliche Siedler nannten, weckte nach wie vor seine Neugier. Er würde ihr bei der Arbeit zusehen können. Rose verbeugte sich kurz, grüßte Sédilot beim Hinausgehen nicht einmal und stürzte die Anhöhe hinunter, ohne Luft zu holen. Sie klopfte an Maries Tür. Marie öffnete, doch es dauerte eine Weile, bis Rose herausgebracht hatte, warum sie so aufgeregt war.

»Wir müssen sofort zu Monsieur Talon. Es hat einen Toten gegeben! Ich habe nur eine Schnittwunde an seinem Handgelenk entdeckt. Die schien mir aber nicht besonders tief, hat kaum zum Tod geführt. Ich habe erzählt, daß du herausfinden kannst, woran er gestorben ist.«

»Was für einen Toten?«

»Weiß ich nicht. Sicher ein Bursche von der *Saint-Jean-Baptiste.* Das sind die einzigen, die wir noch nicht kennen. Da er aber keine Soldatenuniform trägt, gehört er nicht zum Regiment. Ich habe die Leiche gefunden, als ich von der Witwe Turgeon zurückkam. Ich gehe schnell zu Alphonse, damit er weiß, daß ich noch am Leben bin. Ich sehe dich dann wieder im Schloß.«

Als Marie Noémie ankleidete, dachte sie über das wenige nach, was Rose ihr erzählt hatte. Ein Mann war also am Ufer eines eisigen Flusses gestorben. An einem stürmischen Tag war er über die Grundstücke fremder Leute gelaufen, anstatt zu arbeiten oder bei Boisdon zu zechen. Was hatte ihn dazu gebracht, am Fluß entlangzuspazieren?

Sie konnte es kaum erwarten, die Leiche zu untersuchen. Als sie die Anhöhe hinaufstieg, fand sie, daß ihre Tochter immer schwerer wurde. Im Winter würde sie Mkazawi vor einen Schlitten spannen, damit er das Kind hinter sich herzöge. Doch dann dachte sie nur noch daran, bei Monsieur Talon einen nachhaltigen Eindruck zu hinterlassen.

Als sie im Schloß ankam, wurde sie von Talon gebeten, sich ein wenig zu gedulden. Er ließ nämlich gerade die Passagiere der *Saint-Jean-Baptiste* der Reihe nach an der Leiche vorbeigehen. Alle waren sich einig: Sie hatten den blonden jungen Mann an Bord gesehen. Marie hörte ihnen mit halbem Ohr zu. Dabei fiel ihr eine Frau auf, die etwas abseits stand. Sie war eine der ersten gewesen, die den Seemann wiedererkannt hatten, und schaute die Leiche nun mit zusammengepreßten Lippen an. War sie beunruhigt oder bekümmert?

Die Frau drehte sich um, sah sich den Sonnenuntergang an. Sie war mindestens fünfunddreißig Jahre alt. Ihre vorzeitig ergrauten Haare ließen ihr Gesicht älter erscheinen. Weil sie dünne Lippen, eine faltige Stirn und Ringe um die Augen hatte, mußte man annehmen, daß sie eine anstrengende Seefahrt hinter sich hatte. Sie schaute in den rötlich schimmernden Himmel, als hoffe sie, durch die letzten Strahlen der Sonne einen etwas frischeren Teint zu bekommen. Sie hatte die Schöße ihres Barchentmantels zurückgeschlagen, und Marie stellte fest, daß ihr weinrotes Kleid aus neapolitanischem Grosgrain war. Die Fremde war also wohlhabend genug, um sich Seidenstoff mit körniger, fester Struktur leisten zu können. Sie mußte eine dieser Frauen sein, die hierhergekommen waren, um im Auftrag von reichen Aristokraten, die in Paris geblieben waren, Spenden zu überbringen. Denn die Mädchen, die sich nach Neufrankreich einschifften, um zu heiraten, waren nicht so gut gekleidet. Plötzlich erblickte Marie hinter ihr ein etwa zwölfjähriges Mädchen, das die Augen weit aufriß, um die Leiche besser erkennen zu können. Ein rothaariges Mädchen.

Marie lächelte ihm zu. Das Mädchen versteckte sich sofort hinter seiner Mutter, neigte aber den Kopf zur Seite, um Marie nicht aus den Augen zu verlieren, die ihm immer noch zulächelte. Es schaute auch Noémie und ihren Hund an, die in seiner Nähe spielten. Mkazawi schien es zu faszinieren, wahrscheinlich weil es ihn für einen Wolf hielt. Es war erschrocken und angezogen zugleich von dem zottigen Waldungeheuer. Marie rief Mkazawi, der sogleich auf sie zukam. Sie streichelte ihn und winkte dann dem Mädchen. Da merkte die Frau, daß sie von Marie beobachtet wurde. Sie versuchte, ihre Verlegenheit zu verbergen, indem sie auf ihre Tochter einredete, die mit dem Finger auf Mkazawi zeigte. Marie nutzte die Gelegenheit, um sich mit der Fremden bekannt zu machen.

»Ich heiße Marie.«

»Anne«, sagte die Neuangekommene. »Anne Martin.«

»Meine Mutter hieß Anne«, sagte Marie leise, nachdem sie Noémie und ihren Hund vorgestellt hatte.

Das Mädchen schrie leicht auf, als Mkazawi ihm die Hände leckte. Die Fremde legte eine Hand auf seinen Kopf, und das Mädchen hörte sofort auf zu zittern.

»Ist schon gut, Françoise. In Paris hast du doch schon Hunde gesehen!«

»Paris!« rief Marie. »Dort habe ich gelebt!«

Anne Martin lächelte jetzt auch und wunderte sich, in Neufrankreich jemanden aus Paris zu treffen.

»Einige Montralisten haben in Paris gewohnt«, erläuterte Marie, »auch wenn sie aus der Champagne stammen. Sie mußten in der Nähe des Königs sein, um Geld zu sammeln und ...« Marie sprach nicht weiter. Die Frau, die vor ihr stand, war vermutlich eine Spendensammlerin. Wahrscheinlich hatte sie bei Adeligen nachgesucht, sie mögen ihre Geldbörsen für die Christianisierung der Wilden in Neufrankreich öffnen. Marie hatte Madame de Bullion nicht kennengelernt. Sie hatte Jeanne Mance mehr als vierzigtausend Livres für ihr Krankenhaus in Ville-Marie zukommen lassen. Sie fragte Anne Martin, ob sie sie um eine Spende ersucht habe.

»Madame de Bullion? Nein. Ich habe niemanden um etwas gebeten.«

Marie fand das seltsam, konnte jedoch nicht weiter in Anne Martin dringen. Dann aber war Anne Martin es, die Marie spontan erklärte, warum sie nach Neufrankreich gekommen sei.

»Ich habe erfahren, daß ich in Québec vielleicht einen Vetter habe, Abraham Martin. Da ich seit dem Tod meines Mannes allein bin, wollte ich den einzigen Verwandten, der mir geblieben ist, wiederfinden.«

Das war Marie unangenehm. War es jetzt ihre Aufgabe, Anne Martin mitzuteilen, daß ihr Vetter im vorigen Sommer gestorben war? Und sollte sie ihr auch sagen, daß er vor seinem Tod die Achtung seiner Mitbürger verloren hatte, weil er beschuldigt worden war, ein junges Mädchen belästigt zu haben?

»Kannten Sie ihn?« bohrte Anne Martin nach.

»Dann ist Ihnen also bekannt, daß er tot ist?«

»Ja, man hat es mir bei meiner Ankunft erzählt, ohne zu wissen, daß ich seine Cousine bin.«

»Niemand hätte den Mut gehabt, diese Überfahrt zu machen, nur um einen Verwandten zu sehen«, sagte Marie. »Sie sind ganz schön tapfer!«

Anne Martin betonte, sie sei vor allem gekommen, um die Nonnen zu unterstützen.

»Und dieser Mann?« fragte Marie und zeigte auf die Leiche, die gerade von den letzten Schiffspassagieren gemustert wurde »Kannten Sie ihn nicht?«

»Ich habe nie mit ihm gesprochen!«

Marie ließ nicht locker: »Aber Sie wissen womöglich, wer er ist.«

Anne Martin wurde blaß und griff zu einer Notlüge.

»Wie sollte ich? So oft reden Männer und Frauen nicht miteinander. Denken Sie doch an ihre eigene Überfahrt zurück. Ich habe diesen Mann höchstens ein- oder zweimal auf dem Schiff gesehen.«

Um von ihrer Verwirrung abzulenken, ermahnte Anne Martin ihre Tochter, den Hund in Ruhe zu lassen.

»Mkazawi ist sehr lieb zu Kindern«, versicherte Marie.

Anne Martin sprach etwas leiser, als sie Marie anvertraute, daß Françoise geistig zurückgeblieben sei und jetzt glaube, daß alle Hunde so lieb seien wie Mkazawi.

»Sie hat aber nicht den Blick einer Blödsinnigen«, entgegnete Marie. »Und glauben Sie mir, ich habe schon etliche gesehen.«

Anne Martin holte tief Luft.

»Ich habe mich mit meinem Schicksal und mit dem meiner Tochter abgefunden, Madame. Gott hat sie so gemacht, um mich für meine Eitelkeit zu bestrafen. Ich war dermaßen in der Koketterie befangen; die Damen der vornehmen Pariser Gesellschaft wollten immer zuerst meine Meinung hören, bevor sie sich ein Band gekauft, ein Kleid mit einem Ausschnitt versehen oder eine Feder an ihren Hut gesteckt haben. Ich hatte nur Flitter und Seide im Kopf. Françoise trug bei der Taufe ein Kleid, mindestens so prachtvoll wie ein Brautkleid … Ich sah sie wenig, suchte ihr die Kleider aus und ging wieder zu meinen Freunden. Mein Mann sagte mir immer wieder, daß unsere Tochter vor allem Angst habe. Ich meinte aber, daß sie nur schüchtern sei. Schließlich habe ich einsehen müssen, daß er recht hatte. Françoise ist nicht richtig im Kopf.«

Marie ließ nicht locker: »Mir kommt sie nicht einfältig vor, und sie ist Noémie und ihrem Hund auch gar nicht lästig. Lassen Sie sie doch mit ihnen spielen und sagen Sie mir, wie Sie den Entschluß gefaßt haben, hierherzukommen?«

Anne Martin war erleichtert über den Themenwechsel und erzählte, daß ihr bei einem Abendessen im Hause eines Marquis ein Adeliger vorgestellt worden sei: Er hatte in den Kolonien gelebt und behauptet, einen gewissen Martin, einen reichen Grundbesitzer in Québec zu kennen. Sie hatte sich bei ihm über diese Stadt erkundigt. Er hatte eingeräumt, daß er sich nach dem Sankt- Lorenz-Strom sehne, und ihn gepriesen. Seine schwärmerischen Worte hatten sie mitgerissen. Zudem hatte ihn seine frisch anvermählte Frau in Madame Martins Gegenwart geneckt, ihr Mann müsse in Québec in eine schöne Wilde verliebt gewesen sein, wenn er so traurig über die Rückkehr nach Paris sei. Lachend hatte sich der Mann verteidigt und betont, daß das Leben der Siedler nicht schlimmer sei als das der französischen Bauern. Und jeder der Soldaten, die sich für drei Jahre verpflichtet hatten, könne sich auf ein kleines Stück Land Hoffnung machen.

Schließlich habe sie sich entschlossen, sich nach Neufrankreich einzuschiffen. Sie sei bereit gewesen, zusammen mit Frauen zu reisen, die aus Armenanstalten gekommen waren, aber im Gegensatz zu ihnen weigerte sich Anne Martin zu heiraten. Ihr einziger Wunsch sei gewesen, ihr Verwandter möge sie und ihre Tochter bei sich aufnehmen. Sie hätte ihn sogar bezahlen können. Doch leider sei Abraham tot.

»Wo sind Sie untergebracht?«

»Bei der Witwe von Nicolas Pré.«

»Das ist ganz in meiner Nähe. Was werden Sie in Québec machen?« erkundigte sich Marie.

Anne Martins Blick trübte sich, sie gab aber weiter in freundlichem Ton Auskunft, auch wenn ihr die Fragen unangenehm waren. Die Füchsin wußte, daß sie der Pariserin lästig war, aber Anne Martin hatte ihre Neugier geweckt.

»Ich will die Nonnen beim Religionsunterricht unterstützen. Vielleicht werde ich nach Ville-Marie gehen. Ich habe gehört, daß die Siedler jede Menge Hilfe gebrauchen können.«

»Und viel Geld …«

»Mein Gold werde ich sowieso nicht mit ins Grab nehmen können. Also ist es besser, für jene etwas zu tun, die nichts haben.«

Marie wollte sie fragen, woher sie so reich war, aber in diesem Moment wurde sie von Jean Talon gerufen.

»Ich muß zu dem Toten«, entschuldigte sie sich bei Anne Martin. »Ich will versuchen herauszufinden, woran er gestorben ist.«

Anne Martin runzelte die Stirn.

»Ich habe gehört, er soll hingefallen und mit dem Kopf gegen einen großen Stein gestoßen sein.«

»Wissen Sie, in der Kolonie mangelt es nicht an klatschsüchtigen Frauenzimmern und albernen Schwätzern«, sagte Marie in einem spöttischen Ton. »Glauben Sie nicht alles, was man Ihnen erzählt. Aufschneider werden Ihnen weismachen wollen, sie hätten Bären von zehn Fuß Höhe erledigt und ganze Wolfsrudel gezähmt. Vielleicht ist der Tote nur gestürzt. Vielleicht auch nicht.«

Marie entfernte sich, bevor Anne Martin antworten konnte. Diese Frau war in der Tat recht seltsam, und ihre spürbare Unruhe kam sicher nicht nur von den Sorgen um ihre Tochter. Sie hatte etwas zu energisch abgestritten, den Toten zu kennen, und auffallend deutlich ihr Interesse für die Kolonie bekundet. Als habe sie diese endlose Rede vorbereitet und nur auf eine Gelegenheit gewartet, sie zu halten. Wer war diese Frau? Als Marie sich der Leiche näherte, schwor sie sich, mehr über Anne Martin in Erfahrung zu bringen.

»Die Frage ist«, begann Jean Talon an Marie gewandt, »wer war dieser Mann? Fünfzig Personen haben ihn sich angesehen. Der Kapitän hat erklärt, daß der Mann seine Reise bezahlt habe, aber niemand weiß genau, um wen es sich handelt und was er hier wollte. Auf dem Schiff hat er erzählt, er sei Nagelschmied. Ich habe ihn aber durchsucht und nichts gefunden, was auf seinen Beruf oder auf seine Identität schließen ließe. Was können Sie mir sagen?«

»Ich will keine Zeugen. Lassen Sie die Leiche ins Schloß bringen und sorgen Sie dafür, daß ich nicht gestört werde.«

»Gut. Dann werde ich mit Ihnen allein bleiben.«

Marie blickte dem Intendanten tief in die Augen. Sie vermeinte darin große Entschlossenheit zu lesen, verbunden mit einer gesunden Neugier. Neugier, was die Leiche betraf, aber auch in bezug auf sich selbst.

Marie LaFlamme lächelte und sagte ihm, sie sei bereit.

Der Intendant nickte und befahl den Soldaten, die Leiche in ein Zimmer des Schlosses hinaufzutragen. Ein Siedler brummelte etwas davon, daß man ihnen was verheimlichen wolle. Talon ging aber nicht darauf ein, und die Soldaten führten seinen Befehl aus. Nachdem Marie die kleine Noémie in Roses Obhut übergeben hatte, folgte sie den Männern und krempelte die Ärmel hoch. Offensichtlich ging sie freudig entschlossen daran, ihre Talente unter Beweis zu stellen.

›Erstaunlich, wirklich erstaunlich!‹ dachte Jean Talon. Noch nie hatte er eine Frau gesehen, die fähig war, eine Leiche zu untersuchen. Er schwankte zwischen einem leichten Anflug von Ekel und echter Faszination: Die Füchsin war einzigartig.

Talon beschleunigte seine Schritte, um Marie einzuholen. Sie sagte ihm, als Frau dürfe sie keine Leichen öffnen. Die Kirche verurteile dies. Sie finde das sehr schade, denn die Eingeweide könnten zwar nicht die Zukunft voraussagen, wie es sich die Alten gewünscht hätten, aber manchmal die Vergangenheit ans Licht bringen. Jean Talon rieb sich das Kinn, Marie beruhigte ihn jedoch.

»Ich würde mir nicht erlauben, diesen Leichnam zu schänden, Monsieur Talon. Vergessen wir nicht, ich will ja Hebamme werden. Sie hätten einige Schwierigkeiten, mein Anliegen Monsignore de Laval vorzubringen, wenn Sie wüßten, daß ich eine Leiche seziert habe.«

»Es stimmt, daß in Frankreich Frauen solche Eingriffe nicht vornehmen.«

»Und die Chirurgen bedienen sich vor allem der Leichen von Verurteilten. Dieser arme Mann ist ein Opfer … Ich glaube nicht, daß ich Ihnen eine große Hilfe sein kann, denn seine Körpersäfte werde ich nicht sehen können. Sein Blut ist bestimmt geronnen. Er ist erst seit gestern abend tot. Sonst hätte ihn Rose früher gefunden, denn sie besucht die Witwe jeden Tag.«

Talon zog einen Sessel an den Tisch heran, auf den die bereits erstarrte Leiche gelegt worden war. Er nahm Platz, während Marie die Wunde am Handgelenk untersuchte. Sie erklärte, ein so harmloser Schnitt komme als Todesursache nicht in Frage.

»Diese Verletzung ist noch nicht alt, scheint mir unerheblich zu sein. Ich werde weitersuchen.«

Vergeblich bemühte sie sich, der Leiche den Mund zu öffnen. Dann sah sie sich die Ohren und die Augen an. Als sie den Schädel abtastete, entdeckte sie eine Schwellung am Hinterkopf.

»Ich habe eine Beule gespürt; er könnte vielleicht gestürzt sein. Es sei denn, er ist niedergeschlagen worden.«

»Und an den Folgen gestorben?«

»Das kann ich Ihnen nicht sagen«, antwortete Marie und setzte die Untersuchung fort.

Sie zog der Leiche das Wams und das Hemd aus. Sie konnte absolut nichts entdecken. Keinen Messerstich, keinen Dolchstoß, keine Kugel, auch keine Spuren von Pulver. Mit Mühe entfernte Marie die Kniehose, bis sie schließlich das Gesäß und den Unterleib des Toten freilegte. Sie runzelte die Stirn, als sie den Hautausschlag in den Leistenbeugen sah. Sie beugte sich vor, um das Geschlechtsteil zu untersuchen.

Daß Jean Talon sie dabei erstaunt beobachtete, bemerkte sie nicht.

»Ich kann nichts finden«, sagte sie und drehte sich zu ihm um.

»Sind Sie sicher?«

»Ja, Monsieur. Er ist weder zu Tode geprügelt noch niedergestochen worden, und das wußten wir ja schon.«

»Dann hat ihn Gott ganz einfach zu sich genommen«, meinte der Intendant schließlich erleichtert.

Marie räusperte sich, bevor sie ihm erklärte, daß sie nicht von einem natürlichen Tod ausgehe.

»Warum?«

»Er ist noch sehr jung. Höchstens fünfundzwanzig.«

»Vielleicht das Herz? Überanstrengung?«

»Das glaube ich nicht«, entgegnete Marie.

»Aber einen Beweis dafür haben Sie nicht?«

»Mein Gefühl sagt es mir. Tut mir leid, Herr Intendant.«

»Was vermuten Sie?«

»Daß er vergiftet worden ist.«

Jean Talon fluchte.

»Vergiftet?«

Ein Schlag mit einem Meißel wäre ihm lieber gewesen. Gift war so heimtückisch!

»Vielleicht hat man ihm in Québec vollends den Garaus gemacht. Man hat aber schon viel eher damit angefangen.«

»Wie ist das möglich?«

»Die Geschlechtsteile sind von einem Ausschlag befallen.«

»Er wird's mit einer Hure getrieben haben«, antwortete Talon. »Doch was liegt uns an seinem Lebenswandel? Auf jeden Fall hat er seine Strafe dafür bekommen.«

Marie erläuterte dem Intendanten, was sie vom Apotheker Pernelle wußte, der sie über die Vielfalt der Gifte und die verschiedenen Methoden, sie zu verabreichen, informiert hatte. Es war ein ganz neues Phänomen in Paris, und laut Pernelle hätten die italienischen Häftlinge in der Bastille die Frauen zu Giftmischerinnen gemacht. In Paris gab es noch nicht allzu viele von ihnen, aber Jules Pernelle hatte sich sehr gut ausgekannt mit sogenannten Erbgiften, schleichenden Giften ... Er hatte Marie erzählt, daß man dazu Taschentücher und Handschuhe mit Antimon und Kantharidin behandelte. Ehefrauen, die schnell erben wollten, gaben ihren Männern Hemden, die sie mit Schmierseife und Arsen eingerieben hatten, die schnell seltsame Ausschläge verursachten. Die armen Männer wurden dann beschuldigt, einen liederlichen Lebenswandel zu führen, während man mit den Witwen in spe Mitleid hatte.

Talon schauderte, als er die verschiedenen Vergiftungsmethoden schildern hörte. Er ging zu der Leiche und schluckte, als er das mit roten Flecken übersäte Geschlechtsteil sah.

»Sie haben dieses Hemd berührt und sich in Gefahr gebracht! Waschen Sie sich sofort die Hände!«

Marie goß sich ein wenig Schnaps über die Hände, um

Talon zu beruhigen. Sie versicherte ihm, daß die Wunden schon älter seien. Das Opfer habe versucht, sich selbst zu behandeln, das zeigt sich an den deutlich sichtbaren Spuren von Ätzmitteln. Aber da die Passagiere auf einer Überfahrt gewöhnlich ihr Hemd nicht wechselten, vermutete sie, daß er sich während der Reise weiter vergiftet habe.

»Er ist also an den Folgen eines Giftpulvers gestorben, das man ihm in Frankreich verabreicht hat?«

»Das glaube ich nicht. Wenn er sich so schlecht gefühlt hätte, dann wäre er nicht in der Nähe des Flusses spazierengegangen. Viel eher hätte er das Spital aufgesucht.«

Maries Erkenntnisse hatten Talon zwar nicht gefallen, aber er konnte nicht umhin, ihre Fähigkeiten und noch viel mehr ihre Schlußfolgerungen zu bewundern. Sie strich sich eine rote Haarsträhne hinters Ohr und sprach weiter.

»Ich glaube, man hat ein wenig nachgeholfen, was seinen Tod betrifft.«

»Hier?« fragte Talon besorgt. »Wer kann sich hier Gift besorgen?«

»Jeder, Monsieur. Man kann das Notwendige aus Frankreich mitgebracht haben, wo man Grünspan genauso leicht kaufen kann wie Rhabarber. In Québec wachsen Wolfsmilch, Lungenkraut, Hirtentäschel und viele andere Pflanzen. Jeden Frühling kläre ich die Kinder über die Gefahren auf und bin erstaunt, daß nicht mehr Unfälle passieren. Den Schuldigen in diesem Fall hier werden Sie finden, wenn Sie mehr über sein Opfer in Erfahrung bringen. Ich meinerseits werde versuchen herauszubekommen, ob vor kurzem jemand angekommen ist, der sich mit den Pflanzen so gut auskennt wie ich.«

Marie schwieg einen Augenblick. Dann sagte sie zu dem Intendanten, daß es hier genug brave Leute gebe, die nichts lieber täten, als ihr die Sache in die Schuhe zu schieben.

»Seien Sie unbesorgt, ich werde Sie in Schutz nehmen«, versprach Talon.

Dann berichtete er der Füchsin, was er vom Kapitän der *Saint-Jean-Baptiste* erfahren hatte. Der Tote, ein gewisser Bertrand Rochelais, war in letzter Minute an Bord gegangen. Nach Ansicht des Kapitäns war es seine erste Überfahrt gewesen. Er könne nur berichten, daß dieser Bertrand ein verschlossener Bursche gewesen sei, der mit ihm ebensowenig wie mit den anderen Passagieren gesprochen habe.

»Monsieur Talon, dieser Mann muß das mit dem Essen zu sich genommen haben, möglicherweise hat er es auch getrunken. Entweder hat man zu einer List gegriffen, oder er wurde dazu gezwungen. Sein Unwohlsein würde seinen Sturz erklären.«

»Aber wie kann man denjenigen, der ihn vergiftet hat, überführen?«

»Mit einer Belohnung. Das kommt immer gut an.«

Der Intendant machte eine ablehnende Geste.

»Das kann ich nicht. Dann wüßten alle, daß ein Verbrecher in unserer Stadt ist.«

»Das denken die Leute sowieso schon, weil der Tote ein derart verzerrtes Gesicht hatte. Sie sagen, er sei vor Angst gestorben, als er einen Irokesen gesehen hat, von dem er dann niedergestochen worden sei. Der Wilde werde noch andere Siedler töten, meinen sie. Die haben nichts aus der Geschichte mit Picot gelernt.«

»Germain Picot? Davon hat man mir erzählt. Sie waren in diese Geschichte verwickelt.«

»Und jetzt passiert genau das gleiche wieder. Die Leute glauben immer, daß es der Überfall eines Irokesen gewesen ist. Als sei ein ausgesprochen französischer Mörder weniger schrecklich!«

»Die Montagnais sind der Alptraum aller Siedler. Nicht umsonst sind so viele Truppen des Carignan-Salières-Regiments an Land gegangen.«

»Für Québec besteht keine Gefahr. Wir sind nicht in Ville-Marie, auch nicht auf der Ile d'Orléans.«

»Aber ein Irokese kann nach Québec kommen und dort sein Verbrechen begehen. Außerdem hat man die Leiche in der Nähe des Flusses gefunden.«

»Ich möchte herausfinden, wie der Mörder seinem Opfer dieses Gift verabreicht hat. Ein so schnell wirkendes Gift, daß Rochelais nicht mehr in die Stadt gelangen konnte, wo er Ihnen vielleicht von seinen Beschwerden berichtet hätte.«

»Und auch nicht mehr zu Ihnen gehen konnte, wer weiß?«

Marie nickte und teilte dem Intendanten ihre Vermutung mit: Der Mörder mußte ein Neuankömmling sein, denn er war naiv genug gewesen, das Opfer genau an die Stelle zu locken, an die Picot seine Opfer gelockt hatte. Wäre dem Mörder bekannt gewesen, daß man schon einmal zu dieser List gegriffen hatte, dann hätte er einen anderen Plan gewählt. Jean Talon hörte Maries Ausführungen zu und war sehr froh, daß er sie gerufen hatte: Sie verfügte über eine schnelle Auffassungsgabe und besaß eine sichere Hand. Anscheinend fürchtete sie nichts und niemanden, und der Intendant erinnerte sich, daß Monsignore de Laval behauptete, sie fürchtete sich nicht einmal vor dem Teufel.

Er betrachtete die Leiche und fragte sich, welcher Dämon einen Mann dazu getrieben haben mochte, einen anderen zu töten. War es der Neid, die Leidenschaft oder das Geld gewesen? Er dachte auch darüber nach, ob die Untersuchung, die er angefordert hatte, erfolgreich sein würde, denn kaum jemand hatte den Toten gekannt, und sein Verschwinden war niemandem aufgefallen.

Aber eine Person hatte sich doch für ihn interessiert.

»Ich bitte Sie, Ihren Verdacht für sich zu behalten«, sagte Jean Talon zu Marie. »Wenn der Mörder glaubt, daß wir wie alle Siedler der Meinung sind, es war die Tat eines Irokesen, dann wird er kein Mißtrauen schöpfen, und wir werden ihn vielleicht entlarven können.«

Marie hielt die Entscheidung des Intendanten für richtig und versprach ihm zu schweigen.

7. KAPITEL

Noch vor Ende des Gottesdienstes verließ Julien du Puissac die Minimen-Mönche. Er war zu sehr mit seinen Gedanken beschäftigt gewesen, um der Predigt aufmerksam zuzuhören, und hoffte, daß der Allerhöchste ihm das nicht nachtragen würde. Die zinnenbewehrten Türme der Bastille glänzten im Licht der letzten Sonnenstrahlen, und der Chevalier bekreuzigte sich: In wenigen Stunden würde er Guy Chahinian befreien. Sein Meister durfte nicht länger eingesperrt sein. Chahinian würde trotz der an ihm nagenden Zweifel sicher nicht den Verstand verlieren, denn er war völlig von seinen Forschungen über das Licht beherrscht, aber er würde seine Theorien nicht überprüfen können, solange er in seiner Zelle dahinvegetierte. Außerdem, so hatte ihm Chahinian versichert, war die Bastille kein Gefängnis, in dem Häftlinge über einen langen Zeitpunkt festgehalten wurden. In der Tat war es ungewöhnlich, daß ein Gefangener des Châtelet in der Festung der Porte Saint-Antoine landete. Die Bittschrift des Marquis des Saint-Onge hatte dem Goldmacher zu einem königlichen Haftbefehl verholfen, der ihn in die Bastille ›versetzt hatte‹. Der Gefangene hatte sich selbstverständlich über die bessere Behandlung in seinem neuen Kerker gefreut, dennoch hatte er nach sechs Monaten bemerkt, daß die Häftlinge die Bastille im allgemeinen schon nach wenigen Wochen verließen, um nach Charenton oder nach Vincennes verlegt zu werden. Er hatte dem Chevalier erzählt, daß man in seinem Fall anders verfahren war, und dieser hatte sofort Überlegungen angestellt, wie er entkommen könnte. Als der Marquis de Saint-Onge gestorben war, hatte der Chevalier seinen Meister von der Notwendigkeit einer Flucht überzeugt, denn er war zu dem Schluß gekommen, daß von nun an sich niemand mehr für Chahinian einsetzen würde.

Als du Puissac an der von der Sonne rotumfluteten Seine entlangging, fiel ihm auf, daß die Blätter rot marmoriert waren und die Vögel die unendliche Weite des Himmels vermieden. Sie flogen tief in der Nähe der Dachböden, wo sie sich in Erwartung des Winters einnisten wollten. Die Kälte zwang die Pariser noch nicht, ihre Mäntel anzuziehen, aber der Herbst stand vor der Tür, denn die Tage wurden kürzer und das Straßenpflaster war vom Abendtau feucht. Die langen Spaziergänge an der Place Royale, am Palais oder in den Tuileries waren vorbei, und diejenigen, die mit dem Pferd zu ihren Klienten und zum Justizpalast ritten, trugen jetzt ihre dicken Wämser, um sich vor dem Oktoberregen zu schützen.

Du Puissac hatte den Eindruck, daß vor dem Stadthaus mehr Kutschen als gewöhnlich standen. »Wer noch mitwill«, hörte er im Vorbeigehen einen der Platzverleiher sagen, der darauf wartete, genügend Reisende zu haben, bevor er Paris verließ. Obwohl der Chevalier diese Reisekutschen verabscheute, weil man in ihnen durchgeschüttelt wurde wie Gänsedisteln in einem Korb, und obwohl er wußte, daß die Fahrt nach Lyon etwa zehn Tage in Anspruch nehmen würde, hätte der Chevalier sie lieber in Kauf genommen, als in die Cour des Miracles gehen zu müssen.

Er faßte sich wieder. Es war wirklich nicht der Moment, auf der Straße herumzutrödeln wie ein Faulenzer! Entschlossen begab er sich zum Gasthaus *Le Boeuf qui rit**, wo er sich mit Emile Cléron treffen sollte. Dieser hatte versprochen, sich um alles zu kümmern. Er bezahlte ihm ausreichend dafür. Cléron durfte ihn nicht enttäuschen.

Du Puissac brauchte ein paar Minuten, bis er sich an die Dunkelheit in der Schenke gewöhnt hatte. Einen Augenblick dachte er, daß Cléron ihn in eine Mördergrube gelockt hatte, und er tastete nach seinem Stoßdegen. Das Berühren der Waffe beruhigte ihn. Jetzt erkannte er die Trinker und sah Cléron, der in einer Ecke die Karten mischte. Nachdem dieser ihn entdeckt hatte, hielt er inne und rückte für ihn einen Stuhl an den Tisch. Sofort kam der Schankwirt, der Julien du Puissac in seiner durchtriebenen Art überredete, seinen besten Bordeaux zu bestellen. Als er wieder verschwunden war, brach Cléron in schallendes Gelächter aus.

* Deutsch: Der lachende Ochse (Anmerkung des Übersetzers).

»Lieber Chevalier, der wird Ihnen einen üblen Krätzer bringen, aber immerhin in einer Glaskaraffe und nicht im irdenen Krug.«

Der Chevalier zuckte mit den Schultern.

»Es kostet mich ohnehin genug, Monsieur Chahinian zu helfen ...«

»Sie können sich ja jemanden suchen, der's für weniger macht, Monsieur.«

»Das wollte ich damit nicht sagen.«

»Ist mir auch lieber«, entgegnete Cléron, »denn ich habe einen guten Partner gefunden.«

Dann drehte er sich zu einem Mann um, der gerade mit Würfeln spielte, und stellte ihn dem Chevalier vor.

»Er heißt Baril.* Sie sehen ja, warum.«

Der Chevalier nickte leicht. Der Mann hatte Schultern, doppelt so breit wie die seinen, und war gut einen Fuß größer als er. Leute von seiner Statur hatte er bisher nur in Neufrankreich gesehen, einen Waldläufer und Indianer, die häufig größer waren als die Franzosen.

Baril sagte kein Wort. Du Puissac wagte jedoch nicht zu fragen, ob er vielleicht stumm sei. Jedenfalls war er nicht taub, denn er reagierte auf Clérons Worte mit einem Augenblinzeln.

Wenn Cléron mit seinen Vorhersagen über Chahinians Flucht genauso richtig lag wie mit dem üblen Wein des Schankwirtes, dann würde der Großmeister der Brüderschaft des Lichtkreuzes im Morgengrauen frei sein. Aus Aberglauben zwang sich du Puissac, die Karaffe ganz zu leeren, bevor er die Schenke verließ.

»In einer Stunde treffe ich Sie hinter der Place Royale«, versprach Cléron.

Die Männer waren pünktlich. Hinter den Arkaden versteckt, hielten Cléron und Baril nach du Puissac Ausschau. Als Cléron den Schnitt im Gesicht des Chevaliers sah, schimpfte er:

»Sie hätten sich nicht das ganze Gesicht aufschlitzen müssen!«

* Sprechender Name: Faß (Anmerkung des Übersetzers).

Du Puissac versicherte, daß die Wunden, die er sich zugefügt hatte, schlimmer aussahen, als sie waren. Er zeigte auf seine Hände, die er sich ebenfalls verletzt hatte, und seine blutbefleckten Handschuhe.

»Ich denke, so wird man mir glauben.«

Die Wachposten, die am großen Tor der Festung standen, gerieten in Unruhe, als sie den offenbar schwerverletzten du Puissac sahen. Sie führten ihn hinein und ließen ihn Platz nehmen. Er erzählte ihnen, daß er in der Rue aux Lions überfallen worden sei.

»Ich ging in aller Ruhe meiner Wege, als mich ein Schurke angehalten hat. Ich wollte mit der Hand in mein Wams greifen, um meine Geldbörse herauszunehmen, da hat er mich angegriffen! Ich habe mich gewehrt, so konnte ich mein Geld retten!«

Ein Wachposten schlug vor, nach einem Arzt zu schicken.

Du Puisscac lehnte ab, denn er habe keine Schmerzen und auch keine Angst mehr. Jetzt sei er ja in Sicherheit. Wenn man nichts dagegen hätte, dann würde er gerne Monsieur Chahinian besuchen. Er leerte seine Taschen und wurde flüchtig durchsucht. Als man ihm die Rippen abtastete, stöhnte er ein paarmal, lächelte den beiden Männern zu. Einer von ihnen ging ihm voran, entriegelte zunächst ein Gitter und schloß dann zwei Türen auf. Anschließend holte er drei weitere Schlüssel hervor, um die Zellentür des Goldmachers zu öffnen. Du Puissac gab ihm ein großzügiges Trinkgeld, und der Mann sagte, er würde in einer Viertelstunde wiederkommen.

Als die Wache sich entfernt hatte, hob du Puissac den Mantelsaum hoch und wendete das Futter, in dem er drei Schlüssel versteckt hatte.

»Ich hoffe, daß ich mir ihre Maße richtig gemerkt habe«, sagte er zu Chahinian, als er den Schlüssel ins Schloß schob.

Dieser lächelte, als er sah, wie der Schlüssel langsam darin verschwand. Auch die beiden anderen paßten.

»Haben Sie Ihre Trauringe?«

Chahinian hob in einer Ecke des Bodens einen Ziegelstein hoch und zog zwei Metallringe hervor, die er aus einer Kette gebastelt hatte, die er zu Beginn seiner Haft einem betrunkenen Wächter gestohlen hatte. Der Wächter war in der Zwischenzeit ersetzt worden, und sein Nachfolger hatte keine Ahnung, was Chahinian in seinem Kerker versteckt hielt.

»Ich werde das Seil durch diese Ringe und diesen Gürtel schieben«, sagte er und zeigte eine aus Tuch geflochtene Tresse. »Bin ziemlich ungeschickt mit meinem Holzbein ... Ich hoffe, Sie haben das Pulver, um ein hübsches Feuerchen zu machen.«

»Sobald ich hier draußen bin, werde ich bis zu dem Turm laufen, der dem Arsenal am nächsten ist. Cléron hat einen dummen Kerl bezahlt, damit er um das Feuerwerk herumtanzt. Er soll den Verrückten spielen und die Wächter ablenken, bis Sie die Terrasse erreicht haben. Dann werfen Sie einen Stein, an dem das Seil festgemacht wird. Cléron wird auf ihr Signal antworten.«

»Ich hoffe, das Gewicht reicht aus.«

»Es muß«, flüsterte du Puissac.

Die Schritte des Wächters hallten auf dem Gang. Du Puissac umarmte Guy Chahinian und grüßte den Wachposten, ohne sich umzudrehen.

Unauffällig steckte er zwei Wächtern Geld zu und verließ die Bastille mit langsamen, unsicheren Schritten. Als er die Rue Saint-Antoine überquert hatte, rannte er bis zum Arsenal, wo der Dummkopf auf ihn wartete. Du Puissac kannte den Mann nicht, den Cléron ausgesucht hatte, aber als er sah, wie der Sabber über das Kinn des Bettlers lief, wußte er, wem er das Pulver geben mußte. Er erklärte dem jungen Bettler, wie er es anzuzünden hatte, machte kehrt und wartete, ein Gebet zum Himmel schickend, das Weitere ab.

Guy Chahinian betete nicht, auch wenn er unablässig in den Himmel sah. Er dachte daran, daß er schwer und steif war, daß er das Seil nicht fest genug geknotet hatte, daß es reißen könnte und die Metallringe seinen Gürtel einschneiden würden. Er spürte die Leere und den Wind, das Leben und den Tod in seinem Rücken. Aber er würde sich nicht umdrehen. Er würde nicht Orpheus' Fehler machen. Er würde nicht in das Reich der Schatten zu Péronne gehen. Nicht sofort und nicht heute abend. Er hatte den Eindruck, daß sein Hinabgleiten kein Ende nahm, obwohl er sich trotz du Puissacs Handschuhe die Hände aufriß, als er über den Gräben in rasender Fahrt abwärts glitt. Cléron und Baril hatten das Seil sehr gut gespannt. Er würde es schaffen. Plötzlich spürte er den Boden unter sich, und im nächsten Augenblick fiel er in Clérons und Barils Arme. Durch den Aufprall stürzten alle drei zu Boden, und das Holzbein des Goldmachers bekam einen Riß, aber Baril half ihm schon wieder auf. Er stemmte ihn auf seine Schultern, ohne daß er Luft holen konnte, und sie entkamen in Richtung Rue Saint-Antoine. Sie glaubten zu sehen, daß die Bogenschützen die Schießscharten einnahmen, aber Gott war bestimmt auf ihrer Seite. Er hatte den Himmel mit Rauchwolken verhängt, und die Flüchtlinge erreichten ohne Schwierigkeiten die Rue Saint-Antoine.

Weinend drückte du Puissac Chahinian an seine Schulter. Es war ihm gelungen, den Meister zu befreien! Dieser kniff die Augen zusammen, als blende die Aussicht auf Freiheit genauso wie das Licht. An die Wände seiner Zelle gewöhnt, hatte er das Gefühl, daß ihn die Straßen aufsogen wie lange Tunnels, deren Enden nicht absehbar waren. Er sah du Puissac an, der vor Erleichterung und Stolz weinte. Er hatte ihn immer geschätzt, aber nicht geglaubt, daß der Chevalier sein Leben aufs Spiel setzen würde, um ihn zu retten. Oft hatte er ihm versichert, daß die Brüder seine Genialität bräuchten und daß er ihm bei der Flucht helfen würde, damit er seine Forschungen weiter betreiben könnte. Chahinian hatte ihn aber nicht ernst genommen.

Und jetzt erkannte er die Straßen wieder, herrschaftliche Häuser und Ladenschilder; auch diesen Gestank, der vom fauligen Wasser, dem Tierkot und dem Unrat der Menschen ausging, nahm er wahr. Er erinnerte sich, daß Scarron Reime auf diesen entsetzlichen Geruch gemacht und verkündet hatte, Paris sei eine ziemlich schmutzige Stadt. Aber am heutigen Abend fand Chahinian sie schön und sauber: die schmalen siebenstöckigen Häuser, die nur ein einziges Fenster hatten, waren majestätisch, die Schenken in den schmutzigen verrufenen Gassen gefielen ihm ausnehmend gut, und er hatte Lust, alle Kater zu streicheln, die liebestoll heulten. Er war so aufgeregt, daß er gar nicht spürte, daß es allmählich frisch wurde.

Plötzlich blieb Cléron stehen und horchte.

»Seid still! Die Nachtwache!«

Die Männer duckten sich in einen dunklen Torweg. Du Puissac sagte sich, daß es in Paris etwa dreihundert Bogenschützen gab, aber daß nur wenige unter ihnen so eifrig wären, die Häuser bis in die letzten Ecken und Winkel zu durchsuchen. Er sah, wie die Soldaten zwei Klafter von ihnen entfernt vorbeigingen, ohne ihre Gegenwart zu ahnen. Die vier Männer lächelten, dann forderte Cléron sie auf, sich zu beeilen.

»Ich muß heute abend noch ins *Trois Maillets*. Es würde auffallen, wenn ich dort nicht auftauche.«

»Sie sind aber doch kein Schauspieler«, sagte Chahinian, der sich erinnerte, daß in dieser Schenke viele Schauspieler verkehrten.

»Und ob, mehr als Sie glauben, Monsieur«, antwortete Emile Cléron. »Ich erfahre sehr viel in den Restaurants und Wirtshäusern, in denen ich mich herumtreibe. Adelige, die sich in ein junges Ding vom Theater vergaffen und der Kleinen bis in die Schenke folgen. Da sitzen sie dann und meinen, mit ihren dicken Geldbörsen und ihren schönen Augen könnten sie bei ihr landen.«

Cléron schwieg einen Augenblick, dann versprach er Chahinian, ihn eines Abends mitzunehmen.

Von der Rue Saint-Antoine kamen sie in die Rue Roide-Sicile, überquerten die Rue Vieille-du-Temple, nahmen dann die Rue Saint-Croix und erreichten schließlich die Rue du Bourubourg. Die Baronin hatte beschlossen, Guy Chahinian bei sich aufzunehmen. Ihr Angebot hatte du Puissac verwundert, aber er erkannte Armande de Jocary kaum. Er fragte sich, warum diese Frau bereit war, einem Entflohenen, einem ihr völlig unbekannten Mann, Unterschlupf zu gewähren. Cléron hatte dem Chevalier erzählt, die Baronin schätze Victor Le Morhier, einen Freund des Goldmachers sehr und wollte sich den Freunden ihrer Freunde gefällig erweisen, doch der Chevalier nahm an, daß seine liebe Armande sich von Monsieur Chahinian irgendeinen Vorteil versprach. Hatten ihn du Puissac und Le Morhier nicht als eine Art Magier beschrieben? Sie hatten von seiner Wissenschaft berichtet, die es ermöglichen würde, zu jeder Stunde und beliebig lange über Licht zu verfügen. Wenn das stimmte, dann würde die Baronin von Jocary die erste sein, die dieses Wunderwerk würde vorführen können! Alle würden sich darum reißen, eine Einladung in die Rue Bourubourg zu erhalten. Deshalb wohl hatte sie Cléron ermutigt, dem Goldmacher zu helfen.

Jetzt stand sie am Fenster des großen Salons und wartete ungeduldig auf die vier Männer. Cléron vermutete, sie würde das rotviolette Taftkleid tragen, das man ihr am Morgen geliefert hatte. Es war zwar nicht der passende Augenblick, aber die Baronin konnte ihrem Wunsch, ein neues Kleid vorzuführen, nicht widerstehen.

Cléron brauchte nicht einmal zu klopfen. Sie stand bereits in der Tür, hielt sie weit offen und empfing den Gefangenen sehr liebenswürdig. Die Nacht würde er in der Rue du Bourubourg verbringen, aber schon am nächsten Tag würde ihn Cléron zum Faubourg Saint-Martin bringen, wo man eine Werkstatt für ihn ausfindig gemacht hatte, in der er mit seinen Forschungen fortfahren konnte. Du Puissac hatte Pulver, Werkzeuge und bestimmte Metalle zusammengetragen, die für die Experimente des Meisters der Brüder des Lichts notwendig waren. Aber der Kohleofen mußte noch installiert werden, und das würde die Aufmerksamkeit der Nachbarn erregen. Dennoch glaubte du Puissac, daß sie sich hüten würden, neugierige Fragen zu stellen, aus Angst, ihrerseits welche beantworten zu müssen. Denn am Faubourg Saint-Martin lebten neben ehrlichen Arbeitern auch viele Bettler. Dort gab es viele Prügeleien, man schlug sich irgendwie durch, setzte Diebesgut ab oder stellte Falschgeld her.

Guy Chahinian lehnte den kleinen Imbiß, den die Baronin für ihn hatte zubereiten lassen, ab, denn er war todmüde und wollte nur eines: sich in einem Zimmer ausstrecken, in dem es keine Ratten, Kröten oder Ungeziefer gab. Obwohl Armande de Jocary über die Verschlossenheit ihres Gastes etwas enttäuscht war, wünschte sie ihm eine gute Nacht. Guy

Chahinian küßte ihr die Hand und versicherte, er werde nie vergessen, wie gut sie ihn aufgenommen hatte.

Danach begab sich die Baronin wieder zu Julien du Puissac und Cléron. Dieser hatte die kurze Abwesenheit der Gastgeberin genutzt, um Baril wegzuschicken, nachdem er ihn reichlich mit dem Geld des Chevaliers entlohnt hatte. Du Puissac dankte der Baronin für ihr ungemein freundliches Entgegenkommen. Sie erwiderte, daß sie hoffe, man werde ihn hinfort öfter bei ihr sehen. Der Chevalier versprach, sich am nächsten Dienstag bei ihr einzufinden, obwohl das Spiel ihn langweilte.

»Ich weiß, daß Sie beim Pharao-Spiel einschlafen, Monsieur du Puissac, aber Sie werden vornehme Herrschaften kennenlernen. Haben Sie nie daran gedacht zu heiraten?«

Obwohl du Puissac müde war, hatte er schallend gelacht: er und heiraten?

Die Baronin ließ nicht locker.

»Ich habe Freundinnen mit reizenden Töchtern, Monsieur. Denken Sie daran!«

»Ich denke vielmehr an unseren Freund, der da oben schläft«, sagte der Chevalier und drehte sich zu Cléron um. »Würden Sie ihm eine Krücke besorgen? Er wird zwar nie mehr richtig gehen können, aber mit der Krücke wird er sich etwas leichter tun.«

Cléron ging zur Tür.

»Man erwartet mich in der Schenke, Baronin. Schade, daß Sie nicht mit mir kommen können.«

Armande de Jocary seufzte. Ihr lag daran, daß man sie für eine Frau mit sozusagen untadeligem Lebenswandel hielt. Gewiß wurde bei ihr gespielt, aber niemand sollte behaupten, daß ihre Spielsucht sie dazu trieb, in verrufenen Häusern zu verkehren.

»Sie können mir ja morgen nachmittag berichten, wenn Sie Monsieur Chahinian abholen.«

Du Puissac verbeugte sich vor der falschen Baronin und fragte sich, ob eine echte Adelige sich in ähnliche Gefahr begeben hätte, um einem Fremden zu helfen. Cléron war überrascht, daß er ihn ins *Trois Maillets* begleiten wollte.

»Normalerweise verkehren Sie doch eher im Restaurant der Madame Durier«, erklärte der Spieler.

»Stimmt nicht. Ich bin höchstens zweimal in meinem ganzen Leben in Saint-Cloud gewesen, und außerdem haben Sie mir eine lustige Gesellschaft in Aussicht gestellt«, entgegnete der Chevalier. »Jetzt könnte ich sowieso noch nicht schlafen. Mein Herz schlägt immer noch wild. Ich muß gestehen, kein Duell hat mich so mitgenommen wie die Aktion heute.«

Cléron spielte mit dem Seidenstrumpf, der seinen Hut aus Vigogne-Wolle zierte. Dann meinte er ganz selbstverständlich: »In einem Duell gibt es ja auch Regeln.«

Du Puissac lächelte ihn an, als er auf den purpurvioletten Strumpf sah. Gehörte er der Baronin von Jocary? Es gab viele Männer, die ihre Kopfbedeckung mit dem Strumpf ihrer Geliebten schmückten. Der Chevalier vermutete zwar, daß Cléron Armande de Jocarys Alkoven kannte, trotzdem wunderte er sich, daß sie ihm einen Strumpf geschenkt hatte. Obwohl Cléron schon lange nicht mehr wie ein Schurke aussah. Er war sogar besser gekleidet als mancher Bürgersmann, und Armande de Jocary brauchte sich nicht zu schämen, wenn sie ihn in ihrem Salon empfing. Sie hatte für sich beschlossen, daß er ein Waisenkind war. Das war aber schon das einzige, was an ihrem Märchen stimmte, demzufolge er von den Rekollekten aufgezogen worden war und das Kolleg dann verlassen hatte, um einen Vetter zu beerben. Einige wußten sehr wohl, daß Cléron sein Geld beim Spiel gemacht hatte. Und wenn man der Baronin glaubte, dann nur deshalb, weil Cléron verlor, wenn es sich so gehörte, und weil er im Falle des Gewinnes so höflich blieb, daß kein Mensch es gewagt hätte, ihn von oben herab zu behandeln.

»Glauben Sie, daß Monsieur Chahinian sich von dem, was er durchgemacht hat, erholen wird?« fragte Cléron.

Julien du Puissac strich sich über den Schnurrbart.

»Ich hoffe es von ganzem Herzen, aber er ist gesundheitlich ziemlich angeschlagen. Sein Geist ist zwar jung geblieben, sein Körper jedoch völlig abgezehrt.«

»Hat er in der Bastille viel abgenommen?«

»Sie wissen ja, daß er wegen Ketzerei und Mord verurteilt

worden ist. Man hat ihn gefoltert und ausgehungert. Beinahe wäre er gestorben.«

»Fürchten Sie nicht, daß man eines Tages auch Sie verhaftet?«

Du Puissac zuckte mit den Schultern.

»Ich denke, das hätte man schon getan, wenn man gewollt hätte. Anscheinend kümmert man sich jetzt weniger um unsere Brüderschaft. Meine Brüder sind alle vor langer Zeit schon verhaftet worden. Die anderen halten sich verborgen, und das wird Chahinian auch tun. Mein Aufenthalt in Neufrankreich hat mich vieles vergessen lassen.«

»Hat es Ihnen in den Kolonien gefallen?«

»Ja, sehr. Vor allem, wenn ich diese entsetzlich stinkende Gosse hier sehe«, sagte du Puissac, als er über einen Haufen Unrat hinwegstieg.

»Beklagen Sie sich nicht! Beim Faubourg Saint-Marcel ist es noch viel schlimmer, weil man dort das Gekröse sämtlicher Tiere in die Bièvre kippt.«

»In Québec könnte man tausendmal mehr in den Sankt-Lorenz-Strom schütten, ohne daß sich die Gewässer rot verfärben. Dieser Strom ist so breit wie Paris.«

Cléron lachte ungläubig.

»Das ist die Wahrheit!«

»Ich werde es nicht überprüfen können, Monsieur. Sie können mir also erzählen, was Sie wollen.«

»Fragen sie Victor Le Morhier, wenn er wieder einmal hier ist. Er wird es Ihnen bestätigen.«

Nun lachte Cléron nicht mehr, denn er machte sich große Sorgen um seinen Freund. Die Matrosen und die Offiziere, mit denen er in den Schenken und auf den Straßen gesprochen hatte, waren sich alle einig gewesen: jemand, der so verrückt war, in den letzten Monaten nach London zu reisen, der würde nicht mehr zurückkommen. Die Pest tötete die Menschen zu Hunderten, ja zu Tausenden.

»Sie scheinen besorgt, Cléron.«

»Victor Le Morhier ist nach London gegangen, nachdem er durch Ihren Goldmacher von Marie LaFlammes Heirat erfahren hat. Ich war wütend, daß er sein Leben für dieses Mädchen vergeudet, und habe ihn mit Vorwürfen überhäuft! Das tut mir leid, und ich befürchte, ich werde ihn nie mehr sehen, um diese schrecklichen Augenblicke aus der Welt zu schaffen.«

Voller Mitgefühl legte de Puissac seine Hand auf Clérons Schulter. Zu gerne hätte er ihn beruhigt, aber was konnte er ihm schon sagen, wenn die Nachrichten aus England so alarmierend waren? In Paris wurden die Schiffe, die im Londoner Hafen vor Anker gegangen waren, zur Quarantäne gezwungen. Und alle Seeleute, die nach so einem langen Aufenthalt auf der Reede von Bord gingen, berichteten von den schrecklichen Zuständen in London. Einige von ihnen hatten sogar verzweifelte Menschen gesehen, die sich von der einzigen Brücke geworfen hatten, um sich das Leben zu nehmen, weil sie die qualvollen Beulen in den Leisten und unter den Achseln nicht mehr ertragen hatten.

Du Puissac hoffte, das rege Treiben in der Schenke würde Cléron wieder aufheitern, denn er mußte zugeben, daß er den jungen Mann unterschätzt hatte. Er war ein Spitzbube, Betrüger und Falschspieler, sei's drum, aber er war ein Mann der Tat und hatte an diesem Abend einen bewundernswert kühlen Kopf bewahrt. Cléron hatte sich sein Geld wahrlich verdient. Als du Puissac die Tür des Gasthauses öffnete, verschlug es ihm fast den Atem, so stickig und warm war es. Man hätte glauben können, es sei mitten im Juli. Sehr viele Schauspieler waren da, und die großen Bratpfannen erhitzten nicht nur das Fleisch.

»He! Cléron-Marmiton! Komm mal rüber!«

Die Stimme kam aus dem unteren Raum, in dem das einfache Volk tanzte. Du Puissac schlug Cléron vor, ins Obergeschoß zu gehen, wo er ihn reichlich bewirten wollte.

»Ich werde alles bezahlen!«

»Ich komme gleich nach, muß nur schnell meinem Komplizen was sagen.«

Du Puissac setzte sich auf eine grobe Holzbank und stützte sich mit den Ellbogen auf den Tisch. Er verspürte Appetit und bekam Lust auf ein Hasenragout. Er bestellte beim Wirt der Spelunke Wein aus Condrieu und trank zwei kräftige

Schlucke, bevor Cléron mit ihm anstieß. Dieser schien sehr zufrieden zu sein. Er hatte einen zweifelhaften Karfunkel gegen eine mit Hämatit verzierte Brosche getauscht.

»Ich werde sie für den dreifachen Preis verkaufen, den ich bezahlt habe.«

»Der Verschluß ist kaputt. Monsieur Chahinian wird ihn gerne für Sie reparieren, denn er hat Ihnen viel zu verdanken.«

»Ich hoffe, er wird an mich denken, wenn er herausfindet, wie man Dinge zu Gold macht«, scherzte Cléron.

»Sie wissen also, daß er sich mit der Scheidekunst beschäftigt?«

»Ich bin kein Dummkopf, die Baronin auch nicht. Victor Le Morhier hat nichts über den Goldmacher erzählen wollen, aber ich kann Süßholz raspeln wie eine Frau ... Und mein Freund hat nicht nur von Marie LaFlamme gesprochen. Wie dem auch sei, die Baronin träumt von diesem Stein der Weisen, der alles in schönes glänzendes Gold verwandelt. Ich glaube nicht daran. Aber da gibt es ja noch dieses berühmt-berüchtigte Licht, das wäre schon eher was ...«

»Mein Meister betreibt Forschungen darüber«, verriet der Chevalier.

»Sie scheinen ihn zu verehren. Ist er wirklich der Großmeister eurer Brüderschaft von Ketzern?«

Du Puissac antwortete nicht und schenkte sich Wein ein. Cléron erklärte, er frage aus reiner Neugierde. Ihm sei egal, ob jemand ein guter Katholik sei oder nicht: Er hatte Männer kennengelernt, die jeden Tag in die Kirche gingen, aber ihre Kinder schändeten, und Frauen, die sich beim Beten die Knie wundrieben, aber einem Notleidenden nicht mal ein Stück Brot gaben. Pfarrer, die Rechtschaffenheit predigten, aber sich großzügig aus dem Kirchensäckel bedienten. Gott war entweder faul oder gleichgültig, wenn er so wenig Ordnung in eine Welt brachte, die er erschaffen hatte. Die Ketzer störten den Spieler nicht mehr als die Juden oder die Protestanten.

»Wir sind keine Ketzer. Ich habe genügend Achtung vor dem Allerhöchsten und glaube, daß er willens ist, unser Ziel zu verstehen: der Welt ein immerwährendes Licht zu geben, das nur dann erlischt, wenn man es wünscht.«

»Das wäre ein wahres Wunder!« flüsterte Cléron. »Victor Le Morhier wird nicht überrascht sein, wenn er hört, daß das das Ziel Ihres Goldmachers ist. Er hat immer mit großer Bewunderung davon gesprochen. Aber ob er zurückkommen wird?«

Am nächsten Tag täuschte du Puissac Bestürzung vor, als er aus dem Mund eines Soldaten erfuhr, daß Chahinian sich in seiner Zelle erhängt hatte. Aus Angst vor einer Blamage hatten es die Kerkermeister vorgezogen, ihn für tot zu erklären.

Dieses überraschende Ereignis kam den Plänen des Chevaliers sehr gelegen.

Victor Le Morhier beugte sich über Elizabeth. Sie schlief fest und kam wieder zu Kräften, nachdem sie ihn einen Monat lang gepflegt hatte. Sie war nicht weniger abgemagert als er, obwohl sie wie durch ein Wunder von der Pest verschont geblieben war. Ihre Augen, um die dunkle Schatten der Angst lagen, paßten zu ihrem hohlwangigen Gesicht. Er berührte ihre eingefallene Wange. In Frankreich würde sie keinen Hunger leiden müssen.

Aber sie waren ja in Frankreich angekommen! Nur konnten sie erst Anfang November an Land gehen, wenn die Quarantäne vorbei war. Bis dahin fehlten nur noch zehn Tage. Nach den Qualen der letzten Monate hatte sich Victor vorgestellt, er würde sich ohne weiteres mit dieser Einschränkung der Freiheit abfinden. Aber genau das Gegenteil war der Fall gewesen. Wie ein eingesperrtes Tier war er auf dem Schiff herumgeschlichen. Die Krankheit hatte ihn ungeduldig gemacht, und er hatte begriffen, wie vergänglich und kurz das Leben war. Er gierte förmlich nach Leben. Nahezu einen Monat hatte er nun schon in fast völliger Untätigkeit auf der *Little Castle* verbracht! Er hatte seine Sprachkenntnisse verbessert und mit dem Kapitän viel über die Handelsmöglichkeiten gesprochen, wenn London erst wieder saniert wäre, aber die Tage waren so langsam vergangen.

Elizabeth zuckte und kniff die Augen zusammen, bevor sie

sie öffnete und ihrem Mann zulächelte. Es kam ihr so vor, als wären sie dauernd übereinander gebeugt, abwechselnd der eine über den anderen. Zwölf Tage lang hatte sie über ihn gewacht, und nun, seit sie an Bord gegangen waren, war er es, der zusah, wie sie schlief. Sie nahm seine Hand und drückte sie an ihr Herz.

»Es schlägt. Wir sind am Leben, Victor!«

Das sagte sie ihm jeden Morgen beim Aufwachen. Anscheinend konnte sie das kaum glauben, oder sie wollte dem Tod auf diese Weise mitteilen, daß er alle Chancen, Victor hinwegzuraffen, verspielt hatte.

Elizabeth hatte den Kampf gewonnen. Bis zu ihrem letzten Atemzug würde sie sich an das Triumphgefühl erinnern, das sie empfunden hatte, als das Fieber ihres Kranken gesunken war. Sie hätte vor Freude geschrien, wenn sie nicht befürchtet hätte, Passanten auf sich aufmerksam zu machen: Niemand sollte entdecken, daß sie sich immer noch im Nachbarhaus ihrer Eltern versteckt hielt, sonst hätte man diesen Unterschlupf vielleicht verriegelt, und sie hätte ihn nicht mehr verlassen können, um Lebensmittelvorräte einzukaufen.

Tatsächlich war sie damals, als sie in der erzwungenen Zurückgezogenheit gelebt hatte, nur ein einziges Mal auf den Markt gegangen. Es waren zwei volle Wochen ohne Außenwelt gewesen, ohne Sonne, zwei Wochen des Wahnsinns, des Schreckens und des Schmerzes: Am Tag, nach dem sie sich geliebt hatten, litt Victor unter Brechreiz, mußte sich ständig übergeben und klagte über entsetzliche Kopfschmerzen. Außerdem verbot er ihr, ihm zu nahe zu kommen, wenn sie ihm das Gesicht mit einem feuchten Tuch abwischen wollte. Er war an der Pest erkrankt. Sie wies ihn darauf hin, daß sie sich bestimmt angesteckt hatte, und wartete resigniert darauf, daß die düsteren Symptome auch bei ihr auftreten würden. Während ihr Geliebter im Fieber phantasierte, war sie am nächsten Tag immer noch wohlauf. Sie hatte weder Rücken- noch Bauchschmerzen. Und auch keine dieser schrecklichen Geschwulste, die sie gezwungen hatten, Victor zu schlagen, um ihn ruhigzustellen. Dann beschloß sie, ihn festzubinden, denn die Abszesse quälten ihn, als habe man ihm Daumenschrauben und die spanischen Stiefel angelegt. Er hätte verrückte Dinge tun können, zum Beispiel nach einer Waffe greifen und sich töten, oder sie. Denn sie war jetzt davon überzeugt, daß sie überleben würde. Unablässig betete sie für Victor. Sie wußte, daß manche Kranke der Pest entkommen waren. Gott hatte ihr die gesamte Familie genommen, er konnte nicht noch grausamer sein.

Die Bubonen mußten verätzt werden, aber sie hatte kein Silbernitrat und konnte auch keinen Arzt bitten, ihr welches zu besorgen. Solange sie nicht sicher war, ob noch jemand in der Nähe wohnte, konnte sie sich nicht aus dem Haus wagen. Einige Nachbarn waren gestorben, denn sie hatte den Karren gehört. Aber welche und wo? Wenn sie jetzt auf die Straße ginge, würde man ›Vorsicht, ein Gespenst!‹ rufen. Oder sie würde aufgrund ihrer Flucht verurteilt. Jeden Tag, zu jeder Stunde und jeder Minute verloren die Menschen den Verstand! Vom Fenster des kleinen Salons hatte sie gesehen, wie ein Mann eine Frau zu Tode geprügelt hatte, ohne daß irgend jemand eingegriffen hätte. Auf sie würde man vielleicht mit Steinen werfen, wenn man sie wiedererkannte.

Sie mußte ein Feuer machen. Man würde zwar den Rauch aus dem Kamin des Hauses der Brunes steigen sehen, würde aber vermuten, daß ein eingesperrter Dienstbote sich Essen kochte oder, wer konnte es wissen, vielleicht die Leiche eines Hausbewohners verbrannte. Schaudernd griff Elizabeth in der Küche nach einem langen Messer, um dessen Griff sie ein dickes Tuch gewickelt hatte und ging zum Feuer. Sie hielt es in die Flammen, bis die Klinge glutrot war. Vorsichtig atmend ging sie zu Victor. Zum Glück phantasierte er und würde sich vielleicht nicht an den Schmerz, den sie ihm jetzt zufügen würde, erinnern. Sie drückte die brennend heiße Klinge auf die dickste Beule. Victor schrie so laut auf, daß die junge Frau das Messer beinahe zurückgezogen hätte. Sie flehte zu Gott, er möge ihr den Mut geben, ihren Geliebten weiter zu quälen. Sie weinte, als sie die Bubonen verätzte, und litt an einem derartigen Brechreiz, daß sie sich fragte, ob sie überhaupt in der Lage war fortzufahren. Victors ruckartige und verzweifelte Versuche, sich von seinen Fesseln zu befreien, sein verzerrtes, völlig entstelltes Gesicht und seine unerträglichen Schreie erregten noch mehr Abscheu in ihr als der Geruch von verbrannter Haut. Als dann alles zu Ende war, warf sie das Messer ins Feuer. Nie mehr würde sie es benutzen können, ohne an diesen schrecklichen Tag zu denken.

Stundenlang war sie völlig niedergeschlagen und wartete, daß die Pest Victor endlich freigeben würde. Sie betrachtete seinen geschundenen, vor Schweiß glänzenden Körper und dachte, daß er vor weniger als zwei Tagen noch von einem ganz anderen Fieber befallen gewesen war. Als sie die Glocke des Karrens hörte, stand sie auf. Vom Fenster aus beobachtete sie Bettler, die mitten auf der Straße eine Leiche auflasen. Wieder einer, der vergeblich die Nähe der Häuser gemieden hatte. Elizabeth war aufgefallen, daß nicht mehr die Pfarrer die Toten geholt hatten, bis sie begriff, daß die Leichenbestatter alle gestorben waren und arme Leute sie ersetzt hatten. Unzählige Arme und Beine mit aufgeplatztten Karbunkeln, zahllose Köpfe mit weit aufgerissenen Mündern und vor Fliegen schwarz gewordenen Augen türmten sich auf wie eine schreckliche, von Würmern wimmelnde Pyramide. Elizabeth, die noch nie einen so voll beladenen Karren gesehen hatte, vermutete, daß die Seuche ihren Höhepunkt erreicht hatte.

Das war ein Irrtum.

Sie merkte es erst später, weil sie sich ganz ihrem Kranken widmete und sich nicht von der Not ringsum entmutigen lassen wollte. Mehrmals hörte sie den Karren zurückkommen, aber sie sah nicht hin. Wozu auch? Sie hatte genug von den Schreien der Kranken, die unaufhörlich auf der Straße ertönten. Sie zählte die Schorfstellen, die sich anstelle der Bubonen bildeten, und fing an zu glauben, sie hätte die Pest besiegt. Eines Morgens meinte sie, daß Victors Stirn nicht mehr so heiß war, daß er nicht mehr so schwer atmete. Nachdem er die Augen geöffnet hatte, begriff sie, daß er wieder im Vollbesitz seines Verstandes war. Schluchzend band sie ihn los und dankte dem Allerhöchsten für seine Güte.

Victor war ein unruhiger Kranker gewesen. Jetzt war er ein starrköpfiger Genesender. Seinen Gerstenbrei aß er mit Appetit und weigerte sich, obwohl er noch schwach war, seine Tage im Bett zu verbringen. Er sagte immer wieder, daß er genesen sei und daß sie sich jetzt ausruhen müsse. Sie entgegnete, daß sie zwar müde sei, mit dem Tod aber nichts im Sinn habe. Eines Morgens, als er noch schlief, nutzte sie die Gelegenheit und wagte sich nach draußen. Die Getreidevorräte waren zwar noch nicht ganz aufgebraucht, aber sie hatte eine ungeheure Lust auf Obst und Gemüse. Sie dachte, eine nahrhafte Suppe würde sie beide stärken.

Wenn Elizabeth gewußt hätte, daß sie für diese Lebensmittel bis über die Grenze von Whitechapel hinaus gehen mußte, hätte sie vielleicht auf diesen Ausflug verzichtet. Mehrmals wollte sie unterwegs umkehren, aber sie war geradezu hypnotisiert von dem, was sie zu sehen bekam. Karren, die dreimal so groß waren wie jener, der sie so erschreckt hatte. Armselige Menschen, die über die Leichen krochen, um sie auszurauben, und denen die mit Eiter verklebten Körper nichts ausmachten. Junge Leute, die sich über einen Priester lustig machten, der einem Sterbenden beistand. Und dann dieser Mann, der nackt durch die Straßen lief und den Weltuntergang ankündigte. Er behauptete, daß die Pest nur der Anfang sei. Andere Geißeln Gottes würden die Sünder heimsuchen. London würde dem Erdboden gleichgemacht, aus der Welt verschwinden, von Gott vergessen. Das Schlimmste war, daß dieser Verrückte seine Prophezeiungen ins Leere schrie, denn keiner hörte ihm zu. Elizabeth kaufte billig Obst ein. Kirschen, Pflaumen und Weintrauben gab es im Übermaß, weil viele Londoner die Stadt verlassen hatten. Sogar die armen Leute hatten genug zu essen. Nur Fleisch war teuer, aber das bedauerte Elizabeth nicht. Sie hätte Angst gehabt, welches zu verzehren, und konnte sich nicht vorstellen, es in Essig zu braten.

Ganz in ihrer Nähe sah sie Leute feiern. Sie tranken aus derselben Flasche Wein, ohne sich um die Gefahr zu scheren. Sie lachten und redeten unsinniges Zeug. Sie sangen, daß sie alle sterben würden, und wetteten, wer von ihnen als erster dran sein würde. Warum verzichteten sie darauf, Vorsichtsmaßnahmen zu treffen? Auf dem Markt hatte Elizabeth ihr

Geld in Handschuhen hingehalten und sich eine Art Spitze, in Essig und Raute getränkte Tüte vors Gesicht gehalten. Obwohl der scharfe Geruch sie in der Nase gebissen und sie das Gefühl gehabt hatte, Disteln verschluckt zu haben, hatte sie die Tüte nicht vom Gesicht genommen. Freilich hatte sie einräumen müssen, daß etliche Leute auf die gleiche Art und Weise versucht hatten, sich vor der Pest zu schützen, und dies ohne Erfolg. Als sie eine Frau sagen hörte, daß jede Woche mehr als fünfhundert Leichen eingesammelt würden, fragte sie sich, warum sie verschont geblieben war. Warum sie? Warum nicht Mary oder ihr Vater und ihre Mutter, oder diese junge Unbekannte, die zwanzig Fuß von ihr entfernt in einer Gasse zusammengebrochen war. Gott strafte ohne jeden Unterschied, die Guten wie die Bösen. Sie hätte ihren Korb mit Lebensmitteln verwettet, daß der schreckliche John Menrick, ein skrupelloser Proviantmeister, noch lebte, während seine arme Frau gestorben war.

Sie war noch nicht im Haus zurück, als Victor, blaß vor Angst und Wut, mit ihr schimpfte. Wie konnte sie auf die Straße gehen, war sie denn verrückt geworden? Und warum? Für ein bißchen Wurzelgemüse! Vielleicht hatte sie sich die Pest geholt und würde sterben! Und er wisse nicht, ob er in der Lage sei, ihr zu helfen! Sie hätte auch ermordet werden können. Es liefen genug Verrückte herum! Oder auch von einem Pestkarren umgefahren werden! Konnte sie sich vorstellen, mit Hunderten von anderen Leichen in das Massengrab von Algathe geworfen zu werden, in dem man Kalk auf sie schütten würde?

Elizabeth wollte ihm zunächst antworten, doch seine Besorgnis rührte sie, amüsierte sie sogar …

»Du hast eine lebhafte Phantasie«, hatte sie gesagt und dabei gelacht.

»Und du überhaupt keine! Du wirst nicht mehr nach draußen gehen! Ich verbiete es dir!«

Elizabeth hatte schallend gelacht und ihm entgegnet, daß er weder ihr Vater noch ihr Bruder und auch nicht ihr Mann sei, der ihr solche Befehle erteilen dürfe.

»Ich werde dich heiraten!«

Dann hatte sie aufgehört zu lachen und ihn gebeten, sich nicht über sie lustig zu machen.

Victor hatte den Kopf geschüttelt, er meinte es sehr ernst. Während ihrer stundenlangen Abwesenheit sei ihm klargeworden, wieviel sie ihm bedeutete. Er verdanke ihr sein Leben. Hatte sie das denn vergessen?

Sie hatte geantwortet, daß sie nur Gott unterstützt habe.

»Aber ich liebe dich«, hatte er daraufhin in verändertem Tonfall beteuert.

Er hatte ihr tief in die Augen gesehen und sich über seine Liebeserklärung gewundert. Nie hätte er gedacht, daß er diese Worte einer anderen Frau als Marie LaFlamme sagen würde. Er hatte sie wiederholt, um sich seiner Gefühle zu vergewissern. Ja, er liebte sie unendlich. Er würde es nicht ertragen, auf ihr Lächeln, auf ihre beruhigenden Hände, die sein Haar streichelten, damit er einschlief, auf ihre Leidenschaft, wenn sie sich liebten, verzichten zu müssen. Ihre Selbständigkeit und Lebhaftigkeit erinnerten ihn an Marie, aber sie war nicht so launisch. Mit ihr würde er ebenso glücklich sein, wie sein Vater mit seiner Mutter es gewesen war.

»Heirate mich!«

Sanft lächelnd hatte sich Elizabeth an ihn geschmiegt.

»Ich gehe mit dir nach Frankreich.«

»Ich werde, wir werden nach Frankreich gehen. Zusammen, du mit mir und ich mit dir. Und zwar so schnell wie möglich, das wird das beste sein.«

Victor Le Morhier hatte dann alles wissen wollen, was sie gehört und gesehen hatte. Es lagen keine Schiffe mehr vor Anker, flußabwärts unterhalb der Brücke. Die Docks am Hafen waren wie ausgestorben.

»Dann hat die *Poseidon* nicht auf mich gewartet«, sagte Victor.

Elizabeth hatte dann berichtet, daß Schiffe in Colchester und in Yarmouth gesehen worden seien, aber um diese Häfen zu erreichen, müßten sie einen Marsch von mehreren Tagen auf sich nehmen. Würde er das schaffen?

Und sie?

Letztendlich hatten sie beschlossen, noch eine Woche in

London zu bleiben, um sich auszuruhen, bevor sie ihre Reise antreten wollten.

In dieser Woche hatte Victor Elizabeth nahegelegt, ihn auf dem Schiff, das sie nach Frankreich bringen würde, zu heiraten. Sie hatte ja gesagt. Sie war mit allem einverstanden gewesen, wenn sie nur London verlassen würden. Sogar in ihren Träumen hatte sie Tote gesehen. Victor hatte Monsieur Brunes Unterlagen und Briefe durchgesehen und Elizabeth das Hab und Gut ihrer Familie sortiert. Mehrmals hatte sie dabei geweint und am liebsten hätte sie alles mitgenommen. Sie war dann aber doch vernünftig gewesen und hatte nur den Schmuck und eine Pfeife eingepackt. Victor hatte ihr versichert, daß sie nach London zurückkämen, wenn die Epidemie überwunden sei, und daß das Haus für immer ihr gehöre. Aber sie hatte das Gefühl gehabt, sie würde es nie mehr betreten, weil die Pest ihr die ganze Vergangenheit geraubt hatte.

Victor küßte seine junge Frau auf die Stirn und bewunderte ihre Ruhe. Seit sie an Bord der *Little Castle* gegangen waren, mußte sie sich jeden Tag übergeben, beklagte sich aber nicht. Sie war sogar hellbegeistert von Frankreich gewesen, als sie die Küsten des Artois und der Picardie entlanggesegelt waren. Sie wiederholte die Ortsnamen Neufchâtel-Bray, Boulogne, Montreuil-sur-Mer, Abbeville, Foucarmont, Dieppe, Harfleur. Die *Little Castle* hatte in der Seine-Mündung vor der normannischen Küste den Anker ausgeworfen. Galeerensträflinge ruderten bis zum Schiff, um dem Kapitän den Quarantänebescheid zu überreichen, dann kamen sie an Bord, um mit den Passagieren den Ablauf der vierzig Tage abzuwarten. Die Normannen waren vorsichtig, und jeder war froh darüber, denn so würde es in Frankreich keine Pestkranken geben. Nach einem Monat wurde gemurrt, protestiert und gewettert, weil alle Passagiere gesund waren. Man müsse ihnen die Weiterfahrt nach Paris erlauben. Der Kapitän aber war unerbittlich. Er halte sich an seine Befehle, und wer es sehr eilig habe, die *Little Castle* zu verlassen, der könne ja ins Wasser springen und schwimmen …

»Wenn wir in Paris sind, gehen wir ins *Bons Enfants* oder ins *Troiś Maillets*«, sagte Victor Le Morhier zu Elizabeth. »Dort werden wir unsere Hochzeit feiern, wie es sich gehört!«

»Ich bin froh, daß wir geheiratet haben«, sagte Elizabeth. »Das ist eine gute Idee.«

»Das war eine gute Idee«, korrigierte sie Victor.

Er wußte nur zu gut, daß er nicht so leicht einen Priester gefunden hätte, der bereit gewesen wäre, die Ehe einer Protestantin und eines Franzosen zu segnen. Victor hatte dem Priester auf der *Little Castle* erklärt, seine Verlobte sei katholisch wie ihr Vater, der in Orléans geboren und jetzt gestorben sei, ohne seiner Tochter noch sagen zu können, wo sich das Familienbuch befinde. Er sei wegen der Heirat nach London gefahren, trotz der Pest, weil alles schon seit langem zwischen dem Kapitän Le Morhier und Monsieur Brune beschlossen gewesen sei. Als er seine Verlobte in London wiedergesehen habe, sei sie verwaist gewesen, und der Priester, der sie habe trauen sollen, habe nicht mehr gelebt. Seine Kirche sei nur noch ein Sterbelager gewesen.

»Und trotzdem werden wir in der Schenke feiern! Dann fahren wir nach Nantes zu meinen Eltern.«

»Und wie das?«

»Sei unbesorgt, über eine Landstraße. Wir werden Chartres, Blois, Saumur und Angers sehen, bevor wir in meine Heimatstadt kommen. Es wird eine lange Reise werden.«

Elizabeth lächelte. Wenn sie in den Kutschen nach Nantes auch noch so durchgeschüttelt werden würde, niemals würde sie sich so schlecht fühlen wie im Moment. Sie hatte ihre mit Amber parfümierten Handschuhe ins Meer geworfen, ihr war aber immer noch übel. Wenn sie auf den Horizont sah, geriet sie ins Taumeln. Zuerst erschien er ihr flach, dann gewölbt, dann sah sie ihn doppelt und dreifach. Den Himmel ebenfalls. Nachts tanzten die Sterne eine Bourrée um das Schiff. Die junge Engländerin, die ihre Stickarbeit recht bald aufgegeben hatte, zählte nur noch die Stunden, die sie von der Landung trennten. Mit halbem Ohr hörte sie ihren Mann von seinen Abenteuern mit Emile Cléron und von seinen Eltern erzählen. Er beschrieb ihr den Quai de la Fosse, die Insel Beydeau und das leuchtendrote Licht, das die Kathedrale Notre-Dame schillern ließ, die kerzengeraden Alleen, die schön beschnittenen Baumgruppen am Cours-la-Reine und die Pariser Brücken. Sie würden sie alle überqueren! Die Pont-Neuf würde er ihr zeigen, auf die kein einziges Haus mehr gebaut wurde, seit unter der Herrschaft Heinrich IV. ein brennendes Schiff unter einem Haus durchgefahren war, in dessen Flammen alle Hausbewohner umgekommen waren.

Es herrschte herrliches Wetter, als der Kapitän verkündete, die Quarantäne sei zu Ende, das Schiff dürfe nun die Seine befahren. Durch diese Aussicht ließ Elizabeths Übelkeit etwas nach, das Schlimmste war überstanden. Die Ereignisse der letzten Monate schwirrten ihr im Kopf herum: der lange Fußweg von London nach Yarmouth, der Verkauf einer Kette aus Naturperlen, um ein einfaches Boot ohne Mast und Segeln zu kaufen, die Verhandlungen mit dem Kapitän der *Little Castle,* bis dieser bereit gewesen war, das Boot eine Woche lang ins Schlepptau zu nehmen, um in dieser Zeit zu überprüfen, ob die beiden Insassen an der Pest sterben würden. Sie erinnerte sich an ihre Hoffnung, das Schlingern und Schwanken an Bord eines richtigen Schiffes würde ihr nichts ausmachen, und wie sie diese hatte begraben müssen. Sie dachte an ihre Hochzeit und an Victors glückstrahlende Augen.

Und jetzt würde sie Paris kennenlernen. Karl II. hatte sie nie gesehen, vielleicht aber würde sie Ludwig XIV. sehen können? Sie würde in die Rue Saint-Victor gehen, in der Paul Brune drei Jahre gewohnt hatte. In der Kirche Saint-Séverin, die ihr Vater zum Beten aufgesucht hatte, würde sie einem Gottesdienst beiwohnen, und im *Riche Laboureur** würde sie eine Pastete essen; auch wenn diese Schenke, wie es hieß, nur dem Namen nach Reichtum versprach. Im Palais würde sie den Prozeßsüchtigen zuhören und Victor bitten, ihr das Schloß von Saint-Germain-en-Laye zu zeigen. Sie würde glücklich sein.

Sie hoffte, daß Monsieur Chahinian seinen Kerker hatte verlassen können. Nach dieser Überfahrt, auf der sie beinahe

* Deutsch: Zum reichen Landmann (Anmerkung des Übersetzers).

gestorben wäre, konnte sie sich leichter in die Lage von Häftlingen versetzen. Sie fragte sich, ob Victors Eltern nicht beleidigt sein würden, weil er ohne ihre Einwilligung geheiratet hatte. Ihre Eltern fehlten ihr sehr, vielleicht würde sie in Myriam Le Morhier eine Art Mutter finden? Victor hatte ihr versichert, daß sie seinen Eltern bestimmt gefallen werde. Er hatte sogar hinzugefügt, sein Vater werde über ihre Heirat erleichtert sein. Sie hatte ihn um eine nähere Erklärung gebeten, aber er hatte das Thema gewechselt. Daraufhin hatte sie vermutet, daß es erneut um Marie LaFlamme ging.

Sollte sie eines Tages Monsieur Chahinian begegnen, der Marie gekannt hatte, würde sie ihn nach ihr fragen. Wenn Victor sie erwähnte, dann war seine Stimme anders. Er erinnerte sich nicht, daß er in seinem Fieberwahn von dieser Frau gesprochen und hundertmal ihren Namen gerufen hatte. Sie hatte sich vorgenommen, dafür zu sorgen, daß er diese Marie vergaß. Ein für allemal.

8. KAPITEL

Der Strom wehrte sich, lehnte sich auf gegen Frost und Winter, widersetzte sich den Wellen, die ihn in ein weißes Licht tauchten. Sie waren so stark an diesem Novembertag, daß Marie LaFlamme sich an den Sturm erinnerte, den sie auf der *Alouette* miterlebt hatte. Zum Glück wurde kein Schiff erwartet, denn bei einem solchen Wetter wäre es sicher aufgelaufen oder gesunken. Heftige Windstöße, die jeden davon abgehalten hätten, am Quai Champlain spazierenzugehen, rissen das Morgengrauen in einem wütenden Durcheinander auf. Die Füchsin sah, wie sich Simon entfernte. Er hatte sich den Hut tief ins Gesicht gedrückt und den Schal bis zur Nase hochgezogen. Weder Menschen noch Tiere waren zu dieser frühen Stunde unterwegs, und auch wenn irgend jemand den Soldaten gesehen hätte, hätte er ihn nicht erkannt.

Simon wandte sich nach rechts, um die Anhöhe hinaufzugehen. Noch lange heftete Marie den Blick ans Ende der Rue Sault-au-Matelot, obwohl Simon schon nicht mehr zu sehen war. Die Mauern der Häuser waren farblos, seit einer Woche schienen sie noch grauer und trostloser. Marie stellte sich die kahlen Laubbäume vor, die mit ihren bräunlichen Stämmen die Steilküste säumten. Wenn der Tag erst angebrochen wäre, dann würde der Himmel wie der säurezerfressene Löffel eines Apothekers aussehen. Wie in den vorangegangenen Tagen würde es stundenlang regnen, und Noémie würde vor Langeweile herumquengeln. Dann würde Marie sie voller Schuldgefühle zu Rose bringen und sagen, daß sie noch Pessare fertigmachen müsse, aber noch ein wenig schlafen wolle, bevor sie die Kräutersäckchen füllen würde. Sie mußte sich nämlich ein bißchen ausruhen, sonst würde sie zittern, wenn man sie holen käme, um einen Kranken zu pflegen.

Simon war am 2. November in Québec eingetroffen. Er hatte erzählt, man habe ihn zum Boten bestimmt, weil er einem Soldaten, der schwer gestürzt war, das Leben gerettet habe. Simon hatte ihn stundenlang getragen und ins Fort zurückgebracht. Obwohl plötzlich Irokesen hätten auftauchen können, hatte er diesen Auftrag übernommen; er hatte nämlich Marie wiedersehen wollen.

Ohne anzuklopfen, hatte er ihre Tür geöffnet und ihr die Arme entgegengestreckt. Sie hatte seinen Namen gestammelt und war auf ihn zugeeilt: Er hatte gelebt, und ihretwegen war er zurückgekommen! Sie hatte ihn immer wieder berührt, um sich zu überzeugen, daß er kein Gespenst gewesen war. Sie hatte ihre Hand in seinem Haar vergraben, ihre Wange an seinem Bart gerieben und ihn auf die Stirn geküßt. Da hatte er sie kurz entschlossen hochgehoben und auf das Bett in den hintersten Teil des Zimmers getragen.

Sie hatte gefunden, daß er etwas grob war. Aber war er denn nicht von einer Expedition zurückgekehrt und hatte er nicht geglaubt, er würde sie nie mehr wiedersehen? Er hatte sie begehrt. Das hatte sie gespürt, und sie war stolz auf seine

Heftigkeit gewesen. Sie hatte ihm geholfen, ihren Rock und ihr Mieder auszuziehen. Als er ihr lautstark seine Bewunderung gezeigt hatte, hatte sie jegliches Schamgefühl abgelegt und ihre Brust entblößt. Er hatte ihren Busen gedrückt, etwas zu fest, und von seiner Heftigkeit angetrieben, hatte er sich auf sie gelegt. Er hatte ihre Schenkel gestreichelt, ihr zugelächelt und sie dann so leidenschaftlich geküßt, daß sie kaum Luft bekommen hatte. Eine Hand hatte er unter ihr Gesäß gelegt und mit der anderen ihre Beine gespreizt, damit sie sich ihm ganz öffnete. Zunächst hatte sie gehofft, er würde behutsamer vorgehen, aber dann war sie doch von seinen Zärtlichkeiten mitgerissen worden; sie hatte gespürt, wie sein Finger an der Stelle verweilt war, die sie an manchen Abenden berührte, wenn sie sich allzu einsam fühlte. Das Auf und Ab seiner Bewegungen hatte sie verzaubert. Ja, sie war geradezu wie verhext gewesen. Seine magischen Berührungen hatten ihr jeden Willen genommen, und als er einen anderen Finger in ihren Leib gebohrt hatte, hatte sie sich in die Hand gebissen, um nicht zu schreien. Dann war er langsam und tief in sie eingedrungen und hatte sich, als er gespürt hatte, daß sie kurz vor dem Höhepunkt gewesen war, wieder zurückgezogen. Dann hatte er von neuem angefangen und sie so sehr erregt, bis sie ihn angefleht hatte, nicht mehr aufzuhören. Als Simon ihre weit aufgerissenen und überraschten Augen gesehen hatte, war ihm klargeworden, daß sie noch nie zuvor eine solche Lust empfunden hatte. Er war froh über seine Geduld gewesen: Er mochte diese Art von Vorspiel nicht, aber er wußte von Geoffroy de Saint-Arnaud, daß Marie LaFlamme so scheu wie eine Jungfrau war. Einige Zeit noch würde er sie eher sanft behandeln, dann aber würde er sie schon an weniger harmlose Vereinigungen gewöhnen.

Noémie begann zu schreien und riß Marie aus ihren Träumen. Sie küßte ihre Tochter, als könnte diese Umarmung ihren Ehebruch ungeschehen machen. Wenn Simon zu ihr kam, dann befürchtete sie immer, die Kleine würde aufwachen und sie beide überraschen. Ihr Geliebter fand diese Angst lächerlich und behauptete, daß ein Kind nicht so weit denke wie ein Erwachsener. Marie aber war verkrampft, sobald sie ihre

Tochter husten hörte, und natürlich verließ sie ihr Bett, wenn die Kleine weinte. Diese Nacht hatte Simon sie davon abgehalten, zu ihr zu gehen; er hatte sich beschwert, sie würde ihn jedesmal wecken, wenn sie aufstehe, denn ihr verdammter Köter fange dann zu heulen an. Er brauche seinen Schlaf, denn im Gegensatz zu ihr habe er tagsüber nicht die Zeit, sich noch einmal hinzulegen. Ohne sich zu rühren, war sie an seiner Seite liegengeblieben und hatte seine Hände, die ihr so viel Lust bereiteten, und seinen Körper, der sie mit glühender Leidenschaft erfüllte, angesehen. Sie war sehr traurig darüber gewesen, daß der Soldat Kinder sehr viel weniger mochte als der Waldläufer. Guillaume schimpfte nie, wenn sie aufstand, um nach Noémie zu sehen.

Marie LaFlamme bürstete sich ihr Haar heftig und achtlos, dann flocht sie es nervös zu einem Zopf, bevor sie Noémie ankleidete, die mit Mkazawi spielte. Die Wundrose des dicken Paul, das Asthma von Madeleine Lapointe und der Durchfall von Horace Bontemps: das waren Dinge, an die sie hätte denken sollen, statt in Erinnerungen an ihre Nächte mit Simon Perrot zu schwelgen. Niemand durfte ahnen, wie sehr ihr Leben durcheinander geraten war, wie sehr sie in Simon vernarrt war, dessen Geliebte sie geworden war, weil sie ihn immer geliebt hatte, weil ihre Verbindung fester Bestandteil ihres Schicksals war, weil sie Angst gehabt hatte, er könnte skalpiert werden. Guillaume war weit weg und würde es nicht erfahren, wenn sie vorsichtig war. Warum war sie nicht fröhlicher? Was fehlte ihr denn noch? Es hatte nur einen einzigen Moment gegeben, am vorigen Montag, an dem sie vollkommen glücklich gewesen war, nämlich als sie ein gebrochenes Bein wieder eingerichtet und gespürt hatte, wie sich die Knochen einigermaßen gut ineinandergefügt hatten, so daß der Kranke später nicht hinken würde. Sie hatte eine große innere Ruhe empfunden, so daß sie den ganzen Tag über vergnügt gewesen war. Am Abend aber hätte sie vor Verzweiflung fast losgeheult, nachdem ihr klargeworden war, daß diese Ruhe nichts mit der höchsten Lust zu tun hatte, die sie empfand, wenn sie von ihrem Geliebten genommen wurde …

Als sie mit Noémie bei Rose ankam, strahlte diese vor

Glück. Sie war jetzt sicher, schwanger zu sein, weil ihre Monatsblutung seit zwei Monaten ausgeblieben war. Sie erzählte Marie, eine Nachbarin habe ihr geraten, die Beine nicht übereinander zu schlagen, sonst komme das Kind mit verrenkten Gliedmaßen auf die Welt.

»Hör eher auf das, was Emeline sagt. Die hat schöne Kinder«, ermahnte Marie, um diesem unsinnigen Gerede ein Ende zu machen. »Sie wird dir mit Freuden erzählen, wie sie sie aufgezogen hat. Du hast schöne breite Hüften, da hat dein Kleines Platz. Sei unbesorgt!«

»Wenn ich ein Mädchen bekomme, hoffe ich, daß es so hübsch sein wird wie Noémie.«

Ganz spontan stimmte Marie ihrer Freundin zu. Wenn Noémie nämlich so hübsch war, dann hatte sie es Julie LaFlandres zu verdanken, die sie auf der *Alouette* geboren hatte, bevor sie gestorben war. Es war reiner Zufall, daß sie genauso rothaarig war wie ihre Adoptivmutter.

»Ich muß den ganzen Morgen stopfen«, meinte Rose, »aber der kleine François kommt her, weil seine Mutter zu ihrer Cousine gegangen ist, um sie zu entbinden.«

»Und dich werde ich entbinden«, sagte Marie und berührte den Bauch ihrer Freundin. »Ich beneide dich.«

Rose lächelte verlegen, weil sie nicht wußte, was sie Marie antworten sollte. Konnte sie ihr wünschen, von Simon schwanger zu werden? Denn zweifellos schlief sie mit ihm. Rose spürte das, wenn Marie plötzlich rot wurde, abwesend wirkte oder an manchen Morgen seltsam müde war. Simon Perrot! Jeden Tag betete Rose zu der heiligen Magdalena, daß Marie wieder zur Vernunft kommen möge. Beinahe hätte sie mit ihrer ehemaligen Herrin, Eléonore de Grandmaison, die immer einen guten Rat wußte, darüber gesprochen. Sie wäre sogar zum Huronenfort gegangen, um mit Mani, einer Indianerin, die Marie sehr schätzte, zu reden, wenn sie geglaubt hätte, daß Marie auf eine der Frauen hören würde.

Es war von vornherein aussichtslos. Die Füchsin hätte besser die Mauleselin heißen sollen. Marie öffnete das in ein Tuch gewickelte Paket, das sie mitgebracht hatte, entnahm ihm ein Schultertuch und legte es Rose um.

»Es ist aus moiriertem Mohair. Der Stoff ist leichter und wärmer als jedes andere Gewebe.«

Rose befühlte den Stoff und war von seiner Zartheit begeistert.

»Ist weich wie die Seide von Madame Eléonores Kleid.«

»Es ist Seide«, erklärte Marie. »Ich schenke es dir.«

Rose war über diese großzügige Geste nicht allzu erstaunt. Zweifellos wollte Marie, daß Rose ihre Freundin weiterhin gern mochte, auch wenn sie deren Verhalten mißbilligte. Rose umarmte Marie gerade herzlich, als Alphonse mit dem kleinen François zurückkam.

Während Rose dem Jungen aus seiner Joppe half, sagte Einbein zu Marie, daß der Sankt-Lorenz-Strom noch vor Weihnachten zugefroren sein würde.

»Habe ich heute im Neuen Warenhaus gehört.«

»Dann werde ich wieder Frostbeulen behandeln müssen, und amputieren ...«

»Nein, so allmählich gewöhnen sich die Leute ans Klima.«

»Die jungen Leute schließen im Winter unsinnige Wetten ab, das weißt du sehr gut! Bei den Schneeschuhrennen entfernen sie sich zu weit von der Stadt.«

Alphonse machte ein verschämtes Gesicht. Zu genau kannte er die Wutausbrüche der Füchsin, wenn die Männer die Heldentaten ihrer Söhne beklatschten. Sie wünschte ihnen dann, nur einmal bis Trois-Rivières laufen zu müssen und mit erfrorenen Gliedmaßen zurückzukommen, und erinnerte daran, daß sich die Kolonie von allen anderen in erster Linie durch ihre Vielzahl an Einbeinigen und Einarmigen unterschied. Ludwig XIV. würde bestimmt auch weiterhin gerne Soldaten, die für drei Jahre verpflichtet waren, nach Neufrankreich schicken, wenn sie sich dort nicht in unsinnige Gefahr begeben würden, anstatt ihm zu dienen!

Weil Alphonse das Thema wechseln wollte, berichtete er, daß er im Alten Warenhaus Anne Martin getroffen habe. Sie sei in Begleitung ihrer Tochter gewesen, die nach wie vor noch einen sehr verängstigen Eindruck gemacht habe.

»Anne Martin behauptet, ihre Tochter Françoise sei schon immer so schreckhaft gewesen.«

»Das ist seltsam«, sagte Marie LaFlamme leise.

»Man darf nicht vergessen, daß ihr auf der *Saint-Jean-Baptiste* ein Matrose von den Folterungen erzählt hat, die unsere armen Leute durch die Irokesen erleiden mußten. Die Kleine glaubt jetzt, ein Wilder werde sie überfallen und skalpieren. Sie haben ja immer noch nicht herausgefunden, wie Bertrand Rochelais gestorben ist.«

Rose erschauderte.

»Ich erinnere mich, als sei es erst gestern gewesen! Er hatte ein schrecklich verzerrtes Gesicht!«

»Bei Boisdon wird immer noch darüber geredet«, sagte Alphonse Rousseau. »Man vermutet, daß er von einem Montagnais niedergeschlagen worden ist.«

Rose bekreuzigte sich.

»Die Montagnais würden lachen, wenn sie das hören könnten. Der Mörder ist unter uns. Wir haben Monsieur Talon zwar Verschwiegenheit geloben lassen, aber schweigen heißt ja nicht vergessen. Bertrand Rochelais wurde ermordet, und es macht mich rasend, wenn ich mir vorstelle, daß ich seinem Mörder am Quai Champlain über den Weg laufe, ohne es zu wissen. Er führt uns alle an der Nase herum.«

»Im Moment noch«, sagte Marie. »Jetzt ist er der Stärkere, aber wie wird es morgen sein? Ich verstehe Monsieur Talon. Er ist ein hartnäckiger Mann; so schnell gibt der nicht auf.«

»Aber er hat ein schweres Amt«, erklärte Rose. »Ich nehme nur mich selber: Kaum sehe ich mir die Neuankömmlinge an, schon unterstelle ich ihnen das Schlimmste. Das gefällt mir nicht …«

Alphonse versicherte ihnen zum hundertsten Mal, daß er der festen Überzeugung sei, der Mörder sei nicht unter den Passagieren des Schiffes zu finden. Es könne ebenso jemand gewesen sein, der schon lange in der Kolonie ansässig war, Rochelais als große Bedrohung angesehen und beschlossen habe, ihn zu beseitigen. Wie Marie es mit Ernest Nadeau vorgehabt habe.

»Und in den zwei Jahren«, unterbrach ihn Marie, »sollte ich nicht mitbekommen haben, daß es noch jemanden gibt, der die Pflanzen kennt und sie verarbeiten kann? Irgendwann hätte mir diese Person beim Kräutersammeln doch über den Weg laufen müssen!«

»Man hätte das Gift auch bei dir stehlen können«, beharrte Alphonse.

»Ich lasse die Giftpflanzen nie herumliegen. Wegen Noémie.«

Als die Kleine ihren Namen hörte, lief sie unter einen Tisch, um sich zu verstecken, weil sie befürchtete, daß Marie schon bald wieder gehen wollte.

»Meine Tochter wird's mal genauso machen!«

Alphonse lächelte seiner Frau zu, ohne zu überhören, was Marie sagte:

»Außerdem muß man wissen, wie das Gift verabreicht wird. Das ist gar nicht so leicht, wie man glaubt. Der Mörder kannte sich mit seiner Waffe aus.«

Alphonse hatte mehrfach mit allen Passagieren der *Saint-Jean-Baptiste* gesprochen. Sie hatten sich ihm bereitwillig anvertraut. Denn seine Behinderung erweckte nicht nur ein gewisses Mitleid, sondern auch aufrichtige Bewunderung, wenn die Leute sahen, wie wenig ihm sein Holzbein ausmachte. Er konnte sogar mit Schneeschuhen gehen!

»Keiner von ihnen hat in Frankreich bei einem Apotheker gearbeitet. Die Frauen waren in Klöstern, wo die Arbeit so schwer war, daß einige mir versichert haben, Québec sei für sie beinahe wie eine Erholung. Die Männer sind Arbeiter, Gesellen oder Handwerker. Keiner hat gelernt, wie man Gift mischt oder wie man den giftigen Pflanzen den Saft entzieht.«

Alphonse hatte die Aufgabe, die ihm Marie anvertraut hatte, sehr beherzt erfüllt. Rose war ihm dabei behilflich gewesen. Wie ihr Mann verdächtigte sie alle und jeden, aber keinen im besonderen. Und was das Geheimnis anging, das Anne Martin umgab, so hatte diese inzwischen Marie gestanden, daß sie, als Marie sie wegen der Überfahrt befragt habe, in bezug auf Bertrand Rochelais gelogen habe. Dreimal habe er mit ihr gesprochen. Er habe ein Auge auf sie geworfen, aber sie habe ihn zurückgewiesen. Sie sei nicht nach Québec gekommen, um zu heiraten, sondern um Barmherzigkeit zu üben. Sie hatte Marie erzählt, der Blondschopf sei ihr ziemlich bekümmert erschienen, nachdem sie ihn zum letzten Mal abgewiesen habe. Das sei einen Tag vor ihrer Ankunft gewesen. Sie habe geglaubt, daß sie ihn mit ihrer Abfuhr vielleicht verstimmt habe, – aber wer könne dies schon beurteilen, vielleicht habe er ja um sein Leben gebangt?

Als Marie nachgebohrt hatte, um herauszufinden, was das Opfer bekümmert haben mochte, hatte Anne Martin gesagt, Rochelais habe sich sehr bedeckt gehalten und nur nichtssagende Äußerungen gemacht. Sie hatte Marie beschworen, nur ja nichts weiterzuerzählen, denn sie hatte nicht mit dem Opfer in Verbindung gebracht werden wollen, weil sie um ihren guten Ruf bei den Nonnen besorgt gewesen war.

Marie LaFlamme hatte versprochen zu schweigen, dann aber versucht, mehr über Françoise zu erfahren. Sie hatte Anne Martin beteuert, daß ihre Tochter nicht so dumm sei, wie Anne sie darstellte. Sie hatte ihr auch geraten, das Kind nicht vor anderen Leuten zu erniedrigen. Das Vertrauen der Kleinen, daß ihre Mutter sie liebe, dürfe nicht erschüttert werden. Anne Martin hatte nicht überrascht gewirkt, war aber bereit gewesen, auf Maries Rat zu hören.

Rose seufzte. Wer konnte Bertrand Rochelais getötet haben? Es war nicht das Mitleid mit dem Opfer, das sie so verbissen nach dem Schuldigen suchen ließ. Es war die Schmach zu wissen, daß sich in der Kolonie ein Mörder frei bewegen konnte, während sie selber wegen Lappalien geschlagen und eingesperrt worden war, als sie in Paris gelebt hatte. Die Damen von Welt wurden mit dem Brenneisen gebrandmarkt wie die Tiere, während Mörder unbehelligt herumliefen, ohne daß die Justiz eingriff.

»Wenn Monsieur Talon wirklich vorhätte, den Mörder zu verhaften, dann hätte er den Siedlern die ganze Wahrheit erzählt«, bemerkte Rose. »Dann wären wir nicht nur zu dritt, dann würden fünfhundert nach dem Mörder suchen.«

»Und jeder würde jeden verdächtigen.«

Marie erinnerte sich, wie schnell ihre Mutter und sie in Nantes verhaftet worden waren. Aufgrund einer Denunziation, ohne jeden Beweis. Sie wünschte sich in Québec nicht noch einmal so eine Atmosphäre. Wenn Talon von ihnen Stillschweigen verlangte, dann würde sie Rose und Alphonse von der Richtigkeit seiner Forderung überzeugen.

Als sie nach Hause kam, fertigte sie Pessare, wie sie es ihrer Freundin gesagt hatte. Die frische Luft und das Nachsinnen über die Identität des Mörders hatten sie hellwach gemacht. Während sie mit aller Sorgfalt die Säckchen mit den Heilkräutern nähte, ließ sie in Gedanken die Gesichter aller Passagiere der *Saint-Jean-Baptiste* Revue passieren und fragte sich, warum Rochelais getötet worden war. Wer hatte ihn gekannt, und zwar in der Zeit vor der Überfahrt?

Anne Martin hatte diesen Passagier abgewiesen. War er vielleicht darüber so in Wut geraten, daß sie sich gegen ihn hatte zur Wehr setzen müssen? Nein, das war nicht möglich: Niemals hätte sich die Witwe Martin in Paris mit diesem Mann getroffen. Die Vorstellung, daß sie ihm ein Hemd gegeben haben konnte, schien abwegig. Sie hatte ihn wie alle anderen Passagiere auf dem Schiff kennengelernt. Und Bertrand Rochelais war bestimmt nicht der einzige gewesen, der ihr schöne Auge gemacht hatte. Die Witwe war vermögend und nicht häßlich gewesen. Sie wäre eine gute Partie gewesen.

Simon hatte Marie in Sachen Heirat geneckt. Er hatte behauptet, daß er um sie werben werde, wenn sie ihren Schatz nicht zurückhole. Sie hatte sich über seine Hartnäckigkeit beklagt. Ob er denn noch immer nicht begriffen habe, daß es keinen Schatz gebe? Er hatte so getan, als höre er nicht zu, und ihr die gemeinsame Rückkehr nach Nantes ausgemalt, als sei es eine beschlossene Sache. Marie hatte mehrmals wiederholt, daß er träume. Daraufhin hatte er sie beschuldigt, den Schatz für sich allein behalten zu wollen. Unversehens war er dermaßen wütend geworden, daß die Heilerin zunächst geglaubt hatte, er scherze nur. Er hatte sie aber so fest am Handgelenk gepackt, daß sie geschrien hatte. Danach hatte er sie zwar losgelassen, aber sein finsterer Blick hatte sie fast noch brutaler umklammert als seine Soldatenhand.

Sie hatte den Kopf zur Seite gedreht, um nicht mehr in diese Augen sehen zu müssen, aus denen Gewalt geblitzt hatte. Dann hatte sie auf einmal seine Lippen in ihrem Nacken gespürt; sanfte, warme und feuchte Lippen. Simon hatte sich entschuldigt. Das Leben im Regiment habe einen schlechten Einfluß auf seine Manieren. Wenn er sich so aufgeregt habe, dann nur aus Traurigkeit darüber, daß seine Marie den ganzen Tag hart arbeiten müsse, um ihr tägliches Brot zu verdienen. Sie habe etwas Besseres verdient. Sie müsse keine Angst vor Geoffroy de Saint-Arnaud haben. Er versprach ihr, ja schwor ihr sogar beim König und bei Gott, daß er sie vor dem Reeder beschützen werde. Sie hatte ihn an ihr erstes Gespräch erinnert. Hatte er inzwischen Nachricht erhalten, ob de Saint-Arnaud durch Hornets Behandlung vom Fieber kuriert worden war? Simon hatte dies verneint. Er hoffe, daß der Reeder wirklich tot sei, aber wenn er noch lebe, dann werde er ihn ihr schon vom Leib halten.

Um diesen Wortwechsel zu beenden, hatte sich Marie bei ihm bedankt. Aber jetzt dachte sie wieder mit Bitterkeit daran. Simon beunruhigte sie. Mit jedem Besuch wurde er nicht nur arroganter, sondern auch gröber. Sie hatte nichts dagegen, mochte es, wenn er seine Lust ohne jede Scham zeigte, und sie mochte es, wenn er sie begehrte. Was sie allerdings weniger mochte, das war seine Eile. Er erklärte ihr, daß er jede Beherrschung verliere, sobald er sie sehe, und daß sie stolz darauf sein solle. Viele Frauen wären glücklich, wenn sie eine solche Wirkung auf ihn ausübten! Hätte Marie Guillaume nicht gekannt, dann hätte sie geglaubt, daß alle Männer so ungestüm und fordernd seien. Aber sie hatte das Bett mit dem Waldläufer geteilt, der nie eine derartige Ungeduld an den Tag gelegt hatte.

Außerdem störte Marie Simons Verbissenheit, was den Schatz betraf. Nicht nur, weil sie nicht wußte, was sie selber davon halten sollte, ob sie daran glaubte, ob sie nach Nantes zurückkehren und Neufrankreich vergessen wollte, sondern auch, weil sie feststellen mußte, daß der Schatz, abgesehen von den kriegerischen Heldentaten aus Vergangenheit, Gegenwart und Zukunft und dem Unterschied zwischen einer englischen und einer französischen Pistole, das einzige Gesprächsthema war, das Simon interessierte. Nie fragte er sie nach ihrer Arbeit, nach der Mühe, die sie auf die Pflege ihrer Patienten verwandte, schon gar nicht nach den Kranken selber, außer wenn es sich um eine bedeutende Persönlichkeit handelte. Oft beteuerte er ihr, daß sie die schönste und klügste Frau sei, aber ihre Meinung war ihm nicht wichtig. Wollte sie wirklich ihr Leben mit ihm teilen und ihn jeden Tag sagen hören, mit welchem Vergnügen er die Wilden zähmen würde, wenn sich Monsieur de Tracy nur endlich, hoffentlich noch vor ihrer Rückkehr nach Nantes, dazu entschließen könnte, diesen Bestien eine Lektion zu erteilen?

Schließlich: Simon hatte nie mit Noémie gespielt. Er schien sie überhaupt nicht wahrzunehmen, außer wenn sie weinte. Und Mkazawi haßte er ganz offensichtlich.

Monsignore de Laval haßte er fast genauso. Die Füchsin hatte zunächst gelacht, weil die Abneigung gegen den Bischof das einzige war, was sie neben ihrer gemeinsamen Zeit in Nantes mit Simon teilte. Dann aber hatte sie geweint: Der Inhalt ihrer Liebesträume sah in der Wirklichkeit ganz anders aus als in ihren Wunschvorstellungen.

Sie bemühte sich, nicht mehr an den Soldaten zu denken, sondern an Rochelais' Mörder. Wer konnte ihn nur vergiftet haben?

Plötzlich hörte sie einen Schrei. Sie ließ ihre Arbeit liegen und rannte ans Fenster. Sie sah ein Pferd Richtung Strom preschen, als würde es von einem Rudel tollwütiger Wölfe verfolgt. Ein Hurone versuchte, es einzufangen, während Horace Bontemps Anne Martin zu Hilfe eilte. Diese kniete vor Françoise auf dem Boden. Marie stürmte hinaus, ohne sich den Umhang überzuziehen.

»Was ist passiert?«

»Das Pferd ist aus der Koppel ausgebrochen«, erklärte Horace Bontemps. »Der Indianer hat es erschreckt, nachdem er das Mädchen auf das Tier hat zulaufen sehen. Ohne ihn wäre die Kleine niedergetrampelt worden.«

Marie stieß einen Seufzer der Genugtuung aus. Mit seiner Schilderung hatte der Herzog der Neuangekommenen eben bewiesen, daß die Huronen, die im Fort Saint-Louis wohnten, Freunde der Siedler waren. Marie lächelte dem Falken zu. Diesen Namen hatte er bekommen, weil ihm seine für einen Indianer etwas zu buschigen Augenbrauen einen strengen, entschlossenen Blick verliehen. Der Name paßte sehr gut zu ihm, denn seine Augen waren so scharf, daß er auf fünf Ruten Entfernung einen Specht erkannte.

Während Marie Françoise nach Verletzungen abtastete, befragte sie die jammernde Mutter. Hatte der Herzog den Vorfall richtig beschrieben? Ja, Françoise sei vor das Pferd gelaufen, ganz plötzlich und ohne zu zögern.

»Es ist nichts gebrochen«, stellte Marie fest. »Aber ich weiß nicht, wann sie wieder zu sich kommen wird. Ich nehme sie mit zu mir. Ich wohne ganz in der Nähe. Dort werde ich sie in aller Ruhe untersuchen können.«

Sie brauchte den Kopf nicht zu heben, um zu wissen, daß sich innerhalb weniger Minuten ein kleiner Menschenauflauf gebildet hatte. Im Winter fanden die Menschen nur wenig Zerstreuung. Daher waren die Schlägereien weniger Ausdruck echter Wut, sondern vielmehr ein Mittel gegen die Langeweile. Einige Siedler brannten Schnaps, obwohl es verboten war (so glaubten sie), in Wirklichkeit aber, weil es verboten war. Wegen des Nervenkitzels beim Schwarzbrennen. Jedes noch so kleine Mißgeschick in der Kolonie wurde bei Boisdon und beim abendlichen Zusammensein mit den Nachbarn ausführlich kommentiert. Am Samstag würden sie alle über den Unfall der kleinen Françoise und den eindrucksvollen Auftritt des Falken reden.

Marie gab Bontemps ein Zeichen, damit er ihr half, Françoise hochzuheben. Doch Anne Martin stellte sich ihnen in den Weg.

»Sie ist schon verstört genug. Es wäre noch schlimmer, wenn sie beim Aufwachen nicht zu Hause ist.«

Marie ließ nicht locker, aber die Pariserin drückte ihre Tochter mit einer besitzergreifenden Geste an sich und erklärte der Heilerin, daß Françoise sehr ängstlich sei. Sie mißtraue allen Fremden, seit man sie in Paris beinahe einmal entführt habe. Der Schock sitze immer noch tief.

»Ist das der Grund, weshalb sie mit niemandem von uns spricht?«

»Sie redet nur noch mit mir. Wir müssen uns damit abfinden«, sagte die Witwe mit resignierter Stimme.

»Ich könnte Ihrer Tochter vielleicht helfen«, beharrte Marie.

Anne Martin überlegte, wie sie sich verhalten sollte. Marie LaFlamme die Stirn zu bieten war nicht ganz ungefährlich, denn die ganze Kolonie würde darüber reden, aber es war ausgeschlossen, daß sie Françoise mit zu sich nahm.

»Wenn sie sich von dem Schreck erholt hat, dann können Sie uns ja besuchen. In Paris habe ich die besten Ärzte konsultiert. Alle haben bestätigt, daß meine Tochter Ruhe braucht. Ich danke Ihnen sehr herzlich. Man hat mir erzählt, daß Sie eine gute Frau sind, man hat mich nicht belogen.«

Bevor Marie reagieren konnte, hatte Anne Martin ihre Tochter beiseite genommen. Nein, niemand würde sich der Kleinen nähern, weder Marie noch sonst jemand.

Während Horace Bontemps zum zehnten Mal schilderte, wie der Unfall passiert war, sah Marie, wie der Falke gemessenen Schrittes Richtung Anhöhe ging. Sie lief ihm hinterher, weil sie seine Darstellung hören wollte.

Er beherrschte die Sprache der Weißen kaum, begriff aber, was Marie von ihm wollte, und war bereit, ihr Auskunft zu geben, so gut er konnte. Er gab ihr ein Zeichen, ihm ins Huronenfort zu folgen. Seine Schwester Mani könne nämlich für sie dolmetschen. Marie war sofort einverstanden. An den Gestank von Talg und gegerbten Häuten, der die neuen Siedler störte, wenn sie am Fort vorbeigingen, war sie schon fast gewöhnt. Sie dachte sogar, daß er nicht schlimmer sei als der in der Rue aux Ours in Paris. Aber in den Hütten hätte sie nicht leben wollen. Mani übersetzte den Bericht des Falken. Bontemps hatte den Vorfall richtig wiedergegeben, aber ein Detail war ihm entgangen: Das Mädchen war losgerannt, weil es Angst gehabt hatte. Und zwar bevor das Pferd aufgetaucht war, nicht weil es aufgetaucht war. Als es den *Percheron** auf sich hatte zulaufen sehen, war es nicht einmal zurückgewichen.

War er sich dessen sicher?

Der Falke machte Marie darauf aufmerksam, daß er der

* Name einer Pferderasse; Kaltblut (Anmerkung des Übersetzers).

beste Späher in seinem Stamm war. Ihm sei Françoises Gesichtsausdruck aufgefallen. Sie habe so erschrocken ausgesehen, als sei sie bösen Geistern begegnet. Nicht einmal das Karibu ohne Mähne habe sie von ihrem Weg abgebracht. Als sei es ihr lieber gewesen, von dem Tier zu Tode getrampelt zu werden, als noch einmal das zu sehen, was sie so verängstigt hatte. Abschließend wollte Marie wissen, ob der Falke meine, daß dieses Mädchen weniger schlau sei als ein Wiesel? Überrascht ließ der Hurone sie ihre Frage wiederholen. Die Kleine war ihm ebenso klug vorgekommen wie andere Mädchen in ihrem Alter, nur eben sehr verschreckt. Worauf die Füchsin wohl hinauswollte?

Die Füchsin dankte Mani und dem Falken und ging zu den Rousseaus hinunter, um Noémie abzuholen. Sie berichtete ihnen von dem Vorfall, einschließlich Anne Martins Weigerung, ihr Françoise zu überlassen. Rose wies Marie darauf hin, daß Anne ihre Tochter in Paris beinahe verloren hätte; vielleicht war sie deshalb so besitzergreifend.

Mehrmals an dem Abend dachte Marie noch über die Witwe nach, bevor sie sich schlafen legte.

Sie schwor sich, Noémie nicht so zu erziehen.

Sie träumte von einem schwarzen Pferd mit lockiger Mähne, das auf sie losstürzte, ohne daß sie ihm ausweichen konnte. Sie schrie ›Simon, Simon!‹. Er antwortete, er sei doch bei ihr, ganz nah bei ihr. In dem Moment, in dem das Schlachtroß ausschlagen wollte, fiel ihr auf, daß es Stiefel trug wie die königlichen Musketiere. Und dann hörte sie Simon lachen, ein metallisches, nicht enden wollendes Lachen.

Schweißgebadet wachte sie auf, trotz der Kälte, die bei ihr herrschte. Ihr Herz pochte heftig. Sie stand auf, legte ein Holzscheit und Späne ins Feuer. Die Flammen vertrieben das schwarze Pferd. Nachdem Marie das Haar ihrer Tochter gestreichelt hatte, legte sie sich wieder hin und schaute in das goldene Licht des Feuers. Sie zitterte nicht mehr, aber Bitterkeit erfüllte sie jetzt, und sie war den Tränen nahe. Sie nahm sich zusammen. Morgen früh würde alles wieder gut sein.

Sie wußte, daß die Indianer ihre Träume sehr genau beobachteten und ein Weiser sie deutete, um den Träumenden zu helfen. Aber an wen konnte sie sich wenden, um Simon dazu zu bringen, nicht mehr so grob und gewalttätig zu sein? Sie glaubte nicht an den Heiligen Raboni. In Paris wurde er in der Nähe der Porte Saint-Martin gebührend verehrt. Frauen, die mit Vielfraßen und Säufern verheiratet waren, beteten zu ihm, damit sich ihre Männer besserten. Die Füchsin bezweifelte aber, daß sich Simon Perrot durch Vaterunser und Ave-Maria bekehren ließ. Sie dachte an ihren Vater, der einer Frau, die ihren Ehemann hatte ändern wollen, geraten hatte, sich nicht in Dinge einzumischen, die nur Männer etwas angingen. Anne LaFlamme hatte ergänzt, daß eine Frau ihren Ehemann nehmen müsse, wie er ist; sie solle sich über seine guten Eigenschaften freuen und sich mit den schlechten abfinden. Aber hätte sich ihre Mutter nicht auch gewünscht, daß Simon Perrot sein militärisches Getue unterließ, wenn er mit ihrer Tochter sprach? Und Nanette? Nanette hätte sie ausgelacht, bevor sie Mitleid gezeigt hätte, und sie daran erinnert, daß man sie vor dem Soldaten gewarnt hatte.

Es gelang ihr, wieder einzuschlafen, indem sie sich vorstellte, daß sie ein Mittel gegen Brustfellentzündung fand. Immer wieder hatte Marie diesen Wunsch. In der Kirche flehte sie den Allerhöchsten an, ihre Familie zu beschützen, und dann fügte sie immer hinzu, daß diese Krankheit nach wie vor nicht besiegt sei und daß ihr diesen Winter wieder viele zum Opfer fallen würden.

Am nächsten Morgen hatte sie ihren Alptraum fast völlig vergessen und lachte nunmehr über ihre Angst. Simon war vielleicht ein bißchen grob, aber welcher Mann war das nicht? Er liebte sie. War er nicht nach Neufrankreich gekommen, um wieder bei ihr zu sein? Er drängte darauf, daß sie nach Frankreich zurückkehrten. Wenn Guillaume wieder hiersein würde, könnten sie sich nicht mehr treffen. Vielleicht würde man aber auch schon vorher von ihrem Verhältnis erfahren. Die Leute in der Kolonie müßten mehr zu tun haben; das würde sie davon abhalten, ständig das Tun und Treiben ihrer Nachbarn zu beobachten. Der gestrige Vorfall bewies es. Alle würden tagelang von nichts anderem reden.

Sie zog ihre Tochter warm an und nahm sie mit in die Oberstadt, wo sie Rouer de Villeroy wegen seines Durchfalls behandeln mußte. Es lag nur sehr wenig Schnee, und Marie war traurig darüber, denn sie hatten sich schnell an weiße Weihnachten gewöhnt. Als sie die dürren gräulichen Bäume sah, die den Berghang säumten, hoffte sie, der Himmel würde sie bald weiß schmücken und die Nadeln der Koniferen einhüllen. Sie konnte es kaum noch erwarten, Mkazawi anzuspannen. Noémie würde die Schlittenfahrten mögen. Guillaume hatte ihr im Huronenfort einen großen Schlitten gebaut, mit Baumrinde und Lederbändern, die er geschickt zwischen zwei V-förmig angeordneten Ästen geflochten hatte. Er war leicht, und Mkazawi könnte damit durch die Stadt laufen, ohne müde zu werden.

Oben am Hang blieb sie stehen, um ihrer Tochter die Landschaft zu zeigen. Sie wünschte, daß Noémie das Meer wie sie selbst lieben würde. Oft erzählte sie ihr von ihrem Großvater, der ein vortrefflicher Seemann gewesen war und alle Länder dieser Erde gesehen hatte, bis auf diese Kolonie. Das einzige, was Pierre LaFlamme im Paradies wohl bedauern mußte, war, nie den Sankt-Lorenz-Strom befahren zu haben. Kein Strom war so majestätisch und prachtvoll. Marie zeigte auf die Ile d'Orléans zu ihrer Linken und bewunderte die Farben, in der sie erstrahlte. Die Nebelschleier der Nacht hatten sich aufgelöst, Schatten und Geheimnisse verschwanden, gezähmt von einem karmesinroten Licht. Einen Augenblick lang erglühte die Insel, als sei sie in Brand gesteckt worden, und Marie konnte sich gut vorstellen, daß in den Anfängen der Kolonie Champlains Männer geglaubt hatten, die Irokesen hätten sie angezündet.

Beim Anblick des leuchtenden Stroms lächelte die Füchsin und war glücklich, daß niemand ihre Freude sehen konnte. Denn man hätte darüber geredet und daran erinnert, daß sie eine seltsame Frau war, wenn auch eine hervorragende Heilerin. Marie hatte keine Lust zu erklären, daß sie ihre Kraft aus dem Sankt-Lorenz-Strom schöpfte, daß sie für eine Zeit ihre Sorgen in ihm versenkte und so die nötige Ruhe fand, um ihre Kranken zu pflegen. Sie hatte ihren Jungbrunnen und wunderte sich, daß sie die einzige Weiße war, die die heilende Kraft der Natur wahrnahm.

Sie begegnete Mani, die ihr noch einmal vom Unfall der kleinen Martin erzählte; der Falke finde, daß das Kind den gleichen Blick wie manche Gefangene habe.

»Ist sie ein geraubtes Kind?« fragte Mani.

Marie wollte schon antworten, daß die Franzosen keine Menschen gefangennähmen, als sie an Einbein denken mußte, der von seinem Herrn verstümmelt worden war. Es gab Kinder in Paris, die wie Sklaven gehalten wurden. Das war zwar nicht Françoises Schicksal gewesen, aber auch sie litt. An Anne Martins Liebe nämlich, die sie erstickte. Marie sagte sich, daß sich die Pariserin mit Freuden einredete, eine beschränkte Tochter zu haben. Niemals würde sie sich von ihr frei machen können. Sie hatte sich geweigert, auf Marie zu hören, als sie ihr versichert hatte, daß Françoise keineswegs geistig zurückgeblieben sei. Sie hatte sich damit herausgeredet, daß sie sich vor einer neuerlichen Enttäuschung schützen wolle und sich mit der Prüfung abgefunden habe, die Gott ihr auferlegt habe. Wie viele Witwen, die, nachdem sie einen abscheulichen Ehemann hatten ertragen müssen, nicht wieder heiraten, sich aber mit dem Alleinsein nicht abfinden wollten, mußte auch Anne Martin die Einsamkeit fürchten. Die Frauen, die es sich leisten konnten, zogen sich in ein Kloster zurück. Die anderen beteten, daß ihre Söhne sie nicht im Stich ließen. Mit einer Tochter, die immer ein Kind bleiben würde, würde Anne Martin nie auf sich alleine gestellt sein.

Marie nahm sich vor, ihr zu erklären, daß Françoise sie nicht verlassen würde, auch wenn sie ein paar Fortschritte mache. Sie würde nur ruhiger werden, wenn sie mehr Selbstvertrauen habe. Die Füchsin hoffte, das Kind so weit zu bringen, daß es seine Angst freimütig äußerte. Was hatte die Kleine so erschreckt, daß sie sich vor ein Pferd geworfen hatte?

Marie erledigte ihren Krankenbesuch rasch. Ihr Heilmittel hatte eine wohltuende Wirkung gezeigt, und Talons Sekretär sah besser aus. Er gab Noémie eine Süßigkeit, die sich dafür mit einem Kuß bedankte, und teilte Marie mit, daß ihre Angelegenheit im Rat gut vorankomme.

Die junge Frau verabschiedete sich von dem Kranken und beherrschte sich, nicht gleich vor Freude hurra zu schreien. Sie war jetzt überzeugt, daß man sie als Hebamme zulassen würde. Endlich! Sie würde Rose und alle ihre Freundinnen entbinden. Wie Anne LaFlamme! Sie würde den weiblichen Körper noch besser kennenlernen und die Schmerzen der Wöchnerinnen lindern können. Unauffällig würde sie ihnen Kräuter geben, während die Ehemänner den Pfarrer holen gingen. Sie bräuchte sich nicht zu verstecken. Es gab wenig Männer, die bei einer Niederkunft dabeisein wollten. Nur eine Sache war wichtig: Das Kind mußte bei der Geburt getauft werden. In dieser Hinsicht war Monsignore de Laval äußerst streng.

Anne Martin war sichtlich überrascht, Marie LaFlamme schon wieder zu sehen. Und Françoise wich ihrem Blick sogar aus, indem sie ihr Gesicht in Mkazawis Fell vergrub. Es war augenscheinlich, daß dieses Mädchen Angst vor Erwachsenen hatte. Marie holte tief Luft, bevor sie Anne Martin über den Unfallhergang befragte.

»Wo waren Sie, als Ihr Kind den Schock erlitten hat?«

Die Witwe hatte große Lust, Marie LaFlamme hinauszuwerfen, aber sie ahnte, daß sie durch ein solches Verhalten diese Frau nur dazu verleiten würde, noch mehr herumzuschnüffeln.

»Ich habe gebetet. Ihr Schrei hat mich aus meiner Andacht gerissen. Ich habe gar nicht erst versucht herauszufinden, was sie so erschreckt hat, und bin ihr gleich hinterhergelaufen. Dann ist das Pferd aufgetaucht. Es ging alles so schnell!«

»Sie haben also nichts gesehen und nichts gehört?«

Anne Martin verneinte, tief betrübt.

»Ich habe mir den Kopf darüber zerbrochen, aber ich konnte einfach keine Erklärung finden. In dem Zimmer war nichts, und da war niemand, der meine Tochter hätte erschrecken können.«

»Und draußen?«

»Da war alles ruhig. Nichts Ungewöhnliches. Das Ganze ist mir ein Rätsel ...«

Marie ging auf Françoise zu und lud sie zu sich ein, um mit

Noémie und Mkazawi zu spielen. Weil Françoise auf den Boden starrte, kniete sich Marie neben sie, damit die Kleine gezwungen war, sie anzusehen. In ihren Augen lag eine derartige Furcht, daß Marie sofort zurückwich und beruhigende Worte murmelte. Warum hatte Françoise Angst vor ihr?

»Machen Sie sich bitte nichts daraus, Madame!« sagte Anne Martin. »Meine Tochter bringt alles durcheinander.«

»Was meinen Sie damit?«

»Sie ist geistig behindert, das wissen Sie …«

»Ich verstehe Sie nicht …«

»Sie müssen wissen, daß ich kein Wort von dem glaube, was ich neulich gehört habe«, fügte Anne Martin hinzu. »Im Gegensatz zu meiner Tochter …«

»So reden Sie doch endlich!«

»Am Quai Champlain hat jemand behauptet, Sie seien eine Hexe.«

»Was?« rief Marie. »Wer hat das behauptet?«

Die Witwe schüttelte den Kopf. Das könne sie nicht sagen, weil sie nicht alle Einwohner Québecs kenne. Der Mann habe dummes Zeug geredet, das sei klar. Es seien auch Frauen dagewesen, die Marie sofort verteidigt hätten, aber Françoise habe dem dummen Schwätzer geglaubt. Sie denke, die Füchsin könne durch die Luft fliegen und sie verhexen.

Marie winkte Noémie zu sich, bedankte sich bei Madame Martin und ging vor das Haus. Sie versicherte, daß sie nicht beleidigt sei und daß sie Françoise nicht noch mehr verwirren wolle.

»Sie wird es bald vergessen haben«, meinte die Gastgeberin und bat Marie, ihr ein Beruhigungsmittel für ihre Tochter zuzubereiten.

An Marie gewandt, sagte sie leise, die Kleine sei manchmal noch lange nach dem Abendessen äußerst aufgeregt und könne nicht einschlafen.

»Irgendwann wird sie vergessen, was ihr in Paris zugestoßen ist. Wissen Sie, daß das ein Grund für mich war, Frankreich zu verlassen? Überall habe ich nur noch Kinderräuber gesehen.«

Marie nickte und sagte sich, daß Rose vermutlich recht

hatte. Wenn Anne Martin ihre Tochter so verhätschelte, dann aus Angst, sie zu verlieren, und weil sie verhindern wollte, daß in Neufrankreich nochmals etwas Ähnliches passierte.

»Ich habe Kräuter, die Wunder wirken. Und außerdem bin ich davon überzeugt, daß Françoise nicht wirklich den Verstand verloren hat. Sie ist eben nur sehr ängstlich.«

Anne Martin lächelte zaghaft.

»Sie versteht, was ich ihr sage, und sie redet mit mir. Aber sie hat vor allem Angst.«

»Ich werde Ihnen einen Beruhigungstee vorbeibringen. Wenn sie mich öfters sieht, dann wird sie schon merken, daß ich nicht auf einem Besen reite! Zu gern möchte ich wissen, welcher Esel ihr so eine dumme Geschichte erzählt hat.«

Anne Martin beschrieb ihr einen kleinen braunhaarigen Mann. Marie wußte nicht, um wen es sich handelte. Sie versprach ihrer Gesprächspartnerin, am nächsten Tag mit der Medizin wiederzukommen.

Anne Martin wartete, bis sich Marie weit genug entfernt hatte, ehe sie mit einer ausladenden und zufriedenen Geste die Tür zuknallte. Dann fuhr sie Françoise an:

»Ich sehe, du hast die Lektion begriffen. Du weißt, was dir blüht, wenn du noch einmal versuchst, von mir wegzulaufen.«

Das Kind verkroch sich in eine Ecke.

»In Paris habe ich Freunde, die sehr gut zahlen für ein Mädchen mit abgetrennten Armen. Denn das wird man mit dir machen, wenn du mich verrätst.«

»Ich … ich werde nichts verraten.«

Anne Martin lehnte sich auf den Kaminsims und sah auf den Schürhaken. Françoise fing an zu wimmern und schwor, daß sie nie mehr fliehen werde. Anne Martin griff nach dem Schürhaken, hielt ihn in die Glut, bis er rot wurde und richtete ihn auf das vor Schreck erstarrte Kind. Dann brach sie in ein schallendes Gelächter aus und stellte den Haken wieder in den Ständer zurück.

»Freu dich nicht zu früh«, warnte sie Françoise. »Es kann gut sein, daß ich dir noch vor dem Schlafengehen eine Tracht Prügel verpasse.«

»Ich werde ganz brav sein«, stammelte die Kleine.

»Morgen wirst du dich ein bißchen im Neuen Warenhaus umhören. Ich will wissen, ob man über mich redet. Oder über Bertrand Rochelais. Anscheinend hat man ihn vergessen, aber ich bin mißtrauisch.«

Françoise nickte zitternd.

»Und dann gehst du noch zu Boisdon.«

»Aber da gehen doch keine Kinder hin.«

»Du schon. Man wird annehmen, daß du dich schon wieder verlaufen hast. Man wird dich eine Zeitlang dabehalten, bis ein Siedler sich entschließt, dich auf seinem Nachhauseweg hierher zurückzubringen. Vor dir werden sie ganz offen reden. Sie glauben nämlich, du seist schwachsinnig. Nur die Füchsin glaubt es nicht.«

»Ich werde Ihnen alles berichten, Madame.«

»So, und jetzt fegst du mir dieses Zimmer sauber.«

Françoise lief zu dem alten Besen. Sie kannte ihren Tagesablauf. Das Haus aufräumen, die Suppe vorbereiten, ihre Herrin nach draußen begleiten, so tun, als habe sie sich verlaufen, um Zutritt in das von Anne Martin ausgesuchte Haus zu erhalten. Sie mußte zusehen, daß sie dort eine Weile bleiben konnte, um die Gespräche, die ihre Herrin interessierten, aufzuschnappen: Gespräche über Bertrand Rochelais, über Grundstücksverkäufe oder Warenkäufe und die vom obersten Rat gefaßten Beschlüsse.

Denn Anne Martin hatte nicht die Absicht, ihr ganzes Geld den Nonnen zu geben. Seit ihrer Ankunft hatte sie sich sehr barmherzig gezeigt, um von ihren Mitmenschen akzeptiert zu werden. Aber sie beneidete Charles Aubert de La Chesnaye und wollte seinem Beispiel nacheifern. Auch sie würde Grundbesitz haben, eine Grundherrin sein, deren Autorität niemand anfechten würde. Zu lange hatte sie sich der Macht ihres Ehemannes beugen müssen. Zum Glück hatte sie sich ein Gift, das berüchtigte Erbpulver, besorgen können, sonst müßte sie sich immer noch um ihren Mann kümmern.

Bertrand, sein jüngerer Bruder, hatte ihr dann Ärger gemacht, weil er genauso geldgierig gewesen war wie sie selbst. Das hatte sie sofort begriffen, als er gekommen war, um sein Erbteil einzufordern. Sie hatte ihm mitgeteilt, daß der Tote ihn verleugnet habe: ein Lebemann wie er, der es sich gutgehen ließ und faulenzte, sollte nichts von ihm erben. Der Faulenzer war nicht dumm. Er hatte vorgegeben, Gewissensbisse hätten ihn dazu getrieben, seinen Bruder wiedersehen zu wollen. Nun sei er aber leider zu spät gekommen, der arme Mann sei schon tot. Ist aber ziemlich schnell gegangen, oder nicht?

Er fragte sich, ob beim Tod seines Bruders nicht ein bißchen nachgeholfen worden sei, mit einem bösen Trank vielleicht.

Anne Martin hatte sich kaum gegen den Verdacht verteidigt und Rochelais gleich die Hälfte des Vermögens seines älteren Bruders angeboten. Sie hatte ihren Schwager sogar eingeladen, das Zimmer des Toten zu beziehen, bis der Notar für beide alles veranlaßt hätte. Sie hatte ihm von Häusern, von zum Verkauf anstehenden Grundstücken, von Gold und von Edelsteinen erzählt, die sie sich dann teilen würden. Sie war sehr entgegenkommend gewesen! Rochelais hatte ihr Angebot angenommen und sich ganz ungeniert bei ihr breitgemacht. Er hatte sogar seine Geliebten im Bett seines älteren Bruders empfangen. Unter ihnen war eine kleine dürre Blondine gewesen, die Bertrand Rochelais' Schlaf genutzt hatte, um sein Hemd gegen ein identisches auszutauschen, das ihr ihre Herrin gegeben hatte. Anne Martin hatte gut gezahlt. Margot hatte keinerlei Fragen gestellt und Paris verlassen, wie man es ihr angeordnet hatte.

Als Rochelais über Beschwerden zu klagen begonnen hatte, hatte Anne Martin einen Arzt geholt, der eine Geschlechtskrankheit festgestellt hatte. Die verschriebenen Arzneien hatten keine Wirkung gezeigt, denn Rochelais hatte sie nicht eingenommen, weil er davon überzeugt gewesen war, seine Schwägerin hätte die Medikamente auf ihre Art präpariert. Bertrand Rochelais hatte sie aber nicht ohne Beweis beschuldigen können. Dafür hatte er sie gezwungen, ihm zu zeigen, wo sie das Gold und die Edelsteine der neu aufgeteilten Erbschaft versteckt hatte. Rochelais hatte vorgetäuscht, in sehr schlechter Verfassung zu sein, und seine Schwägerin gebeten, einen Pfarrer kommen zu lassen, um zu beichten. Sie hatte dann rasch zwei Koffer gepackt und war zum Stadthaus gelaufen, wo sie eine Kutsche gemietet hatte.

Es war Zeit für eine Flucht weit weg gewesen. Anne Martin hatte beschlossen, ihr junges Dienstmädchen als ihre Tochter auszugeben. Denn eine Verbrecherin würde man verfolgen, aber nicht eine ehrliche Frau mit Kind. Sie hatte Françoise untersagt, mit irgend jemandem zu reden. Mittlerweile war die Kleine gut dressiert gewesen, aber ihre Herrin hatte sie regelmäßig an die Strafe erinnert, die sie ihr auferlegen würde, sollte sie sich unterstehen , mit einem Fremden zu sprechen. In den vier Jahren war das Mädchen, das sie sich in der Cour des Miracles geholt hatte, ziemlich folgsam gewesen. Die Peitsche war eine Zeitlang ein überzeugendes Argument gewesen, hatte aber am Ende der Reise in der Kutsche nicht mehr genügt, Françoise zu überzeugen, ihr nach Neufrankreich zu folgen. Sie hatte ihr mit einem Brecheisen die linke Gesäßhälfte brandmarken müssen, um ihr begreiflich zu machen, daß die Piraten auf hoher See, vor denen sie sich schrecklich gefürchtet hatte, nicht schlimmer waren als ihre Herrin.

An Bord der *Saint-Jean-Baptiste* hatte Anne Bertrand Rochelais wiedergesehen und schließlich einsehen müssen, daß er ihr ebenbürtig gewesen war. Er hatte keinen Zweifel daran gelassen, daß er sie gleich nach der Ankunft bei den Polizeibehörden der Stadt anzeigen würde, wenn sie sich weigere, ihm die Hälfte ihres Vermögens zu überlassen. Auf der Stelle hatte sie ihm eine Kette aus Granat gegeben und ihm erklärt, ihr restliches Vermögen befinde sich an einem sicheren Ort in der Kabine des Kapitäns. Sie könnten also erst in Québec teilen. Als er sie gefragt hatte, was sie bewogen habe, sich nach Neufrankreich einzuschiffen, anstatt nach Holland oder nach Spanien zu fliehen, hatte sie ihm von Nicolas de Boissy erzählt, den sie an einem Spieltisch in der Nähe des Cours-la-Reine kennengelernt habe. Er hatte ihr von dem Schwarzmarkt in Québec berichtet, in den er verwickelt gewesen war, ihr die Ahnungslosigkeit der Einwohner geschildert und die Größe der Landsitze gerühmt. Sie hatte beschlossen, sich Martin zu nennen, weil sie sich erinnert hatte, daß Boissy diesen Namen erwähnt hatte. Rochelais hatte sie vorgeschlagen, sich zusammenzutun, statt sich zu bekämpfen. Er hatte ihr ins Gesicht gelacht: Welchen Grund hatte er nach seiner Krankheit noch, ihr zu trauen? Sobald er seinen Anteil hätte, würde er kein einziges Wort mehr mit ihr wechseln und mit dem ersten Schiff nach Frankreich zurückkehren. Er hatte Françoises Wange gestreichelt, und Anne hatte ihm die Kleine sofort angeboten, aber er hatte sie verschmäht. Nichts würde ihn von seinem Entschluß abbringen. Er wollte sein Geld, sobald sie angekommen wären, und er würde es auch bekommen.

Bertrand Rochelais hatte sich lange gedulden müssen, bis er eine Gelegenheit gefunden hatte, heimlich mit seiner Schwägerin zu reden. Schließlich war er eines Tages nach der Sonntagsmesse auf sie zugegangen, und beide hatten eine Verabredung in der Nähe des Flusses getroffen, auf halbem Weg zwischen ihren jeweiligen Wohnungen.

Mit einem hübschen Kästchen, in dem das Gold lag, hatte sie sich zum Treffpunkt begeben. Durch die feinen Muster des Kupferbestecks hindurch hatten die Goldstücke geschimmert. Rochelais hatte sie bewundert und Anne erklärt, daß er das Kästchen lieber öffnen wolle, um sich zu vergewissern, daß es auch wirklich Louisdore seien, die er da habe glänzen sehen. Sie hatte ihm einen Schlüssel gereicht, ihn aber fallen lassen und sich gebückt, um ihn aufzuheben. Dann hatte sie ihm mit dem Kästchen einen Schlag gegen den Kopf versetzt. Er war zu Boden gesunken. Anschließend hatte sie ihm am Handgelenk eine kleine Schnittwunde zugefügt. Dann hatte sie das tödliche Pulver aus ihrem Unterrock hervorgeholt und in die Wunde geschüttet.

Sie hatte das Kästchen an sich genommen und sich vom Tatort entfernt.

Nachdem Anne Martin nach Hause gekommen war, hatte sie Françoise gedroht, ihr auch die rechte Gesäßhälfte zu brandmarken, falls sie eines Tages etwas von Bertrand Rochelais sagen würde.

Françoise hatte wieder und wieder geschworen, daß sie ihre Herrin niemals verraten werde.

Anne Martin hatte es später nicht lassen können, der Kleinen gegenüber ständig boshaft zu betonen, daß all die Leute, bei denen sie sich über die Einfalt ihrer Tochter beklagt hatte, ihr ohne weiteres geglaubt hätten. Einmal hatte Françoise versucht sich zu wehren und gestammelt, daß sie nicht einfältig sei. Da hatte Anne Martin nach dem Schürhaken gegriffen. Das war der Moment gewesen, in dem das Dienstmädchen hinausgerannt war und das wild gewordene Pferd übersehen hatte.

Françoise war traurig darüber, daß der Falke ihr das Leben gerettet hatte. Manchmal wünschte sie sich, ihre Herrin würde ihr einen tödlichen Schlag versetzen, um endlich von den Qualen erlöst zu sein. Allmählich waren ihr die Männer an der Cour des Miracles fast lieber, denn nicht alle hatten sie geschlagen. Sie glaubte, daß sie schon lange vor ihrem fünfzehnten Lebensjahr sterben würde. Sie hatte geträumt, daß sie im Schnee eingeschlafen war. Der erste Schneefall war ihre einzige Freude seit der Ankunft gewesen. Noch nie in ihrem Leben hatte sie Schnee gesehen, denn sie war in Südfrankreich geboren. Erst 1659 war sie nach Paris mitgenommen worden. Françoise hatte gehört, wie Marie die Bevölkerung vor den gefährlichen Frostbeulen gewarnt hatte. Sie hatte sich vorgestellt, daß ihr Körper zu Eis erstarren würde, und gedacht, daß sie dann nie mehr unglücklich sein würde.

Als Françoise das Zimmer fegte, betete sie zu Gott, daß die Irokesen, von denen so viel geredet wurde, Québec überfallen und sie als erste töten würden. Sie hatte mit Marie LaFlamme reden wollen, aber die Angst, mit dem Brenneisen gequält zu werden, war größer gewesen. Denn nach den vier Jahren, die sie bei ihrer Herrin verbracht hatte, wußte sie, daß diese ihre Drohungen immer wahrmachte.

Warum hatte der Falke ihr bloß das Leben gerettet? Gott war ungerecht. Den kleinen Jungen von Madeleine Dechamps, die ihn abgöttisch geliebt hatte, den hatte er zu sich gerufen, statt sie zu nehmen – sie, die von niemandem geliebt wurde.

9. KAPITEL

»Ein Wunder wie an Weihnachten!« sagte Emeline Blanchard zu Marie LaFlamme.

Die Füchsin nickte zustimmend, war aber dennoch sicher, daß vor allem die Errichtung der Forts entlang dem Richelieu die Irokesen dazu bewegt hatte, Gefangene freizulassen. Und das Geschick des Häuptlings Garakontié. Als hervorragender Unterhändler war es ihm gelungen, eine Abordnung von Onondaga, Cayuga und Tionontati zu überzeugen, mit ihm nach Québec zu gehen, um Prouville de Tracy ihren guten Willen zu zeigen. So hatte Garakontié Charles Le Moyne zurückgebracht, der im Sommer gefangengenommen worden war.

»Dieser Garakontié ist unser rettender Engel«, stellte Guillemette Couillard fest und steckte ihre Hände in ihren Bibermuff. »Er hat sogar Pater Simon gelobt.«

Daraufhin bekreuzigten sich die Gemeindemitglieder, die nach der Messe noch vor der Kirche geplaudert hatten. Sie erinnerten sich alle an Simon Le Moyne, der sich so sehr für den Frieden zwischen Franzosen und Irokesen eingesetzt hatte. Sein Tod am 24. November am Cap-de-la-Madeleine hatte viele Siedler betrübt, die ihn in Québec beisetzen und ihm ein überwältigendes Zeugnis ihrer Ehre hatten erweisen wollen. Deshalb hatten sie ihre Lust zum Feiern auf das Weihnachtswunder verlegt. Der Häuptling der Onondaga war noch nicht getauft, aber eines Tages würde er das Sakrament empfangen. Garakontié war zu aufgeschlossen, um noch länger im Zustand der Sünde zu leben.

»Er soll mit den Montagnais und den Oneida gesprochen haben«, sagte René Blanchard.

»Die Montagnais werden nie Frieden schließen!« rief Antoine Souci. »Sie haben unsere Priester gefoltert.«

»Garakontié wird ihnen klarmachen, daß sie von den Truppen von Monsieur de Tracy besiegt werden, wenn sie keinen Friedensvertrag unterzeichnen.«

»Die Montagnais sind Krieger«, beharrte Eleonore de Grandmaison. »Ich weiß, wovon ich rede, ich habe sie kämpfen sehen.«

Die Grundherrin hatte sich 1648 mit ihrem ersten Mann auf der Ile d'Orléans niedergelassen, auf die kein anderer Weißer einen Fuß setzen wollte. Madame Eléonore, wie sie die Siedler nannten, weil sie immer unschlüssig waren wegen der Namen ihrer vier Ehemänner, war fünfundvierzig Jahre alt und beeindruckte die Bewohner Québecs durch ihr Wissen und ihre Gelassenheit. Nicht einmal die Ermordung ihres dritten Mannes hatte sie erschüttern können. Man suchte ihre Nähe, denn sie wußte immer Rat. Sie war liebenswürdig und gläubig, ohne bigott zu sein. Marie LaFlamme schätzte sie sehr, dennoch war sie mit der Behauptung nicht einverstanden, daß die Montagnais wilde Tiere seien. Guillaume hatte ihr ganz andere Dinge über sie erzählt: Daß sie sich bei Heilungen an ihre Träume hielten, sehr viel Bürgersinn hätten, großzügig und mutig seien. Gewiß, sie metzelten ihre Feinde nieder, hatte er eingeräumt. Aber wer tat das nicht?

»Wird Garakontié Weihnachten mit dem Marquis de Tracy und Monsieur de Courcelle feiern?« fragte Nicolette Jasmin.

Sie träumte schon, daß im Schloß ein Ball stattfinden würde. Sie wünschte sich so sehr eine Gelegenheit, um ihr Kleid aus nachtblauem Seidendamast mit einem Kragen und Manschetten aus feinstem Leinen zu tragen. Mit unendlicher Geduld hatte sie den feinen Stoff bestickt. Vielleicht würde der schöne Soldat mit den schwarzen Haaren sie zum Tanz auffordern? Sie hatte befürchtet, daß er sich in Marie LaFlamme verliebt hatte, aber seit seiner Rückkehr waren die beiden nicht mehr zusammen gesehen worden. Und außerdem war die Füchsin verheiratet!

»Davon habe ich nichts gehört«, sagte Guillemette Couillard, die man zweifelsohne befragt hätte, wenn ein solches Ereignis geplant gewesen wäre.

»Ich weiß nicht, ob Feiern angebracht ist«, dozierte Horace Bontemps. »Wenn man bedenkt, daß unsere Männer die Forts bewachen, auf sich allein gestellt in der Kälte. Sie trotzen so vielen Gefahren, um unsere Kolonie zu retten. Sie sind so tapfer und so ...«

»He, Herzog, mach mal 'n bißchen Pause!« sagte Antoine Souci. »Hättest Pfaffe werden sollen, wenn du so gern predigst.«

Die Siedler lachten schallend. Bontemps wurde rot, dann ging er schnell und murrend weg.

»Laß ihn ruhig in seinen Bart hineinbrummen«, meinte René Blanchard. »Das war bestimmt nicht seine letzte Rede!«

Lachend pflichteten die anderen ihm bei, dann ging ein jeder nach Hause. An diesem Dezembertag war es nicht windig, und die Luft war feucht, was viel Schnee bedeutete. Einigen würde es nicht recht sein, aber die meisten Leute freuten sich, den Sankt- Lorenz-Strom eingemummt, ruhig und sicher zu wissen. Die Mütter machten sich keine Sorgen mehr, wenn ein Kind zum Kai vorlief, denn im Winter konnten sie nicht ertrinken. Am Anfang gab es zwar immer ein paar Wichtigtuer, die sich auf die Eisdecke wagten, die noch nicht richtig fest war, aber Ende Dezember war nichts mehr zu befürchten. Höchstens Frostbeulen.

Marie hätte gute Lust gehabt, ihren Mitbürgern erneut einzuschärfen, kein Metall mit nackter Haut zu berühren und die ganz kleinen Kinder besser zu beaufsichtigen, aber sie tat es nicht: Jedes Jahr erteilte sie die gleichen Ratschläge, aber man hörte nicht wirklich auf sie. Natürlich würden die Kinder ihre Zunge gegen Eisen drücken, auch Noémie würde es tun, obwohl sie es ihr verboten hatte. Als sie Françoise vor dem Warenhaus stehen sah, nickte sie ihr kurz zu. Das Mädchen sah sie voller Angst an, so daß Marie verwirrt war. Sie war traurig, daß sie das Mädchen so erschreckte, wußte aber nicht, wie sie ihm beweisen sollte, daß sie ihm nichts Böses wollte. Sie hatte ihr die Arzneien nach Hause gebracht, aber jedesmal wenn sie Françoise hatte untersuchen wollen, hatte sie geschlafen, und Anne Martin hatte nicht zugelassen, die Kleine zu stören. Marie hatte angedeutet, daß sie ihre Tochter zu sehr verwöhne, aber die Witwe hatte sich das nicht gefallen lassen: Man könne gar nicht vorsichtig genug sein!

Auf Mkazawi gestützt, ging Noémie auf Françoise zu,

Marie folgte den beiden langsam. Als sie die drei erreicht hatte, sah sie sich um. Es war niemand in der Nähe, der sie hätte hören können. Leise erklärte sie, daß sie keine Hexe sei. Sie wiederholte es zweimal, aber die Angst im Blick des Kindes verschwand nicht. Wie sollte sie es beruhigen?

In diesem Augenblick kam Anne Martin aus dem Laden, und Marie hätte schwören könne, daß sie blaß geworden war, bevor sie ihr zulächelte.

»Ich habe ihr gesagt, daß ich keine Zauberhexe bin, aber sie glaubt mir immer noch nicht«, sagte die Heilerin betrübt. »Das ist das erste Mal, daß sich jemand vor mir fürchtet.«

»Vor einem meiner Brüder hatte sie auch Angst; drei Jahre lang ging das. Sie müssen nur Geduld haben. Hat sie mit Ihnen gesprochen?«

Marie schüttelte den Kopf.

»Immerhin, ab und zu redet sie jetzt ein bißchen. Sie ist dabei, sich an das Leben in Neufrankreich zu gewöhnen. Manchmal lasse ich sie schon allein aus dem Haus. Gestern ist sie bis zum Krankenhaus gegangen. Und wie Sie sehen, wartet sie heute brav auf mich vor dem Laden. Sie hatten recht, Marie, ich glaube, daß sie doch einiges versteht. Nicht wahr, mein Püppchen?«

Françoise zuckte hektisch mit den Augenlidern. Traurig darüber, daß sie der Grund für eine derartige Furcht war, verabschiedete sich Marie. Auf dem Heimweg blieb sie ein paar Minuten bei Jean Lemire, dem Zimmermeister, stehen: Grinsend zeigte er ihr seinen Daumen. Eine feine Narbe zog sich vom Nagel bis zum Handgelenk. Das war alles, was an seine Verletzung erinnerte.

»Ich hätte meinen Finger verlieren können«, sagte Lemire. »Ich werde mich für deine Hilfe revanchieren.«

»Das trifft sich gut, denn du könntest mir einen Gefallen tun. Kannst du mit zu mir kommen? Ich werde es dir erklären.«

Der Handwerker ging mit, überglücklich, dieser emsigen Frau zur Hand gehen zu können. Er hatte Kinder, und jedesmal wenn er nach Marie schickte, kam sie sofort, um nach ihnen zu sehen. Lemire vermutete, daß bei Marie im Haus ein paar Dinge gerichtet werden mußten, weil ihr Mann nicht da war.

»Nein, das ist es nicht«, sagte Marie. »Ich habe erfahren, daß du bei der Witwe Martin eine neue Tür eingesetzt hast. Ich möchte wissen, wie sich ihre Tochter dir gegenüber verhalten hat.«

»Was willst du hören? Daß sie nicht ganz richtig im Kopf ist, das ist wohl klar.«

»Hatte sie Angst vor dir?«

»Und wie! Sie war starr vor Entsetzen! Man hätte meinen können, ich hole sie ab, um sie zur Schlachtbank zu bringen. Sie hat sich in eine Ecke verkrochen und nicht mehr gerührt, solange ich da war. Ich habe mich beeilt, denn ich wollte schnell wieder weg sein.«

Marie LaFlamme stieß ihre Haustür auf und setzte Noémie ab, während Mkazawi sich schüttelte. Dann bat sie den Handwerker, sich hinzusetzen, und schenkte ihm eine Schale Apfelwein ein. In einem Zug trank er sie aus und schwieg, leicht verlegen.

»Hat sie mit dir geredet?« fragte Marie.

Jean Lemire verneinte die Frage; Françoise habe die ganze Zeit nur auf den Boden gestarrt.

»Und ihre Mutter? War sie auch da? Hat sie mit ihr gesprochen?«

»Ja, aber das Mädchen hat ihr nicht geantwortet. Hin und wieder soll sie zumindest ein paar Worte sagen.«

Marie LaFlamme biß sich auf die Lippen. Welche Beziehung hatten Anne und Françoise Martin zueinander?

»Gehst du noch einmal hin?«

»Lieber nicht. Die Kleine tut mir leid.«

Marie seufzte und dankte Lemire für seine Offenheit. Sie riet ihm, seinen Daumen während des ganzen Winters warm zu halten, und versprach ihn, demnächst mit ihrer Tochter zum Abendessen zu kommen.

»Und mit dem Hund! Meine Jungen sind ganz neidisch auf Noémie!«

Als die Kleine ihren Namen hörte, lächelte sie den Handwerker an. Er bestätigte Marie, daß sich das Mädchen prrächtig entwickelt habe. Seit dem Sommer nahm ihr Gesicht individuelle Züge an, und es versprach, interessant zu werden. Ihre wilden Augen glichen denen einer Raubkatze, und ihr etwas zu breiter Mund zeugte von ihrer ausgeprägten Eßlust. Ihr rotes Haar stellte unter Beweis, daß sie wirklich Marie LaFlammes Tochter war. Häufig wurde in der Kolonie nämlich vergessen, daß die Füchsin Noémie gleich nach der Geburt adoptiert hatte.

»Sie wird mal eine Große«, sagte Jean Lemire.

Marie nickte. Ihr Kind würde stark und geschmeidig sein. Und glücklich auch.

Nein, sie würde nicht nach Nantes zurückkehren und damit riskieren, es zu verlieren.

Jean Lemire merkte, daß Marie plötzlich nicht mehr zuhörte, obwohl er immer noch von ihrer Tochter sprach. Bestimmt dachte sie an den komplizierten Armbruch der Ursulinerin und fragte sich, ob ihr Eingriff richtig gewesen war. Von Rose Rolland wußte er, daß ihr dieser Fall nicht mehr aus dem Sinn ging. Deshalb war sie in letzter Zeit so nervös und dürr geworden. Die Sache bereitete ihr schlaflose Nächte!

»Vergiß den Arm dieser Ursulinerin, Marie! Du hast getan, was du konntest. Also, abgemacht, du kommst nach Weihnachten bei uns vorbei.«

Geistesabwesend bedankte Marie sich bei ihm und drückte Noémie an sich. Sie begriff, daß sie sie mit jedem Tag mehr liebte. Es war die reine Wonne, wenn sie ihre Hände in der dichten roten Mähne der Kleinen vergrub, sie streichelte, über den schmalen Nacken, die Pausbacken oder die Kniekehlen fuhr, Marie war stets auf neue davon gerührt. Sie geriet in Entzücken, wenn Noémie lachte und blinzelte, war erstaunt über ihre – seltenen – Wutausbrüche, ihre Grimassen und ihre Träume. Abends, wenn sie ihre Behandlungen in ein Heft notierte, ähnlich dem, das Anne LaFlamme ihr hinterlassen hatte, stand sie oft auf, um Noémie im Schlaf zu betrachten. Dann fuhr sie fort mit ihren Aufzeichnungen, die sie sehr sorgfältig führte. Denn auch sie würde ihrer Tochter einst ihr Wissen weitergeben. Sie sollte noch besser sein als sie, sollte die beste Heilerin überhaupt werden.

Wie gerne hätte sie Anne LaFlamme von ihrer Enkelin erzählt! Und auch Nanette, die sie noch abgöttischer als sie selbst geliebt hätte! Aber beide waren tot. Und Marie hatte keinen Grund mehr, nach Nantes zurückzukehren.

Trotz Victors Brief gab es diesen Schatz nicht. Sie wußte jetzt, daß eine Mutter unglaubliche Märchen erfinden konnte, um ihr Kind zu schützen. Sie hatte zwei Jahre gebraucht, um das zu verstehen. Nur ihre Liebe zu Noémie hatte ihr die Augen geöffnet. Und diese Liebe war bedingungslos. Als Simon ihr befohlen hatte, neben ihm liegenzubleiben, um ihn nicht mehr aufzuwecken, hatte sie ihm gehorcht. Aber in den darauffolgenden Tagen war sie sich so dumm vorgekommen, daß sie sich geschworen hatte, ihre Tochter nicht mehr zu vernachlässigen, nur um ihrem Geliebten zu gefallen. Als Simon ihr vorgeworfen hatte, daß sie den Falken auf den Berghang begleitet hatte, hatte sie ihn mehrmals gebeten, leiser zu reden, damit Noémie nicht wach wurde. Da hatte er noch lauter gesprochen, obwohl Marie erklärt hatte, daß sie nur zum Fort gegangen sei, um mit Mani zu sprechen.

»Selbst wenn es stimmt, wäre das kein guter Grund. Ich will nicht, daß du mit diesen Bestien redest!«

Marie hatte sich heftig gewehrt.

»Die Huronen haben mir viel beigebracht in medizinischen Dingen!«

»Du wirst es nicht mehr nötig haben, arme Schlucker zu pflegen«, hatte Simon geantwortet. »Muß ich es dir jeden Tag sagen? Wir werden mit dem ersten Schiff, das nach Frankreich fährt, weggehen.«

»Du hast dich aber als Soldat verpflichtet!«

»Ich gehe, wann ich will. So habe ich es immer gemacht. Dann werden keine Wilden mehr um uns herumschleichen.«

»Sie schleichen nicht um uns herum! Sie leben im Fort und sind unsere Verbündeten! Hast du das vergessen?«

»Schöne Verbündete sind das!« hatte Simon höhnisch gerufen. »Die sind noch ärmer als wir!«

»Was sie verdienen, geben sie den Priestern«, hatte Marie entgegnet. »Am Ende des Jahres gibt das bestimmt eine hübsche Summe. Und sie sind bessere Jäger als wir.«

»Dann sollen sie doch in ihre Wälder zurückgehen!«

»Was haben sie dir denn getan, daß du sie so haßt?«

»Da gibt es immer einen, der um dich herumscharwenzelt. Du bist meine Frau, und ich werde mir das nicht bieten lassen.«

Marie hatte den Kopf geschüttelt. Nein, niemand mache ihr den Hof, und sie sei auch nicht seine Frau. Simon war bleich geworden und hatte gesagt, daß es in ein paar Monaten anders sein werde: Er werde sie in Nantes heiraten, sobald Saint-Arnaud tot wäre. Denn alle Frauen würden das wollen: eine rechtsgültige Ehe. Könne sie haben! Die letzten Worte hatte er gebrüllt, und Noémie hatte zu weinen begonnen. Eine Stunde lang hatte Marie sie in ihren Armen gewiegt, bis sie wieder eingeschlafen war. Beim Morgengrauen hatte Simon sie verlassen müssen. Er hatte sie gebeten, künftig ihre Tochter zu Rose zu bringen, wenn er sie besuche. Marie war so verdutzt gewesen, daß sie gar nicht geantwortet hatte.

Natürlich hatte sie ihre Tochter bei sich behalten, als Simon wiedergekommen war, und er hatte auch nicht geschimpft. Er hatte sich sogar für sein Benehmen entschuldigt. Aber wie konnte sie ihm verdenken, daß er sie für sich allein wollte und wütend wurde, wenn andere Männer ihr zu nahe kamen? Er hatte zugegeben, daß er es gar nicht gern sah, daß sie die Soldaten und die Siedler behandelte; es gebe immer welche, die für sie schwärmten, das wisse er. Aber er würde es ihr nicht mehr zum Vorwurf machen. Damit sei Schluß. Er würde sich mit den Verehrern abfinden, er liebe eben die schönste Frau von Québec und Nantes.

Marie hatte sich gefreut, daß er sie um Verzeihung gebeten hatte. Dann hatte er sie geküßt, als sei es zum ersten Mal gewesen und sie sanft gestreichelt. Die Füchsin hatte neue Hoffnung geschöpft: Simon liebte sie wirklich. Sie mußte nur Geduld haben.

Doch dann, Mitte Dezember war es passiert, hatte ihr der Soldat eine Ohrfeige gegeben. Jemand, der vom Verhältnis der beiden nichts gewußt hatte, hatte ihm ahnungslos erzählt, daß Monsieur Patoulet im Neuen Warenhaus sie in den höchsten

Tönen gelobt und ihre Schönheit und Intelligenz gerühmt habe.

»Na und? …« hatte Marie angesetzt.

Sie hatte den Satz noch nicht zu Ende gesprochen, da hatte es schon gekracht. Mit einer Hand hatte sie ihre Wange befühlt. War Simon verrückt geworden? Sie war zurückgewichen. Aus Angst, er könne sie noch einmal schlagen, hatte sie die Hände vors Gesicht gehalten, aber er hatte sich ihr vor die Füße geworfen und sie angefleht, alles zu vergessen. Als er wieder aufgestanden war, hatte er ihr gesagt, daß viele Frauen sich geschmeichelt fühlen würden, wenn ein Mann ihretwegen so eifersüchtig wäre. Marie hatte ihm keine Antwort gegeben. Sie hatte nur daran gedacht, daß ihr Vater ihre Mutter nie geschlagen hatte und daß sich Jean Patoulet im Neuen Warenhaus bei ihr lediglich für ihren Passiflora-Tee bedankt hatte.

Marie sah, wie Mkazawi mit Jean Lemires Schal herumrannte. Sie riß ihn aus dem Maul und legte ihn oben auf die große Truhe. Sie würde den Schal nach Weihnachten zurückbringen, wenn sie zu Jean zum Essen ging. Sie konnte sich kaum vorstellen, daß schon am nächsten Tag Heiligabend war. Der Dezember war ihr sehr kurz vorgekommen. Sie hatte so viele Frostbeulen behandeln müssen, wie sie befürchtet hatte, dazu noch eine hartnäckige Rippenfellentzündung, die ihr im gleichen Maße zu schaffen gemacht hatte wie Simon Perrots Eifersucht. Würde sie diese Krankheit eines Tages heilen können? In Momenten wie diesen bedauerte sie es, eine Frau zu sein, weil ihr als solche der Zugang zu medizinischen Lehrbüchern verwehrt war. In ihnen hätte sie vielleicht Lösungsansätze gefunden.

Eine Woche lang würde sie Simon nicht sehen, weil er für die Nachtwache eingeteilt worden war. Bis dahin wollte sie überlegen, wie sie ihm beibringen konnte, daß sie nie mehr nach Nantes zurückkehren würde.

Sie füllte eine Schüssel mit Suppe für ihre Tochter, rief nach ihr und nahm ihr gegenüber Platz. Noémie hielt sofort den Mund auf. Gefräßig wie ein Vogeljunges hätte sie den ganzen Eintopf verschlungen, ohne auch nur einmal Luft zu holen.

Marie ließ sie aber ein bißchen warten, weil sie jeden Bissen zuerst kühlte, indem sie darauf blies.

»Du kannst dich auf morgen freuen!« sagte sie zu Noémie. »Da gibt es nämlich feine Sachen zum Essen. Emeline hat Rose geholfen, alles zuzubereiten. Zum ersten Mal wirst du Rebhuhnpastete probieren. Du wirst die süßen Torten bestimmt mögen, und die Backpflaumen aus Tours und die kandierten Früchte, die mir Monsieur Patoulet für meine Dienste geschenkt hat.«

»Haben!« rief Noémie und schlug auf den Tisch. »Haben! Haben!«

»Nein«, vertröstete Marie sie lachend, »du mußt bis morgen warten.«

»Nein!« protestierte das Kind.

Marie lachte immer noch und fand, daß Noémie die Augen, die Stirn und vielleicht auch das Temperament von Julie LaFlandres geerbt hatte. Julie hatte ihren Plan hartnäckig verfolgt, aus dem Kloster zu fliehen, in das sie ihr Vater, der Graf de Roche-Brieux, hatte einsperren lassen. Monatelang hatte sie sich mit ihrem Geliebten versteckt, bis beide schließlich an Bord der *Alouette* hatten gehen können, auf der Noémie geboren wurde. Marie bekreuzigte sich beim Gedanken an den Tod Luc LaFlandres' und seiner jungen Frau. Der Mann war ermordet worden, und diese Nachricht war ein solcher Schock für Julie gewesen, daß es zur Niederkunft gekommen war. Sie war bei der Geburt gestorben. Marie erinnerte sich an Noémies Taufe, an die feierliche Ergriffenheit Schwester Sainte-Blandines, ihrer Patin, und an die rührende Ungeschicklichkeit Victor Le Morhiers.

Sie hatte schon lange nicht mehr an ihn gedacht. Jeden Monat zündete sie eine Kerze für sein Wohlergehen an und gab die Hoffnung nicht auf, daß die Pest ihn verschont hatte. Am liebsten freilich wäre es ihr gewesen, wenn die Frühlingsschiffe ihr das Gefühl bestätigt hätten, daß er gesund war. Aber es würde noch mindestens vier Monate dauern, bis sie die ersten Segel zu sehen bekäme. Sogar fünf Monate. Was würde sie im Frühling tun? Wo würde sie sein und mit wem?

»Mama, Çoise.«

Marie gab ihr eine Tasse Zuckerwasser.

Noémie wurde unwillig. Doch sie hatte keinen Durst, sondern wollte mit Françoise spielen. Sie wiederholte ihren Satz – »Çoise, Çoise« – so lange, bis ihre arme Mutter sie endlich verstanden hatte.

Marie nahm der Kleinen das Lätzchen weg und erklärte ihr, daß sie Françoise am nächsten Tag bei Tante Rose sehen werde. Rose hatte nämlich Anne Martin angeboten, ihre Tochter an Heiligabend zu sich zu nehmen, denn die wohlhabende Witwe war von Honoratioren eingeladen worden. Rose hatte ihr versichert, daß Françoise bei ihr niemanden stören werde. Die Söhne von Blanchard und seine jüngste Tochter, die kleine Antoinette, Brigitte Dubois, Noémie und die kleine Jeannette Aubin kämen auch. Sie würden zwar alle eng beisammensitzen, sich aber bestimmt amüsieren. Anne Martin hatte lange gezögert, war dann aber einverstanden gewesen, weil sie zu große Lust gehabt hatte, Weihnachten mit den wohlhabenden Leuten der Stadt zu feiern.

»Foise!« wiederholte Noémie.

»Françoise«, korrigierte Marie. »Fran-çoi-se.«

»Fançoise!«

Marie küßte ihre Tochter, nahm sie auf den Schoß und wiegte sie in den Schlaf. Während sie leise vor sich hin sang, dachte sie an Françoise Martin und überlegte, wie sie Zugang zu ihr finden konnte. Es schien ihr genauso schwierig zu sein, dieses Kind davon zu überzeugen, daß sie keine Hexe war, wie damals das Gericht in Nantes.

Rose und Alphonse winkten ihre Gäste schnell herein, damit der Fußboden nicht vom Schnee naß wurde. Die Kinder hatten nach der Messe ihre helle Freude an den Schneeflocken, und die Eltern waren gerührt. Die Christnacht, die so friedlich war, ließ das Heimweh in ihnen aufkommen. Sie fühlten sich fast in die heimatliche Normandie oder die Champagne zurückversetzt. Der Schnee fiel sanft und ruhig aus einem perlgrauen Himmel, der Ruhe und Geborgenheit ausstrahlte. Hinter den vorauslaufenden Kindern genossen die Eltern die

Stille der Nacht und dachten an das zu Ende gehende Jahr und an die vielen Ereignisse, die es gebracht hatte. Antoinette war geboren worden, Monsieur de Tracy war in die Kolonie gekommen. Man hatte Weizen und Gerste gesät, die Soldaten waren an Land gegangen. Dann waren die Felder abgemäht worden, und Monsieur Talon hatte versprochen, daß es bald eine große Brauerei in der Kolonie geben werde. Juliette hatte sich einen Arm gebrochen, und zwei Soldaten waren verschwunden. Die Fuchsschwanzernte war nicht so ertragreich ausgefallen wie erwartet, und den Mörder von Bertrand Rochelais hatte man noch immer nicht gefunden. Vierzig Bäume waren für den Winter gefällt worden, und Michel hatte seinen ersten Hasen gefangen, obwohl seine Mutter ihm verboten hatte, sich vom Haus zu entfernen.

»Da kommen sie!« rief Rose Alphonse zu.

Sie hatten nicht wie die anderen nach der Messe getrödelt, denn zu Hause gab es eine Menge zu tun! Der Duft des Spanferkels zog durch die ganze Stube; die Hasenpasteten, das Schweinefleischragout und die Fische in Soße waren angerichtet und erfüllten die Rousseaus und die Blanchards mit Stolz. Sie waren gute Gastgeber. Jedes Jahr war ihr Weihnachtsessen noch gelungener als das vorherige. Die Gäste hatten im Verlauf des Tages ihren Beitrag vorbeigebracht: Ingwerplätzchen, einen Klumpen Butter, ein Suppenhuhn, ein Nußbrot. Alles Dinge, die die Festgesellschaft verwöhnen sollten.

Noémie stürzte sich auf die Plätzchen und brachte Françoise, die die Gäste aufmerksam betrachtete, eines davon. Unbeweglich stand sie neben der Tür und schien an dem fröhlichen Treiben im Haus der Rousseaus keinen Anteil zu nehmen. Marie behielt sie unauffällig im Auge, wagte sich jedoch nicht in ihre Nähe. Da ging Rose zu dem Kind und führte es zum Buffet. Nachdem Françoise sich etwas aufgetan hatte, setzte sie sich wieder neben den Eingang. Sie rührte ihr Essen nicht an, sondern starrte auf die Tür, als hinge ihr Leben davon ab. Jean-Jean nahm ihr den Teller weg und leerte ihn, ohne daß sie darauf reagierte. Einen kurzen Augenblick schaute sie Marie an, um ihr zu zeigen, daß sie sich beobachtet fühlte, dann drehte sie sich wieder zur Tür.

Marie war wie vor den Kopf gestoßen. Françoise hatte den Gesichtsausdruck eines zum Tode Verurteilten, voller Entsetzen und ohne jede Hoffnung. Es war nicht mehr der Hexenzauber, vor dem sie sich fürchtete, eine viel größere Gefahr schien sie zu bedrohen. Welche Teufel lauerten ihr hinter dieser Tür auf?

Marie trat neben sie und riß die Tür mit einem Ruck auf. Françoise fuhr zusammen und wich zurück. Dann ging Marie hinaus, während die anderen hinter ihr protestierten, kam sie wieder in die Stube und sagte zu Françoise, daß sie niemanden gesehen habe. Sehnte sie sich schon nach ihrer Mutter, weil sie ständig die Tür im Auge behielt?

Zitternd und blaß rannte Françoise ins Freie. Marie versuchte, sie einzuholen.

»Die macht eine Dummheit!« rief Emeline Blanchard besorgt und drehte sich zu ihrem Sohn um. »Lauf ihr nach!«

Trotz seines jungen Alters war Jean-Jean ein starker und mutiger Junge. Schon seit längerer Zeit wurden ihm kleinere Arbeiten anvertraut. Seit November brachte ihm sein Vater das Schmieden und Schreinern bei. Voller Stolz erzählte Emeline, daß er sich kein einziges Mal geschnitten habe. Er rannte nach draußen.

René Blanchard und Antoine Souci liefen in entgegengesetzte Richtungen, während Alphonse Rousseau laut vor sich hin schimpfte, weil er nicht in der Lage war, ihnen zu folgen. Rose beruhigte ihn, indem sie versicherte, daß sie bald wieder zurück seien, Françoise könne nicht weit gekommen sein!

»Sie hat ihren Mantel gar nicht dabei«, sagte sie und schloß die Tür wieder.

Rose versuchte, etwas Lustiges zu erzählen, um die übrigen Gäste zu unterhalten, aber die Frauen redeten über Anne Martin.

»Tapfer ist sie«, bemerkte Agathe Souci und rückte zum wiederholten Mal ihren weißen Spitzenkragen zurecht. »Dieses Kind ist nicht ganz bei Verstand.«

»Sie sieht aber gar nicht so einfältig aus«, widersprach ihr Rose sofort.

»Sie rollt immer ihre großen verängstigten Augen, als schaue sie auf Dämonen im Himmel!« beharrte Agathe.

Die Frauen bekreuzigten sich alle gleichzeitig und blickten zum Fenster. Der Schnee fiel in immer dichteren Flocken.

»Die Dämonen sind uns nicht bis Québec gefolgt«, ereiferte sich Nicolette Jasmin. »Niemand hat den Teufel gesehen!«

Emeline Blanchard schauderte. Diese dumme Person würde mit ihren ruchlosen Worten noch den Zorn Gottes über sie bringen! Satan existierte. Er hatte 1661 seine Macht gezeigt, als er Feuerkugeln in den Himmel geschleudert hatte. Und ein paar Jahre später hatte jeder die Erde beben gespürt.

»Warum brauchen sie denn so lange da draußen?« fragte Agathe Souci.

»Ich hoffe, es ist kein Unglück passiert!« klagte Rose Rolland. »Ihre Mutter würde mich umbringen!«

»Es stimmt schon, daß sie ihre Tochter in einem Maße verhätschelt, wie ich es selber bei meinen Kindern nie getan habe«, sagte Emeline. »Trotz aller Liebe ... Man könnte meinen, sie hat Angst, daß man sie ihr wegnimmt! Ich glaube, sie ...«

Sie sprach nicht weiter, weil Lärm und Freudengeschrei zu vernehmen waren. Rose öffnete die Tür und seufzte vor Erleichterung: Jean-Jean hielt Françoise an der Hand und zog sie in die Stube, während die Erwachsenen ihre verschneiten Kleider abklopften.

»Es ist gar nicht mal kalt!« rief René Blanchard. »Die Kleine ist schüchtern, das ist alles. Sie kommt selten unter die Leute. Jetzt haben wir aber Hunger.«

»Wir hätten nach euch gesucht, wenn ihr noch länger weggeblieben wäret«, erklärte seine Frau.

Dann holte Antoine Souci seine Flöte und fing an zu spielen. Die Kinder klatschten in die Hände und stampften mit den Füßen. Sie machten einen solchen Lärm, daß sie Einbein übertönten, der mit seinem Holzbein den Takt schlug. Zwischen zwei Musikstückchen nahm sich Souci einen Hähnchenflügel oder ein Stück Pastete und trank eine Schale Apfelwein, obwohl seine Frau jedesmal schimpfte, wenn Alphonse Rousseau ihm nachschenkte.

Eine ganze Stunde tanzten die Gäste ausgelassen und wirbelten herum bis zum Umfallen. Zwischendurch aßen sie etwas. Dann wollten sie von René Blanchard eine Geschichte hören. Er konnte wunderbar erzählen. Jean-Jean zwang Françoise, sich zwischen Marie und ihn zu setzen. Er wollte in der ersten Reihe sein und war stolz, seinem Vater zuzuhören, wenn er die Heldentaten der Franzosen in der Kolonie schilderte. Alphonse löste ihn ab. Er war zwar kein so mitreißender Erzähler wie der Schmied, aber er erinnerte sich sehr genau an die Abenteuer, von denen ihm Guillaume Laviolette berichtet hatte, an seine Begegnungen mit wilden Tieren und Indianern, an die Stammesfeste, die ausgedehnten Jagdzüge und den Mut der Häuptlinge. Rose fiel auf, daß Maries Augen leuchteten, als Einbein die Verdienste ihres Mannes rühmte. Sie forderte sie auf, Geschichten über Feen und Kobolde, über Drachen und Magie zu erzählen, die sie von ihrer Mutter gehört hatte, aber Marie lehnte ab. Sie hatte Schwierigkeiten genug, Françoise davon zu überzeugen, daß sie keine Hexe war. Sie erklärte, sie wolle lieber singen, aber Emeline war dagegen. Zu gut erinnerte sie sich an den Singsang auf der Überfahrt.

»Marie singt noch schlechter als René!«

Die Füchsin protestierte, aber das Gelächter ihrer Freunde sprach Bände. Dann schmollte sie, bis Antoine Souci erneut zu seiner Flöte griff und die Gesellschaft wieder zum Tanzen brachte.

Die Gäste torkelten nach Hause. Sie hatten zuviel Apfelwein getrunken, zuviel getanzt, und es war stürmisch. Windstöße wirbelten jetzt Rockschöße und Schals hoch, dämpften das Lachen und rissen die Kinder zu Boden. Marie hatte Mkazawi angespannt und war sehr froh darüber: Françoise hatte sich nämlich in den Schlitten gesetzt, mit der schlafenden Noémie auf den Armen. Ohne Zwischenfall erreichten sie das Haus der Witwe Pré, wo Anne Martin auf sie wartete. Sie bedankte sich bei Marie und bot ihr an, auf ihre Tochter aufzupassen, wann immer sie wolle. Die Füchsin sah, wie Françoise hinter ihrem Rücken den Kopf schüttelte und die Hände rang. Sie lächelte Anne Martin an und weigerte sich, noch mit hineinzukommen, denn Noémie und auch sie bräuchten Schlaf.

Trotzdem schlief Marie in dieser Nacht schlecht. Sie träumte, daß Françoise Martin der Hexerei beschuldigt und am Quai Champlain verbrannt wurde. Sie beteuerte, daß sie unschuldig sei, aber man zwang sie, ein langes rotes Kleid überzuziehen, während ein zehn Fuß hohes Schafott aufgestellt wurde. Guy Chahinian flehte Monsignore de Laval an, das Kind zu schonen. Aber es war zu spät, Simon hatte die Reisigbündel schon angezündet. Das arme Mädchen schrie vor Schmerzen. In dem Moment wachte Marie auf.

Noémie weinte in ihrem Bettchen, und Mkazawi bellte heftig. Das Kind hatte die Plätzchen, die es bei Rose gegessen hatte, erbrochen. Marie wusch Noémie, zog ihr ein frisches Hemd an, drückte sie an sich und wiegte sie in den Armen. Sie sang leise dazu, und Noémie verzog dabei nicht das Gesicht, was ja immerhin bewies, daß ihre Stimme gar nicht so übel war. Marie blieb lange wach, sie wollte nicht mehr von Simon träumen. Warum war er bereit gewesen, den Scheiterhaufen anzuzünden? Und Guy Chahinian? Was war aus ihm geworden? Marie wollte nicht glauben, daß er tot war, auch wenn ihr Geliebter ihr diesbezüglich keinerlei Hoffnung gelassen hatte.

Schläge gegen die Tür und Mkazawis Bellen rissen Marie aus dem Schlaf. Sie rieb sich die Augen und öffnete. Es war Mani. Der Wind hatte sich gelegt, die Sonne schien, der Schnee schimmerte blaßlila. Marie spürte diese Milde in der Luft, während sie Mani ansah. Was die junge Indianerin wohl von ihr wollte?

»Die Kleine! Sie ist im Fort, wegen des Falken.«

Marie zog sich rasch an. Françoise war also zu dem Huronen gegangen? Als sie sich kurz bei Rose aufhielt, um ihr Noémie zu überlassen, erzählte Mani, daß Françoise so schnell in das Fort gelaufen sei, daß sie geglaubt habe, ein Wolf oder ein Fuchs sei hinter ihr her. Sie sei auf den Falken zugerannt und habe sich ihm vor die Füße geworfen. Besorgt habe er ihr aufgeholfen und sie, Mani, gerufen, die sie ganz spontan an sich gedrückt habe, obwohl sie, wie ihre indianischen Brüder, noch allem mißtraue, was von den Weißen komme. Sie habe Françoise ein großes Fell über die Schultern gelegt. Denn die Franzosen hätte immer noch nicht begriffen, welche Kleidung sie im Winter tragen sollten. Sie trügen halbkreisförmige Mäntel, die in der Mitte mit einem Schlitz versehen waren und den Wind eindringen ließen, außerdem viel zu harte Holzschuhe und dünne Stoffhüllen um die Waden!

Marie erklärte Mani, daß Françoise sich nicht gerade freuen werde, sie zu sehen, denn sie glaube, daß sie einen bösen Zauber über sie bringen wollte. Die Indianerin grinste; die Füchsin kannte sich zwar mit Heilkräutern sehr gut aus, hatte aber kein Talent für die Magie. Obwohl Mani getauft war, war sie überzeugt, daß die Huronen mehr Macht hatten als die Weißen, die nicht einmal die Träume deuten konnten.

Der Falke lachte, nachdem Mani die Worte wiederholt hatte. Er gab Françoise eine violett schimmernde Muschel und versicherte ihr, daß sie damit vor bösen Geistern geschützt sei. Mani übersetzte, was der Falke gesagt hatte, und fügte hinzu, daß sie von der Füchsin nichts befürchten müßte. Gern hätte sie dieses Mädchen, das den gleichen Taufnamen hatte wie sie, im Fort behalten, aber das konnte sie sich nicht erlauben. Kein Weißer hätte es geduldet.

Nachdem Marie ihre Schneeschuhe befestigt hatte, bedankte sie sich bei Mani und umarmte Françoise liebevoll. Sie versprach ihr, daß ihre Mutter sie nicht rügen werde. Françoise zitterte, aber ihr Blick zeigte keinerlei Regung. Sie ließ sich widerstandslos bis zur Anhöhe und Richtung Unterstadt führen. Auf halbem Wege fiel Marie LaFlamme hin, unglücklicherweise trat Françoise auf einen ihrer Schneeschuhe und blockierte ihr den Fuß. Marie schrie auf, weil sie sich den Knöchel verstaucht hatte. Françoise hielt sich schützend die Hände vors Gesicht, weil sie Schläge befürchtete. Obwohl Marie Schmerzen hatte, gelang es ihr, das Mädchen zu beruhigen. Sie war nicht in Wut geraten. Sie stützte sich auf ihre Schulter, deutete ein Lächeln an und biß die Zähne zusammen. Sie hoffte, daß die Königsfarnumschläge bei ihr so wirken würden, wie sie behauptete, wenn sie einem Patienten einen Verband anlegte. Um diese Zeit standen die Siedler auf und räumten etwas auf, bevor sie erneut Gäste empfangen würden. Marie klopfte an dem ersten Haus am Fuß der Anhöhe und erzählte Jacques Maheusts Kusine, die sie hineinbat, von ihrem Mißgeschick. Sie bot ihr an, sie nach Hause zu begleiten, während Jacques die Kleine zu ihrer Mutter zurückbringen würde.

»Und sagen Sie Anne Martin, ich sei schuld, daß ihre Tochter heute morgen weggegangen ist. Ich hatte sie gebeten, mitzukommen, um mit Noémie zu spielen.«

Jacques Maheust nickte Marie kurz zu. Er verstand sie ohne viele Worte. Alle Bewohner Québecs wußten, daß Françoise nicht so war wie die anderen Kinder. Es wäre nicht sehr feinfühlig gewesen, diesen Vorfall hochzuspielen. Anne Martin mußte an diesem Weihnachtstag zu Gott gebetet haben, er möge ihrer Tochter helfen, denn sie hatte sich bestimmt große Sorgen gemacht, nachdem sie Françoises Abwesenheit bemerkt hatte.

Marie humpelte zwar nach Hause, war aber ansonsten ganz zufrieden an diesem Morgen. Sie hatte den Eindruck, daß Françoise keine so große Angst mehr vor ihr hatte. Die Kleine war nicht zusammengezuckt, als sie ihr mit der Hand durch die Haare gefahren war, bevor sie bei Jacques Maheust angeklopft hatte.

Sie würde ihr Vertrauen gewinnen.

10. KAPITEL

Julien du Puissac folgte aufmerksam den Worten Guy Chahinians, der François Mérian von seinen letzten Experimenten erzählt. Obwohl er den Bericht schon gehört hatte, fand er ihn nicht langweilig. Der Großmeister der Brüderschaft des Lichtkreuzes war wieder der geworden, den er vor zwanzig Jahren kennengelernt hatte. Wenn er von Gold und Silber sprach, dann war er so ungestüm wie ein junger Mann, der nichts über die abstoßenden Kerker des Châtelet und der Bastille wußte. Gold und Silber wurden lebendig, wenn er sie beschrieb, und das flüchtige Quecksilber faszinierte seine Zuhörer immer wieder. In dieser Nacht war Mérian der einzige Zuhörer, denn die Brüder hatten sich am Abend zuvor getroffen. Der Goldmacher war aber bereit gewesen, erneut die Fortschritte seiner Experimente zu erläutern.

Seit langem schon war nachgewiesen worden, daß Steine die Eigenschaft hatten, leichte Körper zu magnetisieren, wenn man sie aneinanderrieb: der Rubin, der Amethyst, der Aquamarin, der Opal und der Diamant zogen dünne Eisenstangen, Feilspäne und sogar kleine Holz- oder Papierstücke an. Der Bergkristall, das Harz und das Steinsalz besaßen ebenfalls magnetische Eigenschaften. Wenn man sie aneinanderrieb, dann sprühten einige Funken. Es mußte eine Möglichkeit gefunden werden, die Dauer dieses Funkensprühens zu verlängern und somit ein anhaltendes Licht zu erzeugen. Bevor Guy Chahinian nach Nantes gekommen war, hatte er von den Experimenten gehört, die Otto von Guericke in Regensburg durchgeführt hatte. Dieser Forscher hatte die Kraft des Vakuums nachgewiesen. Mit großem Interesse hatte der Goldmacher das Buch gelesen, in dem Guericke erläuterte, wie er seine Maschine gebaut hatte. Er hatte eine Glaskugel genommen, die etwa so groß wie ein kleiner Kürbis gewesen war; in diese hatte er Schwefelstücke gelegt, die er über einem Feuer zum Schmelzen gebracht hatte. Als das Ganze abgekühlt gewesen war, hatte er das Glas zerbrochen, um an die Schwefelkugel zu kommen, durch deren Mitte er eine dünne Eisenstange gesteckt hatte. Dann hatte er die Schwefelkugel um ihre eiserne Achse kreisen lassen und mit einem ganz trockenen Tuch über ihre Oberfläche gewischt: Sofort waren Funken gesprüht. Er hatte ebenfalls entdeckt, daß manche normalerweise vom Schwefel angezogene Körper abgestoßen wurden, sobald sie mit ihm in Berührung gekommen waren. Sie behielten diese abstoßende Wirkung bei, bis sie mit einem Körper in Berührung kamen, der nicht abgerieben worden war.

Chahinian hatte sich ausgedacht, zwei Schwefelkugeln gegeneinanderzuhalten. Er hatte sie nebeneinander an zwei unterschiedliche Träger aufgehängt und sie mit verschiedenen Substanzen gerieben. Dabei hatte er festgestellt, daß sich die Körper je nach verwendeter Substanz zunächst anzogen und dann abstießen.

Mérian zeigte Guy Chahinian seine Begeisterung und versicherte ihm nochmals, wie sehr er sich freue, ihn jetzt unter glücklicheren Umständen wiederzusehen. Bevor er sich von ihm verabschiedete, ermahnte er ihn zu großer Vorsicht: Ludwig XIV. schien seit einiger Zeit die Brüder des Lichts vergessen zu haben, aber die Beziehungen zwischen Frankreich und England verschlechterten sich. Die Kriegserklärung würde vielleicht nicht ausreichen, um den Zorn des Königs zu beschwichtigen. Er könnte sich an die Ketzer erinnern …

Du Puissac teilte François Mérians Meinung: Chahinian würde nicht mehr lange am Faubourg Saint-Martin bleiben können. Irgendwann würde man ihn entdecken.

»Ich weiß«, sagte der Goldmacher, nachdem Mérian sie verlassen hatte.

»Dann gehen Sie in die Kolonien«, antwortete du Puissac. »Ich habe Ihnen davon …«

»Genug erzählt. Ich sage nein. Im Gefängnis ist mir vieles klargeworden; die Brüder des Lichts müssen in Frankreich sterben, damit sie aus der Asche wieder auferstehen.«

»Ich verstehe nicht, warum Sie sich …«

»Mein Tod hat einige Gemüter beruhigt. Aber wie Sie schon gesagt haben, ich werde nicht in Paris bleiben können. Genau wie Sie besucht mich auch Mérian hier nachts unter Lebensgefahr. Unsere Brüder, die gestern hier waren, haben alle von dem Gerücht gehört: Man beschuldigt die Bruderschaft, Fouquet rächen zu wollen. Und es wird kolportiert, daß einige unserer Freunde Spione im Dienste Karls II. seien.«

»Sie sind Engländer, das ist alles!«

»Und Boyle hat praktisch für sie die Royal Society gegründet. In London nimmt man die Chemie ernst. Willis, Wren und Hooke sind keine Außenseiter. Unser lieber Colbert hat zwar eine Akademie der Wissenschaften versprochen, aber uns wird man dort nicht aufnehmen.«

»Würden Sie sich nach London wagen?«

»Nach der Seuche geht es in der Stadt drunter und drüber. Dort werde ich kaum auffallen, ich könnte mich als Goldschmied niederlassen. Unsere englischen Brüder werden mir dabei helfen. Und dann lassen wir alle Mitglieder der Brüderschaft nachkommen. Das heißt die, die noch unter uns weilen.«

Du Puissac wurde böse und erklärte dem Meister, daß man ihn in London für einen Spion halten würde. In Paris war er dem Schafott entgangen, wollte er denn jetzt im Tower dahinvegetieren?

»Ich beherrsche die Sprache. Niemand wird merken, daß ich Franzose bin.«

»Sie träumen wohl!« wetterte der Chevalier.

»Nein, ich habe schon in London gelebt und werde überhaupt nicht wie ein Fremder aussehen. Ich kann mich sogar als Flame ausgeben.«

»Neufrankreich, da müssen Sie hin! Wie oft soll ich es Ihnen noch sagen?«

»Dort werde ich nie an die Pulver und Edelmetalle kommen, die ich brauche. London wird bald die größte Hafenstadt und der wichtigste Weltmarkt sein. Da kann ich mich leicht damit versorgen.«

»Dann gehe ich mit Ihnen«, sagte Julien du Puissac.

Guy Chahinian gähnte ganz ungeniert, um dem Chevalier nicht antworten zu müssen. Er sah sich seine vom Hantieren mit den chemischen Substanzen und den Edelmetallen in Mitleidenschaft gezogenen Hände an, dann streckte er sich und legte seine Perücke ab.

»Ich werde Sie jetzt hinauswerfen«, sagte er zu seinem Freund und lachte. »Ich muß schlafen. Aber bevor Sie gehen, verraten Sie mir noch, ob Sie die Tochter des Grafen de Roche-Brieux wiedergesehen haben? Véronique heißt sie, oder?«

Julien du Puissac nickte.

»Ja. Sie hat mir heute erzählt, daß er ihre Schwester Julie auf seinem Sterbebett verdammt hatte.«

»Haben Sie mit ihr über Noémie gesprochen?«

»Nein. Ich habe Marie geschworen zu schweigen.«

Der Chevalier schien verwirrt. Er hustete und brachte eine Schleife an seiner Perücke wieder in Ordnung, um seine Verlegenheit zu überspielen. Das Zimmer war dunkel, nur vom rötlichen Schimmer des Kohleofens und von zwei Kerzen erleuchtet, aber Chahinian glaubte gesehen zu haben, daß sein Freund rot geworden war. War er vielleicht dem Zauber von Mademoiselle de Roche-Brieux erlegen? Der Goldmacher konnte der Lust, seinen Freund zu necken, nicht widerstehen.

»Ist sie denn so hübsch?«

»Nein«, antwortete Julien du Puissac ernst. »Sie ist häßlich.«

Guy Chahinian entschuldigte sich. Er hatte den Chevalier nicht beleidigen wollen. Dieser nahm seinen Hut ab und zog sein dunkelblaues Wams und seine Achselschnur zurecht. Dann erklärte er dem Goldmacher, daß man die Häßlichkeit von Véronique de Roche- Brieux vergesse, sobald sie zu sprechen anfange. »Sie hat eine sehr tiefe Stimme, als würde sie selten reden. Als ich sie sprechen hörte, habe ich an Québec denken müssen, an den Sankt-Lorenz-Strom und an meine Ankunft am Quai Champlain. Die Klippen glänzten nicht wie Diamanten. Sie waren von einem nüchternen, ruhigen Graublau gewesen. Die Stimme von Mademoiselle de Roche-Brieux hat mich an diese Farbe erinnert. Ist das nicht unglaublich?«

Der Goldmacher lächelte, auch wenn er einen Anflug von Bitterkeit empfand. Er beneidete den Chevalier darum, daß er dieser Frau begegnet war und wieder gelernt hatte zu lieben. Lange hatte du Puissac den Tod seiner Frau beweint und in seiner Trauer keinen Gefallen mehr an den Frauen gefunden. Chahinian hatte ihn immer genauso allein gesehen, wie er selbst es war. Aber er hatte nie daran gezweifelt, daß das Herz des Chevaliers wieder für eine Frau schlagen würde, während seines mit dem seiner Cousine verbrannt war. Als der Henker den Scheiterhaufen der Verurteilten angezündet hatte, war ihm klar gewesen, daß er niemals mehr lieben würde. Er hatte sich seiner Kunst und dann sehr schnell der

Wissenschaft verschrieben und gewußt, daß ihn nichts mehr davon abbringen würde. In seiner Einsamkeit hatte er du Puissacs Beharrlichkeit geschätzt, der seine Forschungen mit wachsendem Interesse verfolgt hatte. Der Chevalier war Mitglied in der Brüderschaft des Lichtkreuzes, aber würde Véronique de Roche-Brieux ihn nicht von seinen Aufgaben ablenken? Chahinian machte sich gleich Vorwürfe wegen dieses Gedankens. Hatte er einen treueren Freund als du Puissac? Wie konnte er sich erlauben, über dessen zukünftiges Verhalten zu urteilen?

Er forderte den Chevalier auf, ihm von seinen Gesprächen mit der Tochter des Grafen von Roche-Brieux zu erzählen.

»Sie wollten doch schlafen gehen«, fing du Puissac an, »und …«

»Ist schon gut. Ich weiß doch, daß Marie LaFlamme Ihnen eine Brosche gegeben hat, als Sie Neufrankreich verlassen haben.«

Der Chevalier nickte. Die Füchsin hatte dieses Schmuckstück von Julie LaFlandres bekommen, die auf der *Alouette* bei Noémies Geburt gestorben war. Julie hatte ihr erzählt, wie roh ihr Vater sie behandelt hatte, bis es ihr dann gelungen war, mit Luc LaFlandres zu fliehen. Marie würde Noémie niemals ihrer richtigen Familie zurückgeben, aber dem Chevalier gegenüber hatte sie keinen Hehl aus ihrer Neugierde gemacht und ihn gebeten, sich für sie zu erkundigen.

Der Chevalier hatte einen Freund, Baron de Sévigny, ersucht, das Wappen der erwähnten Brosche zu identifizieren. Unauffällig hatte er Nachforschungen über den Grafen von Roche-Brieux angestellt und bald begriffen, warum Julie LaFlandres vor ihm geflohen war: Der Mann war ein Fanatiker. Das ganze Jahr über fastete er und zwang seiner Familie und seiner Dienerschaft eine magere Kost auf. Er lebte sozusagen in der Kapelle, die er vor dem Schloß hatte errichten lassen. Er zwang seine Umgebung, sommers wie winters schwarze Kleidung zu tragen, verbot Spitzen und Stickereien und vertrieb die Bettler mit Schüssen aus seiner Muskete mit der Begründung, daß sie sich durch ihre Faulheit gegen Gott versündigten. Er hatte drei Töchter gehabt: Véronique, Marie und Julie. Marie war noch im Kindesalter gestorben, Julie verschwunden, und ihre Mutter hatte eine Rippenfellentzündung hinweggerafft. Véronique war also die alleinige Erbin des Grafen de Roche-Brieux gewesen.

Keine Woche nach seinem Tod hatte sie das Schloß verkauft und war in das herrschaftliche Stadthaus der Roche-Brieuxs nach Paris in der Rue Galande gezogen. Einen ganzen Monat lang hatte sie allen Bettlern, die an ihre Tür geklopft hatten, etwas gegeben, bis ihr die Stadtbehörden nahegelegt hatten, doch anderswo Barmherzigkeit zu üben. Die jeden Tag vor dem Haus drängelnde Menge störe die Nachbarn, die keinen Schritt mehr machen könnten, ohne von den Bettlern belästigt zu werden. Véronique de Roche-Brieux hatte diesem Begehren entsprochen und drei Monate lang niemanden mehr empfangen, weder Bettler noch Adelige.

Sie war auch nicht mehr ausgegangen und hatte jede Einladung abgelehnt. Der König höchstpersönlich hätte sie aussprechen können, auch ihm hätte sie höflich abgesagt. Die einzigen Männer, die sie in der Rue Galande geduldet hatte, waren ihr Beichtvater und ihr Buchhändler gewesen; der eine zuständig für ihre Seele, der andere für ihren Geist. Damals wollte Véronique de Roche-Brieux alles lesen und alles über die Welt erfahren, die man ihr verboten hatte. Sie hatte das Gefühl, bisher von der Außenwelt völlig abgeschnitten gewesen zu sein und jetzt endlich zum Leben zu erwachen: Sie verschlang Philosophie- und Geschichtsbücher, begeisterte sich für Reiseberichte, Botanik und Astronomie und entdeckte in sich eine wahre Faszination für die neuen Wissenschaften. Sie bedauerte sehr, daß es so wenig Bücher über die Chemie gab, und lud schließlich die Gelehrten in ihr Haus ein. Während bei Mademoiselle de Scudéry Lyrik vorgetragen wurde, wurden bei Mademoiselle de Roche-Brieux Thesen über die Dichte, den Schmelzpunkt, die Härte und die Verdunstbarkeit von Körpern aufgestellt.

Der Chevalier du Puissac hatte von dieser Vorliebe für die Wissenschaften erfahren und war in die Rue Galande gegangen, Otto von Guerickes Buch *Experimenta nova Magdeburgica* unter dem Arm. Er hatte es bei dem Diener abgegeben, ohne

Véronique de Roche-Brieux kennengelernt zu haben. Aber immerhin, sie hatte ihn für den nächsten Tag zum Abendessen eingeladen.

An diesem Abend trug sie ein Kleid aus hellrotem Seidensamt, das sehr tief ausgeschnitten war, worüber sie sich aber keine Sorgen zu machen brauchte. Denn sie wußte sehr genau, daß man weder auf ihre Brust noch auf ihre Hüften schauen würde, wenn man erst einmal ihr Gesicht gesehen hatte. Man hörte ihr zu, ohne sie zu begehren. Manche Männer freilich waren bereit, das Gegenteil zu behaupten, aber nur weil sie in den Genuß ihrer Erbschaft kommen wollten. Véronique de Roche-Brieux war häßlich und intelligent zugleich: Niemals würde sie auf einen Schmeichler hereinfallen. Sie brauchte sich nur in dem großen venezianischen Spiegel anzuschauen, um sich davor zu bewahren. Zu Lebzeiten des Grafen hatte sie als einzige im Haus einen Spiegel besessen, weil nur sie gegen die Sünde des Hochmuts gefeit gewesen war. Sie hatte ihre hübsche Schwester Julie beneidet, aber nie aufgehört, sie zu lieben, und sie vergeblich vor dem Grafen in Schutz genommen, der in seiner Grausamkeit beschlossen hatte, ihr alle Zähne ausreißen zu lassen, damit sie häßlich aussah. Er hatte behauptet, es gut mit ihr zu meinen, und vorgegeben, sie vor weltlichen Versuchungen bewahren zu wollen. Véronique hatte ihren Vater sogar angefleht, sie mit Julie ins Kloster zu schicken, aber der Graf hatte nicht mit sich reden lassen: Die Älteste hatte bei ihm zu bleiben. Als er erfahren hatte, daß seine Tochter dem Kloster, in das er sie hatte sperren lassen, entkommen war, hatte er verkündet, er werde sie enterben, verleugnen und verstoßen. Obwohl Véronique über das Verschwinden ihrer Schwester sehr traurig gewesen war, hatte sie sich gefreut, daß diese ihre Freiheit wiedererlangt hatte. Sie hatte gehofft, eines Tages von ihr zu hören. Nach dem Tod des Grafen hatte sie zwar nach ihrer Schwester suchen lassen, aber ohne Erfolg.

Als Julien du Puissac ihr die Brosche, die ihm Marie LaFlamme gegeben hatte, zeigte, wäre sie beinahe ohnmächtig geworden. Dieses Schmuckstück hatte sie ihrer Schwester bei einem Besuch im Kloster geschenkt.

»Wo haben Sie diese Brosche her?«

Der Chevalier teilte ihr mit, er habe sie von einem Seemann, der in den Kolonien gewesen war, bekommen. Eine Frau hatte sie diesem anvertraut und ihn gebeten, ihre Familie aufzusuchen.

»Was ist aus dieser Frau geworden?«

»Zu meinem Bedauern muß ich Ihnen sagen, daß sie auf See gestorben ist.«

Seufzend zerknitterte Véronique de Roche-Brieux ihr rotes Kleid und spielte mit dem Rubin, der ihren Ring schmückte. Dann erklärte sie, sie habe schon geahnt, daß ihre Schwester tot sei. Wußte der Chevalier noch mehr Einzelheiten?

»Der Seemann hat mir versichert, daß Ihre Schwester von allen geliebt wurde, auch von ihrem Mann, einem gewissen Luc LaFlandres. Auch er ist tot.«

»Dann bin ich jetzt ganz allein auf der Welt«, flüsterte die junge Frau.

Ihre Stimme klang so traurig, daß du Puissac ihr beinahe von Noémie erzählt hätte. Er sagte aber lediglich, daß der Schein manchmal trüge. Doch dieser rätselhafte Satz tröstete seine Gastgeberin. Sie wollte ihm die Brosche abkaufen. Der Chevalier lehnte ab und schenkte sie ihr statt dessen. Sie unterhielten sich über die Gelehrten, die sie in ihrem Haus empfangen hatte. Wußte sie denn nicht, daß man all diejenigen, die sich für die Chemie begeisterten, zu Ketzern erklärte? Hatte man sie denn nicht gewarnt?

Véronique de Roche-Brieux gab dem Chevalier zu verstehen, daß sie genug Geld habe, um all denen den Mund zu stopfen, die ihre Art zu leben kritisieren wollten. Außerdem sei sie eine Frau. Niemals würde man ihr zutrauen, daß sie in der Lage sei, die Gespräche ihrer Gäste zu begreifen. In den Salons spreche man von Marotten der Mademoiselle de Roche-Brieux und meine, ihr Geist sei genauso mißgestaltet wie ihr Gesicht, und lache darüber.

Du Puissac versuchte nicht, sie vom Gegenteil zu überzeugen. Sie hatte ganz sicher recht. Er merkte nur an, daß diese Leute Dummköpfe seien. Véronique de Roche-Brieux klopfte auf das Chemiebuch, das er ihr mitgebracht hatte, und erklärte: »Ich werde Sie schnell vergessen bei der Lektüre dieser Streitschrift. Kennen Sie sich gut aus in Chemie, Monsieur?«

Julien du Puissac winkte ab; erst seit kurzem interessiere er sich dafür.

»Letztes Jahr habe ich in Neufrankreich gelebt«, fügte er hinzu.

Véronique de Roche-Brieux zeigte sofort lebhaftes Interesse. Sie wollte alles über dieses Land wissen! Der Chevalier war noch lange nach dem Essen bei ihr geblieben und hatte sich einen Leuchtenträger bestellen müssen, der ihn nach Hause geleitet hatte. Als er an Notre-Dame vorbeigegangen war, hatte er bedauert, soviel geredet und ihr so wenig zugehört zu haben: Sie hatte eine sehr subtile Stimme, voller Nuancen und Sanftheit, tief und sinnlich.

»Sie müßten sie hören«, sagte der Chevalier zu Guy Chahinian. »Sie wären bezaubert.«

Der Goldmacher war dem Bericht seines Freundes gefolgt, ohne ihn zu unterbrechen. Er hatte sich nicht geirrt, du Puissac war verliebt.

»Am Dreikönigstag werde ich bei Mademoiselle de Roche-Brieux zu Abend essen, mit Victor Le Morhier und seiner Frau. Es tut mir leid, daß Sie uns nicht Gesellschaft leisten können.«

Guy Chahinian beruhigte ihn. Seit seiner Inhaftierung war er es nicht mehr gewöhnt, mit Menschen zusammenzusein. Er zog es vor, am Faubourg Saint-Martin zu bleiben.

»Aber Sie werden Victor zu mir bringen!«

»Um mit ihm über London zu sprechen?«

»Ja genau, um mit ihm über London zu sprechen.«

Der Chevalier hüllte sich in seinen großen Barchent-Umhang, unwirsch drückte er sich den Hut in die Stirn und sagte dem Goldmacher, daß er genauso starrköpfig sei wie Marie LaFlamme.

»Nein, ich bin nur hartnäckig«, widersprach der Goldmacher und schloß die Tür hinter dem Chevalier.

Ob das ein Fehler war? Morgen ist Dreikönigstag; niemand zweifelte an der Geschichte dieser drei Könige, die einem Stern gefolgt waren, um Christus anzubeten, während man die unendliche Kraft von Steinen, von Gold und Silber für verdächtig hielt. Es bedurfte sturer, hartnäckiger Leute, die dafür sorgten, daß die wissenschaftliche Wahrheit anerkannt wurde. Er war nur ein Glied in der Kette, die die Menschheit zum Licht führen würde. Chahinian betrachtete die Glut des Feuers in der Gewißheit, daß die Menschen eines Tages fähig sein würden, sie zu vermehren und von ihrer Wärme zu profitieren. Er dachte sogar, daß die Menschen einmal wie die Vögel fliegen und Kutschen erfinden würden, die ohne Pferde fahren würden. Wenn er sich die herrlichen Entdeckungen vorstellte, dann bedauerte er, sterblich zu sein. Er hätte gerne Hunderte von Jahren gelebt, um an diesen Erfindungen experimentieren zu können.

»Armer Narr!« sagte sich der Goldmacher und rieb sich die Augen. »An all die Kriege, die du sehen würdest, denkst du nicht …«

Er breitete seinen Umhang über die Bettdecken aus. Es war eine feuchte Vollmondnacht im Januar, und der eisige Nordwind verfing sich im Kamin. Chahinian faltete die Hände zusammen und massierte sich seinen Stumpf. Seit man ihn amputiert hatte, war er viel empfindlicher gegen die Kälte; als habe er ein Loch in seinem Bein, durch das sie hineinfahren konnte.

Als Julien du Puissac durch die Rue Nicolas-des-Champs ging, schimpfte er auf den Regen und hielt sich den Hut vors Gesicht. Zum Glück hatte er keine Federn darauf gesteckt, die hätte er nämlich jetzt alle verloren. Er kam nur mühsam voran; heftige Windstöße ließen ihn hin und her schwanken. Er dachte sich, daß er jetzt aussah wie Betrunkene oder Laffen, die sich beim Tanzen verrenkten. Er war froh, daß Véronique de Roche-Brieux weder Bourrée noch Menuett mochte, weil er beide Tänze verabscheute. Sie hatte ihm gesagt, daß sie es hasse, wenn man ihren Anblick meide, nachdem man sie mitleidig zum Tanzen aufgefordert habe.

Bei ihrem dritten Zusammentreffen hatte sie ihm gedankt, daß er nie protestiert hatte, wenn sie auf ihre Häßlichkeit zu sprechen gekommen war.

»Ich bin ein schlechter Lügner«, gab du Puissac zu. »Ich

käme ins Stottern, wenn ich Ihnen die üblichen Komplimente machen müßte, nach denen die Wangen einer Frau hauchzart wie Pfirsiche und ihre Augen blau wie ein Saphir sind. Ich kann Ihnen aber versichern, daß ich noch nie eine schönere Stimme gehört habe.«

Véronique de Roche-Brieux versteckte ihr Gesicht hinter ihrem Fächer und lachte ihn aus.

»So wäre es doch besser, oder? So hätten Sie die Musik, ohne das Gorgonenhaupt.«

Du Puissac wurde ärgerlich.

»Hören Sie auf damit! Ich mache mich nicht über Sie lustig, dann tun Sie es bitte auch nicht, sonst muß ich glauben, daß Sie nicht mögen, was ich liebe.«

Danach ergriff Véronique de Roche-Brieux die Hand des Chevaliers und legte sie auf ihre Stirn. Er fuhr über ihre zu weit auseinanderstehenden Augen, ihre zu lange Nase, ihre zu vollen Wangen und das spitze Kinn und verweilte länger auf ihrem Mund. Mit seinem Zeigefinger zog er die Konturen ihrer vollen Lippen nach. Sie leckte über seinen Finger, und er zitterte am ganzen Körper. Er umschlang sie und bedeckte ihre tiefschwarzen Augen, ihre feine Nase, ihre runden Wangen und ihr ausgeprägtes Kinn mit Küssen. Dann küßte er sie lange und heftig auf den Mund, ohne jede Hemmung. Als er spürte, wie sie in seinen Armen wankte, lockerte er seinen Griff. Die junge Frau war so blaß wie die Elfenbeinstatue, die den Kaminsims im großen Salon zierte. Er trug sie zum Sofa und drückte sanft ihre Hände, bis sie etwas zu ihm sagte. Es war nur ein einziges Wort, auf das er sofort hörte. Und er gab ihr einen leidenschaftlichen Kuß.

Später fragte sie ihn, was er sich zum Abendessen am Dreikönigstag wünsche. Sie hatte es sich in ihrem Lehnstuhl bequem gemacht und unterbreitete ihm ein paar Vorschläge: Ragout von der Schleie, gebratene Perlhühner, Eier mit Speck, gefüllte Torten und gegrillte Zunge.

»Und Aal und Lachsrogenpasteten.«

»Sie erwarten viele Gäste!«

»Nein, es ist nur für Sie und mich. Und Ihre Freunde, vielleicht?«

Während du Puissac sein Wams zurechtrückte, schlug er ihr vor, sie mit Victor Le Morhier bekannt zu machen.

»Er ist viel gereist«, erklärte er und küßte seine Gastgeberin auf die Stirn, »er kann uns von vielen Abenteuern berichten. Er hat gelehrte Bücher über die Schiffahrt mitgebracht. Ich bin sicher, er wird Ihnen gefallen. Seine junge Frau ist Engländerin. Beide sind vor der Pest geflohen.«

»Vor der Pest?«

»Sie sind gesund, seien Sie unbesorgt«, antwortete der Chevalier schnell.

Véronique de Roche-Brieux beschwichtigte ihn. Ihr Schrei sei kein Entsetzensschrei gewesen.

»Ich habe Mitleid mit ihnen! Die Seuche soll Tausende Londoner hinweggerafft haben. Monsieur le Comte hat die Pest von 1634 erlebt und uns oft von den Verwüstungen dieser Geißel Gottes erzählt. Glauben Sie, daß die Engländer solche Unmenschen sind, um so schlimm bestraft zu werden? Ich weiß, daß sie unsere Feinde sind, aber ich hasse sie nicht.«

»Sie sprechen wie mein Mei… wie ein Freund.«

»Meister? Wollten Sie Meister sagen?«

Anschließend bekannte Julien du Puissac : Ja, er gehöre zu einer geheimen Brüderschaft, deren Namen er verschweigen wollte, um sie nicht in Gefahr zu bringen. Ihr Meister sei ein Gelehrter, den er verehre und dem er seit Jahren diene. Ihre friedliebenden Äußerungen hatten ihn an die Worte dieses Mannes erinnert.

»Handelt es sich um die Brüder des Lichtkreuzes?« hatte Véronique de Roche-Brieux geflüstert. »Sie müssen es sein, ich sehe es Ihnen an. Ich kenne diese Brüderschaft. Mein Vater war wie besessen von ihr, er hat ein Vermögen ausgegeben, um die Ketzer zu bekämpfen …«

Der Chevalier schien beunruhigt. Véronique de Roche-Brieux versicherte ihm sogleich, daß sie die Brüderschaft unterstützen werde, um den Schaden wiedergutzumachen, den ihr Vater ihr zugefügt hatte. Sie kannte die Namen all derer, die man verhaftet hatte: Louis Patin, Antoine Robinet, Thomas Berger und Albert Mathurin. Sie wußte, daß sie im Châtelet umgekommen waren. Der Graf hatte zwanzig Messen bezahlt, um Gott für seine Unterstützung bei diesem Kreuzzug zu danken. Ihr Vater war gestorben, voller Freude über die Inhaftierung des Meisters.

»Ich habe gehört, er sei in seinem Kerker verstorben«, sagte Véronique de Roche-Brieux und spielte mit den ungefärbten Spitzenborten, die ihr weißes Seidenkleid verzierten.

Der Chevalier ging zum Fenster und beobachtete, wie der Regen den Hof des herrschaftlichen Hauses überschwemmte. Seit zehn Tagen erlebte Paris heftige Gewitter, und man befürchtete, die Seine würde über die Ufer treten. Auf dem Weg in die Rue Galande war ihm ein Eselspodest aufgefallen, das fast gänzlich unter Wasser gestanden hatte. Aber an diesem Abend brauchte kein Bürger dieses Hilfsmittel, um sein Maultier zu besteigen. Die Straßen waren menschenleer. Die Gimpel, die man hätte rupfen können, waren zu Hause geblieben, und die Spitzbuben trafen sich im Hof, um bei ihren wilden Würfelspielen zu schummeln. Die Soldaten der Nachtwache hatten ihre Runde gedreht, du Puissac hatte aber keine Laterne, sondern nur zwei Kutschen gesehen.

»Es wird noch lange regnen«, meinte Véronique de Roche-Brieux. »Ich hoffe, daß Ihr Meister außer Gefahr ist. Ich werde Ihnen helfen, wenn ich es kann …«

Den Tränen nahe küßte du Puissac ihr die Hände, bevor er von Guy Chahinian und seinem Schicksal erzählte: Nantes, das Châtelet, die Bastille, der Henker Perrot, die Amputation und die Flucht. Aber den Ort, an dem er sich versteckt hielt, verschwieg er und widerstand dem Drang, ihr zu eröffnen, daß er, Julien du Puissac, der Wächter der heiligen Kapellen war, der Symbole der Brüderschaft. Monate zuvor hatte Guy Chahinian ihm diese anvertraut und sie nicht zurückhaben wollen. Die darauf eingravierten Inschriften hatte er abgeschrieben und es vorgezogen, daß der Chevalier den Silbermond und die Goldene Sonne behalten hatte. Die militärische Karriere des Chevaliers, seine Heldentaten im Krieg, seine Verwundungen und sein persönliches Vermögen hatten ihn über jeden Verdacht erhaben gemacht. Wie hätte solch ein Diener seines Königs ein Ketzer sein können?

»Wie haben Sie die Brüder des Lichts kennengelernt?« hatte Véronique de Roche-Brieux gefragt.

»Im Krieg. Zwischen zwei Schlachten hatten wir manchmal lange Fußmärsche. Ich war fünfundzwanzig Jahre alt und habe, wie mein Vater und alle meine Vorfahren, gedient. Guy Chahinian war aus seinem Heimatdorf geflohen. Neun Tage lang ist er an meiner Seite marschiert. Bei jedem Halt half er den Soldaten, ihre Waffen zu putzen. Ständig suchte er eine Beschäftigung, um nicht an den Tod seiner Cousine Péronne denken zu müssen. Ich habe ihm erzählt, daß meine Großmutter von ihrem Mann, der sie für eine Hexe gehalten hatte, getötet worden war. Jahre später haben wir uns in Paris wiedergesehen. Er war Mitglied der Brüderschaft des Lichts geworden. Ich bin seinem Beispiel gefolgt.«

Véronique de Roche-Brieux bezweifelte, daß die Brüderschaft Frauen in ihre Reihen aufnehmen würde, nahm sich aber vor, sich später danach zu erkundigen. Sie hatte Julien du Puissac geschworen zu schweigen. Bei seinem Abschied hatte er ihr versprochen, ihr bei seinem nächsten Besuch mehr zu erzählen.

Am selben Abend hatte er sich mit Chahinian getroffen, der ihn nach Véronique de Roche-Brieux gefragt hatte. Er hatte nicht gewagt, ihm Näheres über ihr letztes Gespräch zu berichten. Nach Dreikönig würde er es tun. Als er die Rue des Poulies überquerte und den breiten Dreckpfützen auszuweichen versuchte, dachte der Chevalier, daß er das erste Mal nicht ganz aufrichtig zum Meister gewesen war. Er war überzeugt, daß Guy Chahinian es gemerkt hatte. Bei ihrem nächsten Treffen würde er ihm alles erzählen. Als er die fünf Stufen, die zu seinem Haus führten, hinaufstieg, erinnerte er sich an Einbein. Wie gern hätte er ihn jetzt beim Nachhausekommen vorgefunden! Der gute Diener hätte das Feuer in Gang gehalten, eine Suppe gekocht und ihm zugehört, den Kopf auf die rechte Seite geneigt. Er hätte seinen Herrn zu seiner Verlobung beglückwünscht und dessen schlechtes Gewissen dem Goldmacher gegenüber beruhigt: Guy Chahinian würde nicht böse auf ihn sein, weil er mit Véronique de Roche-Brieux gesprochen hatte, wenn er erfahren würde, daß sie ihm helfen wollte.

Weil du Puissac nicht schlafen konnte, legte er Holzscheite ins Feuer, setzte sich an seinen Tisch und schrieb seinem Diener, auch wenn er wußte, daß dieser seinen Brief nicht vor einem halben Jahr erhalten würde. Gern hätte er von Einbein Neuigkeiten gelesen, aber der konnte nur seinen Namen schreiben. Alphonse Rousseau hätte sich an einen öffentlichen Schreiber wenden können, aber es war nicht seine Art, sich zu offenbaren. Er würde ihm erst eine Nachricht zukommen lassen, wenn es sich um etwas wirklich Wichtiges handelte.

Also ging du Puissac davon aus, daß in Québec alles zum Besten stand.

Victor Le Morhier konnte sich nicht zurückhalten, als er den prachtvoll gedeckten Tisch bei Véronique de Roche-Brieux sah. Er nahm Elizabeth an der Hand und zählte ihr alle Speisen nacheinander auf: Seezungenragout, Rebhuhnfrikassee, Eierkuchen, Wurzelgemüseeintopf, Nieren mit Käse überbacken, geräucherte Schweinszunge und Lammklein. Seine Augen leuchteten so zufrieden, daß Julien du Puissac hellauf lachte.

»Haben Sie seit Ihrer Ankunft in Paris nichts gegessen?«

»Doch, sehr viel Obst, denn darauf haben wir in den letzten Monaten fast ganz verzichten müssen. Unser Wirt ist sehr freundlich, aber er serviert uns Speisen, die's mir verleiden; das Fleisch ist nicht zart, und das Gemüse ist faserig.«

»Dann müssen Sie das hier probieren«, sagte die Gastgeberin. »Ich hoffe, daß es Ihnen an meiner Tafel schmecken wird ...«

»Ganz sicher werde ich nicht enttäuscht sein! Das wird ein Festessen, da würde ich mein Hemd verwetten!«

Elizabeth kniff Victor in den Arm, und er erklärte, daß seine Frau entschieden dagegen sei, daß er sein Geld wie Cléron verspiele. Du Puissac beschrieb Véronique de Roche-Brieux den Schelm Cléron als kleinen hektischen Mann, geschmeidig wie eine Katze, robuster als er auf den ersten Blick erscheine, und so gerissen, daß die Bürgersleute, die er übers Ohr haute, ihm für seine Hilfe auch noch dankten.

»Er könnte Ihnen irgendeinen Fusel servieren, den Sie genauso mögen würden wie einen jungen Bordeaux.«

Victor verzog das Gesicht bei dem Gedanken, daß die Schankwirte ein übles Gesöff panschten, indem sie alle Weinreste in einem großen Bottich mischten.

»Derlei werden Sie heute nicht trinken«, versicherte Véronique de Roche-Brieux. »Feiern wir also, bevor die Fastenzeit beginnt.«

»Sogar das Wetter ist wieder schön«, fügte du Puissac hinzu. »Es ist das erste Mal, daß ich dieses Haus mit trockener Kleidung betrete.«

In der Nacht hatte der sintflutartige Regen aufgehört, der Himmel war jetzt klar und wolkenlos, aber die Kälte hielt an. Tagsüber waren die Straßen glatt gewesen, und viele Leute waren ausgeglitten: Véronique de Roche-Brieux hatte drei Menschen stürzen sehen, während sie nach ihren Gästen Ausschau gehalten hatte. Sie hatte einen ihrer Diener hinuntergeschickt, um den Pechvögeln zu helfen, die glücklicherweise mit dem Schrecken davongekommen waren.

Sie trug ein saphirblaues Kleid mit Perlmuttknöpfen, das jeglichen Schmuck überflüssig machte. Sie hätte die Kette aus reinem Gold, ein Geschenk ihrer Mutter, anlegen können, aber sie wollte die Morhiers, deren Vermögensverhältnisse sie nicht kannte, nicht in Verlegenheit bringen. Véronique de Roche-Brieux war vor Bewunderung ins Staunen geraten, als sie sich mit Hilfe eines Dienstmädchens angekleidet hatte: War das wirklich sie, die sich da festlich herausputzte, sich das Haar machte, sich schminkte, um einen Mann zu empfangen? War sie diejenige, die sich verlobte?

Die liebte?

Denn abgesehen von ihrer Häßlichkeit, die Bewerber abgeschreckt hatte, war es auch die Persönlichkeit ihres Vaters gewesen, die viele Verehrer entmutigt hatte, das wußte Véronique de Roche-Brieux. Ihr Vermögen war ein beachtlicher, wenn nicht sogar ihr einziger Trumpf gewesen, aber sie hatten die Spinnereien des Grafen gekannt: Wenn ihn die Lust überkam, konnte er sein gesamtes Vermögen der Kirche vermachen! Die ruinierten Aristokraten hatten gewartet, bis nach seinem Tod das Vermögen in den Besitz seiner ältesten Tochter übergegangen war; dann erst hatten sie angefangen, Véronique de Roche-Brieux den Hof zu machen, und sich eine höfliche Abfuhr eingehandelt. Sie hatte nämlich deren Spiel durchschaut, auch wenn sie jahrelang von der Außenwelt abgeschnitten gewesen war.

Sie bedauerte, daß ihre Schwester jetzt nicht an ihrer Seite war, um an ihrem Glück teilhaben zu können. Denn dank Julie war sie dem Chevalier begegnet. Während sie ihr Haar zu einer raffinierten Hochfrisur aufsteckte, entschied sie, ihre erste Tochter Julie zu nennen. Sie parfümierte ihr Taschentuch und schob es in einen Ärmel, legte einen Kalamank-Schal um ihre Schultern und streckte die Zunge heraus, als sie an dem venezianischen Spiegel vorbeiging, der am Eingang des Alkoven hing. Sie hatte beschlossen, ihrer Häßlichkeit die Stirn zu bieten.

Julien du Puissac war gerührt gewesen, daß Véronique de Roche-Brieux ihn gebeten hatte, den Tischsegen zu sprechen und hoffte, daß seine Stimme nicht zittern würde. Er betrachtete den großen Tisch, die mit Kanevasstickereien bezogenen Lehnstühle, die Brokatelltapeten und die Spiegelkacheln, die über dem Kamin ein Mosaik bildeten. Nach seiner Heirat würde er sich jeden Tag darin betrachten, denn er würde zu seiner Frau ziehen. Luxus mochte er nicht, aber er hatte noch nicht gewagt, mit seiner Verlobten über dieses Thema zu sprechen. Hausangestellte störten ihn; er hatte nur einen einzigen Diener gehabt, Einbein. Obwohl, zu Lebzeiten seiner Frau, hatte es einige Dienstmädchen in der Rue Hautefeuille gegeben, aber sie waren nacheinander aus einem Haus geflüchtet, in dem man sich mit Alchimie befaßt hatte.

Du Puissac bewunderte die Decken mit den ausgeschnitzten Rundbögen, die Spiegel in Goldrahmen, die mit Intarsien verzierten Leuchtertische, das Palisandercembalo und all die Schüsseln und Schalen aus massiven Silber, die sich von dem gestickten Tischtuch abhoben, doch er konnte nicht umhin, deren Wert in Pulver, Edelsteinen und Retorten umzurechnen. Daß man so viel Geld ausgab, um sein Haus einzurichten, brachte ihn auf.

Verstohlen beobachtete Véronique de Roche-Brieux den Chevalier. Sie hatte verfolgt, wie er sich jeden Einrichtungsgegenstand im Vorgemach genau angesehen hatte, und sowohl Verärgerung als auch Bewunderung in seinen Augen erkannt. Sie hatte den Grund geahnt, wollte aber das Ende des Tischgebets abwarten, um darauf zu reagieren. Nachdem Victor Le Morhier sich die Hände auf die Knie gelegt hatte, fragte sie ihn, ob ihm Neufrankreich gefallen habe. Victor lächelte überrascht.

»Haben Sie etwa vor, in die Kolonien zu gehen?«

»Warum nicht? Vielleicht halten Sie das für einen schnellen Entschluß. Mag sein. Aber ich habe schon viele Jahre verloren und bin bereit, ein neues Leben zu beginnen. Und ich glaube auch, daß unser Freund liebend gern nach Québec zurückkehren würde ...«

Du Puissac streckte ihr eine Hand entgegen und gestand, daß sie recht habe. Er gab zu, Sehnsucht zu haben; nicht nur den Winter, die Stechmücken im Juni, ja, sogar die Angst vor den Irokesen vermisse er. In Paris ersticke er, alles störe ihn. Die gewundenen, elend schmutzigen Straßen, der Gestank von verbranntem Fett und Pferdemist, die Bettler, deren Zahl ständig steige, die Soldaten, die nicht besser seien als das Lumpenpack.

»Aber Sie waren doch froh, Neufrankreich verlassen zu können?«

»Ja schon, ich weiß«, seufzte der Chevalier. »Ich bin ebenso launenhaft wie Marie LaFlamme, die immer alles haben will!«

Elizabeth, die sich gerade eine Scheibe von dem Masthuhn nehmen wollte, ließ ihre Gabel fallen. Sie errötete und sah Véronique de Roche-Brieux an, die ihr lächelnd das Mißgeschick verzieh.

»Wer ist denn diese Frau, die Ihre Gattin so betört?« fragte die Gastgeberin Victor Le Morhier, der seine Augen vor Überraschung weit aufriß: Véronique de Roche-Brieux legte eine ganz und gar unübliche Direktheit an den Tag.

Der Chevalier beeilte sich zu antworten: »Marie ist eine Heilerin, die in Québec lebt. Wie Victor stammt sie aus Nantes, deshalb kennt er sie. Sie ist überaus stur und erwartet immer, daß alle nach ihrer Pfeife tanzen. Doch sie ist die beste Heilerin, klug und mutig.«

Lächelnd reichte Victor seiner Frau die Fischplatte.

»Ich glaube, ich war in sie verliebt, wie alle Männer. Aber sie hat einen Soldaten geliebt.«

Du Puissac verzog das Gesicht: einen Soldaten? Etwa diesen Simon Perrot?

Victor Le Morhier erklärte Véronique de Roche-Brieux, daß Perrot Kerkermeister gewesen sei, bevor man ihn in die Seine geworfen habe.

»Das freut mich aber. Dieser Kerl war ganz übler Abschaum.«

Véronique de Roche-Brieux gab einem Lakaien ein Zeichen, Wein zu bringen. Obwohl es gegen die Etikette verstieß, hatte sie ihren Gästen vorgeschlagen, ihre leeren Gläser zu behalten, statt sie dem Diener zu geben.

»Diese Anstandsregel ist dumm«, stellte sie mit Bestimmtheit fest. »Ich trinke lieber, wie ich es will.«

Die Männer tranken ihr Glas Wein bis zur Neige, als hätten sie durch Simon Perrots Erwähnung einen schlechten Geschmack im Mund gehabt. Véronique de Roche-Brieux probierte die fritierte Schleie und neckte Victor Le Morhier:

»Sie wollen mit der Ostindischen Kompanie konkurrieren, habe ich gehört?«

Victor war froh, über ein anderes Thema reden zu können, und erläuterte, daß im Handel große Umwälzungen bevorstanden und wie er sie zu nutzen gedenke. Er sprach von London, das in den kommenden Jahren einen gewaltigen Aufschwung nehmen würde, von der Sinnlosigkeit eines Krieges zwischen Frankreich und England, der den Handelsverkehr bremsen würde, und von der Bedeutung der Kolonien.

»Ich fahre gern zur See«, erklärte er abschließend. »Ich mache es ganz einfach meinem Vater nach, der ein vortrefflicher Kapitän war. Dennoch will ich mein Warenangebot vielseitiger gestalten, darum werde ich meine Liebste leider manchmal allein lassen müssen.«

»Ich gehe auf kein Schiff mehr«, sagte Elizabeth und rümpfte die Nase. »Sonst muß ich sterben!«

»Kommen Sie uns besuchen, wenn Victor auf See ist«, bot Julien du Puissac an. »Sie sind jung und werden meine Frau ein bißchen von ihrem alten Ehemann ablenken.«

Sogleich bedrohte ihn Véronique de Roche-Brieux mit ihrem Messer; sie wolle ihn nicht mehr von seinem Alter reden hören. Der Altersunterschied von sechsundzwanzig Jahren sei nicht außergewöhnlich, und nichts werde sie daran hindern, mit Julien du Puissac glücklich zu werden.

Sie zeigte Mitleid für Elizabeths schweres Schicksal und brachte sie geschickt dazu, von ihrer Heimatstadt zu erzählen und Vergleiche mit Paris zu ziehen.

»Ich bin nie sehr weit gereist«, gestand Véronique dann. »Der Graf de Roche-Brieux ließ uns nicht aus dem Haus. Ich hoffe, eines Tages England besuchen zu können.«

»Monsieur Chahinian will sich dort niederlassen«, sagte der Chevalier.

»Er kann bei mir wohnen«, schaltete sich Elizabeth ein. »Das heißt, falls mein Haus noch steht.«

Ihr Gesprächspartner seufzte, denn nichts schien den Goldmacher von der Abreise abzuhalten.

»Richten Sie es ihm aus, Victor, er möchte Sie ohnehin sprechen. Das arrangieren wir noch heute. Verraten Sie mir aber jetzt, ob die Baronin sich freuen wird, uns in ihrem Haus zu sehen?«

Victor lächelte zufrieden.

Armande de Jocary würde allen voller Stolz erzählen, daß sie die Tochter des Grafen von Roche-Brieux in ihrem Haus empfangen habe.

»Ich kenne aber kein einziges Spiel«, beteuerte diese.

»Sie wird Ihnen alle beibringen: Pharao, Biribi, Würfel-, Karten- oder Glücksspiele und andere; sie liebt jede Art von Spiel! Noch mehr als ihren Schmuck!«

»Ich wundere mich, daß ich ihren Namen vorher noch nie gehört habe. Wo hat der Baron de Jocary denn gelebt?«

Victor Le Morhier lachte aus vollem Hals. Beweisen konnte er es nicht, aber er war überzeugt, daß die Baronin nicht am Hofe erzogen worden war und daß sie keinen Adeligen geheiratet hatte. Als sie in die Rue du Bourubourg gezogen war, hatte sie sich diesen Titel zugelegt, nachdem sie lange Zeit ein abenteuerliches Leben geführt hatte.

»Sie ist hart und mit allen Wassern gewaschen. Sie lügt, betrügt und stiehlt ohne jedes Schuldgefühl.«

»Dennoch schätzen Sie sie offenbar«, sagte Véronique de Roche- Brieux. »Sie lächeln ...«

Victor nickte. Die Baronin war eine verwegene Frau, die sich nie beklagte. Sie wurde wütend, aber jammerte nie, wenn das Schicksal ihr einen bösen Streich spielte. Sie war klug, hatte ein hervorragendes Gedächtnis und viel Intuition. Sie ahnte, was in Mode kommen würde, wonach die Leute verlangen würden.

»Sie ist mir eine wertvolle Hilfe bei meinen Geschäften. Ihre und die klugen Ratschläge meines Freundes Cléron sind oft unverzichtbar.«

Er berichtete von ihrem letzten Gespräch, in dem sie ihm versichert hatte, daß Schokolade und Kaffee Furore machen würden. Sie hatte zugefügt, daß noch andere Getränke aufkommen und für helle Aufregung in der Stadt sorgen würden: vergiftete Liebessäfte nämlich. Außerdem hatte sie behauptet, am Faubourg Saint-Martin würden sich liederliche Weibsbilder, die Liebes- und Todeselexiere brauten, herumtreiben und daß feine Herrschaften sich manchmal in diesen verrufenen Orten verirren würden. Man habe sogar eine Kutsche mit verschleiertem Wappen bei der Kirche Saint-Nicolas-des-Champs, in der eine dieser Hexen verkehre, anhalten sehen. Die Baronin hatte deutlich gemacht, daß sie keineswegs von harmlosen Frauen spreche, die von einer neidischen Nachbarin oder einem gehörnten Ehemann beschuldigt würden, sondern von verachtenswerten Geschöpfen, die zu allem bereit seien, um ihr Leben zu verbessern. Es gebe nicht viele von ihnen, ihre Namen seien ihr nicht geläufig, und sie habe auch kein Bedürfnis, sie kennenzulernen, sie wisse aber, daß man bei ihnen Gift-Hahnenfuß, Kröten, Arsen, Wolfsmilch, Pilze und fertig zubereitete Salben kaufen könne. Zum Schluß hatte die Baronin Victor eindringlich aufgefordert, Guy Chahinian zum Umzug zu überreden. Er hatte nämlich nicht die Bastille verlassen, nur um anschließend irgendeine Giftbrühe zu schlucken oder in einem geschwefelten Hemd zu ersticken. Victor, der den Goldmacher seit seiner Rückkehr noch nicht gesehen hatte, hatte versprochen, mit dem Chevalier darüber zu reden. Er hatte begriffen, daß der Kohleofen, die Pulver und die Edelmetalle den Neid der Nachbarn erregen konnten. Und sollten sich die Ahnungen der Baronin bewahrheiten, dann würde man irgendwann in der Nähe der Porte Saint-Martin Ermittlungen anstellen und Chahinian würde erneut im Gefängnis landen.

Der Chevalier wußte, daß Le Morhier die Wahrheit sagte. Als Elizabeth erneut Guy Chahinian ihr Haus zur Verfügung stellte, dankte er ihr in seinem Namen. Bevor Victor sich verabschiedete, schlug er du Puissac vor, den Meister am nächsten Tag zu besuchen und ihm Monsieur Brunes Eigentumsurkunden zu geben.

Als sie nach Hause kamen, schmiegte sich Elizabeth sanft an ihren Mann; sie hatte ein Lächeln auf den Lippen, das er nicht oft an ihr sah. Sie war glücklich in Paris. Später, als sie am Fenster ihres Schlafzimmers stand und ihren beigen Schlafrock anzog, jubelte sie vor Freude, denn es schneite.

Victor nahm sie in die Arme und hob sie hoch, damit sie besser auf die Straße hinaussehen konnte. Da drehte sie sich unvermittelt um, küßte ihn und bat ihn, sie sofort, jetzt und hier an dieser Stelle zu lieben. Ihre Seele schien so leicht wie eine Schneeflocke, und Elizabeth war überzeugt, wenn sie zur höchsten Lust käme, dann würde sie einfach davonfliegen.

11. KAPITEL

Schon kurz nach Weihnachten hatten die Einwohner Québecs die Festlichkeiten wieder vergessen, denn sie beteiligten sich an den Vorbereitungen zur Expedition, die unter der Leitung von Daniel de Rémy de Courcelle stand. Fünfhundert Männer würden am 9. Januar Québec verlassen, um in den Kampf gegen die Montagnais und die Oneida zu marschieren. Die drei anderen Irokesenstämme hatten durch Garakontiés Vermittlung einen Frieden mit den Franzosen vereinbart, und diese wiederum hatten ihnen Schutz zugesichert. Zu Beginn des neuen Jahres hatte der Marquis de Tracy angekündigt, er werde die beiden aufrührerischen Stämme, die sich weigerten, den Friedensvertrag zu unterzeichnen, binnen weniger Monate unterwerfen.

Die Soldaten in Québec brachten den etwa zweihundert Freiwilligen, die mit ihnen ins Feld ziehen würden, den Umgang mit den Waffen bei. Die Siedler staunten über das Gewicht der Musketen, waren begeistert von den Gewehren mit Feuersteinschloß, hielten das gewöhnliche Gewehr, das man ihnen gegeben hatte, fest am Körper, schielten aber nach dem viel größeren des Grenadiers. Sie befühlten ihre mit Pulver gefüllten Flaschen und versicherten, daß sie damit umgehen könnten.

Ihren Frauen erklärten sie immer wieder, daß sie im Frühling unversehrt wiederkämen, weil die Montagnais sich aus dem Staub machen würden, sobald sie die Truppen in ihr Stammesgebiet vorrücken sehen würden. Dennoch weinten die Frauen heimlich und beneideten Rose Rolland, die ihren Alphonse zu Hause behalten durfte.

Marie dagegen dankte dem Himmel, daß der Gouverneur diese Expedition auf die Beine gestellt hatte: In weniger als sechs Stunden würde Simon Perrot Québec verlassen, und sie wünschte sich, daß er niemals mehr zurückkehren würde.

Das Gefühl, in einem schrecklichen Schlamassel zu stecken ließ ihr keine Ruhe.

Sie hätte es nicht so weit kommen lassen dürfen. Am Tag nach Dreikönig waren sie sich zufällig im Neuen Warenhaus begegnet, und er hatte ihr für die Nacht seinen Besuch angekündigt. Sie hatte ihm gesagt, Noémie sei krank und sie müsse sich um sie kümmern. Er hatte daran erinnert, daß sie sich zum vorletzten Mal sehen würden, weil er bald aus Québec wegmüsse. Sie hatte versucht zu erklären, daß sie sehr erschöpft sei; sie habe am Bett des kleinen Jacquot Tardieu gewacht und ... Simon war ihr ins Wort gefallen, er wisse schon, wie er sie wieder munter machen könne.

Marie hatte ihm hinterhergesehen, als er den Laden verlassen hatte, in Gedanken war sie aber immer noch bei Jacquot gewesen. Er hatte so hohes Fieber gehabt, daß sie befürchtet hatte, er würde sterben. Ohne auf das Protestgeschrei der Mutter zu hören, hatte sie den Kleinen mit Schnee abgerieben, um sein Fieber zu senken. Zehn-, zwanzig-, dreißigmal hatte sie den Vorgang wiederholt und darauf bestanden, dem Kind Zuckerwasser zu trinken zu geben. Im Morgengrauen hatte der Junge nicht mehr so schwer geatmet, und Marie war unter Tränen der Erleichterung nach Hause gegangen.

Als sie Noémie abgeholt hatte, hatte sie Rose von ihren Befürchtungen, Jacquot könnte die Nacht nicht überleben, erzählt.

»Er ist nicht der einzige, dem es so schlecht geht«, hatte Alphonse gesagt. Er war gerade aus der Oberstadt gekommen. »Agathe Souci soll krank im Bett liegen, und Bontemps hat sich gestern den ganzen Tag übergeben müssen. Die kleine Françoise auch. Ich bin Guillemette Couillard begegnet, die gestern zwei Stunden bei der Witwe Martin war.«

»Und sie hat mich nicht holen lassen!« hatte sich Marie empört. »Nach dem, was ...«

»Sie wird dich nicht mehr angetroffen haben. Du warst bestimmt schon unterwegs zu Jacquot.«

»Ich muß sofort zu ihr!«

»Laß Noémie bei uns! Sie stört überhaupt nicht.«

»Sie hilft mir, den Zwieback für die Expedition einzupacken«, hatte Alphonse Rousseau hinzugefügt.

»Indem sie ihn ißt?« hatte Marie gemeint. »Gib gut auf sie acht! Sie stibitzt nämlich gern!«

Rose hatte Marie zur Tür begleitet und ihr den langen Schal gegen die Kälte umgelegt. Kopfschüttelnd hatte sie ihre Freundin weggehen sehen. Würde Marie denn nie innehalten? Selbst wenn sie sehr müde war, weil sie kaum geschlafen hatte, machte sie sich sofort wieder auf den Weg, wenn man ihr von einem Kranken erzählte. Dennoch konnte sie in diesem Moment Maries Überlegung nachvollziehen; wenn es ihr gelang, die Kleine gesund zu machen, würde diese endlich begreifen, daß die Füchsin es nur gut mit ihr meinte.

Den Tränen nahe hatte die Witwe Marie begrüßt. Sie hatte nicht gewagt, sie zu belästigen, und war daher gerührt, daß die Heilerin von selbst zu ihr gekommen war! Françoise hatte sich die ganze Nacht erbrochen.

»Ich bin schuld, denn ich habe ihr von den Backpflaumen aus Tours gegeben. Die Jesuiten haben sie mir zu Weihnachten geschenkt, um mir für meine Mitwirkung an ihrem frommen Werk zu danken. Sie hat bestimmt sieben Stück gegessen!«

Marie war ans Bett des kleinen Mädchens getreten. Nachdem Françoise sie wiedererkannt hatte, hatte sie geblinzelt. Sie war schweißgebadet gewesen und hatte säuerlich gerochen. Ihre Haare, die an ihre Schläfen geklebt waren, hatten sie wie einen kleinen Vogel aussehen lassen. Marie hatte ihr die Achseln und den Bauch abgetastet, der nicht viel gespannter als gewöhnlich gewesen war. Sie hatte der Witwe Martin Weidenwurzeln gegeben und ihr erklärt, wie sie sie abkochen soll.

»Die Backpflaumen habe ich versteckt. Die wird sie mir nicht mehr anrühren!«

Beruhigt hatte Marie die Martins verlassen. Als sie an der Schenke vorbeigegangen war, hatte man sie hineingerufen. Ein Mann hatte sich beim Reinigen einer alten Hakenbüchse in die Hand gestochen. Er war schon der dritte Siedler gewesen, der sich innerhalb von zwei Tagen verletzt hatte. Marie hatte sich nicht vorstellen können, wie diese Männer, die in ihrem ganzen Leben nie eine andere Waffe als etwa eine Heugabel oder einen Knüppel in der Hand gehalten hatten, mit den neuen Gewehren zurechtkommen würden. Sie hatte den Mann verarztet, dann war sie in das Neue Warenhaus gegangen, um Zucker zu besorgen. Dort hatte sie dann Simon getroffen. Er hatte ihr seinen Besuch angekündigt, während sie ihm von ihren Befürchtungen wegen Jacquot erzählt hatte.

Bei Anbruch der Nacht kam er dann, legte seinen Waffenrock ab, schwärmte ihr von seinem neuen Gewehr vor und umschlang sie fest. Da Marie kaum auf seine Zärtlichkeiten reagierte, fragte er sie, was mit ihr los sei.

»Ich bin erschöpft, Simon. Den ganzen Tag habe ich Kranke gepflegt und …«

»Ich bin auch müde, denn ich bereite mich auf den Krieg vor! Dabei werde ich mein Leben aufs Spiel setzen, und du weißt nichts Besseres, als mir andauernd deine Geschichten über sterbenskranke Patienten zu erzählen!«

»Ich komme ja gar nicht zum Erzählen, weil du mir ständig ins Wort fällst.«

Simon horchte auf. Marie hatte in einem anderen Ton, einem widerspenstigen Ton, gesprochen, der ihm mißfiel.

»Was willst du damit sagen?«

Marie zuckte mit den Schultern.

»Gib Antwort!«

»Du willst mir gar nicht zuhören. Nie hörst du mir zu, wenn ich über meine Kranken, Noémie, meine Mutter oder Rose rede.«

»Das ist nicht wahr«, widersprach der Soldat. »Ich mag es, wenn wir uns an Nantes erinnern.«

»Um so besser, denn Nantes wird eine Erinnerung bleiben«, warf Marie ein.

Simon packte sie an den Schultern, rüttelte sie und verlangte nach einer Erklärung. Marie versicherte ihm, daß sie niemals nach Frankreich zurückkehren werde, daß ihr Schatz nicht existiere, daß er ihn besser vergessen solle – und sie gleich mit.

Zunächst schien er wie vor den Kopf gestoßen zu sein, doch dann lachte er schallend. Marie machte sich lustig über ihn! Es war nicht sehr freundlich, sich über einen armen Soldaten lustig zu machen. Anschließend legte er seine Arme um ihren Hals und küßte sie. Sie ließ ihn gewähren und sagte, daß sie Neufrankreich niemals verlassen werde.

Simon fing an zu brüllen und schüttelte sie so heftig, daß sie die Lippen zusammenpreßte, um nicht schreien zu müssen. Er warf ihr vor, daß sie ihren Schatz mit einem anderen Mann teilen wolle. Erneut erklärte sie ihm, daß es keinen

Schatz gebe. Dann begann Noémie zu weinen, und Marie wollte zu ihrer Wiege gehen, doch Simon hielt sie fest:

»Hör mir mal zu!«

»Meine Tochter braucht mich! Du machst ihr angst! Laß mich los!«

»Niemals!« schrie der Soldat und hielt Marie an den Handgelenken fest. »Du gehörst mir!«

Marie starrte ihn an und erkannte in seinen schwarzen Augen Grausamkeit und Feigheit. Sie dachte an die Worte Nanettes, die sich vor dem Soldaten gefürchtet hatte. Dann schloß sie die Augen, weil sie sich erinnert hatte, daß Simon an dem Abend, als er Guy Chahinian verhaftet hatte, den gleichen finsteren Gesichtsausdruck gehabt hatte.

»Du bist meine Frau und mußt mit mir nach Nantes gehen, sobald ich von der Expedition zurück bin!«

Marie wiederholte, daß sie in Québec bleiben würde. Zuerst gab er ihr eine Ohrfeige, dann schlug er mit beiden Fäusten auf ihr Gesicht ein, wieder und wieder, und hämmerte gegen ihre Brust. Sie versuchte, sich mit den Händen zu schützen, und zwang sich, nicht zu schreien, damit die Kleine nicht erschrak und die Nachbarn nicht aufmerksam wurden. Niemand sollte erfahren, daß sie ein Verhältnis mit Simon gehabt hatte.

»Bist ja so still, mein Mäuschen«, stellte er plötzlich fest. »Schrei doch, oder hast du Angst, man könnte merken, daß ich hier bin?«

Marie antwortete nicht. War sie in einen Alptraum geraten? Simon mußte verrückt geworden sein, sie so zu verprügeln!

»Niemand wird es merken, denn ich muß wieder fort, Marie.«

Aber er ging nicht zur Tür, sondern setzte sich auf einen Stuhl und holte eine kleine Flasche Schnaps aus seiner Uniform hervor. Er nahm einen kräftigen Schluck und reichte sie anschließend Marie, doch sie lehnte ab.

»Nimmst du nichts von mir? Das war mal anders!«

»Da hast du recht, Simon.«

»Natürlich habe ich recht! Du wirst sehen, wir werden deinen Schatz finden, und dann wirst du mir ewig dankbar sein!«

Marie nickte nur; sie hatte keine Lust mehr, ihm zu widersprechen; er sollte sich beruhigen, einschlafen oder verschwinden und ihr ja nicht mehr zu nahe kommen, auch Noémie nicht.

Plötzlich beugte er sich über das Bett der Kleinen und sah dabei Marie an, als hätte er ihre Gedanken erraten. Starr vor Angst dachte sie, ihn eher umzubringen als zuzulassen, daß er ihre Tochter anrührte. Den Schürhaken würde sie ihm in die Brust stoßen. Ja genau, den Schürhaken. Oder das große Messer, daß Guillaume noch gewetzt hatte, bevor er zu seinen Streifzügen aufgebrochen war.

»Hat aufgehört zu flennen«, sagte der Soldat lediglich und setzte sich wieder auf seinen Stuhl.

Marie atmete auf, aber Simon erhob sich sofort wieder und drückte sie an sich und küßte sie, in den Nacken und auf die Schulter, dann flüsterte er ihr ins Ohr, daß er am nächsten Tag wiederkommen würde.

»Wenn du friedlicher bist. Ich sehe, du bist erschöpft, wie du selbst gesagt hast, und ziemlich durcheinander. Laß uns morgen miteinander reden.«

Marie seufzte und nickte nochmals. Sie hätte ihm alles versprochen, nur damit er ihr Haus verließ. Beim Abschied lächelte er ihr zu; es war ein Lächeln, das sie anwiderte. Zitternd verriegelte sie die Tür und wiegte Noémie eine Stunde lang, mehr um sich selber zu beruhigen.

Am nächsten Tag waren ihre Schultern von den Schlägen blau angelaufen. Erst jetzt begriff sie! Sie hatte von einem Simon geträumt, den es nicht mehr gab. Sie hatte in ihm einen starken und liebenden Mann gesehen, mit Geist und Herz. In Wirklichkeit war er krankhaft eifersüchtig, gewalttätig, verschlagen und geldgierig. Sie wollte sich nicht eingestehen, daß ein so schönes Gesicht einen derart niederträchtigen Charakter verbergen konnte.

Wie hatte sie nur so dumm sein können? Sie fühlte sich mehr durch ihre Selbsttäuschung gedemütigt als durch ihre unerfüllten Träume. Sie schämte sich, daß sie so dumm gewesen war, diesen Mann in ihrem Haus empfangen und vor Noémie geliebt zu haben. Jetzt war ihr klar, warum manche

Frauen, die von ihren Männern geschlagen worden waren, logen, indem sie vorgaben, auf dem Eis ausgerutscht zu sein. Sie verschwiegen lieber ihren Schmerz, als zuzugeben, daß sie sich geirrt hatten. Sie hatten gebetet und gehofft, ihre Männer würden sich bessern. Sie hatten an deren Reueschwüre geglaubt und darauf vertraut, der allmächtige Gatte würde wieder der liebenswerte Verlobte werden. Sie hatten sich getäuscht, bekamen aber keine zweite Chance, es sei denn, ein barmherziger Gott hätte sie von ihrem Henker befreit.

Marie trocknete ihre Tränen und erhob sich. Sie hatte nichts zu verbergen, denn niemand wußte von diesem Verhältnis. Also würde Simon sie nicht vor aller Augen demütigen können, sie würde nicht Ziel des öffentlichen Mitleids sein, hinter ihrem Rücken würde auch nicht getuschelt werden. Und vor allem war sie mit dem Soldaten ja nicht verheiratet. Voller Dankbarkeit dachte sie dann an Simons arme Frau, die sie einstmals so gehaßt hatte. Hätte Josette ihr in Paris den Soldaten nicht weggenommen, dann wäre sie Simons Frau geworden.

So war sie einer Bestie entkommen.

Niemals wollte sie ihn wiedersehen!

Als sie ihre Tochter anzog, kam Rose Rolland vorbei. Sie wunderte sich, daß Maries Haar völlig zerzaust war. Plötzlich schrie sie auf; sie hatte den Bluterguß auf deren Hals entdeckt, Marie versuchte vergeblich, sich zu einem Lächeln zu zwingen, und brach in Tränen aus. Rose nahm sie in die Arme, bis sie sich beruhigt hatte. Nachdem Marie den Namen Simon geflüstert hatte, stellte ihr Rose keine einzige Frage. Sie zählte die blauen Flecke auf den Handgelenken und der Stirn und vermutete, daß die Schultern ihrer Freundin ebenfalls damit übersät waren. Rose wickelte Noémies Sachen in ein großes Laken, griff nach Maries Quersack, hüllte sie in ihren weiten grauen Umhang und nahm sie mit nach Hause. Sie brachte sie in ihr Bett und spielte dann mit Noémie, während sie ungeduldig nach Alphonse Ausschau hielt.

Nachdem Marie aufgestanden war, sagte sie ihnen, daß Simon sie am späten Abend bestimmt wieder aufsuchen werde, denn er habe vor, seine letzten Stunden in Québec mit ihr im Bett zu verbringen. Und falls er alles kurz und klein schlug, weil sie nicht da war? Wenn er herausfand, daß sie zu den Rousseaus geflohen war? Wenn durch sein Geschrei alle Leute zusammenliefen?

»Du mußt ihn anlügen.«

»Wie?« fragte Marie niedergeschlagen.

Rose hatte ihre Freundin noch nie in einem derart verzweifelten Ton sprechen hören. Sie war traurig über ihren Schmerz, dachte sich aber auch, daß Marie endlich einen Denkzettel bekommen hatte. Eines Tages hatte sie ganz einfach einsehen müssen, daß die Wirklichkeit nichts mit ihren Träumereien zu tun hatte.

»Ich werde ihm sagen, daß man dich ins Spital gerufen hat, um bei Schwester Catherine Nachtwache zu halten. Ich werde ihm eine Nachricht von dir übergeben.«

»Er kann nicht lesen«, gab Marie zu bedenken.

»Er nicht, aber ich kann es«, entgegnete Rose stolz. »Er wird mich bitten, es für ihn zu tun. Ich werde ihm vorlesen, daß du es bedauerst, ihn nicht sehen zu können, daß du ihn bittest, dir dein Benehmen von gestern abend zu verzeihen, daß du für ihn beten wirst, solange er weg ist, daß du …«

»Daß ich mit ihm nach Nantes gehen werde. Er wird dir glauben …«

»Auch wenn da was ganz anderes steht!« rief Rose fröhlich.

Marie schrieb einen jämmerlich banalen Brief, in dem sie erklärte, daß sie für alle Soldaten des Carignan-Salières-Regiments beten werde und glücklich sei, daß jemand aus Nantes dabei sei. Die Ehre der Heimat sei gerettet. Marie ging tatsächlich ins Spital. Viele Siedler hätten ihren Besuch dort bezeugen können, und sie wußte, daß sie dort ihren Beichtvater finden würde. Den Ehebruch gestand sie nicht, weil sie befürchtete, der Priester könne vielleicht das Beichtgeheimnis brechen, aber sie bekannte, hochmütig gewesen zu sein und deshalb ihre Familie vernachlässigt zu haben …

In der Zwischenzeit hatte Rose Simon Perrot getroffen. Sie hatte sich bemüht, der Liebreiz in Person zu sein. Das war ihr sehr gut gelungen, denn sie hatte die Hand des Soldaten auf ihren Hüften gespürt. Sie hatte sich geziert und beteuert, sie sei verheiratet und im Moment nur damit beauftragt, ihm diese Nachricht zu übergeben. Wie vorhergesehen, hatte er sie gebeten, ihm diese vorzulesen. Sie hatte vorgegeben, über bestimmte Wörter zu stolpern, und sich über Maries unleserliche Handschrift beklagt. Nachdem sie Alphonse gesehen hatte, der sozusagen gekommen war, um sie zu erlösen, war sie rasch auf den Kai zugelaufen. Simon hatte ihr nachgeblickt, und sich gedacht, daß ihr hübscher Hüftschwung nicht zu verachten sei. Nach seiner Rückkehr von der Expedition würde er sich die Dame näher ansehen.

»Nur noch drei Stunden!« sagte Rose zu Marie, als sie vom Quai Champlain zurückkam. »Simon habe ich nicht gesehen, aber im Hafen herrscht ein unheimlicher Hochbetrieb! Alle Siedler wollen beim Abzug der Truppen dabeisein. Unsere Soldaten haben sich warm angezogen.«

»Das wird nicht genügen«, prophezeite die Füchsin. »Sie werden frieren.«

Die Uniformen der Soldaten waren winterfest gemacht worden. Man hatte die Ärmel der braunen Röcke verlängert, so daß die Hemden nicht mehr zu sehen waren. Die Männer stellten den Kragen hoch und schlangen einen Schal um ihren Hals. Nur einige hatten sich um diese Jahreszeit für den breitkrempigen Hut entschieden; den meisten war eine Pelz- oder Wollmütze lieber gewesen. Dem Beispiel der Indianer folgend, trugen die Soldaten zwei Paar Strümpfe übereinander, zusätzlich noch einen Lederstreifen. Ein Gürtel verhinderte, daß der Rock im Wind aufgebläht wurde, und hielt außerdem eine schwere Wolldecke fest.

Die Freiwilligen, die zunächst erfreut gewesen waren, sich nicht wie ihre Vorfahren in eine fünfzig Pfund schwere Metallausrüstung zwängen zu müssen, wurden schnell eines Besseren belehrt: Alle hatten neben ihrer Waffe und ihrer Decke auch noch Proviant zu transportieren. Und sie waren auch nicht beweglicher als ihre Vorfahren: Diese hatten sich mit ihrem Helm und Ihrem Eisenschnabel plagen müssen, die Soldaten von Carignan-Salières dagegen mußten sich an die

Schneeschuhe gewöhnen. Nur wenige Siedler waren mit diesen Indianerschuhen vertraut. Sie konnten den Soldaten erklären, wie man sie festmachte, aber wie geschickt man sich mit ihnen fortbewegte, das war eine Frage der Gewöhnung.

»Der Gouverneur und seine Offiziere werden genausoviel schleppen wie der einfache Soldat«, fügte Rose hinzu. »Rémy de Courcelle ist ganz anders als Davaugour oder d'Argenson!«

Rose Rolland hatte Voyer d'Argenson nie verziehen, daß er den Waldläufer Médard Chouart des Groseilliers nach der Rückkehr von einem seiner Streifzüge hatte einsperren lassen, nur um dessen riesigen Gewinn aus der Pelzausbeute an sich zu bringen. D'Argenson oder Davaugour zog sie sogar Saffray de Mézy vor, und ohne jeden Vorbehalt bewunderte sie Tracy, Courcelle und Talon. Vor allem Talon, weil er dem König erneut einen Brief geschrieben hatte, um ihn zu bitten, noch mehr Einwanderer zu schicken. Es brauchte noch mehr Untertanen und Siedler, um ein weitläufiges Territorium urbar zu machen, und er wünschte, seine Majestät wäre bereit, nun genausoviel in das Wachstum wie zuvor in die Befestigung der Kolonie zu investieren. Der Intendant plante, die Geburten zu fördern, indem er den kinderreichen Familien beträchtliche Zuwendungen versprach. Und schließlich unterließ es Jean Talon nie, Rose freundlich zu grüßen, wenn er ihr in der Stadt begegnete. Trotz seiner wichtigen Stellung war er ein bescheidener Mann, und insgeheim beneidete sie Marie, weil sie so oft mit ihm gesprochen hatte.

»René Blanchard tut es leid, daß er nicht mitgehen kann«, sagte sie zu Marie.

»Er ist so stolz wie ich«, bemerkte die Füchsin in einem spöttischen Tonfall. »Stolz und Dummheit sind miteinander verwandt. Und was würde aus Emeline und seinen drei Kindern werden, wenn die Montagnais ihn töten? Die Familienväter müssen in Québec bleiben.«

»Zum ersten Mal freue ich mich, daß Alphonse nur ein Bein hat«, gestand Rose. »Die verlobten Frauen sind neidisch, weil ich meinen Mann zu Hause behalten kann, aber keine von ihnen hat sich vor mir für ihn interessiert.«

»Er hätte sie nicht mal gesehen, Rose. Er ist ganz in seinem Dienst für Monsieur du Puissac aufgegangen. Erst durch dein Lächeln hat er die Welt um sich herum wahrgenommen. Er hatte nie anderes im Sinn als das Glück des Chevaliers.«

»Alphonse erzählt mir oft von ihm. Eigentlich hätte Julien du Puissac meinem Mann schreiben müssen.«

Offensichtlich war Rose beleidigt wegen der Nachlässigkeit des Chevaliers. Sie konnte ja nicht ahnen, daß dieses Schweigen auch zu ihrem Schutz war, denn sie wußte nicht, daß du Puissac Mitglied der Brüderschaft des Lichtkreuzes war.

»Der Chevalier wird viel zu tun haben in Paris«, verteidigte ihn Marie, denn sie kannte seine geheimen Aktivitäten.

»Ja, mit der Politik, oder? Man hat ja gesehen, was es Fouquet gebracht hat! Ich bin froh, daß du Puissac allein nach Paris zurückgekehrt ist. Er hätte Alphonse noch ins Gefängnis gebracht.«

Maries Blick verfinsterte sich. Im Geiste sah sie Chahinian in Handschellen vor sich.

»Was ist denn? Denkst du an Simon?«

Marie nickte. Die Buße, die ihr der Beichtvater auferlegt hatte, würde noch nicht mal einen Bruchteil ihrer Schuld tilgen. Sie hatte versucht, Simon über den Goldmacher auszufragen, aber nicht einsehen wollen, daß er selbst etwas falsch gemacht haben könnte. Sie war von ihrer wahnsinnigen Dummheit wie besessen und mußte von nun an mit diesem Gefühl der Niederlage leben. Sogar ihr Spiegel schien blind geworden zu sein.

Rose schüttelte sie am Arm.

»Denk nicht mehr an ihn! Er hat dich mit seinem schönen Lächeln betrogen. Bestimmt sind schon viele Frauen vor dir auf ihn hereingefallen.«

»Ich hätte besser …«

»Was hättest du tun sollen? Das Leben so nehmen, wie es ist? Ja, genau. Aber das wirst du noch lernen.«

Marie wollte antworten, schwieg jedoch.

»Du möchtest, daß alles so ist, wie du es beschlossen hast, meine liebe Füchsin. Du wolltest Guillaume und hast ihn dir genommen. Du wolltest Simon, und du hast ihn bekommen.

Du wolltest Noémie, jetzt hast du sie. Du wolltest mich, und du hast mir das Leben gerettet. Oft sind deine Wünsche guter Natur. So schiebst du den Tod beiseite, versuchst es mit ihm aufzunehmen. Aber das Leben ist wie ein Schiff, auf dem jeder rudern muß. Du kannst nicht gegen den Strom steuern und dich über diejenigen, die neben dir schwitzen, lustig machen, weil du glaubst, daß dich nie ein Ruderschlag erwischen wird. Während du ruderst, darfst du natürlich träumen, aber die Holzsplitter der Ruder werden dir immer die Hände aufreißen.«

Rose wurde rot. Gewöhnlich redete sie nicht so viel, aber Maries Stimmung hatte sie ermutigt, ihr Herz auszuschütten. Sie wollte nicht, daß Marie noch einmal enttäuscht wurde, und sie war es leid, Marie aus Schwierigkeiten zu holen, in die sie sich immer selber brachte.

»Es wird ruhig sein in der Stadt, wenn die Soldaten weg sind«, sagte die Füchsin.

»Ja, das denke ich auch.«

»Ich werde die Zeit nutzen und meine Heilmethoden aufzeichnen, wie es meine Mutter schon gemacht hat. Es ist für Noémie.«

Rose nickte zustimmend, legte sich die Hände auf den Bauch und lachte schallend. Sie würde das Rezept ihres Nußgebäcks niederschreiben, wenn sie eine Tochter bekam.

»Es wird ein Junge«, sagte Marie zu ihr.

»Woher weißt du das?«

Marie unterdrückte ein Lachen. Rose hatte ihr eine Predigt gehalten, weil sie so unvernünftig war. Aber umgekehrt war Rose sofort bereit, an eine geheimnisvolle Kraft zu glauben, die es möglich machte, das Geschlecht von Kindern vorauszusagen. Verstohlen sah Rose Marie an und fragte sich, ob sie Alphonse sagen würde, daß er einen Sohn bekäme. Dann zuckte sie mit den Schultern und behauptete, es sei ihr völlig egal, ob es ein Junge werde oder ein Mädchen.

»Ich hoffe, daß es nicht zu lange schneit«, meinte Rose und betrachtete den Himmel. »Die Soldaten werden nämlich erschöpft sein, noch bevor sie das Cap-de-la-Madeleine erreicht haben.«

Marie machte ein skeptisches Gesicht. Der Schnee fiel in sanften und langsamen Flocken. Man hatte den Eindruck, als ob er den ganzen Winter in diesem ruhigen, gleichförmigen Rhythmus fallen würde, ohne jemals sein Tempo zu beschleunigen oder zu bremsen. Die Augenbrauen, die Haare und die Bärte der Soldaten würden zunächst weiß werden. Sie würden dem Marquis de Tracy mit seiner gepuderten Perücke ähneln. Dann würden sie aussehen wie verschneite Felsen, weil sie nur noch langsam vorankämen, wie lächerliche Statuen in der unendlichen, vereisten Weite.

Vielleicht würde Simon sich verirren und erfrieren, vor Kälte erstarrt.

»Ich habe Anne Martin am Kai getroffen«, berichtete Rose. »Sie sagt, daß es Françoise bessergeht und daß dein Mittel Wunder gewirkt hat.«

Marie schien überrascht.

»Freust du dich denn nicht?«

»Das ging aber schnell. Vorgestern hat die Kleine noch sehr gelitten. Hast du sie gesehen?«

»Nein. Anne Martin war allein. Sie meinte, allzu viele Leute würden ihre Tochter ängstigen, und sie hat recht. Dieses Kind fürchtet sich sogar vor seinem eigenen Schutzengel! Das haben wir ja an Weihnachten gesehen: Jean-Jean, Noémie und Jeannette waren die einzigen, die ihr nahe kommen konnten, ohne sie zu erschrecken.«

»Noémie mag sie sehr gern und verlangt oft nach ihr. Ich denke, es liegt daran, daß beide die gleiche Haarfarbe haben. Sie glaubt wahrscheinlich, daß sie zu unserer Familie gehört. Lustig, oder?«

»Da irrst du dich. Nicolette Jasmin kann sie nicht ausstehen, die hat aber auch rote Haare.«

Marie lobte Rose dafür, daß sie ihre Tochter so genau beobachtet hatte.

»Du wirst eine gute Mutter sein, meine Liebe.«

Gerührt küßte Rose Marie auf die Wange und erklärte, daß Julie LaFlandres es nicht besser gemacht hätte als die Füchsin.

Marie LaFlamme zog ihren Schal enger um ihre Schultern

und verriet Rose, daß sie du Puissac gebeten habe, nach Noémies Familie zu suchen.

»Warum?«

»Wir sind zwar beide rothaarig, aber so viel Ähnlichkeit mit mir hat sie gar nicht. Die Passagiere der *Alouette* wissen, daß ich sie adoptiert habe. Wenn sie größer ist, werde ich Noémie von ihrer Herkunft erzählen. Ich muß doch die Fragen, die sie mir einmal stellen wird, beantworten können.«

»Aber du Puissac hat dir doch nie geschrieben«, warf Rose ein.

Marie zuckte mit den Schultern. »Ich weiß. Aber ich habe ein ruhiges Gewissen, denn ich habe alles getan, um die Wahrheit herauszufinden. Und du darfst nicht vergessen, daß die Post schon mal verlorengeht. Deswegen schickt Oberschwester Marie zum Beispiel ihre Briefe mit drei verschiedenen Schiffen ab.«

»Das habe ich Alphonse auch gesagt, um ihn zu trösten, weil er von seinem Herrn keine Nachrichten hat ...«

Ihr Gespräch wurde von fröhlichen Rufen unterbrochen: Noémie war aufgewacht und hatte Hunger. Marie hatte viele Kinder gesehen, aber sie bezweifelte, daß es eines gab, das genauso unersättlich war wie ihre Tochter. Sie nahm sie aus dem großen Bett der Rousseaus und sagte ihrer Freundin, daß sie sich bald eine Wiege anschaffen müsse.

»Alphonse hat mir versprochen, daß er noch vor Ostern eine baut«, antwortete Rose und griff nach ihrem großen Barchent-Schultertuch. »Ich treffe ihn am Kai. Seit Stunden hilft er den Soldaten, die Vorräte auf die Boote zu laden! Er soll aber nicht so lange draußen bleiben, sonst tut ihm heute abend nur wieder sein Stumpf weh.«

Marie sah Rose weggehen und versuchte gar nicht, sie zurückzuhalten, denn sie war glücklich, mit ihrer Tochter allein zu sein. Ausgelassen spielte sie mit ihr, um Simon, die Angst und die Verachtung zu vergessen, die er in ihr hervorgerufen hatte. Sie ahmte die Tiere des Waldes und des Meeres für Noémie nach und versprach ihr, daß sie schon bald Blindekuh und Verstecken spielen würde, mit Jean-Jean, Françoise, Paul und Antoinette. Noémie klatschte in die Hände, rannte begeistert durch das Zimmer und versuchte, auf Mkazawi zu klettern, der tapfer ertrug, daß das Kind ihn am Schwanz und an den Ohren zog. Marie war ganz aufgekratzt, als Rose und Alphonse zurückkamen.

Sie schüttelten den Schnee von ihren Kleidern und erzählten ihr, daß die Truppen Québec verlassen hätten. Sofort sammelte Marie Noémies Sachen ein. Sie wollte nach Hause. Sie war zwar nur einen Tag weggewesen, aber sie sehnte sich doch, wieder in ihren eigenen vier Wänden zu sein. Sie dankte ihren Freunden für ihr Verständnis, hob Noémie hoch, zog sich die Kapuze über und ging hinter Mkazawi, der schnurstracks in Richtung Rue Sault-au-Matelot lief, durch die Tür.

Ihr Haus war schon in Sichtweite, als sie von Nicolette Jasmin angehalten wurde: Anne Martin suchte sie überall. Ihre Tochter hatte wieder Brechanfälle. Marie seufzte. Den Traum von einem gemütlichen Abend zu Hause vor dem Feuer konnte sie vergessen. Sie folgte Nicolette und ging zurück in die Rue Sous-le-Fort.

»Jetzt besuchen wir Françoise«, erklärte sie Noémie und setzte sie in den Schlitten, vor den sie Mkazawi gespannt hatte. »Du wirst immer schwerer!«

Anne Martin hatte sie bereits kommen sehen und ihnen sofort geöffnet. Aus dem hinteren Teil des Zimmers drang ein Stöhnen. Marie legte ihren Umhang ab und ging zu Françoises Bett. Das Mädchen zitterte, obwohl der Schweiß auf seiner Stirn perlte. Sein Gesicht war grau, seine Augen trieften. Mit besorgter Miene kam Anne Martin näher.

»Sie hat sich heute wieder übergeben müssen. Ich habe Sie gesucht, konnte Sie aber nicht finden.«

Marie wühlte in ihrem Quersack, um der Witwe nicht antworten zu müssen.

»Haben Sie ihr den Tee gegeben, den ich Ihnen geraten habe?«

»Ja. Es ging ihr dann auch besser. Aber jetzt hat sie ihr Abendessen erbrochen.«

Marie tastete Françoises Hals, Bauch und Achseln ab. Anne Martin verfolgte jede ihrer Bewegungen mit ängstlichen

Blicken, bereit, sofort einzugreifen, falls Marie Françoise auf den Bauch drehen würde. Marie durfte auf keinen Fall das verbrannte Gesäß sehen. Sie hatte zunächst gezögert, Nicolette zu Marie zu schicken, doch sie mußte zeigen, daß sie eine liebende Mutter war, die sich um ihre Tochter sorgte. Marie würde dies bestätigen, falls Françoise sterben sollte. Sie würde behaupten, daß sie das Kind seit Ausbruch der Krankheit mit einem Absud aus Weide und Habichtskraut behandelt habe. Sie würde erklären, mit ihren Wurzeln schon vielen Kindern geholfen zu haben, die heute wieder munter herumhüpften. Aber Françoises Tod würde sie sich nicht erklären können.

Denn wie sollte sie ahnen, daß das Arsen langsam ihre Eingeweide zerfraß?

»Ich werde ihr andere Kräuter geben. Der aufgeblähte Bauch gefällt mir nicht. Ich bin dafür, sie ins Spital zu bringen …«

Daß ihre Medizin bisher nicht gegen die Krankheit von Françoise ankam, störte Marie sehr. Jetzt hoffte sie, daß die Mäuseöhrchen Wirkung zeigten, aber sie mußte Anne Martin dazu bringen, sich mit dem Kind ans Krankenhaus zu wenden. Wenn sich nämlich der Zustand der Kleinen nicht besserte, dann würde die Verantwortung wenigstens nicht allein bei ihr liegen. Marie wollte nicht als einzige Anne Martins Vorwürfe ertragen müssen, falls ihre Tochter starb.

Marie mußte wirklich sehr erschöpft sein, wenn sie schon mit dem Schlimmsten rechnete! Vielleicht hatte die Witwe Martin die Weidenwurzeln nicht lange genug ziehen lassen, oder Françoise hatte ihren Tee sofort erbrochen, nachdem sie ihn getrunken hatte … Ihre Gesichtsfarbe beunruhigte die Füchsin, aber sie durfte nicht so schnell in Panik geraten. Sie würde sie retten.

»Ins Spital möchte ich sie nicht bringen«, sagte Anne Martin. »Françoise wird hierbleiben, hier in diesem Haus, das sie gut kennt. Ich vertraue Ihnen.«

Marie zog das Laken und die Wolldecke über Françoises Schultern, während Anne Martin das Fell wieder um ihre Beine wickelte. Noémie ging zu Françoise, als ihre Mutter sich gerade vom Bett entfernte.

»Françoise ist müde, Noémie. Sei lieb!«

Noémie blieb bei ihrer Freundin und betrachtete sie mit ernstem Gesicht, als verstehe sie ihre Schmerzen. Françoise lächelte schwach, als sie Mkazawis Nase an ihrem Hals spürte. Marie führte Anne Martin aus dem Zimmer. Sie wollte ihr erklären, wie sie den Absud zuzubereiten hatte. Die Wurzel mußte einen ganzen Nachmittag ziehen, und dann eine halbe Stunde langsam köcheln. Anne Martin versicherte ihr, daß sie es genau so gemacht habe.

»Ich wundere mich, daß die Schmerzen so oft kommen, aber ich hoffe, daß Françoise bald wieder im Schnee spielen kann«, sagte Marie LaFlamme.

Anne Martin dankte der Heilerin und bot ihr von den Backpflaumen an.

»Möchten Sie eine? Es sind noch ein paar da. Françoise hat nicht alle verschlungen! Ich hatte sie gut versteckt, sie hat sie aber trotzdem gefunden. Ich hätte Sie nicht herbemühen sollen ...«

Marie hob die Hand und verneinte, es sei ihr lieber, umsonst zu kommen, als zu spät zu einem Kranken gerufen zu werden. Als sie die Backpflaume probierte, erinnerte sie sich, wie sie in Neufrankreich zum ersten Mal eine gegessen hatte. Eléonore de Grandmaison hatte ihr welche geschenkt, weil sie ihren Mann von einem schlimmen Husten kuriert hatte. Seitdem rühmte Jacques de Cailhaut de La Tesserie ihre Fähigkeiten. Jedem, der es hören wollte, sagte er, daß die Füchsin eine wunderbare Heilerin sei. Marie dachte daran, daß es dieser Patient gewesen war, der ihren Spitznamen, der ihr übrigens ganz gut gefiel, allgemein bekannt gemacht hatte; denn so mußte sie nicht an ihren richtigen Namen denken. LaFlamme, de Saint-Arnaud oder Laviolette? Die Füchsin war in Neufrankreich geboren worden und froh, daß man ihr diesen Spitznamen in Québec gegeben hatte. Anne Martin aß eine zweite Backpflaume und fragte dann Marie: »Sie scheinen nachzudenken?«

»Ich dachte gerade über meinen Namen nach, die Füchsin. Ich hoffe, daß ich ihn verdiene und daß es mir gelingen wird, die Krankheit zu überlisten ...«

»Sie sind die Beste. Das sagen alle! Nehmen Sie doch noch eine Backpflaume.«

Marie kam ihrer Aufforderung nach und leckte sich anschließend die Finger ab. Die klebrige Süßigkeit zerging herrlich auf der Zunge, und sie hoffte, nächstes Jahr mehr davon zu haben. Sie würde du Puissac schreiben! Nicht nur, um ihn um Pflaumen zu bitten, sondern auch wegen Alphonse. Rose würde es nie wagen, einem Adeligen zu schreiben, aber Marie ließ sich von einem Titel nicht mehr abschrecken. Mit dem ersten Schiff würde sie den Brief abschicken. Sie hörte den Wind draußen heulen und dachte: Es könnte noch eine ganze Weile dauern, bis das Schiff auslaufen würde!

Marie erhob sich und winkte Noémie zu sich. Sie nahm sie auf die Arme und versprach Anne Martin, am nächsten Tag wiederzukommen.

12. KAPITEL

Als Marie endlich zu Hause war, brach die Nacht herein. Noémie quengelte, Mkazawi winselte, und am liebsten hätte sie es den beiden nachgetan. Sie ging aber dann noch einmal hinaus, um einen Kessel voll Schnee zu holen, den sie über das Feuer hängte, das Alphonse angezündet hatte, nachdem er vom Kai zurückgekommen war. Sie setzte Noémie vor den Kamin und zerkrümelte zwei Scheiben Brot. Mit einem Ei vermischt, würde das Ganze ausreichend nahrhaft sein. Einen Brei für die Tochter, einen Brei mit Schuß für die Mutter. Denn sie würde ihrem eine Schale warmen Apfelweins beimengen und sogar ein bißchen Schnaps dazugeben. Dann würde sie sich hinlegen und diese anstrengende Woche aus ihren Gedanken vertreiben.

Noémie aß ohne Appetit. Sie schien so müde zu sein, daß

Marie sie nicht zum Essen zwang. Ein guter Nachtschlaf war soviel wert wie eine Mahlzeit. Sie würde ihren Brei eben erst am nächsten Tag aufessen. Danach legte Marie Weidenrinde ins Wasser. Am nächsten Morgen wollte sie der Witwe Martin den Absud bringen, diesmal konnte sie sich dessen Wirkung sicher sein. Marie gab noch zwei große Holzscheite ins Feuer, legte sich zu ihrem Kind und schlief ein.

Noémies Wimmern riß sie aus dem Schlaf. Ihre Tochter war schweißgebadet. Obwohl es in dem Zimmer recht kühl war, hatte sie die Decken von sich gestoßen und hielt sich den Bauch. Marie rieb sie schnell trocken und untersuchte sie. Rasch zog sie ihr ein frisches Flanellhemd an, warf ein Holzscheit ins Feuer und suchte in ihrem Quersack nach Kräutern. Sie war froh, daß sie Weidenwurzeln und Weidenrinde eingeweicht hatte. Sie fügte ein paar Brennesselblätter hinzu und streichelte das Haar ihrer Tochter, bis sie den Aufguß abseihen konnte. Obwohl Noémie weinte, gab sie ihr eine große Tasse davon zu trinken. Mit einer Feuerzange holte sie einen großen Stein aus der Glut, wickelte ihn in ein dickes Tuch, nahm ihre Tochter in die Arme und legte ihr den warmen Stein auf die Brust. Am liebsten hätte sie ihn direkt auf Noémies Bauch gelegt, aber Anne LaFlamme hatte ihr einmal gesagt, daß Wärme manchmal die Schmerzen verschlimmere. Im Zweifelsfall sei es besser, mit größter Vorsicht vorzugehen.

Während Marie sanft Noémies Bauch rieb, fragte sie sich, was sie wohl gegessen haben mochte, um Schmerzen zu haben. Sie erinnerte sich an die Speisen bei Rose: Eier, Brot, Weizen und Gerste, Ingwergebäck. Alphonse hatte sie beaufsichtigt und darauf geachtet, daß sie nicht mehr als drei Plätzchen aß. Sie hatten sich von den Rousseaus noch vor dem Abendessen verabschiedet, und Noémie hatte außer ihrem Brei nichts mehr zu sich genommen. Litt Françoise etwa an einer ansteckenden Krankheit? Marie vergegenwärtigte sich, wie ihre Tochter zu dem kranken Mädchen gegangen war und gestrahlt hatte, als sie von ihm eine Backpflaume bekommen hatte.

Die Backpflaume! Noémie hatte sie gleich gegessen. Als Marie das Haus der Martins verlassen hatte, hatte sie eine kleine, klebrige Hand an ihrer Wange gespürt. Sie hatte die Finger ihrer Tochter mit Schnee abgerieben.

Aber wie konnte eine so kleine Pflaume ein derart heftiges Bauchweh verursachen? Sie selbst hatte vier gegessen, und sie waren ihr gut bekommen. Auch Anne Martin hatte ein paar verzehrt, seit man sie ihr geschenkt hatte. Sie hatte einen wachen Blick und einen gesunden, frischen Teint. Warum vertrugen Noémie und Françoise die Pflaumen so schlecht? Gewiß, Noémie war noch ein Kleinkind, aber Marie erinnerte sich noch sehr gut daran, daß ihre Mutter ihr welche gegeben hatte, als sie noch klein war. Und Françoise war immerhin zwölf Jahre alt.

Was konnte es dann sein? War Noémies Backpflaume etwa verzaubert gewesen, um sie so krank zu machen?

Jetzt war sie völlig übergeschnappt. Zauberer gab es ebensowenig wie Hexen, das wußte sie schließlich am besten. Kein Zaubermeister hätte die Pflaume vergiften können ... Es mußte das Werk eines Mitmenschen gewesen sein, aber wer hatte Françoise Martin oder ihre Mutter töten wollen? Wie hätte jemand wissen können, daß die Kleine von den vergifteten Backpflaumen naschen würde? Es mußten mindestens zehn vergiftete darunter gewesen sein, denn laut Anne Martin hatte Françoise sieben gegessen, und Noémie eine. Der Mörder konnte Françoises Tod nicht gewünscht haben, denn sie hatte nie irgend jemandem Schaden zugefügt. Er hatte es also auf die Mutter abgesehen gehabt, und es mußte ihn wütend gemacht haben, daß sie die für sie bestimmten Früchte ihrer Tochter gegeben hatte. Sie hatte wirklich Glück gehabt.

Ein verdächtiges Glück ... Marie konnte es nicht so recht glauben und spürte, wie sich ihr Pulsschlag beschleunigte: Hatte Anne Martin ihre Tochter absichtlich mit den Backpflaumen vollgestopft?

Nein, selbstverständlich nicht! Das war nur ein unglücklicher Zufall gewesen. Die Witwe Martin liebte Françoise nämlich abgöttisch! Ständig behielt sie sie im Auge und sorgte sich Tag und Nacht um sie.

Trotzdem, so viele Zufälle ...

Marie versuchte, in Ruhe über diese Entdeckung nachzudenken, während sie ein Ei aufschlug. Der Apotheker Pernelle hatte ihr einmal gesagt, daß Eiweiß und Milch gute Gegenmittel bei Vergiftungen seien. Sie hielt Noémies Kopf hoch und zwang sie, die klebrige Mischung zu schlucken, indem sie ihr gut zuredete: einen Löffel für Mama, einen für Rose, einen für Guillaume, einen für Mkazawi, einen für Jean-Jean. Noémie war zu schwach, um sich zu wehren, und Marie leerte die Schüssel. Dann drückte sie ihre Tochter an sich und fuhr ihr sanft über den Rücken. Nach eine Weile bewegte sich die Kleine, wimmerte und übergab sich.

Marie wiegte sie in ihren Armen, legte sie hin und streichelte ihr die Stirn. Wieder überlegte sie, ob Anne Martin ihre Tochter vergiftet haben könnte, denn ihr war eingefallen, daß es die Ursulinerinnen gewesen waren, die der Witwe Martin die Backpflaumen geschenkt hatten: Keine von ihnen war krank. Sie konnte sich auch nicht vorstellen, daß irgend jemand wahllos ein paar Pflaumen vergiftet und sich Zutritt bei Anne Martin verschafft hatte, um sie loszuwerden. Nein, ein Mörder hätte alle Früchte vergiftet. Außerdem hatte ihr Anne Martin versichert, daß sie seit Tagen nicht mehr aus ihrem Haus gegangen sei.

Maries intuitive Ahnungen beruhten auf Tatsachen: Anne bekam Backpflaumen geschenkt, aß davon, und es ging ihr blendend, während Françoise starke Bauchschmerzen hatte. Die guten für die Mutter, die schlechten für die Tochter.

Die Füchsin war ziemlich aufgeregt, bemühte sich aber, ruhig zu bleiben. Sie würde nicht mitten in der Nacht zu Anne Martin laufen und sie beschuldigen. Auch nicht am nächsten Tag, denn sie hatte keinerlei Beweise. Sie wußte nicht einmal, um welches Gift es sich gehandelt hatte. Es könnte ein Pulver gewesen sein. Im Sommer hätte Anne Martin eine frische Pflanze oder einen Pilz genommen, und man hätte auf übermäßiges Naschen geschlossen. Im Januar mußte sie ein Gift genommen haben, das in der schönen Jahreszeit hergestellt worden war.

Aber das war nicht möglich, denn die *Saint-Jean-Baptiste* war Anfang November angekommen. Marie erinnerte sich, daß es stürmisch gewesen war, als Monsieur Talon sie zu sich bestellt hatte, um Bertrand Rochelais' Leiche zu untersuchen.

Bertrand Rochelais! Sie hatte eine Vergiftung vermutet, als sie den Ausschlag gesehen hatte, von dem sein Geschlecht zerfressen gewesen war. Konnte es sein, daß dieselbe verbrecherische Hand diesen Mann um die Ecke gebracht und die Backpflaumen mit dem tödlichen Gift gefüllt hatte?

Marie hielt sich mit beiden Händen den Kopf: Mit rasender Geschwindigkeit kam ihr eine Menge Mutmaßungen in den Sinn. Sie holte tief Luft und sah Noémie an, die immer noch jammerte. Dann hüllte sie sich in eine Decke, setzte sich vors Feuer und bereitete sich auf das vor, was sie gleich bei Sonnenaufgang Jean Talon berichten wollte. Sie mußte auch Françoise weiterbehandeln, bevor Anne Martin ihr schreckliches Werk vollenden konnte. Rose würde ihr dabei helfen.

Die Füchsin beobachtete die Flammen, die an den großen Holzscheiten emporzüngelten, Guillaume hatte sie noch vor seinem Aufbruch gespalten. Wie gerne hätte sie gewünscht, ihn in diesem Augenblick in ihrer Nähe gehabt zu haben! Dann wäre sie nicht die einzige gewesen, die Überlegungen anstellte, entschied und entsprechend handelte. Er hätte sie zum Fort Saint-Louis begleitet. Aber er hätte ihr nicht erklären können, warum eine Mutter ihr Kind vergiftete. Marie horchte auf Noémies Atem, er kam ihr regelmäßiger vor. Aber vielleicht wünschte sie sich das so sehr, daß sie ihren Wunsch für Wirklichkeit hielt? Nein, die Kleine wimmerte nicht mehr so häufig, davon war sie überzeugt. Marie war erleichtert, konnte aber trotzdem nicht einschlafen; sie dachte an Françoise und an Möglichkeiten, sie zu behandeln, ohne daß es ihre Mutter merkte.

Als die Sonne den Schnee erglitzern ließ, hatte Marie LaFlamme ihren festen Plan und wartete nur noch, bis der Himmel ganz blau war, bevor sie sich auf den Weg machte. Sie ließ Mkazawi bei Noémie, bat einen Nachbarn, nach ihr zu sehen, und rannte zu Rose. Diese war noch verschlafen, wurde aber hellwach, als sie die Geschichte ihrer Freundin hörte. Alphonse erklärte, daß er die Witwe Martin nie gemocht habe.

»Wir gehen zusammen zu ihr«, sagte Marie, »und ich werde Françoise schnell untersuchen und mich sehr traurig darüber zeigen, daß es ihr nicht bessergeht. Ich werde ihrer Mutter Kräuter geben, und du wirst sie bemitleiden. Sie muß das Gefühl haben, daß du ihr sehr zugetan bist, weil du selbst bald Mutter wirst und ihre Sorgen verstehen kannst. Du wirst dich mit Anne Martin unterhalten und sie ablenken, während ich Françoise die gleiche Arznei wie Noémie geben werde.«

Rose zog sich schnell an und begleitete Marie zu Anne Martin. Es dauerte lange, bis ihnen die Witwe öffnete, denn die Heilerin mußte sie erst aufwecken. Marie war außer sich: Wie konnte sie nur schlafen, während neben ihr ein Kind im Sterben lag? Sie erklärte ihr, daß sie ihr neue Kräuter bringe, um Françoise gesund zu machen. Anne Martin dankte ihr und ließ Marie zu ihrer Tochter. Françoise schlief oder tat so. Die Heilerin tastete sie langsam ab, während Rose der Witwe Martin die vereinbarte Komödie vorspielte. In allen Tonarten beteuerte sie, daß sie deren Angst verstehe, dann drehte sich Anne Martin zu Marie um, die Françoise gerade wieder zudeckte.

Die Witwe ergoß sich in Danksagungen und schloß mit einem aufgebrachten Seufzer hinter Rose und Marie die Tür. Sie warf die Wurzeln, die ihr Marie mitgebracht hatte, ins Feuer und sah Françoise mit einem bösen Grinsen an. Binnen einer Woche würde sie sie los sein.

Rose und Marie machten ein zufriedenes Gesicht. Der erste Teil des Plans war besser verlaufen als vorgesehen. Françoise hatte in aller Ruhe die Arznei trinken können.

»Jetzt gehe ich zu Jean Talon«, sagte Marie. »Ich danke dir für deine Hilfe.«

»Ich kümmere mich um Noémie«, versprach Rose.

»Was würde ich ohne dich tun?«

Marie drückte Rose an sich und machte sich daran, den Hang hinaufzugehen. Mehrmals rutschte sie aus, obwohl sie versuchte, die Eisflächen zu meiden. Als sie die Anhöhe erreicht hatte, bekreuzigte sie sich: Gott mußte ihr helfen, Monsieur Talon zu überzeugen. Nach ihrer Ankunft verlangte sie mit so energischer Stimme nach Monsieur Talon, daß man sie umgehend zu ihm führte.

Der Intendant kam sofort. Er ahnte schon, daß Marie LaFlamme ihm wichtige Dinge zu berichten hatte, denn sie gehörte nicht zu den Menschen, die ihn störten, nur weil sie einen unhöflichen Nachbarn anzeigen wollten. Sie kam ihm sehr erschöpft vor, weil sie sich regelrecht in den Armlehnstuhl fallen ließ, den er ihr angeboten hatte. Obwohl sie Ringe unter den Augen hatte und abgespannt aussah, war sie nicht weniger hübsch als sonst, nur auf andere Art. Sie schien ihre Schönheit völlig vergessen zu haben, und es war das zweite Mal, daß er in ihrem Blick keine Spur von Koketterie entdeckte. Er erinnerte sich an die Entschlossenheit, mit der sie Bertrand Rochelais' Leiche untersucht hatte.

»Ich höre, Madame«, sagte er und schob die Schöße seines braunen Tuchrocks zur Seite.

Seine Manschetten und sein Halskragen waren strahlend weiß, sein strenger Rock aus grauem Barchent ohne Borten und Spitzen zeigte, wie wenig der Intendant sich für Modefragen interessierte. Es wäre ihm nie eingefallen, in übertriebener Aufmachung zu erscheinen, wenn es um die Finanzverwaltung oder um den Vollzug der Rechtssprechung ging. Er hatte sich immer Kleider von guter Qualität bestellt, die er lange tragen und mit denen er in allen Kreisen verkehren konnte, ohne in Verlegenheit zu geraten.

»Es ist wegen Anne Martin, Monsieur.«

»Die Witwe Martin?«

Marie nickte und erzählte ihm, was sie vermutete, ohne eine Einzelheit auszulassen. Talon hörte ihr aufmerksam zu, zunächst ungläubig, dann entsetzt. In seiner Kolonie wurden Menschen vergiftet? Als Intendant mußte er gerichtlich gegen den Schuldigen vorgehen, bis hin zur Vollstreckung des Urteils. Talon glaubte der Füchsin, aber sie gab selbst zu, daß sie keinerlei Beweise habe.

»Ich kann sie nicht einfach aufgrund Ihrer Einlassungen verhaften«, erklärte er Marie.

»Das weiß ich, deshalb habe ich mir gedacht, daß man ihr Haus durchsuchen sollte. Morgen abend.«

»Morgen abend?« wiederholte der Intendant, dem zum Lachen zumute war, weil die Füchsin so entschlossen war. Sie zweifelte keine Sekunde daran, daß er sie unterstützen würde, und legte ihren Plan mit überzeugter Stimme auseinander, wobei sie ihm in die Augen sah.

»Solange Françoise mit ihrer Mutter unter einem Dach lebt, wird sie in Gefahr sein. Ich habe ihr ein beruhigendes und schmerzstillendes Mittel gegeben, aber ich kann sie nicht ewig pflegen. Anne Martin würde Verdacht schöpfen, wenn Jean Patoulet sie heute abend zu sich bestellt. Wir würden alles verderben, wenn wir die Dinge überstürzen.«

»Sie würden meinen Sekretär in diese Sache einbeziehen?«

»Er muß uns helfen und Anne Martin ins Schloß Saint-Louis einladen. Er muß ihr klarmachen, daß er sie nicht länger als eine Stunde dabehalten wird.«

»Und aus welchem Grund sollte er sie kommen lassen?«

Marie wurde ungeduldig.

»Er wird ihr mitteilen, er habe dem König geschrieben, damit man ihr aus Dank für ihre Barmherzigkeit einen Ehrentitel oder so was Ähnliches verleiht. In der Zwischenzeit gehen Sie mit mir zu Anne Martins Haus. Wir werden Beweise suchen und sie auch finden. Es wird dunkel sein, und niemand wird uns hineingehen sehen. Und falls doch, dann werde ich sagen, daß ich eine Kranke besuche.«

»Und wie erklären wir meine Anwesenheit?«

»Wir sagen, wir hätten uns am Brunnen getroffen, um Anne Martin zu besuchen.«

»Was glauben Sie, werden Sie bei ihr finden?«

Marie zählte die vielen giftigen Pflanzen auf, die sie kannte: den Hahnenfuß, den Wasserschierling, die Akelei, den Knollenblätterpilz, den Roten Fingerhut, den Blauen Eisenhut, das Gliedkraut. Sie wußte nicht, welche von ihnen nach dem Trocknen ihre giftige Wirkung behielten, aber das sagte sie Talon nicht. Sie würde sich vor Ort etwas einfallen lassen.

»Also bis morgen vor dem Angelus«, flüsterte Jean Talon. »Glauben Sie, daß sie auch Bertrand Rochelais vergiftet hat?«

Marie nickte. »Es wird schwer sein, das zu beweisen«, gab sie zu bedenken.

»Wir werden sehen.«

Marie verließ das Fort Saint-Louis mit einem Gefühl des Stolzes, denn der Intendant hatte ihr geglaubt. Vielleicht würde es ihm mit den Jahren gelingen, sie mit der Justiz wieder zu versöhnen. Trotz der Winterkälte blieb sie auf halber Höhe des Berghanges stehen und blickte zum Horizont. Sie hatte nie gewagt, Mani zu fragen, ob sie wirklich die Träume deuten könne, wenn sie in die Ferne oder ins Wasser blickte und den Himmel oder den Strom befragte. Dennoch war sie überzeugt, daß Anne Martin grausamer war als alle Naturgewalten zusammen. Kein Unwetter, sei es noch so mörderisch, legte es darauf an, langsam und mit Verzögerung zu töten. Die Schneestürme erstickten Waldläufer, ließen Soldaten erstarren, verursachten Erfrierungen an den Gliedmaßen, führten Siedler in die Irre, aber sie vergifteten keine Kinder, wie es die Witwe Martin tat. Woher kam diese aus der Art geschlagene Frau? Was wollte sie in Québec? Warum haßte sie ihre eigene Tochter? Marie bekreuzigte sich, bevor sie weiterging. Wieso war ihr nicht aufgefallen, was Françoise durchmachte? Sie hatte Anne Martin vertraut, nur weil sie denselben Vornamen hatte wie ihre Mutter. Was für eine Dummheit! Der Stolz, der ihr Inneres erfüllt hatte, als sie den Intendanten verlassen hatte, war verschwunden. Jetzt machte sie sich Vorwürfe. Zuerst hatte sie sich von Simon erniedrigen lassen, und danach hatte sie sich vom scheinheilig-liebenswürdigen Getue der Witwe täuschen lassen. Hatte sie denn überhaupt keinen gesunden Menschenverstand? Nanette jedenfalls hatte es immer behauptet …

Als sie in die Rue Sault-au-Matelot kam, faßte sie sich wieder. Sie hatte die Vergiftung festgestellt, würde Françoises Tod verhindern und Monsignore de Laval zeigen, wie scharfsinnig sie war! Wenn sie diesem Kind das Leben gerettet haben würde, konnte er nicht mehr gegen ihre Zulassung als Hebamme sein. Rose überfiel sie mit Fragen, als sie zu ihr kam. Marie beugte sich zuerst über Noémies Wiege und seufzte erleichtert: Ihre Tochter hatte eine frischere Gesichtsfarbe.

»Hat geschlafen wie ein Engel«, sagte Rose.

Marie hängte ihren Umhang an einen Haken, ging zum Kamin und erzählte von ihrer Begegnung mit Jean Talon.

»Nach dem Essen werde ich alle Hefte meiner Mutter durchlesen.«

»Ich habe dir einen Apfelkuchen gebacken. Vergiß nicht zu essen!«

Marie lächelte der Frau zu, die sie jeden Tag mehr schätzte, und nahm sich ein Stück Kuchen, nachdem Rose gegangen war. Sie probierte den ersten Bissen und sah in Gedanken Guillaume vor sich, wie er energisch die Apfelbäume schüttelte, und Noémie, die jedesmal vor Freude schrie, wenn ein Apfel auf den Boden gefallen war. Dann aß sie ihr Stück Kuchen zu Ende, ohne es bewußt zu genießen, denn sie war schon in die Lektüre von Anne LaFlammes Geheimnissen vertieft. Mehrmals mußte sie die Kerze ersetzen und am Abend ihrem Drang widerstehen, sofort zu Anne Martin zu stürzen, um sie zur Rede zu stellen. Aber sie befürchtete, die Gifte nicht erkennen zu können. Es fiel ihr leicht, die Zypressenwolfsmilch vom Blauen Eisenhut oder die safrangelbe Rebendolde von der Einbeere zu unterscheiden; sie war in der Lage, die gezahnten Blätter und die langen Kelche des Weißen Stechapfels sowie die bläulichen Stengel des Wasserschierlings zu bestimmen und den Kindern die Beeren des Nachtschattens zu verbieten, aber wie würde sie die Arsenblüte, die die Kehle reizt, identifizieren, das Rauschrot, das das Blut erhitzt, die Bleiasche, die den Körper aufbläht und das Wasserlassen behindert, oder das Rauschgelb, das den Magen angreift und zur Atemlähmung führt? Diese Gifte würden wie jedes beliebige andere Pulver aussehen …

Am späten Nachmittag des nächsten Tages ging Anne Martin ins Schloß Saint-Louis. Sie hatte darauf verzichtet, ihre Nachbarn zu bitten, nach Françoise zu sehen. Man sollte glauben, daß sie sich um ihre Tochter sorgte, und es kam nicht in Frage, daß man bei ihr zu Hause herumschnüffelte. Sie sagte sich, daß viele Frauen ihre Kinder allein ließen, wenn sie zum Markt oder aufs Feld gingen. Sobald die Kinder sieben oder acht Jahre alt waren, kümmerten sich die Mütter nicht mehr so sehr um sie. Oft hatte man Jungen bei Schießübungen mit Gewehren gesehen, die nahezu ebenso groß gewesen waren wie sie selbst. Nein, niemand würde ihr Vorwürfe machen, weil sie Françoise für eine Stunde sich selbst überlassen hatte. Und ihre Neugierde war nur zu groß: Was wollte Jean Patoulet von ihr? Sie hatte ihm erzählt, daß sie einen Landsitz kaufen wolle. Kam er ihren Wünschen schon nach? Oder konnte es sein, daß er insgeheim für ihre Reize empfänglich war? Jedenfalls freute sie sich über die Einladung ins Schloß, und Françoise würde in ihrem Zustand sowieso nicht sehr weit kommen.

Sobald Anne Martin weggegangen war, betraten Marie LaFlamme und Jean Talon ihr Haus. Marie beruhigte Françoise; wie versprochen, sei sie noch mal vorbeigekommen, um ihr zu helfen. Das Kind öffnete nicht einmal die Augen. Sanft fuhr ihr Marie mit der Hand über die Stirn und sagte, daß Noémie sie sehr vermisse.

»Sie glaubt, du bist ihre große Schwester, weil ihr beide rotes Haar habt. Sie mag dich sehr!«

Dann ging sie wieder zu Jean Talon, der sie ermunterte, ruhig alles zu durchsuchen. Sie ging in die Küche und fing an, in sämtlichen Gefäßen nachzusehen. Kein einziges schien ihr suspekt. Sie fand die Backpflaumen, acht Stück lagen noch auf dem Teller, aber sie waren nicht vergiftet worden. Dann beschloß sie, sich den großen Schlafzimmerschrank vorzunehmen. Die Unterröcke und die Hemden streiften ihr Gesicht, während sie mit ihren behandschuhten Händen seine Innenwände nach einem Geheimfach abtastete. Ihr Herz schlug wild. Sie wollte aus diesem Haus fliehen und Jean Talon bitten, das Ganze zu vergessen. Seit sie es betreten hatte, war sie völlig durcheinander; verhielt sie sich jetzt nicht genauso wie die Folterknechte in Nantes, die bei Lucie Bonnet und Anne LaFlamme nach Beweisen für die Hexerei gesucht hatten? Und wenn sie Gift finden würde? Na und? Schließlich durfte man Rattengift zur Bekämpfung von Ungeziefer im Haus haben. Darauf würde sich die Witwe berufen. Warum beharrte Marie darauf, ihr ein Vergehen nachzuweisen? Vielleicht waren die Backpflaumen ja für Anne Martin bestimmt gewesen ... Die Füchsin wußte nur zu gut, was die Justiz mit Anne Martin machen würde, auch wenn sie unschuldig war. Nein, hier würde das nicht passieren. Jean Talon war ein rechtschaffener Mann, der bereit war, Bertrand Rochelais' Mörder zu verhaften ... Plötzlich hörte Marie ein Klicken und entdeckte das Geheimfach.

»Halten Sie mal diese Wäschestücke, damit ich besser sehen kann!« befahl sie dem Intendanten, und keiner der beiden störte sich an diesem ungebührlichen Verhalten.

»Da sind zwei Schachteln, Monsieur. Warten Sie ... Hier, ich hab' sie!«

Marie holte ein Kästchen aus Rosenholz und eine verzierte Metallschatulle hervor, durch die Goldstücke zu erkennen waren. Sie mußte an Pierre LaFlammes Schatz denken. Zitternd stellte sie die beiden Gegenstände auf den Eichentisch und reichte dem Intendanten das Holzkästchen. Jean Talon öffnete es und war völlig überrascht: auf der rechten Seite waren kleine, mit rostrotem, grauem oder weißem Pulver gefüllte Fläschchen angeordnet. Links lagen etwa zwanzig Säckchen, sorgfältig aufgereiht zwischen zwei Samtbändern. Außerdem enthielt es ein in ein Seidentuch gewickeltes Messer, Pinzetten und einen winzigen Trichter.

»Arsen!« flüsterte Marie. »Ich glaube, das ist Arsen.«

»Das Kästchen der Hexe!«

Marie LaFlamme fuhr zusammen. Entlarvte sie eine arme unschuldige Frau oder eine Furie?

»Wir haben aber keinen Beweis, daß es Gift ist.«

»Wir werden eine Katze finden, die wir davon probieren lassen«, erklärte Talon. »Aber Sie scheinen Ihre Entdeckung ja zu bereuen! Was ist los?«

»Kein Gesetz verbietet den Besitz von Grünspan oder dem Saft des Klatschmohns. Anne Martin wird behaupten, sie habe Ratten vergiften wollen.«

»Wir werden sie geschickt befragen«, sagte der Intendant.

»Und ihr die Daumenschrauben anlegen?«

Jean Talon starrte Marie an. In ihrer Stimme schwang Verzweiflung mit; was verheimlichte sie ihm? Er hatte geglaubt, sie würde nach der Entdeckung des Kästchens triumphieren, aber sie stellte sie beinahe in Abrede. Ihr Haar, das durch das Wühlen im Schrank durcheinandergeraten war, verstärkte ihren verzweifelten Gesichtsausdruck, und er bemerkte, daß sie ihre Hände zusammenfaltete, um ihr Zittern in den Griff zu bekommen.

»Ich habe nicht vor, Anne Martin der Folter zu unterziehen. Haben Sie etwa Mitleid mit dieser Verbrecherin?«

»Wir wissen nicht, ob sie eine ist ...«

Talon schüttete etwas Pulver auf ein Tuch und sagte, daß er sofort ein Tier auftreiben werde, das Anne Martins Gemisch probieren solle. Marie seufzte, als er das Kästchen an seinen Platz zurückstellte. Er hatte sicher recht. Sie riet ihm, während des ganzen Vorgangs die Handschuhe anzubehalten. Manche Gifte seien so stark, daß sie über die Haut ins Blut gelangten.

»Und Françoise? Wir können sie nicht bei dieser Frau lassen.«

»Was schlagen Sie vor?« fragte der Intendant. »Wenn wir sie fortbringen, dann wird Anne Martin sofort wissen, daß wir sie im Verdacht haben, und sie wird ihre Gifte wegwerfen. Ich sollte dieses Kästchen besser mitnehmen.«

»Nein. Ich bringe Françoise zu mir nach Hause. Dann wird sie endlich in Sicherheit sein. Und Sie werden sehr schnell erfahren, ob wir tatsächlich Arsen entdeckt haben. Alles weitere obliegt dann Ihnen ...«

Mit ernster Miene pflichtete Jean Talon ihr bei. Marie beugte sich über Françoise. Sie holte den Umhang des Mädchens und kleidete es an. Die ganze Zeit erzählte sie ihm von Noémie, die zu Hause mit Mkazawi auf sie warte. Für einen Moment öffnete Françoise die Augen, und Marie las eine so große Erschöpfung darin, daß sie glaubte, die Kleine würde gleich sterben. Sie drückte sie an ihr Herz und küßte ihr Haar. Als sie Jean Talon ansah, fiel ihm auf, daß sie ihre ganze Entschlossenheit wiedererlangt hatte. Nie würde Marie LaFlamme Anne Martins Verhaftung bereuen müssen.

In der Rue Sous-le-Fort trennten sie sich, ohne daß sie irgend jemandem begegnet waren. Jean Talon versprach, sie zu benachrichtigen, sobald er mehr wisse. Marie eilte nach

Hause, legte Françoise in ihr Bett und beschloß, ihr frische Sachen anzuziehen, weil sie so stark geschwitzt hatte. Sie würde ihr eins von ihren Nachthemden geben. Sie begann, die Kleine zu entkleiden, und versprach ihr, sich zu beeilen, damit sie nicht frieren müsse. Als sie ihr das nasse Hemd herunterzog und sie auf den Bauch drehte, sah sie ihr Gesäß.

Sie riß die Augen weit auf und beugte sich vor. Sie konnte die Abscheulichkeit, die sie entdeckte, kaum fassen. Sie unterdrückte den Schrei, der ihr auf den Lippen lag, und zog langsam eine Decke über Françoises gequälten Körper. Während sie das Kind in ihren Armen wiegte, kamen ihr die Tränen; sie hatte nicht im geringsten geahnt, was mit ihm passiert war, aber sie versprach Françoise eine Zukunft, in der man ihr kein Leid mehr zufügen würde. Sie spürte, wie heftig das Herz der Kleinen schlug. Ob sie Angst vor ihr hatte? Glaubte sie ihr? Warum sollte sie einer Fremden trauen, wenn ihre eigene Mutter sie quälte? Jetzt erst begriff Marie, warum das Kind geschwiegen hatte: Wem hätte es ein derart schlimmes Geheimnis anvertrauen sollen? ...

Am liebsten hätte sie sofort die Wunden versorgt, aber sie hätte das kleine Mädchen nur verängstigt, auch wenn sie sehr sanft vorgegangen wäre. Sie würde bis morgen damit warten. Als sie spürte, daß Françoise ruhiger atmete, deckte sie sie mit einem Fell zu und befahl Mkazawi, auf das Mädchen aufzupassen. Sie mußte so schnell wie möglich mit Alphonse und Rose reden.

Wütend und entsetzt zugleich nahmen die Rousseaus Françoises Schicksal auf und durchlebten noch einmal deren schlimme Kindheit. Alphonse wiederholte immer wieder, er werde die Martin eigenhändig aufhängen. Rose dagegen weinte nur unablässig. Marie forderte sie auf, sich wieder zu fassen. Sie müßten den Intendanten von dieser schlimmen Erkenntnis in Kenntnis setzen. Er würde schon wissen, wie er mit der Schuldigen zu verfahren habe.

»Ich würde selber zu ihm gehen«, sagte Marie, »aber ich muß zurück zu den Kindern. Françoise hat geschlafen, als ich weg bin. Wenn sie aufwacht, wird sie davonlaufen. Aus Angst vor ihrer Rabenmutter.«

»Das hat sie auch damals getan, als sie sich vor das Pferd geworfen hat«, sagte Rose.

Marie war verzweifelt, denn sie hätte Françoise schon viel früher zu Hilfe kommen müssen.

»Ich hätte es wissen müssen«, murmelte sie voller Bedauern.

»Wie hätten wir der Witwe mißtrauen sollen? Alphonse und ich, wir haben ja auch Schlimmes durchgemacht, und doch haben wir beide nichts gemerkt ...«

Rose drückte sich die Fellmütze in die Stirn, verkreuzte die Enden ihres Schultertuchs unter dem Kinn und ging zur Tür. Marie trat vor ihr ins Freie. Es war nicht mehr so kalt.

»Heute abend wird es schneien.«

»Schon wieder ein Schneesturm«, bemerkte Rose enttäuscht.

Sie liebte Neufrankreich, konnte sich aber nicht an den Winter gewöhnen. Im ersten Jahr hatte sie einen Traum gehabt, in dem sie unter dem Schnee begraben gestorben war. Man hatte ihre Leiche im Frühling gefunden, niemandem war ihr Verschwinden aufgefallen, niemand hatte um sie geweint, niemanden hatte es gekümmert, daß sie in einem Schneesturm erstickt war. Niemand hatte ihre Leiche erkannt, bis ein Mann sich an die Lilie auf ihrem Rücken erinnert hatte. In einem anderen ihrer Alpträume hatte es Lilien geschneit, deren Stempel aus bis zur Weißglut erhitztem Stahl gewesen waren. Nachdem sie Alphonse davon erzählt hatte, hatten diese schrecklichen Träume aufgehört und sie hatte auch keine Angst mehr vor Schneestürmen. Dennoch fand sie, daß die Kälte zu lange andauerte. Sie hatte ihren Umhang aus Drogett gegen einen Überzieher aus Barchent getauscht, den sie bis zur Taille mit Fell gefüttert hatte, aber der Wind kam ihr immer unheimlich heftig vor, wenn sie in die Oberstadt hinaufging. Die Windstöße behinderten ihren Schritt, ihre Augen brannten, die Nase lief, und ihre Lippen wurden riesig. Und derlei Unbilden des Wetters mußte sie bis zum Frühling ertragen.

Sie hatte den Eindruck, daß ihr der Wind immer noch um die Ohren sauste, als sie das Fort Saint-Louis erreichte. Zum

Glück kannte sie den Wachsoldaten, da er in ihrer Nähe wohnte. Ohne zu zögern, bat er sie einzutreten. Während sie auf Jean Talon wartete, wagte sie nicht, sich in einen der Armlehnstühle zu setzen, die an einer Wand aufgereiht waren. Als der Intendant den Raum betrat, schob er einen Stuhl ans Feuer und forderte sie mit einer Handbewegung auf, es ihm gleichzutun. Sie lehnte ab; sie wolle ihn nicht stören, sondern habe ihm nur eine kurze Mitteilung zu machen. In einem Atemzug wiederholte sie, was Marie ihr gesagt hatte, rückte ihren Umhang zurecht und wartete auf Jean Talons Reaktion. Weil er schwieg, erklärte sie ihm, was sie befürchtete.

»Seit geraumer Zeit schon ist Anne Martin nicht mehr bei Jean Patoulet. Sie ist überstürzt aufgebrochen und wird bestimmt zu Marie gehen, um ihre Tochter zu holen.«

»Und die Füchsin fragt sich, wie sie sie empfangen soll? Ich gehe sofort zu ihr. Mit Soldaten. Die Witwe Martin wird heute nacht in einem Kerker schlafen.«

Rose Rolland fiel ein Stein vom Herzen. Sie deutete eine Verbeugung an und verließ den Raum. Es war schon dunkel, und sie wollte sich nicht zu lange im Fort aufhalten. Sie hätte auf Talon und seine Soldaten warten können, um in aller Sicherheit wieder in die Unterstadt zurückzukehren, aber das Fort machte ihr angst, wenn es Abend wurde. Es sah zu sehr wie ein Gefängnis aus, und sie erinnerte sich an die erst kürzlich erfolgte Festnahme, auch an ihre eigene, Jahre zuvor im Petit Châtelet. Sie legte eine Hand auf ihren Bauch und schwor sich, daß ihr Kind niemals einen Kerker sehen würde. Dann dachte sie wieder an Anne Martin. In der Cour des Miracles hatte sie von mehreren Kinderschändern gehört. Mütter hatten ihre Söhne getötet, Väter ihre Töchter verkauft. Sie waren alle bettelarm gewesen. Die Martin aber war eine reiche Witwe, und Françoise verursachte nicht so hohe Kosten, daß sie hätte auf die Idee kommen können, das Kind beiseite zu schaffen. Aber was war dann der Grund für ihr Verhalten?

Am Fuß der Anhöhe blieb Rose eine Weile stehen, um zu verschnaufen. Sie stellte fest, daß ihr Rock allmählich zu eng wurde und daß sie ihn um mindestens zwei Finger breiter machen mußte. Das Leben war seltsam. Während sie den Bund ihres grauen Rocks auftrennen würde, würde Jean Talon die Martin bei Marie festnehmen. Gerne hätte sie den Intendanten gefragt, welches Schicksal die Verbrecherin erwartete, und ihm gesagt, daß die Siedler sehr betrübt sein würden, wenn er sie zur Verurteilung nach Frankreich schicke. Die Einwohner von Québec hatten es schon nicht geschätzt, daß man mit Boissy und d'Alleret so verfahren war. Sie hatten sich gewünscht, daß sie an Ort und Stelle bestraft worden wären, denn sie waren davon überzeugt gewesen, daß man sie gleich bei ihrer Ankunft in Paris wieder freilassen würde.

»Anne Martin ist keine Adelige«, erklärte Alphonse, als Rose ihm erzählte, was ihr durch den Kopf ging. »Sie wird hier hingerichtet werden. Monsieur Talon ist kein Zauderer. Und er wird zeigen wollen, daß er es mit der Gerechtigkeit ernst nimmt.«

Maries Beweise waren eindeutig: Sie hatte Gift gefunden und Françoises Wunden gesehen. Alte Wunden und neue, die Anne Martins schreckliche Methoden der Züchtigung verrieten. Niemand würde ihr abnehmen, daß die Kleine sich verletzt hatte. Wie hätte sich das Mädchen dermaßen das Gesäß verbrennen können, es sei denn, es wäre ins Feuer gefallen? Und dann noch der Abdruck wie von einem Gegenstand. Nein, Talon würde das einzig gerechte Urteil fällen: den Tod.

»Auch bei einer Frau?« fragte Rose.

Alphonse räumte ein, daß man sie vielleicht nicht zum Galgen führen werde.

»Sie wird im Gefängnis sterben.«

Er umarmte seine Frau und bat sie, die Verbrecherin zu vergessen und jetzt besser ans Abendessen zu denken. Sie müsse tüchtig essen, damit sie im Sommer ein kräftiges Kind zur Welt bringen könne. Rose sah ihren Mann an und dankte dem Himmel für ihr Glück, daß sie, weil sie dieses Drama so hautnah miterlebt hatte, um so mehr zu schätzen wußte. Sie hätte nicht an Maries Stelle sein wollen, von Anne Martin ganz zu schweigen.

Währenddessen wartete Marie auf Jean Talon, wobei sie

Anne Martin hinhalten mußte, die sofort, nachdem sie Françoises Verschwinden bemerkt hatte, bei ihr aufgetaucht war. Sie sei sehr besorgt, hatte sie Marie erklärt, die dies nicht bezweifelt hatte. Marie hatte ihr eine entsprechende Geschichte aufgetischt, um nicht ihr Mißtrauen zu erregen. Sie habe Anne Martin aufgesucht, dann festgestellt, daß sie nicht zu Hause gewesen sei, und sich deswegen Sorgen um Françoise gemacht. Sie habe lange klopfen müssen, bis das Kind ihr die Tür geöffnet habe. Françoise sei es sehr schlecht gegangen, so daß sie die Kleine mit zu sich nach Hause genommen habe.

»Ich habe sie ins Bett gebracht und ihr einen Tollkirschentee gegeben. Seitdem schläft sie.«

Anne Martin atmete auf. Marie LaFlamme hatte Françoise offenbar nicht untersucht, sonst hätte sie ihr Fragen gestellt.

»Sagen Sie Ihrem Beichtvater nicht, daß ich ihr diese Arznei verabreicht habe. Die Kirchenmänner glauben nämlich, daß es ein Hexenkraut ist ... Versprechen Sie es mir?«

Anne Martin lächelte Marie freundlich an und überlegte, wie sie Françoise mitnehmen konnte, ohne die Füchsin zu brüskieren. Sie zog ihre Handschuhe aus, streifte einen Ring ab und gab ihn Marie. Diese lehnte mit einer Geste ab, sie könne dieses Geschenk nicht annehmen, es sei viel zu wertvoll. Sie wolle nichts. Anne Martin spielte mit dem Ring und reichte ihn abermals Marie, die ihn schließlich mit größter Behutsamkeit in die Hand nahm, weil sie damit zeigen wollte, daß sie von dem Wert des Schmuckstücks sehr beeindruckt war. Sie legte den Ring sofort auf den Tisch und sagte, sie werde ihn nicht anlegen, ohne sich vorher die Hände gewaschen zu haben. Genau in diesem Moment, als Anne Martin davon sprach, daß sie mit Françoise nach Hause gehen wolle, klopfte Jean Talon an Maries Tür.

Obwohl ihm Marie höflichen Respekt schuldete, rief sie ihn einfach herein, weil sie der Witwe Martin nicht den Rücken zukehren wollte. Wer weiß, ob sie nicht Noémie oder Françoise bedrohen würde, um dem Intendanten zu entkommen?

Anne Martin war überrascht, Jean Talon zu sehen. Dieser hatte beschlossen, zu einer List zu greifen, weil er wie Marie befürchtet hatte, die Verbrecherin könne den Kindern etwas antun. Er hatte seinen Männern befohlen, draußen zu warten. Er begrüßte zunächst Marie und erklärte dann Anne Martin, ein gewisser Phillipeau habe sie angezeigt.

Die Frau war erblaßt und hatte eine Hand unter ihren Rock geschoben, zog sie aber wieder hervor, als der Intendant seinen Satz zu Ende gesprochen hatte. Phillipeau beschuldigte sie des Diebstahls.

Des Diebstahls? Sie war geistesgegenwärtig und dreist genug, sich über den Siedler lustig zu machen.

»Ich habe keinerlei Veranlassung, den armen Mann zu berauben.«

»Und Bertrand Rochelais zu vergiften?« fragte Talon mit ruhiger Stimme.

Anne Martin stockte der Atem. Wie konnte dieser Philippeau wissen, daß sie es gewesen war, die diesen Mord begangen hatte? Dennoch lächelte sie dem Intendanten zu und suchte nach einem Ausweg. Sie drehte sich unmerklich um und sah, daß sich Marie schützend vor die Kinder gestellt hatte.

»Dieser Philippeau glaubt wohl, ich sei an allem schuld«, konnte sie dem Intendanten gerade noch antworten.

Talon kam näher und erklärte, Phillipeau habe gesehen, wie sie Rochelais umgebracht habe.

»Das ist unmöglich!«

»Er behauptet, Sie hätten ihn niedergeschlagen.«

»An so einem harmlosen Schlag wäre Bertrand nicht gestorben«, entgegnete Anne Martin. »Es war …«

Ein Schrei entfuhr ihr, als sie begriff, daß sie sich verraten hatte. Gleichzeitig versuchte sie, ihr Taschenmesser unter dem Rock hervorzuziehen. Talon verdrehte ihr das Handgelenk und rief nach seinen Soldaten. Sie stürzten sofort in den Raum, aber Anne Martin schaffte es, den Intendanten so zu beißen, daß er blutete. Als er sie losließ, stürzte Marie mit gebeugtem Kopf auf sie zu, und die Soldaten hatten größte Mühe, die beiden Kämpferinnen voneinander zu trennen.

Françoise hatte sich im Bett aufgerichtet und schrie so laut wie Noémie. Mkazawi bellte, und Talon versuchte vergeblich, sich Gehör zu verschaffen. Es gelang ihm erst, als die Soldaten Anne Martin fesselten. Sie brach in Tränen aus, während sie erzählte, daß Rochelais versucht habe, sie zu vergewaltigen. War es denn so schändlich, daß sie sich gewehrt hatte?

Marie spuckte ihr ins Gesicht, angewidert von so viel Falschheit. Sie zeigte auf Françoise, die vor Angst zitterte.

»Und deine Tochter? Was hat sie dir getan, daß du ihr so den Hintern verbrannt hast? Du sollst in der Hölle schmoren!«

Anne Martin wimmerte und schwor, daß es Rochelais gewesen sei, der Françoise gequält habe. Er sei der Bruder ihres verstorbenen Mannes und sehr grausam gewesen. Sie habe sich eingeschifft, um vor ihm zu fliehen, aber er habe sie ausfindig gemacht. Auf dem Schiff habe er sie nicht schlagen können, aber gleich nach ihrer Ankunft habe er ihr eine Falle gestellt.

»Die Wunden Ihrer Tochter eitern nach drei Monaten immer noch!« brüllte Marie. »Sie sind ein Ungeheuer!«

Ein letztes Mal versuchte Anne Martin, den Soldaten zu entkommen, aber sie hielten sie fest. Sie war verloren. Sie schrie, sie sei reich und könne für ihre Freilassung zahlen.

»Françoise wird niemals für ihre Kindheit entschädigt werden«, flüsterte Marie. »Sie haben Ihre Tochter zwanzigmal getötet, bevor Sie ihr Arsen gegeben haben.«

»Was? Meine Tochter? Sie ist nur mein Dienstmädchen gewesen! Haben Sie mich denn richtig angesehen?«

Anne Martin versuchte, sich wieder aufzurichten.

»Im Kerker wird Ihnen der Stolz vergehen«, sagte Marie, als die Soldaten die Verbrecherin abführten.

»Wir sehen uns morgen«, sagte der Intendant zu Marie gewandt.

Marie verschloß schnell wieder die Tür und ging zu Noémie und Françoise. Sie drückte sie an sich, ließ Mkazawi auf das Bett klettern und sang, bis die Kinder nicht mehr weinten. Noémie schlief wieder ein, und Françoise streichelte den Hund, nachdem er ihr die Stirn geleckt hatte.

Marie ließ Françoise nicht aus den Augen, wollte das Mädchen jedoch nicht bedrängen, auch wenn sie es kaum erwarten konnte, Antworten auf ihre Fragen zu bekommen. Die Kleine lächelte, als sie Mkazawi schnarchen hörte, und sagte, daß Monsieur Rochelais es auch getan hatte.

»Kanntest du Bertrand Rochelais gut?« fragte Marie.

Allmählich gewöhnte sie sich daran, Françoise reden zu hören. Sie fand sogar, daß ihre Stimme sehr hübsch klang, sie erinnerte ein wenig an die Michelle Perrots. Wie lange lagen ihre Spiele in Nantes doch zurück!

»Und Monsieur Olivier. Der Mann von ...«

Mkazawi zitterte, als durchfahre ihn ein Schauer, dann fletschte er die Zähne.

»Er träumt gerade, daß er Anne Martin beißt«, erklärte Marie LaFlamme leise.

Das Kind nickte ernst.

»Sie hat Monsieur Olivier getötet.«

»Monsieur Bertrand«, verbesserte sie Marie. »Hast du ihn zum Fluß begleitet und alles gesehen?«

Marie konnte ihre Ungeduld kaum beherrschen: Françoises Enthüllungen bewiesen Anne Martins Schuld endgültig. Sie wollte Jean Talon möglichst bald treffen, um ihm zu berichten, was die Kleine ihr gesagt hatte.

»Nein«, entgegnete das Kind. »Monsieur Bertrand war blond, und Monsieur Olivier hatte schwarze Haare.«

Marie wunderte sich; Françoise war zwar erschöpft, redete aber keinen Unsinn. Ihr Blick war klar.

»Monsieur Olivier hat eine schlechte Brühe gegessen.«

»Eine vergiftete Brühe?«

Die Kleine erklärte, daß ihre Herrin Gift in Monsieur Oliviers Suppe getan habe.

»War er vielleicht nur krank?« fragte Marie.

»Nein«, beharrte Françoise, »der Hund ist auch gestorben. Er hat an der Schüssel geleckt.«

»Hast du dieses Gift schon mal gesehen?«

Françoise nickte. Sie hatte sogar eine Kröte gesehen, die in einer Schachtel mit Löchern eingesperrt war. Auf dem Markt hatte das Mädchen gehört, was man mit dem Tier machen konnte. Es war sicher, daß ihre Herrin das Giftsekret aufgefangen hatte.

Marie legte eine Hand auf die Stirn des Kindes, das immer unruhiger wurde. Es durchlebte erneut die Ereignisse, die es beschrieb. Obwohl Marie es weiter befragen wollte, ließ sie es sein und forderte Françoise auf, sich bei Noémie auszuruhen, während sie ihr Abendessen zubereite. Wortlos schlüpfte die Kleine unter die Decke.

Sie schlief bis zum nächsten Morgen. Nachdem Marie ihr einen Brei gegeben hatte, bat sie sie, ihr von Monsieur Bertrand zu erzählen. Françoise seufzte; am liebsten hätte sie alles vergessen. Sie hätte gestern abend nicht über Madame sprechen sollen. Denn wo sollte sie denn hingehen, wenn Madame im Gefängnis war? Sie kannte niemanden in Québec, außer Marie, die hatte aber schon eine Tochter und wollte sie bestimmt nicht bei sich behalten. Und der Falke würde sie auch nicht aufnehmen.

Marie betrachtete Françoises Gesicht; das Fieber schien ihre Sommersprossen gebleicht zu haben. Ihre dünnen Lippen waren blutleer, so stark preßte sie sie zusammen, und die Füchsin begriff, daß sie das Kind in eine äußerst schwierige Situation gebracht hatte.

»Anne Martin wird nicht zurückkommen, um dich zu mißhandeln, auch wenn du alles sagst, was du über sie weißt. Du wirst nicht zu ihr ins Gefängnis gehen müssen. Das wird Monsieur Talon nie zulassen.«

Françoise senkte den Kopf: Die Füchsin kannte ihre Herrin schlecht. Sie würde schon einen Weg finden, um zu entkommen, und dann würde sie sie töten.

»Ist Bertrand Rochelais mit euch an Bord gegangen?« wollte Marie wissen.

Françoise erklärte, daß sie sich nicht erinnern könne.

»Und als ihr hier angekommen seid, ist er euch da gefolgt?«

Die Kleine starrte unverwandt auf den Boden. Sie erinnerte sich an nichts.

Marie gab es auf, ihr Fragen zu stellen. Françoise hüllte sich hartnäckig in das Schweigen, das ihr sehr lange Zeit aufgezwungen worden war. Marie beteuerte nochmals, daß sie von Anne Martin nichts mehr zu befürchten habe, aber in diesem

Moment verlangte Noémie nach ihrer ersten Mahlzeit und nahm ihre Mutter in Anspruch. Während Marie ihre Tochter fütterte, lächelte sie Françoise mehrmals zu. Sie bat sie, auf Noémie aufzupassen, solange sie Schnee holen gehe, um die Wäsche zu waschen und die Zuber zu reinigen.

Als sie die Tür öffnete, fuhr sie zusammen, denn ein Soldat wollte gerade klopfen. Er schien genauso überrascht wie sie, und einen Augenblick lang starrten sie sich an. Marie war erleichtert, daß sie ihn nicht kannte. Denn es wäre ihr schwergefallen, einen ihrer ehemaligen Wärter hereinzubitten. Der Mann seinerseits, der von Maries Schönheit verwirrt war, brauchte einige Sekunden, bis er seine Mitteilung herausgebracht hatte: Anne Martin lag im Sterben. Sie hatte sich in ihrer Zelle vergiftet.

»Was sagst du da?« rief Marie.

»Monsieur Talon hat sie vorhin gehört, da war sie noch bei vollem Bewußtsein. Aber inzwischen ist sie bestimmt tot. Sie konnte sich nicht mehr bewegen.«

Marie forderte den Soldaten auf einzutreten. Sie wollte, daß er vor Françoise wiederholte, daß Anne Martin gestorben war.

»Bist du sicher, daß sie tot ist?« fragte Marie ihn. »Vielleicht geht es ihr nur sehr schlecht?«

»Nein. Sie hat dem Intendanten versichert, daß sie nach der Messe sterben würde. Monsieur Talon hat gesagt, daß sie Gift in ihren Kleidern versteckt hatte und daß sie es in den Krug Wasser gemischt hat, den man ihr gestern abend in ihre Zelle gebracht hat. Mittlerweile ist sie sicher tot. Ich habe sie gesehen, sie konnte sich nicht mehr rühren.«

Der Mann bat Marie LaFlamme, sich nach dem Abendessen im Schloß einzufinden, der Intendant erwarte sie. Marie versprach zu kommen und dankte dem Soldaten für seinen Besuch. Während sie ihn weggehen sah, bedauerte sie, Anne Martins Enthüllungen nicht gehört zu haben, denn offensichtlich hatte sie sehr gut mit Giften umgehen können. Dann hörte sie ein Wimmern, drehte sich um und sah Françoise vor Mkazawi knien. Sie hatte den Kopf in das Fell des Wolfshundes vergraben und kämpfte mit den Tränen. Bevor Marie reagieren konnte, lief Noémie zu ihrer Freundin und küßte sie auf den Nacken. Begeistert fing Mkazawi an, die Mädchen abzulecken, und Françoise beruhigte sich etwas. Marie ging auf sie zu.

»Du weißt, daß Anne Martin tot ist?«

Françoise schlug die Augen nieder und fragte, bei wem sie von jetzt an dienen solle.

»Du wirst hierbleiben«, erklärte Marie. »Du kannst dich um Noémie kümmern, wenn ich meine Patienten besuche. Ich bringe sie oft zu Rose, aber die wird bald selber ein Kind haben.«

Ungläubig sah Françoise Marie an. Sie würde sie nicht fortjagen?

Marie fuhr ihr unters Kinn und zwang sie, den Kopf zu heben. Nein, sie würde sie weder auf die Straße setzen noch nach Frankreich zurückschicken, und sie habe auch nicht vor, sie zu mißhandeln. Françoise blinzelte und hielt den Atem an. Die Füchsin würde sie also nicht krumm und lahm schlagen?

Sie totschlagen? Marie schüttelte energisch den Kopf.

»Sie hat zu mir gesagt, daß sie mir Gift untermischt, wenn ich etwas verrate«, flüsterte das Mädchen.

Voller Mitleid sah Marie Françoise an. Ihre Herrin hatte ihr eine solche Angst eingejagt, daß sie nicht in der Lage war, sie bei ihrem Namen zu nennen. Als ob sie befürchte, Anne Martin könne ihn hören und wiederauferstehen.

»Und Bertrand Rochelais?«

»Er ist zu ihr gezogen, nach Monsieur Oliviers Tod. Sie hat ihn in Monsieur Oliviers Zimmer untergebracht. Er war sein Bruder, obwohl er Monsieur Olivier gar nicht ähnlich gesehen hat. Er hat viel gelacht, sogar als er ihr gesagt hat, daß sie Monsieur Olivier vergiftet hat.«

»Ist dieser Bertrand mit euch an Bord der *Saint-Jean-Baptiste* gegangen?«

»Nein, nach uns. Sie ist vor ihm geflohen. Sie hat gesagt, daß er uns auf dem Schiff nicht findet und daß wir in unserem neuen Land Martin heißen. Sie wird erzählen, daß ich ihre Tochter bin.«

»Aber Bertrand Rochelais hat die Überfahrt mit euch gemacht?«

»Ja. Kurz bevor wir ausgelaufen sind, ist er an Bord gekommen. Sie hat ihn sofort wiedererkannt, ist aber nie allein mit ihm gewesen. Denn vor den anderen Leuten hat er sie nicht umbringen können.«

»Und hier?«

Françoise zuckte mit den Schultern und erklärte, daß Anne Martin eines Abends mit einer Kassette weggegangen sei.

»Eine Kassette?«

»Ja. Da war Gold drin.«

Bertrand Rochelais hat diese Kassette haben wollen, aber Anne Martin hat sie ihm nicht gegeben. Françoise war sich sicher, daß ihre Herrin mit der Kassette zurückgekommen war. Später hatte dann Rose die Leiche von Rochelais gefunden. Anne Martin hatte Françoise ausgepeitscht und ihr erklärt, daß sie ihr noch Schlimmeres antun würde, wenn sie irgend jemandem von ihrem Schwager erzählen würde.

Von Jean Talon erfuhr die Füchsin dann noch weitere Einzelheiten. Er hatte sich mit Anne Martin unterhalten, bis der Tod eingetreten war. Sie hatte Schierling getrunken, wohl wissen, daß dieses Gift zu einer fortschreitenden Lähmung führte.

»Zuerst hatte sie kein Gefühl mehr in den Füßen, dann in den Beinen. Sie war aber bei klarem Verstand, und die Arznei, die sie sich verabreicht hatte, schien ihr keine Schmerzen zu bereiten.«

»Hat sie Bertrand Rochelais vergiftet?«

»Ja. Sie hatten recht: Nachdem sie ihn niedergeschlagen hatte, hat sie Gift in seine Wunde am Handgelenk getan.«

Der Intendant hörte den triumphierenden Unterton in Maries Stimme, als sie ihn fragte, ob sie Arsen in den Zucker der Backpflaumen gemischt habe. Ja, das habe sie, weil sie befürchtet habe, Marie könne ihre wahre Beziehung zu Françoise herausbekommen. Daß Noémie die Backpflaume gegessen habe, sei ein Versehen gewesen.

Anne Martin hatte dem Intendanten gestanden, daß sie in Paris in die geheimnisvollen Wirkungen der Gifte eingeweiht worden sei, von einer gewissen Catherine Deshayes, einer Engelmacherin. Diese habe Zauber- und Liebestränke zubereitet und mit der Gewinnung von Krötengiften experimentiert. Einer ihrer Geliebten, ein Häftling der Bastille, habe viel von einem Italiener gelernt, der dort eingesperrt gewesen sei, weil er verschiedene Gifte verkauft habe.

»Anne Martin hat mir erzählt, daß viele vornehme Herrschaften mit Giften zu tun haben. Als sie vor Bertrand Rochelais geflohen war, hatte eine Gräfin sogar damit begonnen, ihren eigenen Vater zu vergiften. Sie konnte sich nicht an deren Namen erinnern, sie hat mir aber versichert, daß sie ein so sanftes Gesicht gehabt habe, daß sogar der Teufel auf sie hereingefallen wäre, wenn sie versucht hätte, ihm Gift zu verabreichen.«

»Warum hat sie Bertrand Rochelais getötet?«

Jean Talon berichtete, was er von Anne Martin über Oliviers Rochelais' Erbschaft erfahren hatte. Danach hielt er einen Augenblick inne. Schließlich fügte er hinzu, die Schuldige habe zum Schluß Reue gezeigt. Sie habe nach einem Beichtvater verlangt und gebetet, bevor sie ihre Seele ausgehaucht habe.

»Was nützt die Reue? Sie hat ein Kind seelisch zerstört, das vor jeder meiner Bewegungen Angst hat! Ich muß ständig achtgeben, daß ich sie nicht erschrecke.«

Sie wurde wütend, als Jean Talon ihr mitteilte, daß Anne Martin ihr gesamtes Vermögen wohltätigen Stiftungen vermacht habe.

»Und Françoise hat sie nichts hinterlassen?«

»Nein. Nichts.«

Marie verzog das Gesicht. Der Schierlingstod war ein viel zu sanfter Tod für ein solches Ungeheuer. Sie erklärte dem Intendanten, daß sie beschlossen habe, das Kind bei sich zu behalten.

»Vielleicht könnten wir sie den Ursulinerinnen anvertrauen?«

»Später. Wenn Sie gestatten, dann wird sie dieses Jahr mit Noémie und mir verbringen.«

13. KAPITEL

Nachdem Anna von Österreich gestorben war, läutete die Totenglocke sehr lange, und du Puissac glaubte noch Wochen nach dem 20. Januar 1666 alle Glocken von Paris zu hören. Die Tochter von Philipp III., dem König von Spanien, und von Margarete von Österreich war im Alter von fünfundsechzig Jahren verschieden. Als ganz junges Mädchen hatte sie Ludwig XIII. geheiratet, war 1643 Regentin geworden und als solche sehr genau den Ratschlägen des Italieners Mazarin gefolgt, der jenen Richelieu abgelöst hatte, den sie so gehaßt und der beinahe ihren Untergang herbeigeführt hatte. Die Geburt Ludwig XIV. nach Jahren des Wartens hatte es Ludwig XIII. erleichtert, seiner Gemahlin ihre Mitwirkung bei den Intrigen gegen den Kardinal zu verzeihen.

Julien du Puissac rief sich die wichtigen Stationen im Leben der Königin in Erinnerung: Wie erleichtert waren doch die Franzosen gewesen, als sie ein Kind zur Welt gebracht hatte! Das Ereignis war groß gefeiert worden, und Hunderte von Kanonenschüssen hatten die Stadt mit Rauch erfüllt. In den Straßen hatten die Menschen gesungen und getanzt, angeheitert vom Wein, der in Strömen aus Fässern geflossen war, die man an den belebtesten Kreuzungen aufgestellt hatte. Zahlreiche Freudenfeuer waren entzündet worden und die zwanzig Fuß hoch auflodernden Flammen an der Place de Grève hatten besondere Bewunderung gefunden. Die Leute hatten sich gegenseitig beglückwünscht, gebetet und gelacht, kurz: Sie atmeten endlich auf. Das Königreich war gerettet, ein Thronfolger war geboren.

Ein Thronfolger, der mehr Geschmack an der Ausübung der Macht fand als zuvor sein Vater. Seit fünf Jahren nun lenkte Ludwig XIV. mit außerordentlicher Umsicht die Geschicke Frankreichs. Am Vortag jenes 20. Januar hatte Guy Chahinian zu du Puissac gesagt, daß der Monarch keinerlei Zweifel an seiner göttlichen Abstammung hege. Verbittert hatten der Goldmacher und der Chevalier sich an die Fronde erinnert; ihre Wirrnisse hatten der Brüderschaft des Lichtkreuzes ziemlich geschadet, denn mangels anderer Unruhestifter hatte man kurzerhand die Ketzer eingesperrt. Du Puissac konnte die Hinrichtung Bruder Jean Bosquets durch den Strang nicht vergessen.

Er befürchtete, Chahinian könne das gleiche Schicksal erleiden, obwohl der Goldmacher sich einen Bart hatte wachsen lassen und den Faubourg Saint-Martin nie verließ. Früher oder später aber würden ihn seine Nachbarn verraten, vom Kohleofen und den Pulvern erzählen. Oder sie würden ihn umbringen, um sich seines Vermögens zu bemächtigen.

»Glauben Sie, daß er sich Ihren Wünschen fügen und Paris verlassen wird?« fragte Véronique de Roche-Brieux ihren Geliebten.

Sie beobachtete ihn, seit er ihr Haus betreten hatte, denn sie spürte seine Unruhe. Nur knapp eine Woche nach dem Tod von Anna von Österreich hatte Frankreich England den Krieg erklärt. Daher rechnete der Chevalier mit einigen Schwierigkeiten, wenn sich Chahinian nach London begeben wollte.

»Er sagt ständig, daß er in Elizabeth Brunes Haus glücklich sein wird.«

»Ich möchte Sie gern beruhigen, aber es fällt mir schwer zu glauben, daß er dieses Haus in gutem Zustand vorfinden wird und leer außerdem … Vor Monaten schon hat Elizabeth es verlassen, und bestimmt ist es mittlerweile bewohnt. Die neuen Mieter werden sich nicht so leicht vertreiben lassen. Unser Freund ist gesundheitlich nicht in der Lage, sich mit irgend jemandem anzulegen …«

Julien du Puissac teilte die Meinung seiner Verlobten und dankte dem Himmel, daß er eine derart kluge Frau heiraten durfte.

»Was schlagen Sie vor, meine Liebste?« fragte er sie und berührte ihren Ärmel aus braunem Samt.

Er hatte sie schon mehrmals in diesem Kleid gesehen, dessen Schlichtheit ihm gefiel. Der Saum aus schwarzer Seide, der den Ausschnitt und die Ärmel abschloß, war mit feiner Brügger Spitze besetzt. Véronique de Roche-Brieux hatte sich entschuldigt, in einem Kleid zu erscheinen, das er schon kannte. Sie hatte ihm aber erklärt, daß sie es gerne trage, weil es überaus bequem sei und ihre Taille umschmeichele, ohne sie einzuengen. Die Besuche der Näher, Posamentierer und Hutmacher schätzte sie nicht so besonders. Ihr wurde ganz schwindlig, wenn sie mit ihren bunten Tressen vor ihr herumwedelten und ihre kostbare Zeit stahlen. Seit sie du Puissac kannte, widmete sie ihre Freizeit lieber der Astronomie sowie der Geographie. Sie freute sich darauf, nach Québec zu segeln, obwohl sie gerne noch einige andere Länder besucht hätte, bevor sie nach Neufrankreich aufbrachen.

Der Chevalier war weniger auf das Abenteuer des Reisens erpicht als sie, und Elizabeth Le Morhier hatte ihr prophezeit, daß ein Tag auf hoher See genügen werde, um ihre Begeisterung zu dämpfen. Dennoch schwärmte Véronique de Roche-Brieux für die Kanarischen Inseln, Teneriffa, Kap Verde, Andalusien, und sogar für Veracruz, Havanna und das Bermudadreieck, wo seit einem Jahrhundert Aberhunderte von Schiffen verschwunden waren. Bei ihrem letzten Abendessen hatte Elizabeth Victor das Versprechen abgerungen, diese Inseln, die auf geheimnisvolle Weise Schiffe in die Tiefe rissen, lieber nicht anzulaufen.

»Warum begleitet uns Monsieur Chahinian nicht nach Neufrankreich?«

»Er will John Glasworth, einen Engländer, kennenlernen, von dem ihm François Mérian erzählt hat. Wie Otto von Guericke und unser Freund liefert er den Beweis, daß Körper, die sich zunächst anziehen, schließlich abstoßen. Dieser Engländer lebt in London, ohne von seinem König auf irgendeine Art und Weise in seiner Arbeit gestört zu werden.«

»Und unser Goldmacher will sein Land verlassen, in der Hoffnung, daß er einen guten Eindruck auf ihn machen wird und mit ihm zusammenarbeiten kann?«

Du Puissac nickte leicht.

»Der Krieg kann aber Mr. Glasworths Glück zunichte machen«, gab Véronique de Roche-Brieux zu bedenken. »Monsieur Chahinian sollte seine Abreise verschieben. Ich bedauere es, daß er an unseren Hochzeitsfeierlichkeiten nicht teilnehmen wird«, wiederholte die junge Frau.

»Unser Freund ist noch nie ein lustiger Geselle gewesen. Tanzen würde er ohnehin nicht, mit oder ohne Holzbein.«

»Monsieur Chahinian ist ein sehr nüchterner Mensch, das gebe ich gerne zu. Das Unglück eurer Brüderschaft und seine Einkerkerung haben ihn zermürbt.«

»Und der Tod seiner Cousine.«

Du Puissac erzählte, daß der schreckliche Tod Péronnes auf dem Scheiterhaufen Chahinians Aussichten auf ein glückliches Leben zunichte gemacht hätten.

»Mein Vater hat viele Frauen der Hexerei bezichtigt«, sagte Véronique de Roche-Brieux. »Ich wollte, daß Sie das wissen. Vielleicht war Péronne eine von ihnen; Ihr Freund könnte mich deswegen verachten.«

Du Puissac küßte die Hand seiner Verlobten. Chahinian sei nicht so dumm, die Tochter für die Machenschaften des Vaters verantwortlich zu machen.

»Ich kann es kaum erwarten, bis wir verheiratet sind«, sagte der Chevalier.

»Befürchten Sie, daß ich Ihnen meine Hand verweigere?« flüsterte Véronique de Roche-Brieux.

Der Chevalier wollte sie gerade umarmen, als ein Dienstmädchen an die Tür klopfte und Victor Le Morhiers Besuch ankündigte.

Seine Frau hatte eine Nachricht aus London erhalten.

»Woher weiß man dort, daß Elizabeth in Frankreich ist?«

»Ich hatte meine Frau gebeten, einem Bruder ihrer Mutter zu schreiben. Bei den ersten Anzeichen der Pest war er aus London geflohen. Inzwischen ist er in die Stadt zurückgekehrt und hat den Brief seiner Nichte vorgefunden. Er hat verhindert, daß sich jemand das Haus der Brunes aneignet, indem er seinen ältesten Sohn dort untergebracht hat.«

»Dann wird Monsieur Chahinian gar nicht dort wohnen können!«

»Ganz im Gegenteil. Elizabeths Vetter Samuel ist Mitglied in der Akademie der Wissenschaften, deren Betriebsamkeit unser Freund so gerühmt hat.«

»Ich werde Monsieur Chahinian benachrichtigen.«

»Ich begleite Sie«, bot Victor an.

Mit einem spöttischen Lächeln reichte Véronique de Roche-Brieux dem Chevalier seinen Hut. Du Puissac hatte den Goldmacher am Vortag gesehen und wollte ihn am nächsten Tag wieder besuchen. Wenn er das Bedürfnis hatte, ihn so schnell über die Antwort von Elizabeths Verwandten zu informieren, dann weil er die Dinge in Gang bringen, tätig werden mußte, um das Gefühl zu haben, nützlich zu sein. Wie Victor Le Morhier liebte der Chevalier das Abenteuer. Julien du Puissac war in den Wissenschaften versiert und gebildet, das Nachdenken fiel ihm aber manchmal schwer. Er wollte seinen Wert beweisen, indem er Risiken einging. Einstmals war er für den König in den Krieg gezogen, und diese kämpferische Begeisterung fehlte ihm jetzt. Er beteuerte immer wieder, daß er glücklich sei, daß ihn eine Verwundung gezwungen habe, auf eine aktive militärische Karriere zu verzichten, aber Véronique de Roche-Brieux spürte, daß die Untätigkeit ihn manchmal ungeduldig machte. Er begab sich gerne zu Guy Chahinian, weil er bei ihm Gefahren witterte. Auch wenn er selbst sich dessen nicht bewußt war, so entging seiner Verlobten nicht, wie zufrieden er war, wenn er an der Porte Saint-Martin vorbei durch die dunklen Straßen der Stadt schlenderte, bevor er eine Werkstatt betrat, in der er heimlich Experimenten beiwohnen konnte, die schon vielen Männern den Tod durch den Strang eingebracht hatten. Aus diesem Grund konnte die junge Frau es kaum erwarten, Paris zu verlassen. Sie verstand, was den Chevalier dazu trieb, mit Guy Chahinian zu verkehren; sie teilte die Begeisterung der beiden für die Wissenschaft und unterstützte ihre Forschungen nach dem Licht, aber an den Besuchen ihres Verlobten bei dem Goldmacher konnte sie keinen Gefallen finden. Früher oder später würde dieses Kommen und Gehen auffallen. Man würde du Puissac folgen und ihn zusammen mit dem Meister der Brüderschaft verhaften. Véronique de Roche-Brieux glaubte nämlich nicht, daß es mit einem einzigen Besuch der Polizei bei dem Chevalier getan sein würde. Am Tag nach Chahinians Flucht aus dem Gefängnis war ein Polizeibeamter erschienen, und Véronique vermutete, daß seine Zweifel an der Komplizenschaft des Chevaliers nicht völlig ausgeräumt werden konnten. Sie war überzeugt, daß man ihn noch immer beobachtete. Er hatte ihr versichert, daß er vorsichtig und vernünftig sei, aber sie fand ihn manchmal fast jungenhaft leichtsinnig; ständig mußte er das Schicksal herausfordern, als ob er es nötig hätte. Blieben die Männer denn ihr ganzes Leben lang so kindisch? Das ärgerte und rührte Véronique in gleichem Maße.

Sie hoffte, daß es in Québec weniger Gefahren geben würde, mußte sich aber auch eingestehen, daß sie die Aktivitäten des Chevaliers zum Teil mit mildem Spott betrachtete, weil sie ihn eigentlich beneidete: Zu gerne hätte sie ihren Verlobten zum Faubourg Saint-Martin begleitet ... Obwohl ihr Elizabeth soviel von deren Schrecken erzählt hatte, wollte sie nach wie vor eine Seefahrt unternehmen. Wenn sie an der Seine entlangging, erkundigte sie sich nach der Tonnage der Schiffe, die sie sah, und vervielfachte deren Größe, um sich einen Begriff von dem Schiff zu machen, mit dem sie reisen würden. Es würde riesig und sehr schön sein mit richtigen Kanonen, um den Feind zurückzudrängen. Sie würde sich keinesfalls mit einem x-beliebigen Schoner zufrieden geben.

Ja, sie wollte Neufrankreich kennenlernen. Und auch diesen Alphonse, den du Puissac so sehr achtete; diese Heilerin und diese Eléonore, die viermal geheiratet und die Bekanntschaft von Irokesen gemacht hatte; diesen Waldläufer, der monatelang auf Streifzügen war und vollbeladen mit Fellen zurückkam. Sie würde diesen leuchtendblauen Himmel sehen, der einen blind machte, und diesen Strom, der gar nicht so breit sein konnte, wie der Chevalier behauptete. Er behauptete nämlich, daß in Tadoussac die Berge in der Unendlichkeit des Sankt-Lorenz-Stroms verschwinden und daß die Sonne es nicht schaffe, ihn ganz in ihre rote Glut zu tauchen.

Ganz sicher beliebte ihr werter Freund Julien du Puissac da zu übertreiben!

Die Sonne brannte so heiß, daß Alphonse sich schimpfend vom Fenster entfernte. Er haßte diese Tage, an denen der Himmel viel zu schön war, als daß er hätte Gutes verheißen können. Seine wundersame Klarheit kündigte einen jener Tage an, die die Worte in der Luft gefrieren, den Schnee unter den Schritten knirschen und die Schatten wie versteinert erscheinen lassen. Diese für Mitte März ungewöhnliche Kälte verdroß Alphonse Rousseau, der im Winter nicht so agil war.

Er wurde etwas ruhiger, als er sah, wie sich seine Frau lächelnd den Rücken massierte. Jeden Tag nahm die Begeisterung zu, mit der Rose ihre Schwangerschaft erlebte. Sie glaubte, daß ihr anschwellender Bauch von ihrem Leberfleck ablenke. Alphonse erklärte ihr, daß schon längst kein Mensch mehr daran denke, sich über diesen kleinen Schönheitsfehler lustig zu machen, aber Rose war der Meinung daß nur eine Schwangerschaft diesen bösen Fleck vergessen machen könne. Jeden Abend betete sie, ihr Kind möge ohne Leberflecken auf die Welt kommen. Marie versicherte ihr zwar, daß ein solcher Fleck nicht vererbbar sei, aber Rose war felsenfest davon überzeugt, daß ihr dieses rötliche Mal ihr Vater, den sie nie gekannt hatte, vermacht hatte. Sie fragte sich auch, ob ihr Kind leben würde. Anfang der Woche hatte sie geträumt, daß ihr Sohn auf einen Abgrund zugegangen war. Am Tag darauf war er im Sankt-Lorenz-Strom ertrunken.

»Und wenn unser Kind stirbt?« bedrängte sie ihren Mann.

Sie hätte ihre Angst gern unterdrückt, aber nun war ihr die Frage schon herausgerutscht.

Alphonse Rousseau legte seiner Frau eine Hand auf den Bauch, um sie zu beruhigen. Er erklärte Rose nochmals, daß er ihren Sohn Julien nennen wolle, der Name seines Herrn. Rose bat ihn zum wiederholten Mal, sie nicht jeden Tag an den Chevalier du Puissac zu erinnern, und versicherte ihm, daß ihr Sohn, sollte es ein Junge werden, Bernard heißen werde. Zum Schein beharrte Alphonse auf Julien, denn er wußte, daß seine Frau so oder so den Namen ihres Kindes aussuchen würde. Listig hatte sie Julienne für eine Tochter vorgeschlagen, denn sie war sicher, daß sie einen Jungen auf die Welt bringen würde.

»Ich gehe ins Warenhaus«, sagte Alphonse, der das untätige Herumsitzen nicht mehr ertrug.

Würde der Winter denn nie enden? Er hatte eine Wiege, einen kleinen Tisch und einen Armlehnstuhl für sein Kind gebaut, dann hatte er Horace Bontemps geholfen, den Fußboden zu erneuern, und sogar gelernt, für Rose Wolle zu spinnen. Was konnte er jetzt noch tun? Es machte ihm Spaß, Tiere aus Ahorn- oder Kirschbaumholz zu schnitzen, aber inzwischen war ihm auch dieser hölzerne Zoo zuwider. Wie sehr er doch auf den Frühling wartete! Er konnte diesen ewigen weißen Glanz auf der Erde und am Himmel nicht mehr ertragen und sehnte sich nach dem Geräusch der Wellen, wenn sie über den Quai Champlain schwappten, und vor allem sehnte er sich nach frischem Wurzelgemüse! Das Getreide war eintönig, auch wenn sich Rose Mühe gab, es immer wieder anders zuzubereiten. Alphonse träumte von gelben Rüben und Lauch, von Bohnen und frischen Zwiebeln.

»Sag Marie, sie soll zu uns zum Abendessen kommen«, schlug Rose vor, um ihren Mann aufzuheitern.

Alphonse Rousseau war sofort einverstanden. Er hatte nämlich Françoise sehr lieb gewonnen, und sie schien ihn mehr als alle anderen zu mögen. Er fühlte sich geschmeichelt, war aber auch etwas verlegen, bis ihm die Füchsin erklärte, daß sie wegen der Zuneigung, die die Kleine für ihn empfand, nicht eifersüchtig sei. Ganz im Gegenteil, denn das zeige, daß sie allmählich über ihre schlimmen Erlebnisse hinwegkomme und wieder Vertrauen zu den Menschen zu fassen beginne.

»Vergiß deine Eiskrampen nicht!« ermahnte Rose und ging zum Kamin, um ein Stück Speck in den Topf zu geben.

Alphonse befestigte seine Steigeisen an den Stiefeln, behauptete aber, daß diese Vorsichtsmaßnahme nicht wirklich notwendig sei. Rose hielt ihm entgegen, daß er sich ruhig das Bein brechen könnte, wenn ihm danach sei, und sein Holzbein dazu! Vielleicht hatte er ja Lust, bei dem Rennen mitzumachen, wie diese Dummköpfe, die sich im Februar die Zehen abgefroren hatten? Dann würde sie ihn ans Feuer setzen, und er würde stundenlang nicht einschlafen können, von der Angst vor bösen Träumen ganz zu schweigen. Im Sommer würde sie ihn dann vors Haus führen. Die Leute würden vorbeigehen und den armen Einbein bedauern, der dann eigentlich gar nicht mehr so heißen dürfe. War das sein Wunsch? Keine Früchte mehr zu pflücken, nicht mehr am Kai zu bummeln, ja nicht einmal mehr in der Lage zu sein, auf einen Schwatz zu Boisdon zu humpeln?

Alphonse, dem es zuviel wurde, öffnete plötzlich die Tür. Rose hatte recht, aber er konnte es nicht leiden, wenn man ihm ständig daran erinnerte, daß er vorsichtig sein sollte. Zum Teufel! Er würde zu Boisdon gehen und ein bißchen bechern, wie sie es ihm vorgeschlagen hatte!

Auf dem Weg in die Schenke hatte Alphonse zwei Männer auf dem Eis ausrutschen sehen. Das würde er Rose aber nicht erzählen, damit hätte er nur Wasser auf ihre Mühlen gegossen! Sie war beinahe so bockig wie Marie LaFlamme. Nein, nicht ganz, denn Maries Sturheit war nicht zu übertreffen. Als er erfahren hatte, daß sie beim letzten Schneesturm zu den Girards gegangen war, hatte er sich gesagt, daß der Herrgott den Dummköpfen offenbar besonderen Schutz gewährte! Kein einziger Siedler wäre aus dem Haus gegangen, aber sie hatte sich unbedingt vergewissern müssen, daß sich deren Sohn von dem harmlosen Eingriff, den sie am Tag zuvor vorgenommen hatte, erholte.

Dennoch gab Alphonse zu, daß Marie LaFlammes Unnachgiebigkeit schon vielen Leuten geholfen hatte. Eines Tages hatte sie ihm anvertraut, daß sie gern Kapitän geworden wäre, wenn sie es nicht geschafft hätte, Heilerin zu werden. Er hatte gelacht, aber sehr wohl gewußt, daß sie über das nötige Temperament verfügte, um eine Schiffsmannschaft zu führen. Die Siedler, die die Überfahrt mit der Füchsin gemacht hatten, erinnerten sich an ihr würdevolles Auftreten und ihre Unerschrockenheit. Antoine Souci hatte erzählt, daß sie wie ein Mann gekämpft hätte, falls die *Alouette* von den Piraten angegriffen worden wäre. Ja, daran war sicher nicht zu zweifeln!

Alphonse Rousseau setzte sich neben Horace Bontemps, der regelmäßig bei Boisdon verkehrte. Er sprach von den Ernennungen in den Obersten Rat und hatte wie immer eine eigene Theorie zu diesem Thema. Alphonse hörte ihm nur mit halbem Ohr zu. Bontemps war kein schlechter Kerl, aber er schwatzte zu viel. Er palaverte in der Art eines Schulmeisters und wenn er den Hals vorstreckte, um einem angeblich etwas Vertrauliches mitzuteilen, erinnerte er Alphonse unwillkürlich an einen Gockel. Er wollte gerade gehen, als Michel Dupuis die Tür aufstieß und rief, ein Soldat sei ins Schloß Saint-Louis gekommen und habe für den übernächsten Tag die Rückkehr der Truppen des Carignan-Salières-Regiments angekündigt!

»Was?«

»Dann haben sie bestimmt die Irokesen bezwungen!«

»Was hat der Soldat gesagt?«

Dupuis gab zu, daß er ihn weder gesehen noch gesprochen hatte. Aber sein Nachbar habe die Neuigkeit vor einer Stunde im Warenhaus gehört.

»Davon wüßte ich!« ereiferte sich Bontemps.

»Es stimmt, ich schwöre es!« beharrte Michel Dupuis.

Bontemps lachte ihn aus und unterstellte ihm, alles erfunden zu haben, doch Alphonse Rousseau befürchtete, daß Dupuis diesmal die Wahrheit sprach. Er war ein Prahlhans, und jeder Siedler hatte ihn tönen hört, welch vortrefflicher Jäger er gewesen sei, als er noch in Frankreich gelebt habe, und daß er hier eine Menge Elche erlegen könne, wenn er nur ein gutes Gewehr hätte. Man kannte sein Anglerlatein und seine sagenhafte Begegnung mit dem König. Sobald ein Mann allzu große Sprüche klopfte, verglich man ihn mit dem Maurer.

Das redete sich Alphonse immer wieder ein, als er zu Marie ging. Dupuis hatte ein Märchen erzählt. Es war noch viel zu früh für die Rückkehr der Truppen. Dennoch war die Neuigkeit oder das Gerücht das erste, von dem er Marie berichtete, nachdem er ihr Haus betreten hatte. Als sie blaß wurde, begriff er, daß sie immer noch Angst vor Simon Perrot hatte.

»Vielleicht wird er nicht nach Québec zurückkehren.«

»Ich hoffe es, Einbein, ich hoffe es wirklich«, sagte Marie ungläubig.

Sie versprach Alphonse, zum Essen zu kommen, und kleidete Noémie an, während der Mann mit Françoise vorausging. Als sie ihre Tochter in den Schlitten setzte, erinnerte sie sich an die Nacht, nach der der Soldat weggegangen war, an ihre Angst und ihre Demütigung. Sie zweifelte nicht daran, daß er ihr erneut zusetzen würde, sobald er in Québec eingetroffen wäre. In den letzten Wochen hatte sie die Geschichte um Rochelais abgelenkt, die Giftmischerin war aber inzwischen tot, und die bösen Erinnerungen bedrängten sie nun wieder. In der Nacht vor allem, wenn die winterliche Kälte die Stille verzehnfachte. Die Füchsin sah dann Simons haßerfüllten Blick vor sich, spürte seine Schläge, hörte sein wütendes Geschrei. Sie dachte an Guy Chahinian: Würde Gott sie bestrafen, weil sie das Unrecht, das Simon dem Goldmacher zugefügt hatte, nicht hatte wahrhaben wollen?

Während des Essens bei den Rousseaus war Marie nachdenklich, und Rose beschloß, mit ihr zu reden, während Alphonse mit den Mädchen spielen würde.

»Perrot kann nicht gegen deinen Willen bei dir auftauchen.«

»Soll ich mich über ihn beschweren? Damit er allen erzählt, daß ich in Frankreich bereits einen Ehemann habe?«

»Dann streitest du es ab! Du wirst sagen, daß Geoffroy de Saint-Arnaud tot ist, daß Simon das Gegenteil behauptet, um dir zu schaden, weil du ihn abgewiesen hast. Dann wird dein Wort gegen seines stehen.«

»Glaubst du?«

Rose führte ihrer Freundin vor Augen, wie sehr sie in der Kolonie geachtet wurde; jeder hatte irgendwann einmal ihre Fähigkeit als Heilerin zu schätzen gelernt, und auch ihre Güte Françoise gegenüber hatte viele Herzen gerührt. Simon Perrot verteidigte zwar Neufrankreich, aber niemand kannte ihn. Warum sollte man ihm mehr Glauben schenken als Marie?

»Und wenn er seine Behauptungen beweisen kann? Ich hatte gehofft, daß meine Vergangenheit mit Nadeau endlich begraben wäre. Simon wird sie wieder ausgraben wollen, wenn ich mich ihm widersetze. Wenn man erfährt, daß ich in Bigamie lebe, dann werde ich nie Hebamme werden. Im Gegenteil, dann werde ich bestraft, und was wird dann aus Noémie und Françoise?«

Rose schüttelte den Kopf. Dachte sie denn wirklich, daß sich Perrot an das Standesamt von Nantes gewandt hatte, um eine Kopie der Heiratsurkunde zu bekommen, die ihre Ehe mit dem Schiffseigner bestätigte? Wann hätte er denn schreiben sollen? Und wie? Er hatte Québec im Januar verlassen, und im Winter segelte kein Schiff Richtung Frankreich! Wenn es einen Brief von ihm gab, dann würde er nicht vor Monaten in Nantes eintreffen. Und hatte sie ihr nicht erzählt, daß der Soldat weder lesen noch schreiben konnte? Hätte er dann einen Komplizen beauftragt, für ihn einen Brief zu schreiben? Das bezweifelte Rose.

Und sie hatte recht, aber das erfuhr sie erst viel später. Am 17. März 1666 kamen Rémy de Courcelle und seine Soldaten nach Québec zurück. Rose freute sich darüber, fast in gleichem Maße wie Marie, denn Simon Perrot war nicht unter den Soldaten. Er war geblieben, um das Fort Sainte-Thérèse zu verteidigen, und würde frühestens in einigen Monaten eintreffen.

Tag und Nacht pflegte Marie die von der Expedition erschöpften Soldaten und war froh, daß sie dem Allerhöchsten, der ihr eine Gnadenfrist gewährt hatte, auf diese Weise ihre Dankbarkeit zeigen konnte. Mit etwas Glück würde Guillaume Laviolette vor Simon Perrot zurück sein. Sie war entschlossen, ihm alles zu gestehen und ihm ihre Reue und ihre Ängste zu zeigen. Ohne es genau erklären zu können, war sie überzeugt, daß er ihr verzeihen und sie beschützen würde. Sie sehnte sich nach ihm, und weil sie den Waldläufer ständig mit Simon Perrot verglich, hatte sie ihn idealisiert. Sie nahm sich vor, von nun an eine gute Ehefrau zu sein.

Marie konnte viele Details über die Expedition erfahren. Dem Gouverneur wäre es lieber gewesen, wenn seine Soldaten weniger über den gescheiterten Feldzug erzählt hätten, aber die Männer waren in äußerst gedrückter Stimmung, weil sie infolge der Kälte und des Hungers sechzig Kameraden verloren hatten. Während die Füchsin die Arzneien verteilte, bedauerte sie die Soldaten, die mehr durchgemacht hatten als die Freiwilligen. Die Einwohner Neufrankreichs hatten sich an das rauhe Klima gewöhnt, waren widerstandsfähiger, ja beinahe fröhlich gewesen.

Mitte Januar hatte das Regiment Cap-de-la-Madeleine erreicht, dann Trois-Rivières und das Fort Sainte-Thérèse, wo es zwei Wochen lang auf eine Abordnung der Algonkin gewartet hatte, die es in die Dörfer der Montagnais führen sollte. Eine Gruppe von Einwohnern aus Ville-Marie, die unter dem Oberbefehl von Charles Le Moyne standen, war gekommen, um die kranken Soldaten abzulösen. Am 30. Januar hatten die Truppen dann das Fort verlassen, ohne daß ein Algonkin aufgetaucht war. Ahnte der Gouverneur zu diesem Zeitpunkt, wie teuer er seinen Entschluß bezahlen würde? Der Marsch vom Fort bis zum See Saint-Sacrement war noch beschwerlicher gewesen als der vorherige; durch den Schnee und aufgrund fehlender Kenntnis der Gegend hatten die Truppen die Orientierung verloren und waren im Kreis gelaufen. Courcelle hatte geglaubt, ein Montagnais-Dorf erreicht zu haben, war jedoch in der holländischen Niederlassung von Schenectady gelandet. Wenige Tage zuvor hatte er bei einem Scharmützel mit Irokesen elf Männer verloren, und nun hatte er sich auch noch verirrt! Der holländische Kommandant hatte ihm aber gesagt, daß er in den Montagnais-Dörfern nur Frauen und Kinder vorgefunden habe, weil die Männer in den Krieg gegen andere Stämme gezogen seien.

In Albany hatten sich die Behörden gewundert, daß sich so viele Franzosen auf ihrem Territorium herumtrieben, ohne beim Gouverneur von Neuamsterdam, das die Holländer den Engländern abgetreten hatten, um Erlaubnis gebeten zu haben. Die Soldaten hatten sich aber nicht lange in der Region aufgehalten. Die nachlassende Kälte hatte Tauwetter gebracht, und so hatte Courcelle beschlossen, nach Québec zurückzukehren.

Insgesamt hatten die Truppen lediglich drei Montagnais getötet! Die Algonkin hatten die Franzosen zwar mit Vorräten versorgt, der Rückzug war aber genauso beschwerlich wie der Anmarsch. Sogar noch schlimmer, denn die Männer waren verbittert, weil ihnen bewußt war, daß die Expedition gescheitert war. Courcelle behauptete, Pater Albanel sei daran schuld, weil er die Algonkin zu lange aufgehalten habe. Die Soldaten munkelten, daß die siebenundzwanzig Führer nicht rechtzeitig auf sie gestoßen seien, weil sie zuviel getrunken hätten. Der Oberst des Regiments, Marquis de Salières, machte Rémy de Courcelle verantwortlich und warf ihm vor, seine Soldaten nicht richtig ausgerüstet zu haben.

»Was juckt's mich, wenn die sich in den Haaren haben?« sagte Guillaume Bonnet zu Marie. »Ob der Gouverneur oder der Oberst schuld ist, das ist den Montagnais egal. Die werden sich heute über die Franzosen totlachen! Beinahe möchte ich glauben, daß die Heldentaten des Regiments allesamt nur Märchen sind.«

Marie tröstete den Soldaten, so gut sie konnte, während sie insgeheim dessen Jugend belächeln mußte. Er hatte gerade mal ein paar Barthaare am Kinn und ein bißchen Flaum an den Backen. Sie versuchte, von ihm etwas über seine Zeit in Frankreich zu erfahren, aber er behauptete, daß er zu traurig sei, um darüber zu reden, und lieber wissen wolle, was letzten Winter in Québec passiert und wer diese Anne Martin gewesen sei. Marie sprach nicht gern über diese Geschichte, aber letztendlich zog sie es vor, sie aus ihrer Sicht zu erzählen. Sie berichtete sehr ausführlich über Rochelais' Vergiftung, verschwieg aber das Leid, das Françoise hatte erdulden müssen. Ihr war daran gelegen, daß wegen der schlimmen Erfahrungen mit Anne Martin nicht hinter dem Rücken der Kleinen getuschelt wurde und man sie wie die anderen Kinder behandelte, was, aus welchen Gründen auch immer, alle Kinder auch selbst wollten. Das Mitleid, das man Françoise zeigen würde, könnte ihr überhaupt nicht helfen. Voll Dankbarkeit dachte Marie an Jean Talon, der rücksichtsvoll genug gewesen war, Françoise in seinem Bericht über Anne Martins Selbstmord gar nicht zu erwähnen. Er hatte erklärt, daß die Witwe ihr Verbrechen aus Reue gestanden habe – auch aus Angst, von Marie LaFlamme, die nach der Untersuchung von Rochelais' Leiche sogleich eine Vergiftung vermutet hatte, entlarvt zu werden. Die Siedler waren froh gewesen, daß dieses rätselhafte Verbrechen aufgeklärt werden konnte, und hatten Marie zu ihrem Scharfsinn beglückwünscht, ihr aber auch Vorwürfe gemacht, weil sie sie nicht ins Vertrauen gezogen hatte. Denn sie hätten gewiß ihren Teil dazu beigetragen, diese Frau zu einem Geständnis zu bewegen! Marie hatte ihnen zu verstehen gegeben, sie habe die Gefahr nicht richtig eingeschätzt und außerdem keine unbewiesenen Beschuldigungen vorbringen wollen. Zum Glück habe Monsieur Talon die Witwe dazu gebracht, ihre Schuld zu bekennen. Mit ihm hatte man in der Kolonie jetzt wirklich einen Mann, dessen Wert nicht zu unterschätzen war!

Marie LaFlamme versäumte keine Gelegenheit, den Intendanten zu loben, denn sie wußte, daß einige Siedler ihm vorwarfen, das gesamte in den Warenhäusern eingelagerte Hanfgarn beschlagnahmt zu haben. Mit dieser Vorgehensweise wollte Jean Talon die Bewohner zwingen, Hanf auszusäen. Er würde ihnen den Samen und die Werkzeuge besorgen, aber sie mußten dann selber sehen, wie sie zu ihrem Garn kämen!

Man meckerte zwar, war aber nicht wirklich gegen den Intendanten eingestellt. Seine Bemühungen, den Aufschwung der Kolonie zu fördern, wurden allgemein anerkannt. So hatte er zum Beispiel das allgemeine Wohl der Bürger über das private der Jesuiten gestellt und letztere gezwungen, einen Teil ihrer Ländereien von Notre-Dame-des-Anges abzutreten, damit drei neue Marktflecken errichtet werden konnten. Der Bebauungsplan für diese neuen Siedlungen hatte zunächst Verwunderung ausgelöst: Jedes Grundstück hatte die Form eines Dreiecks, so daß sich die Häuser an deren Spitzen berühren und um die zukünftige Kirche herum gruppiert sein würden. Ja, man wunderte sich, sah aber auch ein, daß diese Bauweise das Leben der Bewohner sehr erleichtern würde. Jean Talon war ein Mann, der in der Lage war, die Leute für seine Träume zu begeistern. Die Menschen glaubten an die Bauerei dieses Teufelskerls von einem Intendanten, an den blühenden Handel, an die Massenankunft von Einwanderern und an die Errichtung einer Schiffswerkstatt, in der man Schiffe bauen würde, die dem König Ehre machen würden! Talon hatte bereits Boutet de Saint-Martin, der bei den Jesuiten Mathematik unterrichtete, gebeten, in seinen Kursen die Prinzipien der Navigation zu lehren.

Daraufhin hatte Marie Rose gegenüber erklärt, wie sehr sie es bedauere, nicht daran teilnehmen zu können. Sie lächelte, als sie sich an die Verblüffung ihrer Freundin erinnerte.

Guillaume Bonnet riß sie aus ihren Gedanken, als er ihr sagte, daß er viel lieber diese Kurse besuchen als dem Regiment folgen würde.

»So bald mußt du doch nicht wieder fort«, sagte Marie.

»Im Sommer.«

»Bis dahin haben die Montagnais und die Oneida den Frieden vielleicht angenommen.«

Das hoffte der Soldat auch, glaubte aber nicht daran. Marie erfuhr von ihm, daß er sich seinen Beruf nicht ausgesucht hatte und davon träumte, Häuser zu bauen, statt bei den Feldzügen welche zu plündern. Es war ihm nicht gelungen, aus seinem Heimatdorf zu fliehen, nachdem man ihn dem königlichen Werber gemeldet hatte.

»Du wirst ein guter Siedler werden und dein eigenes Haus bauen. Es wird zum Frieden kommen, sei unbesorgt!«

»Nach allem, was geschehen ist?«

Marie schüttelte energisch den Kopf; eine Schlacht zu verlieren bedeute nicht, den Krieg zu verlieren!

Der junge Mann vertraute der Heilerin an, daß er sich für die Niederlage des Regiments schäme, aber seltsamerweise auch erleichtert sei, daß die Truppen die Montagnais nicht dezimiert hätten. Als er zögerte, fortzufahren, ermutigte ihn Marie, offen seine Meinung zu äußern.

»Ich … ich frage mich … Ich weiß, daß wir dem König zu Gehorsam verpflichtet sind und daß dieser die Irokesen unterwerfen will. Aber was wird dann aus ihnen?«

Marie fragte ihn, ob er ein Hugenotte sei.

»Nein, ich bin kein Protestant. Ich mag den Krieg nicht, das ist alles. Die Wilden wollen ihr Land behalten, genauso wie meine Vorfahren Bretonen bleiben wollten.«

»Aha! Das hätte ich mir denken können!« rief Marie. »Du bist Bretone!«

Der Jüngling warf sich in die Brust, weil er stolz auf seine

Herkunft war, dann betrachtete er Marie eingehend. Sie errötete und wurde unsicher, denn sie begriff, daß er sich jetzt, nachdem er seine anfängliche Verwirrung überwunden hatte, für sie interessierte.

»Bist du vielleicht aus Nantes?«

Marie räusperte sich, um nicht antworten zu müssen. Warum hatte sie sich bloß auf ein Gespräch mit diesem Soldaten eingelassen?

»Du bist Marie LaFlamme!« rief der Soldat. »Die Tochter der Heilerin!«

Marie war sprachlos. Der junge Rekrut bemerkte ihre Unruhe und lächelte sie an.

»Ich bin der Sohn von Lucie Bonnet, von der Hexe, die deine Mutter retten wollte …«

»Was? Du bist Guillaume?«

Marie sah den Soldaten genau an und versuchte, in ihm den Jungen wiederzuerkennen, der laut geschrien hatte, als man seine Mutter am 3. Dezember 1662 zur Vollstreckung des Gottesurteils an den Kai gebracht hatte. Sie hatte Guillaume nie mehr getroffen, weil sie selbst verhaftet worden war. Sie erinnerte sich, daß er eine Zwillingsschwester hatte.

»Und was ist mit Justine?«

»Justine ist in Nantes geblieben. Sie ist Dienstmädchen in einem hochherrschaftlichen Haus.«

»Hat Pater Germain euch denn nicht behalten?«

Der junge Mann erklärte, seine Schwester habe ihm nicht ins Kloster folgen können. Nachdem er sich geweigert habe, von ihr getrennt zu werden, seien beide verkauft worden. »Hat Kapitän Le Morhier nichts getan, um euch zu helfen?«

»Man hat seine Abwesenheit genutzt, um uns Geoffroy de Saint-Arnaud zu überlassen.«

Die Richter, die den Prozeß ihrer Mutter durchgeführt hatten, hatten sich das Geld geteilt. Guillaume hatte Lohgruben, Kuh- und Pferdeställe geputzt und seine Zwillingsschwester jahrelang Fußböden geschrubbt.

»Weißt du, daß der Reeder demjenigen, der dich zurückbringt, eine Belohnung von hundert Livres angeboten hat? Man hat dich überall gesucht!«

»Und gefunden ...«

Guillaume kniff die Augen zusammen; Marie schien wirklich verängstigt zu sein.

»Ich werde niemandem verraten, daß du de Saint-Arnaud verlassen hast. Ich habe ihn schon immer gehaßt. Er hat mich dem Werber übergeben, dabei hätte er mich behalten können, wenn er gewollt hätte.«

»Und Justine?«

»Sie ist auch weggegangen. Zu einer Dame, bei der sie besser behandelt wird als beim Reeder. Er ist ein Schwein! Wenn ich nicht auf sie aufgepaßt hätte, hätte er sie verführt. Und Guillec und Hornet auch! Die hätten sie auch gern in ihr Bett gezogen. Justine ist jetzt so hübsch, wie du es bist ...«

»Deine Mutter war hübsch«, sagte Marie.

»Sie waren enttäuscht, daß sie ertrunken ist. Am liebsten hätten sie sie noch länger gefoltert.«

»Du erinnerst dich an alles ...«

»Man hat mir oft genug gesagt, ich sei vom Teufel besessen! Das habe ich nicht vergessen können. Ich war zunächst Zwillingsbruder, dann der Sohn einer Hexe. Seit ihrem Tod hab ich jeden Tag Schläge bekommen.«

»Ich habe dich nicht gesehen im Herbst. Wann bist du hierhergekommen?«

»Ich war in Ville-Marie.«

»Warst du da schon Soldat?«

»Ich sag' dir doch, man hat mich gezwungen. In Ville-Marie hat man mir von Québec erzählt. Da habe ich mir gedacht, daß ich dort ein Stück Land haben könnte, wenn meine Zeit beim Regiment beendet ist.«

»Hat man dir gesagt, daß ich in Québec bin, bevor man dir von Anne Martin erzählt hat?«

»Nein. Wenn ich dich heute nicht getroffen hätte, dann hätte ich nicht gewußt, daß du hier lebst. Ich habe zwar von der Füchsin, einer Heilerin, gehört. Einige nannten dich auch das Weib von Laviolette. Ist das dein Mann?«

Marie nickte und sagte leise, daß niemand erfahren dürfe, daß sie in Bigamie lebe.

Guillaume spuckte auf den Boden. Er würde ihre Ruhe

nicht stören! De Saint-Arnaud konnte bis ans Ende seiner Tage warten, die, wenn Gott gerecht war, so beschwerlich sein sollten wie der lange Marsch des Regiments.

»Wann hast du Ville-Marie verlassen?«

»Ende des Sommers.«

»Ging es ihm da sehr schlecht?«

»Dem Reeder?« grinste der Soldat. »Der wird nie sterben, es sei denn, man hilft nach! Wenn er krank ist, dann höchstens, weil er zuviel gegessen hat ... und er erholt sich immer wieder. Marie?«

Sie erschien dem jungen Bonnet mit einemmal so traurig, daß er ihr über die Wange streichelte.

»Marie?«

Sie biß sich auf die Unterlippe, weil sie nicht weinen wollte. Sie hatte zu viele Tränen für Simon Perrot vergossen. Von Anfang an hatte er sie belogen und betrogen und mußte sogar mit de Saint-Arnaud unter einer Decke gesteckt haben!

»Marie?«

Sie faßte sich wieder. Simon Perrot war im Fort geblieben. Guillaume Laviolette würde vor ihm zurück sein und ihr beistehen können. Rose hatte recht: Ihr Wort würde gegen seines stehen.

Sie fragte sich, wie sie auf Simon Perrot zu sprechen kommen sollte, doch Guillaume Bonnet kam ihr zuvor, indem er sie vor ihrem Landsmann warnte.

»Kennst du ihn?«

Der Soldat erklärte Marie, daß er ihn bei de Saint-Arnaud gesehen habe. Er sei aus Paris gekommen und wie ein Musketier gekleidet gewesen.

»Ich habe gewußt, daß er Madeleine Perrots Mann ist. Dann habe ich ihn im Fort Saint-Thérèse wiedergesehen. Er hat mich nicht mehr erkannt, und ich habe ihm auch nicht gesagt, daß ich ein Landsmann bin. Er hat mir erzählt, daß er sich eingeschifft habe, um aus Treue zu seinem König die Kolonie zu verteidigen. Aber wenn er dich sieht, könnte er an die Belohnung denken ...«

Marie schaute Bonnet unentwegt an; konnte es sein, daß der Allerhöchste ihr verziehen und ihr diesen jungen Mann zu Hilfe geschickt hatte? Es war richtig gewesen, daß sie sich bei der Krankenpflege so verausgabt hatte, nun wurden ihr die durchwachten Nächte endlich angerechnet. Sie bekreuzigte sich, in der Hoffnung, daß der Herrgott bei ihrem kleinen Rechenexempel ein Auge zudrücken würde.

»Gott möge dich schützen«, fuhr Guillaume fort, »Simon Perrot wird so schnell nicht nach Québec zurückkehren.«

»Wieso?« stammelte Marie und legte eine Hand aufs Herz.

»Er wird noch Wochen im Fort bleiben müssen. Courcelle persönlich hat es angeordnet, um ihn in seine Schranken zu weisen. Bei den Offizieren ist Simons Verhalten nicht besonders gut angekommen.«

Guillaume Bonnet berichtete Marie, Simon habe einem Kameraden Proviant gestohlen und versucht, den Diebstahl einem anderen in die Schuhe zu schieben, und außerdem gotteslästernde Reden geführt. Courcelle hatte erklärt, daß ein solcher Soldat eine Schande für das Regiment sei. Er wollte lieber dafür sorgen, daß ihn die Québecer nicht mehr zu Gesicht bekämen!

Marie fiel Guillaume um den Hals. So bald würde sie Simon also nicht wiedersehen.

Es würde ein schöner Frühling werden.

14. KAPITEL

Guy Chahinian lehnte sich an eine Mauer. Er hatte seine Kräfte überschätzt und sich zu weit vom Faubourg Saint-Martin entfernt. An der Place Royale mietete er schließlich eine Kutsche. Der Kutscher warf einen mißtrauischen Blick auf sein Holzbein, zögerte aber nicht mehr, nachdem Chahinian ihm eine Münze gegeben hatte.

»Sie bekommen noch mehr«, versprach ihm Chahinian. »Wenn wir vom Cours-la-Reine zurück sind.«

Trotz des Sprühregens folgte der Kutscher den Weisungen des Goldmachers, ohne zu murren. Sein Fahrgast nannte ihm zunächst Notre-Dame als Ziel, das sie sehr leicht erreichten, weil das schlechte Wetter viele fliegende Händler entmutigt hatte. Die Straßen waren weniger verstopft als gewöhnlich, und Chahinian war froh, in die Kutsche gestiegen zu sein; so würde er ein letztes Mal vor seiner Einschiffung nach London Paris sehen. Du Puissac wäre entschieden gegen diese Spazierfahrt gewesen, aber Guy Chahinian wußte, daß er nicht mehr nach Frankreich zurückkehren würde. Er würde bleibende Eindrücke aus Paris mitnehmen: die Basilika, die Kirche Saint-Eustache, seine Lieblingskirche, die Ile Saint-Louis, auf der er nach seiner Ankunft in Paris gewohnt hatte, die Pont de la Tournelle, die Statue der Heiligen Genoveva, Schutzpatronin der Stadt, Catherine und Julien du Puissacs Haus in der Rue Hautefeuille, die Predigten in Saint-Germain, die Komödien im Theater des Petit-Bourbon und die Place Maubert, wo die Brüder des Lichts erstmals zusammengekommen waren.

Der Goldmacher erinnerte sich an die Sonnenuntergänge am Cours-la-Reine, die die feine Gesellschaft anzogen. Dort schlenderte man zwischen vier Reihen von Ulmen, die sich auf etwa eine halbe Meile erstreckten. An einem Hinrichtungstag war er sogar bis zur Wiese der Savonnerie gegangen. Stundenlang war er allein unterwegs gewesen, in einer ungewöhnlichen Stille. Die Kutschen hatten die von Maria von Médici gestaltete Promenade verlassen und waren Richtung Place de Grève gefahren, wo man ein Schafott aufgebaut hatte. Vom Graben der Tuileries an war ihm ein gelber Hund gefolgt.

Porphyre! Chahinian lächelte; schon lange hatte er nicht mehr an diesen Köter gedacht. Fünf Jahre hatte er ihn behalten. Zunächst hatte er ihn Satan rufen wollen, weil sein Fell orangefarben gewesen war wie die Höllenflammen, hatte dann aber befürchtet, sich damit nur Ärger einzuhandeln. Deshalb hatte er ihn Ambre und später Porphyre genannt. Der Hund war ihm ein guter Partner gewesen, bis ihn eine Kutsche überfahren hatte. Chahinian sah den Wagen wieder vor sich; dessen mit hellblauem Samt überzogenes Leder vergoldete Nägel befestigt hatten. Das Wappen auf den Türen, das auf weiße Seide gestickt gewesen war, hatte er nicht erkennen können, aber es wäre ihm auch nicht eingefallen, diese Kutsche anzuhalten, um sich über den Tod seines Hundes zu beklagen. Er hatte Porphyres Leiche aufgehoben und sie am Abend in die Seine geworfen. Dabei hatte er sich gefragt, ob die Kutsche stehengeblieben wäre, wenn es sich um ein Kind gehandelt hätte.

Wegen des Gedränges bei den Tuileries hatte der Goldmacher Gelegenheit, das königliche Palais zu betrachten. Er versuchte herauszufinden, in welchem Flügel des mit hohen Gittern geschützten Gebäudes Ludwig XIV. lebte, als die Glocken der Kirche Saint-Germain-l'Auxerrois ertönten. Chahinian bekreuzigte sich; dieses fröhliche Geläute würde ihm in London fehlen.

»Faubourg Saint-Martin.«

»Da hat man mich einmal verhaftet«, empörte sich der Kutscher.

Chahinian holte zwei Münzen aus seiner Geldbörse und hielt sie ihm unter die Nase. Der Mann starrte seinen Fahrgast an und schlug dann kräftig mit seiner Peitsche auf die Pferde ein. Er fragte sich, wer dieser Mann sein mochte, warum er sich durch die ganze Stadt hatte fahren lassen, ohne ein einziges Mal auszusteigen, und warum er jetzt sogar vor deren Tore gebracht werden wollte.

Am Faubourg Saint-Martin bezahlte Chahinian den Kutscher und wartete, bis sich der Wagen entfernt hatte, ehe er das Haus betrat.

Du Puissac erwartete ihn bereits. Sein angstvoller Blick betrübte Chahinian, und er entschuldigte sich für sein Ausbleiben. Wie er vorhergesehen hatte, tadelte ihn der Chevalier, bevor er ihm erzählte, daß am übernächsten Tag ein Schiff, die *Facon-d'or,* nach Holland auslaufe.

»Es ist zu gefährlich, von Frankreich direkt nach England zu fahren. Man würde Ihnen unweigerlich Fragen stellen.«

»Ich reise unter einem anderen Namen; ich heiße Georges Duval. Vergessen Sie nicht, daß meine Kerkermeister Ihnen

Guy Chahinians Tod bestätigt haben. Er wird erst in London wiederauferstehen.«

»Wenn er dort eintrifft …«

»Im Moment kümmert sich der König wenig um die Brüder des Lichts; er denkt eher an Karl II. und seine Kolonien. Ich werde mich ohne Schwierigkeiten in Elizabeth Le Morhiers Haus begeben können.«

Du Puissac überreichte ihm den Brief, den die junge Frau für ihren Vetter Samuel geschrieben hatte. Sie empfahl ihm Guy Chahinian auf so liebenswürdige Weise, daß er sehr gerührt war.

»Victor Le Morhier hat Glück gehabt, eine Frau mit einer derart edlen Gesinnung kennenzulernen.«

»Ich glaube, daß er Marie LaFlamme vergessen hat.«

Der Goldmacher hoffte es, denn Elizabeth war es wert, daß man sie voll und ganz liebte.

»Le Morhier hat mir verraten, daß sie schwanger ist«, erzählte du Puissac weiter. »Im Spätsommer wird sie niederkommen. Wir werden sie bis Nantes begleiten und uns dann nach Neufrankreich einschiffen. Véronique wird Elizabeth vermissen. Sie sind richtig gute Freundinnen geworden.«

»Victor muß ihr sehr dankbar sein, daß sie seine Frau aufgenommen hat.«

Du Puissac spielte mit dem Docht einer Kerze und lächelte. Véronique de Roche-Brieux war sehr froh, Elizabeth bei sich zu haben. Sie hatte dem Chevalier anvertraut, daß sie sie an ihre Schwester Julie erinnere, die sie sehr vermisse. Als Le Morhier sich für eine lange Seefahrt hatte einschiffen müssen, hatte er zunächst beschlossen, Elizabeth nach Nantes zu bringen, aber Armande de Jocary hatte ihm abgeraten, eine Reise mit einer Frau zu machen, die erst am Anfang ihrer Schwangerschaft war: Sie selbst hatte auf diese Weise das einzige Kind verloren, das sie jemals erwartet hatte. Daraufhin hatte Véronique de Roche-Brieux der Engländerin ihre Gastfreundschaft angeboten, die sofort mit Begeisterung zugesagt hatte, denn sie hatte ihre Gastgeberin sehr bewundert!

»Wann werden Sie nach Québec aufbrechen?«

»Im späten Frühling. Dann kann Elizabeth nämlich nach Nantes reisen. Sie ist tapfer und beklagt sich nie über die Abwesenheit ihres Mannes.«

»Myriam Le Morhier wird sie wie ihre eigene Tochter lieben«, sagte Chahinian. »Sie wird sie trösten können, denn sie hat so oft auf den Kapitän gewartet.«

Der Goldmacher dachte an seine Begegnung mit Martin Le Morhier, als dieser gerade von einer Reise zurückgekommen war. Er hatte seiner Frau einen Papagei, einen Jako, mitgebracht, der sich geweigert hatte zu sprechen.

Du Puissac sah seinen Freund an. Er würde ihm sehr fehlen! Aber er würde so tapfer wie Elizabeth sein, auch wenn kein Tag vergehen würde, an dem er nicht an Chahinian würde denken müssen. Jeden Tag würde er sich fragen, ob Chahinians Forschungen Erfolg haben würden, ob er endlich Unterstützung in London gefunden hätte und ob er nicht bedauern würde, ihm die heiligen Kapellen anvertraut zu haben. Oftmals hatte der Chevalier versucht, seinen Meister zu überreden, die Gold- und Silbersymbole zurückzunehmen, aber Chahinian hatte dies kategorisch abgelehnt. Wegen seines Holzbeins sei er nicht wendig genug und kaum in der Lage, sie zu verteidigen, falls irgendein Schurke sie rauben wollte.

»Ich habe die Zeichen, die auf den Kapellen eingraviert sind, entziffert und immer wieder gelesen. Ich kenne sie auswendig, als hätte ich sie selber geschrieben. Ich brauche die Kapellen nicht mehr.«

»Ich bin zwar im Besitz der Kapellen, weiß aber nicht, ob ich in Neufrankreich Gesinnungsbrüder finden werde.«

Ohne darauf einzugehen, hatte Chahinian seine Hände zum Kohleofen gestreckt; der Chevalier war schüchtern und verwegen zugleich. Eher bot er den Kerkermeistern der Bastille die Stirn, als daß er auf Fremde zugegangen wäre. Die seltenen gesellschaftlichen Zusammenkünfte in Neufrankreich hatte er gemieden und jedesmal versichert, daß er sich nicht vorstellen könne, dort Männern zu begegnen, die die Suche nach dem Licht fördern würden. Chahinian hoffte, du Puissac würde mit Hilfe seiner Ehefrau neue Menschen kennenlernen und die Brüderschaft in Québec wieder aufleben lassen.

»Marie LaFlamme wird Sie dabei unterstützen.«

»Marie? Sie wären einverstanden, wenn sie von unseren Forschungen erfährt?«

»Sie haben sie doch selbst gelobt. Und sie war es, die Ihnen die Kapellen zurückgegeben hat.«

»Nachdem sie sie Pernelle weggenommen hat ...«

Der Goldmacher erklärte seinem Freund, daß er sich weigere, sich mit so sinnlosen Gefühlen wie Groll oder Rachsucht abzugeben. Er sei zwar durch Marie LaFlammes Schuld eingesperrt worden, aber in gewisser Weise selbst für dieses Unglück verantwortlich. Niemand habe ihn gezwungen, nach Nantes zu gehen und mit Anne LaFlamme zu sympathisieren. Und außerdem sei er so unvorsichtig gewesen, Marie dem Apotheker anzuvertrauen.

»Ich verachte Simon Perrot viel zu sehr, als daß ich mich an ihn erinnern wollte«, fügte er hinzu.

»Wie dem auch sei. Er ist tot.«

Guy Chahinian öffnete eine Schublade und entnahm ihr zwei Hefte, die er du Puissac gab.

»Sie haben immer den Verlauf unserer Experimente aufgezeichnet. In diesen Heften habe ich die Geschichte unserer Brüderschaft für Ihre Frau niedergeschrieben.«

»Sie sind also damit einverstanden, daß das Lichtkreuz künftig auch Frauen in seinen Kreis aufnimmt? Zuerst Marie, dann Véronique ...«

»Fast alle unsere Brüder sind tot. Wenn wir heute noch am Leben sind, dann dank der Frauen: Mérian wohnt bei seiner Schwester, die Baronin hat mir Unterkunft gewährt, Elizabeth stellt mir ihr Haus zur Verfügung, und Ihre Frau öffnet uns aus freien Stücken ihre Privatschatulle. Wir verdanken ihnen viel.«

»Und Véronique weiß über Chemie genausogut Bescheid wie wir.«

»Marie LaFlamme ist außerordentlich wißbegierig, sicher möchte sie an unseren Forschungen teilhaben!«

Die beiden Männer unterhielten sich eine Weile und genossen ihr geheimes Einverständnis und ihre gegenseitige Wertschätzung. Chahinian verglich diesen Nachmittag mit dem Tag, an dem er sich von Kapitän Le Morhier verabschiedet hatte. Er und Julien du Puissac würden sich nicht mehr wiedersehen. Der Chevalier würde sich in der Kolonie niederlassen, und er würde in London sterben. Immer öfter verspürte er einen stechenden Schmerz in der Seite, und jeden Tag schränkte er seine Ernährung mehr ein, um Koliken zu vermeiden. Sein Magen, der von der Gefängniskost stark angegriffen war, rebellierte oft. Sein Herz, das zu viele Schocks erlitten hatte, ließ nach wie das eines alten Mannes. Ja, London würde sein letzter Zufluchtsort werden.

Du Puissac weinte, als er in die Rue Galande ging. Véronique de Roche-Brieux tröstete ihn; sie offenbarte ihm, daß sie mehr Neid als Mitleid für ihn empfinde: Seit über zwanzig Jahren traf er sich nun mit Chahinian. Sie war immer allein gewesen, durch Elizabeth erfuhr sie zum ersten Mal überhaupt in ihrem Leben, was Freundschaft bedeutete. Ihr Vater, der gegen jeden Besuch gewesen war, hatte sogar seine Töchter voneinander getrennt, indem er Julie ins Kloster geschickt hatte.

»Guy Chahinian ist Ihnen überaus dankbar. Seine Wertschätzung wird über die Meere und die Jahre hinaus bestehen. Nie wird er vergessen, daß Sie ihm das Leben gerettet haben, auch wenn er Sie schon lange vorher geachtet hat. Sie werden die Erinnerung an ihn mit nach Québec nehmen und ihm so eine große Ehre erweisen. Ich sag' es Ihnen nochmals, ich beneide Sie …«

Julien du Puissac verbeugte sich vor so viel Feingefühl, und es gelang ihm, Véronique de Roche-Brieux zuzulächeln. Er gab sich Mühe, beim Abendessen Appetit zu zeigen. Da Elizabeth seine Melancholie aufgefallen war, versuchte sie, ihre Tischgesellschaft mit Streichen, die sie zusammen mit ihrer Zwillingsschwester ausgeheckt hatte, zu unterhalten.

»Mary lacht die ganze Zeit«, sagte sie etwas traurig.

»Lachte«, korrigierte sie der Chevalier. »Sie vermissen sie sehr.«

»Ja, aber ich habe Victor und bald eine andere Mary«, entgegnete Elizabeth. »Ich habe eine Tochter, ich bin sure.«

»Sicher.«

Elizabeth runzelte die Stirn, denn genau das hatte sie gesagt, nur hatte man sie falsch verstanden. Zu ihrem Wohlgefallen überspielte Véronique das sprachliche Mißverständnis mit einem Lachen und neckte ihre neue Freundin, um den Chevalier aufzuheitern.

Als Julien du Puissac sich schlafen legte, sagte er sich, daß Véronique de Roche-Brieux recht hatte: Er konnte sich glücklich schätzen, Guy Chahinian kennengelernt zu haben, selbst wenn er sich jetzt von ihm trennen mußte. Er empfahl seinen Freund der Güte Gottes und streichelte dann das lange Haar seiner Frau. Er träumte, daß Véronique aus ihrem goldbraunen Haar eine Hängematte geflochten hatte und daß er darin schaukelte, erfüllt von einem Gefühl der Freude und wohliger Ruhe. Das Geflecht der Hängematte war warm, sanft und weich wie Vogelfedern. Als er erwachte, umarmte er seine Frau, gerührt von ihrer Großzügigkeit.

An den Bäumen sprossen noch keine Knospen, aber das Tageslicht war freundlicher, hielt länger an und verkündete den Frühling. Der April hatte den übermäßig blauen Himmel und die herausfordernden Sonnenstrahlen vertrieben. Die Sonne bewegte sich jetzt über ein pastellfarbenes Himmelsgewölbe, in dem sich die Wolken mit der Begeisterung von jungen Katzen jagten. Die kleinen Schneeinseln schmolzen nur langsam, zum Mißfallen der Einwohner Québecs, die es kaum erwarten konnten, endlich wieder erdigen Boden zu sehen. Kapuzen und Schals waren weggeräumt worden, aber man mußte sich noch gedulden, bevor man mit Holzschuhen ins Freie gehen konnte.

Das hielt aber niemanden davon ab, zum Hafen zu laufen, um den im Eis eingeschlossenen Strom zu sehen!

Ein fröhliches Treiben zog sich vom Quai Champlain bis in die Oberstadt hinauf, und die wenigen Hausfrauen, die das Gedränge im Hafen gemieden hatten, bedauerten jetzt ihre

Zurückhaltung. Die jungen Nonnen dagegen brachten Gott ein Opfer, indem sie auf die Teilnahme an dem bunten Treiben verzichteten. Zu gerne hätten sie sich unter die Menschen gemischt. Sie hätten beim Krachen des Eises geklatscht, hätten vielleicht vor Freude gejubelt und ihrer Begeisterung Ausdruck verliehen, daß die Kinder in einem halben Jahr so gewachsen waren. Die Jungen hätten sich vor Aufregung überschlagen, weil sie unbedingt wieder zu ihren Kameraden laufen wollten, während sich die Mädchen die Ursulinerinnen, die ihnen bald Unterricht erteilen würden, genau angeschaut hätten.

Die Mädchen hätten mit den Indianern gesprochen, die etwas abseits standen, aber dem Wunsch, den Sankt-Lorenz-Strom wieder auftauchen zu sehen, auch nicht hatten widerstehen können, denn sie freuten sich genauso, auf sein dunkles, geheimnisvolles und vielversprechendes Wasser. Sie träumten von Fischzügen, vom Verkehr der Waren, und sahen schon die Forellen in den Netzen zappeln.

Marie LaFlamme stellte sich die Blumen und die Kräuter vor, die bald wieder an den besten Plätzen rings um die Stadt wachsen würden. Sie hatte nur noch ein paar Töpfe mit getrockneten Blättern und Wurzeln vorrätig und hoffte nun auf den Ertrag des Jahrhunderts! Noémie würde sie Françoise anvertrauen, die ihre Rolle als ältere Schwester sehr ernst nahm. Sie beaufsichtigte die Kleine, wusch und fütterte sie und tröstete sie mit unendlicher Geduld. Françoise hätte eine gute Heilerin abgegeben, wenn sie sich nicht so vor dem menschlichen Leid gefürchtet hätte. Als Marie ihr eines Tages von einem harmlosen Eingriff erzählt hatte, war sie gleich ohnmächtig geworden. Sie wäre nicht in der Lage gewesen, eine Wunde zu öffnen oder Gliedmaßen abzutrennen. Das war mißlich, denn sie war so sanft wie Anne LaFlamme … Sie war gut und klug und hatte darum gebeten, die Klosterschule der Ursulinerinnen besuchen zu dürfen. Sie wollte den Katechismus lesen und Noémie vom Leben der Heiligen erzählen.

Marie freute sich über Françoises Frömmigkeit; sie würde ihrer Tochter die religiösen Gebote auf überzeugenderer Weise beibringen als so mancher Lehrer. Françoise hatte dem

Allerhöchsten verziehen, daß er sie eine Weile im Stich gelassen hatte. Marie dagegen hatte die Verurteilung ihrer Mutter nicht vergessen, und beim Beten fehlte es ihr an Inbrunst. Sie versäumte zwar keine Messe und widmete Gott ihr Tagewerk, aber sie kam nicht umhin, ihm verschiedene Fragen zu stellen. Wenn er ein Gott der Liebe war, wie es die Pfarrer behaupteten, wie konnte er dann so viel Ungerechtigkeit zulassen?

Marie ging auf Françoise zu, die gerade Noémie hochhob, damit sie den Sankt-Lorenz-Strom besser sehen konnte. Wenn sie weiterhin allen Launen des kleinen Mädchens nachgab, würde sie sich noch das Kreuz verrenken! Noémie würde bald drei Jahre alt sein. Sie war groß für ihr Alter, sicher wog sie an die fünfunddreißig Pfund. Sie war kräftiger, als man glaubte, und mochte es furchtbar gern, wenn man sie in die Arme nahm, das sagte Françoise immer wieder.

Guillemette Couillard beugte sich zu Eléonore de Grandmaison und zeigte auf die drei rothaarigen Köpfe.

»Wenn man bedenkt, daß sie nicht einmal miteinander verwandt sind!«

»Der Schein trügt. Ich habe mit Anne Martin gesprochen, und mir ist kein Verdacht gekommen. Wenn Marie LaFlamme nicht gewesen wäre, dann würde ihr Dienstmädchen mit Sicherheit nicht mehr leben …«

»Ich frage mich, wann Monsignore de Laval sie endlich als Hebamme zulassen wird. Alle Siedler schätzen sie.«

»Er ist ein Dummkopf. Fromm, aber stur. Wie auch immer, Marie wird noch im Sommer Hebamme sein. Das hat mein Mann gehört.«

»Stimmt es, daß Jean Talon den Obersten Rat wieder einführen will?«

Eléonore de Grandmaison lächelte vielsagend. Sie konnte nicht weitererzählen, was ihr Mann, Monsieur de La Tesserie, ihr anvertraut hatte, aber sie wußte, daß Guillemette Couillard sie lange genug kannte, um sie auch ohne eindeutige Worte zu verstehen.

»Unser Intendant hat sehr viel Macht«, bemerkte die Witwe Couillard.

Eléonore de Grandmaison lächelte immer noch.

»Wird er bald neue Ratsmitglieder ernennen?«

»Neue?«

Guillemette Couillard war klar, daß manch bekanntes Gesicht wieder im Rat vertreten sein würde: Talon konnte die Großgrundbesitzer und die erfahrenen Männer Québecs nicht ausschließen.

»Es werden rechtschaffene Männer sein«, sagte Eléonore de Grandmaison nur.

Wartete Talon nicht auf Nachrichten von Charles Aubert de La Chesnaye, der seit dem 4. November weg war? Der Intendant wußte, daß dieser seine Auffassung in bezug auf das Handelsrecht der Westindischen Kompanie an Colbert weiterleiten würde. Jean Talon wehrte sich gegen deren allzu großen Einfluß und hoffte, daß der königliche Minister La Chesnayes Vorstellungen gutheißen würde.

Rose Rolland, die hinter den beiden Frauen stand, entfernte sich rasch, um Marie wissen zu lassen, was sie soeben erfahren hatte: Im Sommer würde sie Hebamme sein!

»Du wirst mich entbinden!«

»Wenn du nicht schon früher niederkommst«, scherzte Marie.

Rose tat so, als wolle sie ihr eine Ohrfeige geben; sie hatte nämlich im letzten Monat beträchtlich zugenommen, und alle Leute sagten ihr Zwillinge vorher. Marie dagegen wußte, daß das Ingwergebäck und die süßen Kuchen zu dieser Gewichtszunahme beigetragen hatten. Aber Rose war sehr glücklich darüber. Man gratulierte ihr, sobald man sie auf der Straße erblickte. Neidisch sahen die anderen Frauen auf ihren Bauch; eine hatte Rose in der Ostermesse sogar ihren Platz überlassen!

Sie bedauerte Marie geradezu, weil sie nicht auch schwanger war.

Wenn doch Guillaume zurückkommen könnte! Die Füchsin schien ihre Gedanken erraten zu haben und erklärte, daß sie sich freue, bald das den Frühling ankündigende Tosen des Stromes zu hören, daß sie aber ebensosehr hoffe, Guillaume werde kein Unglück passieren.

»Er ist vorsichtig und wird sich nicht auf einen See wagen. Er weiß, wie heimtückisch das Eis in dieser Jahreszeit ist.«

»Du hast recht. Mein Mann ist vernünftig.«

»Er wird bald zurück sein, und er wird Noémie nicht wiedererkennen. Sie ist ja so groß und kräftig geworden!«

»Ich hoffe, daß Françoise keine Angst vor ihm haben wird.«

»Es geht ihr viel besser«, versicherte Rose. »Weil sie sehr oft bei Alphonse ist oder mit Noémie spazierengeht.«

»Im Winter ist sie jeden Tag mit ihr draußen gewesen.«

»Leidet sie immer noch?«

Marie verzog leicht das Gesicht. Sie hatte Françoises Wunden geheilt, aber das Mädchen hatte immer noch Alpträume.

»Am meisten betrübt mich, daß sie mich dann anfleht, ihr zu verzeihen, weil sie meint, mich aufgeweckt zu haben. Sie glaubt immer noch nicht, daß ich sie bei mir behalten werde, ohne sie zu bestrafen. Sie hat Angst, ich könnte sie wegen einer Lappalie hinauswerfen. Sie erschrickt, wenn ich den Schürhaken in die Hand nehme, um einen Holzscheit zu zerkleinern! Anne Martin war ein Ungeheuer. Die Montagnais haben mehr Herz als diese Frau!«

»Da kommt ja dein Landsmann«, sagte Rose und lächelte Guillaume Bonnet zu. »Er macht einen sehr zufriedenen Eindruck.«

Der junge Bonnet war überglücklich; man hatte ihn eingestellt, um bis zum nächsten Feldzug gegen die Irokesen in Sillery ein Haus zu bauen.

»Ich werde so tüchtig arbeiten, daß mein Meister mich gar nicht mehr fortlassen möchte. Vielleicht setzt er sich dann für mich ein!«

»Die Indianer werden noch vor dem Sommer den Friedensvertrag unterzeichnen«, behauptete Marie. »Sie müssen es tun!«

Roses Gesichtsausdruck entmutigte den jungen Bonnet. Offenbar teilte sie die Hoffnung ihrer Freundin nicht.

»Glaubst du nicht daran?«

»Nein, mein Junge. Nein. Du wirst sehen.«

Mitte Mai mußte Guillaume Bonnet feststellen, daß Rose

ein besonderes Gespür hatte, auch wenn die Ereignisse fast gegen sie sprachen. Abgesandte der Fünf Nationen kamen nach Québec, um die Friedensverträge zu unterzeichnen. Die Bevölkerung war aufgeregt und schwankte zwischen dem Wunsch, sich in ihren Häusern zu verbarrikadieren, falls die Irokesen doch einen Angriff wagten – sie waren zwar nicht sehr zahlreich, aber wußte man denn, was diese Teufel vorhatten? –, und dem Drang, sich an der Seite der Soldaten des Carignan-Salières-Regiments zu zeigen. Die Montagnais wären beeindruckt, wenn sie die uniformierten Truppen mit ihren Gewehren und Musketen sehen und den Trommelwirbel und die Kanonenschüsse hören würden!

Sie würden bestimmt unterzeichnen.

»Sie werden nicht unterzeichnen«, sagte Guillaume Laviolette zur Marie LaFlamme, zwei Tage nach seiner Ankunft in Québec.

»Warum?«

»Sie sind besser organisiert, als der Gouverneur glaubt.«

Beunruhigt fragte sich Marie, ob ihr Mann vielleicht in den Konflikt verwickelt war. Bereits dreimal hatte er ihr gegenüber beteuert, daß er nicht Partei ergreifen wolle. Seit dem Herbst hatte er weder seine Meinung noch sein Verhalten diesbezüglich geändert.

Er hatte an ihre Tür geklopft und gewartet, daß sie ihm öffnete. Simon dagegen war in ihr Haus gestürmt, ohne sich anzukündigen.

Mit pochendem Herzen hatte sie ihm zugelächelt, aber gezögert, sich ihm in die Arme zu werfen. Sie hatte zusammenhanglose Worte gestammelt und schließlich Noémie zu ihm hingeschoben. Er hatte aber nur sie angesehen, und dieser eindringliche, zugleich begierige und belustigte Blick hatte sie erröten lassen. Dann hatte Guillaume Noémie in die Arme genommen, um ihrer beider Verlegenheit ein Ende zu machen. Die Kleine, die zunächst sprachlos gewesen war, hatte vor Freude geschrien, als er sie hochgewirbelt hatte; sie erinnerte sich an diese tollen Sprünge und an das Vergnügen, wenn sie erschrocken war und doch gewußt hatte, daß ihr Vater sie niemals fallenlassen würde. Mit aller Kraft hatte sie seine dicken Finger gedrückt, die so hart wie die Sprossen eines Stuhls gewesen waren.

»Mama!« hatte sie zwischen zwei Sprüngen an die Decke geschrien. »Mama!« Marie hatte ihr zugelächelt und Françoise aufgefordert näher zu kommen.

»Das ist mein Mann, meine Schöne.«

Guillaume schien überrascht gewesen zu sein, hatte aber Françoise, die sich an Marie geklammert hatte, freundschaftlich in die Wange gekniffen. Marie hatte ihr die Hand auf die Schulter gelegt und ihr geschworen, daß der Waldläufer sie nicht schlagen werde.

Später teilte sie ihm mit, unter welchen Umständen sie Françoise aufgenommen hatte, und er stimmte ihrem Entschluß vorbehaltlos zu. Ein hungriges Maul mehr zu stopfen, das war keine große Sache! Dann kam Marie auf Simon Perrot zu sprechen. Er versuchte, sie zu unterbrechen, aber sie bestand darauf, ihm alles zu beichten.

»Ich habe mich selbst genug belogen, indem ich mir einredete, ihn zu lieben. Du mußt die Wahrheit erfahren.«

Ohne etwas auszulassen, erzählte sie von ihrer Schwäche, ihren Gewissensbissen und ihrer Demütigung, als sie begriffen hatte, daß Simon sich mehr für ihren Schatz als für sie selbst interessierte; von ihrer Wut, als sie erfahren hatte, daß er mit de Saint-Arnaud unter einer Decke steckte; von ihrer Erleichterung, als sie gehört hatte, daß er im Fort bleiben würde.

»Für wie lange?« fragte Guillaume. »Was willst du tun, wenn er wieder hier ist?«

»Du hast recht, mir zu mißtrauen, aber …«

»Das habe ich nicht gemeint, Marie. Ich denke, daß du wegen dieses Soldaten genug gelitten hast und dich jetzt vor ihm hüten solltest. Ich frage mich nur, wie du dich zukünftig ihm gegenüber verhalten willst.«

»Ich schicke ihn weg, wenn er herkommt!«

»Wird er dann nicht herumerzählen, daß du in Frankreich verheiratet bist?«

»Vielleicht«, räumte die Füchsin ein. »Aber Bonnet wird das Gegenteil behaupten.«

»Wer ist dieser Bonnet?«

»Er heißt auch Guillaume und hat durchaus gewisse Ähnlichkeit mit dir! Ein Junge, den man zwangsrekrutiert hat und der davon träumt, Kathedralen zu bauen. Seine Mutter ist von den Richtern, die auch meine Mutter verurteilt haben, ertränkt worden. In Erinnerung an seine Mutter wird er das aussagen, was ich will.«

Guillaume streckte sich und betrachtete die Wände seines Hauses: Jedesmal wenn er zurück war, fand er sie niedrig und eng und hatte das Gefühl, in einer Höhle zu sein. Er schätzte das Feuer im Kamin und vor allem den Kochtopf, der darüber hing, aber die Möbel engten seine Bewegungsfreiheit ein, und er fragte sich, ob Tisch und Stühle wirklich notwendig waren. In ein paar Tagen würde er sich wieder daran gewöhnt haben.

An Marie gewöhnte er sich noch rascher; sie war so gut gelaunt und unermüdlich! Sie war so sinnlich, wie ein Mann es sich wünschen konnte, aber morgens hatte er nie Gelegenheit, sie schlafen zu sehen, weil sie bei Tagesanbruch aufstand und die Rue Sault-au-Matelot verließ, um die ersten Blumen zu pflücken. Dann sortierte sie ihre Wurzeln, bereitete die Suppe vor, wusch und flickte ihre Kleidung und die der Kinder, besuchte ihre Patienten und schaffte es sogar, sich zu ihm zu setzen, wenn er von seinen Streifzügen erzählte. Sie war traurig, daß er den größten Teil seiner Felle im Warenhaus hatte abliefern müssen, und sprach über den Preisverfall bei Biberfellen, als hätte sie die Tiere selbst gefangen. Sie wußte, daß eine Decke aus der Normandie, ein Faß Mais oder ein Gewehr sechs Felle wert waren, daß die Indianer eines gegen zwei Pfund Schießpulver, vier Pfund Blei, zwei Säbel oder zwei Äxte tauschten. Sie hatte sich über deren Heilmethoden kundig gemacht und ihm erklärt, daß sie, wie die meisten Einwohner Québecs, die das Kommen und Gehen der Huronen gar nicht mehr beachteten, den Falken immer mehr schätze. Anne Martins und Germain Picots Vergehen hatten ihnen vor Augen geführt, daß solche Verbrechen offenbar nur von den Franzosen verübt wurden und daß das Morden nicht zum Wesen der Wilden gehörte. Selbst wenn man die Montagnais sehr fürchtete, hatte man doch gelernt, sie von den Huronen oder von anderen, weniger kriegerischen Irokesenstämmen zu unterscheiden.

»Bist du wirklich der Meinung, daß die Montagnais und die Oneida den Friedensvertrag nicht unterzeichnen werden?«

Guillaume Laviolette füllte seinen Becher mit frischem Wasser und eröffnete Marie, daß die Irokesen den Frieden erst annehmen würden, nachdem sie einen stolzen Kampf geliefert hätten. Sie besäßen mehr Waffen, als die Franzosen glaubten.

»Sie waren mit die ersten, die unseren wertlosen Tand oder das Feuerwasser verschmäht und Waffen verlangt haben. Die holländischen Zwischenhändler versorgen sie damit seit über fünfzehn Jahren.«

»Es ist aber doch verboten, den Indianern Gewehre zu geben.«

Guillaume lächelte verschmitzt.

»Wir unterscheiden uns nicht viel von den Holländern. Früher haben sie die Todesstrafe in Kauf genommen, falls man sie bei Waffenlieferungen an die Wilden erwischte. Heute werden sie zur Deportation verurteilt und sogar nur zu einer Geldstrafe, die außerdem immer geringer wird. Wir wissen aber, daß sich die Waffen, die wir den Indianern überlassen, gegen uns wenden können. So haben wir keine andere Wahl, als unsere Nachbarn in Orange oder Manhattan nachzuahmen.«

»Und ihr nehmt sechs Felle für ein Gewehr?«

»Wir sind nicht im Warenhaus, und Monsieur de Tracy kann seine Tarife mitten in der Wildnis nicht durchsetzen.«

»Hast du schon einen Stapel Felle bekommen, so hoch wie eine Muskete?«

Guillaume seufzte. Nein, diese Zeiten hatte er nicht miterlebt, als die Indianer die Felle aufeinanderlegten, bis sie die Höhe eines Gewehrs erreicht hatten. Er hatte aber dennoch gute Geschäfte mit ihnen gemacht.

»Dann werden die Irokesen sich also verteidigen können?« schloß Marie.

»Am Anfang haben die Schmuggler die Felle vor allem

gegen Luntengewehre getauscht. Die sind nicht so teuer und schießen auch nicht so genau.«

»Sind unsere Waffen überlegen?«

»Das hoffe ich für euch.«

Marie rührte die Suppe um und erklärte, sie habe keine Lust, in den Konflikt verwickelt zu werden.

»Ich möchte lieber de Saint-Arnaud vernichten! Keinen Montagnais.«

»Die Montagnais werden nicht bis Québec kommen. Die Soldaten werden wieder ins Feld ziehen.«

»Und man wird dich bitten, sie zu begleiten, Monsieur de Tracy ist heilfroh, daß du wieder zurück bist. Du wirst ihm sehr nützlich sein, wenn er die irokesischen Unterhändler empfängt.«

Der Waldläufer schien enttäuscht. Er war gerne bereit, als Dolmetscher zu dienen, weigerte sich aber, ein Urteil über die Entscheidungen, die Courcelle, Tracy, Salières oder Saurel treffen würden, abzugeben.

»Und was ist mit Louis-Théandre Chartier de Lotbinière?«

»Du magst ihn?« fragte Guillaume schelmisch.

Marie lächelte. Sie empfand keinerlei Zuneigung für diesen Mann, hatte aber immer für ihn Partei ergriffen, weil er gegen Monsignore de Laval war. Vor kurzem hatte ihn die Westindische Kompanie zum Generalstatthalter ernannt und als solcher war er befugt, Justizbeamte einzusetzen, wo immer es notwendig war.

»Er hat den Eid noch nicht geleistet«, sagte Marie.

»Zuerst muß der Oberste Rat erneuert werden. Das ist der Wunsch unseres Intendanten, wenn ich mich an das halte, was ich in der Schenke gehört habe.«

»Bei Boisdon wird viel getratscht. Hat man dir auch von mir erzählt?«

»Sollte man denn?«

Guillaume bemerkte den ernsten Ausdruck in Maries Gesicht und beruhigte sie. Überall werde die Füchsin als die beste Heilerin gelobt.

»Lemire spricht oft von der kleinen Françoise, der du das Leben gerettet hast.«

Marie legte einen Finger auf ihren Mund, damit Guillaume schwieg. Sie ging hinaus und sah sich um.

»Alles in Ordnung, du kannst weiterreden. Françoise sitzt manchmal vor dem Haus und wiegt Noémie in den Schlaf.«

»Ist aber schwer, Noémie zum Einschlafen zu bringen«, meinte Guillaume.

»Ich weiß, aber Françoise macht das gern.«

In dem Moment kamen ihr die Tränen. Guillaume war verwundert, ging zu seiner Frau und streichelte ihr über die Schultern.

»Ach, wärst du nur während dieser ganzen Geschichte bei mir gewesen! Du hättest vielleicht früher bemerkt als ich, wer Anne Martin wirklich war. Ich habe dieser Kleinen das Leben gerettet, aber beinahe zu spät! Ihr verbranntes Gesäß! So etwas Schlimmes habe ich in meinem ganzen Leben noch nicht gesehen! Mit einem Schürhaken! Ich habe gebetet, Guillaume, aber ich weiß nicht, ob Françoise jemals glücklich sein wird. Sie wird immer Angst haben. Du hast mir einmal gesagt, ein verletztes Tier würde sich immer an seine Wunden erinnern. Sie kommt mir vor wie ein Reh, mit ihren zu sanften Augen.«

Guillaume versuchte, Marie zu beschwichtigen. Er hätte es nicht besser machen können. Sogar Jean Talon, der für die Rechtsprechung zuständig war und den sie so sehr bewunderte, war nichts aufgefallen!

»Laß die Vergangenheit ruhen und denk an morgen. Françoise hat eine Familie gefunden und wird bald eine eigene gründen. Die Zeit vergeht so schnell ...«

»Und was wird aus uns?« fragte Marie leise.

Der Waldläufer war irritiert, küßte die Füchsin auf den Nacken, so wie sie es mochte, und sagte ihr, daß er nicht in der Lage sei, wie die Siedler den ganzen Winter eingesperrt in Québec zu verbringen.

Marie schüttelte den Kopf, denn sie hatte erkannt, daß man einen Mann nicht ändern konnte. Sie fand sich damit ab, die Hälfte des Jahres allein zu sein, um ihre Tochter großzuziehen. Von ganzem Herzen wünschte sie sich einen Sohn. Aber sie hatte ja Françoise, die ihr eine große Hilfe war.

Um von ihrer Aufregung abzulenken, fügte Marie hinzu, daß sie eine Prämie erhalten würde.

»Eine Prämie?«

»Glaub mir! Monsieur Talon wird bald Zuwendungen vom König erhalten, um die Geburten zu fördern.«

»Marie!«

Sie lachte hellauf und erklärte, daß diese ein Ausgleich für die Geldbußen seien, die man den Waldläufern bald auferlegen würde.

»Ich bin kein Junggeselle mehr«, protestierte er.

»Aber du bist weder Soldat noch Siedler. Man drückt ein Auge zu, weil du Monsieur de Tracy große Dienste erweisen kannst und weil du dich an der Fronarbeit immer beteiligst. Schwester Blandine hält große Stücke auf dich ... aber das wird nicht mehr lange gehen.«

Marie hatte recht, und Guillaume wußte es. Aber wie sollte er auf das Leben in den Wäldern verzichten? Nach einem Tag hatte er sich wieder an die Enge ihrer Behausung gewöhnt, aber er würde sich niemals richtig wohl darin fühlen. Obwohl mehr Platz war als in seinem Handwerkerzimmer in Le Croisic. In dem großen Raum waren zwei Fenster, und er mußte zugeben, daß das Haus nicht so dunkel war wie die meisten anderen in der Kolonie. Marie hatte ihr Heim gemütlich eingerichtet. Es war sauber, und er mochte den Lehnsessel, den Talon hatte bringen lassen, um Marie für ihrer Hilfe zu danken. Françoise hatte ihn geschickt gepolstert, und er nahm nach dem Essen darin Platz. Die Suppe, die im Kamin kochte, wenn Marie keine Wurzeln aufgesetzt hatte, verbreitete einen verlockenden Duft im Haus, und Guillaume hätte sich eigentlich wohl genug fühlen müssen, um den Wald zu vergessen.

Aber er schien wie verhext. Wenn Marie ihn davon erzählen hörte, dann erinnerte sie sich an den Gesichtsausdruck Pierre LaFlammes, wenn er das Meer beschrieben hatte. Sie selber war vom Sankt-Lorenz-Strom fasziniert und konnte sich keinen Tag vorstellen, an dem sie nicht zum Kai ging. Sie brauchte das Rauschen der Wellen und den Horizont, in dem sich ihr Blick verlor. Bei Guillaume war es ähnlich, er bekam wieder Luft, wenn er in die Wälder ging.

»Im Haus habe ich das Gefühl, ich muß den Atem anhalten, damit ich nicht alles zerbreche.«

Dagegen empfand er den unwiderstehlichen Duft des Waldes als eine Harmonie aus getrockneter Rinde, Pilzen und schwarzer Erde, aus rötlichen Blättern und toten Bäumen, jungem Farn und Maiglöckchen. Als Laviolette noch in Frankreich gelebt hatte, waren ihm die Straßen- und Hafengerüche nicht unangenehm gewesen. Wenn er von seinen monatelangen Streifzügen in den Seengebieten der Kolonie oder Neuenglands zurückkam, legte er keinen besonderen Wert auf die Bequemlichkeit des Hauses in der Rue Sault-au-Matelot; in den Langhäusern der Indianer fühlte er sich genauso wohl.

Tatsächlich bekam er in der Stadt keine Luft. Den Sommer konnte er einigermaßen ertragen, weil er durch Québec und die Umgebung streifte, um Bäume zu fällen, Mauern hochzuziehen, die Erde umzugraben, Wälder zu roden, Strohbündel aufzuladen oder Heuschober aufzuschichten. Im Winter aber wäre er eingegangen und bestimmt der erste gewesen, der sich für diese gefährlichen Wetten, die Marie so mißbilligte, begeistert hätte.

Nein, sie wollte keinen Guillaume, der am Feuer sitzen würde. Sie liebte ihn so, wie er war. Sie mochte die Ruhe, die er ausstrahlte, seine Geschichten über Wölfe, Füchse, Bläßhühner, Lachse, Bären, riesengroße Aale, Hermeline und Rebhühner, die so fett wie Gänse waren. Er war so stark, und an seiner Seite fürchtete sie nichts. Sie war überzeugt, daß er die Mauern ihres Hauses halten könnte, wenn es einstürzte, und daß er auch Montagnais, die es darauf abgesehen hatten, sie zu skalpieren, zurückdrängen würde.

Er würde Simon Perrot fortjagen, sobald dieser in der Rue Sault-au-Matelot auftauchen würde.

Sie empfand unendliche Dankbarkeit gegenüber Guillaume!

In den Wochen nach der Rückkehr des Waldläufers bot Marie ihre ganzen Verführungskünste auf, um ihm zu gefallen und ihn zu erregen. Nach der Heirat hatte Guillaume angenehme Momente mit ihr im Bett verbracht, aber er hatte sich nie vorgestellt, daß eine Weiße so sinnlich sein konnte, wie es Marie jetzt war. Mit der Indianerin Klalis hatte er unvergeßliche Stunden erlebt, die gleichen Wonnen bereitete ihm jetzt Marie in Québec. Anfänglich war er begeistert, dann schien er gekränkt, denn er konnte Marie nicht verhehlen, daß er sich erniedrigt fühlte, weil er sozusagen Simon Perrot für den Wandel in ihrem Verhalten dankbar sein mußte. Er war zwar glücklich, daß sie leidenschaftlicher geworden war, wollte aber nicht den Geist des Soldaten in ihrem Bett haben.

Marie versicherte ihm daraufhin, daß Perrot nur ein einziges Mal Feinfühligkeit gezeigt habe. Wenn sie dem Waldläufer jetzt mehr Zuneigung entgegenbringe, dann weil sie ihn wirklich liebe!

Und Guillaume hatte ihr geglaubt.

Ihr Wiedersehen war so glücklich verlaufen, daß man heimlich Wetten über Guillaumes Pläne abgeschlossen hatte. Die Meinungen waren geteilt gewesen: Diejenigen, die Laviolette schon lange kannten, mutmaßten, daß er im Herbst wieder aufbrechen würde, die Neuankömmlinge jedoch dachten, daß er sich als Siedler in Québec niederlassen würde.

Auch über das Ergebnis der Verhandlungen zwischen Prouville de Tracy und den indianischen Abgesandten waren Wetten abgeschlossen worden: Diejenigen, die auf den Frieden gesetzt hatten, verloren einige Livres. Denn Anfang Juli war noch immer kein Vertrag zustande gekommen. Man bereitete sich vor, redete und machte Versprechungen, aber kein Schriftstück wurde unterzeichnet. Guillaume war überzeugt, daß die Montagnais die Verhandlungen in die Länge zogen, um Salières' Soldaten zurückzuhalten und Zeit zu gewinnen, damit sich die Indianer für den Krieg rüsten konnten, während ihre Häuptlinge verhandelten.

Er hatte seine Meinung aber für sich behalten, wenn er in der Schenke gesessen und sich über die Naivität seiner Landsleute gewundert hatte.

Trotzdem war er bereit gewesen zu wetten, wie lange die Soldaten des Regiments brauchen würden, um zwei neue Forts zu errichten. Er hatte geglaubt, daß sie Mitte Juli damit fertig sein würden. Das Fort Saint-Jean würde am Ufer des Richelieu und das Fort Sainte-Anne beim Lac Champlain entstehen. Guillaume hätte sich freiwillig gemeldet, um den Soldaten zu helfen, aber Marie hatte ihn gebeten, in Québec zu bleiben. Man würde ihm bestimmt nicht Faulheit vorwerfen, denn Monsieur de Tracy hatte ihn schon zu sich bestellt, um mit ihm über die Montagnais zu sprechen. Außerdem würde es niemandem einfallen, ihn als einen Feigling zu bezeichnen. Sie hatte befürchtet, Simon Perrot könnte während seiner Abwesenheit zurückkommen.

»Wenn du fortgehst, wird er mich schlagen oder mich töten. Ich werde nicht sein erstes Opfer sein.«

Marie hatte ihm dann von Jules Pernelles Tod und von Chahinians Verhaftung erzählt.

»Aus purem Vergnügen würde er mein Gesicht entstellen.«

Guillaume hatte sie beruhigt; er würde es nicht zulassen, daß man ein so hübsches Gesicht verunstaltete.

»In gewisser Weise ist der Goldmacher durch meine Schuld ins Gefängnis gekommen«, hatte sie abschließend zugegeben. »Es wäre ihm nichts zugestoßen, wenn er in Nantes geblieben wäre, anstatt mich nach Paris zu bringen. Das betrübt mich alles sehr, Liebster ... Ob der Chevalier ihm die Kapellen noch vor seinem Tod überreichen konnte? Wir wissen nicht einmal, ob Julien du Puissac in Frankreich angekommen ist.«

»Er wird uns schreiben.«

»Ich hoffe es. Alphonse wäre überglücklich.«

In dem Moment, in dem man sich in Québec an den Chevalier du Puissac erinnerte, bot dieser Véronique de Roche-Brieux seinen Arm zu einem Spaziergang auf dem Deck der *Saint-Jean-Baptiste.* Die frisch Verheiratete hatte das schönste Lächeln, das man sich vorstellen kann; sie war hingerissen von den hohen Masten und den soliden Pardunen und hätte dem Kapitän ununterbrochen Fragen gestellt, wenn sie nicht befürchtet hätte, ihm lästig zu fallen. Sie hätte sich gern die Seekarte, den Kompaß und den Sextanten angesehen, wagte aber nicht, den Chevalier darum zu bitten. Sie nutzte diese Überfahrt, um die Sterne zu bestimmen, von denen in ihrem Astronomiebuch die Rede war, und empfand angesichts von so viel Herrlichkeit wieder mehr religiöse Gefühle als früher. Das Himmelsgewölbe beeindruckte sie tief; nicht wegen der unzähligen funkelnden Sterne, sondern wegen seiner Unendlichkeit. Véronique du Puissac wurde schwindlig, als ihr klar wurde, wie verschwindend klein doch der Mensch war. Gleichzeitig aber war sie stolz zu leben; Gott wollte sie mit seiner Größe nicht erdrücken und hatte soviel Schönheit sicher nicht umsonst geschaffen. Er wollte vielmehr die Menschen an seinen Fähigkeiten teilhaben lassen, und sie ehrte ihn, indem sie seine Welt vorbehaltlos bewunderte.

Tagsüber machte sie sich mit den Begriffen der Seemannssprache vertraut: Sie sprach nicht mehr von Schiffen, sondern von Pinken oder Brigantinen. Sie lauschte den Befehlen des Kapitäns und beobachtete dann aufmerksam die Matrosen; sie konnte jetzt die Bramstange von der Großrah und dem Besanmast unterscheiden und wußte, daß es einen kleinen vierzackigen Anker für Backbordschiffe gab.

Während die meisten Frauen an Bord zu Gott beteten, damit er die Überfahrt beschützte, wünschte sie sich beinahe, der Wind möge sie von ihrem Ziel abbringen und ihre Reise verlängern, damit sie andere Küsten als die französischen kennenlernen konnte. Du Puissac versprach ihr, daß sie die des Sankt-Lorenz-Stroms hinreißend schön finden würde, sie aber hätte gerne Kap Nao gesehen.

Nach den Jahren der Einsamkeit, die ihr von dem Grafen aufgezwungen worden war, hatte sie jetzt einen unstillbaren Hunger nach Leben. Sie würde die unermeßliche Weite Neufrankreichs lieben.

15.
KAPITEL

Guillaume Laviolette sah auf die Landzunge der Ile d'Orléans und stellte betrübt fest, daß die jüngsten Ereignisse ihm recht gaben: Der Friedensvertrag würde nicht vor Monaten unterzeichnet werden. Während Soldaten das Fort Saint-Anne errichteten, hatten die Montagnais sieben Offiziere überfallen, die in der Nähe des Lac Champlain auf der Jagd gewesen waren. Der Neffe des Marquis de Tracy, Monsieur de Chasy, befand sich unter den Opfern.

Diese Nachricht war in Québec gerade bekanntgeworden.

Sofort hatte Monsieur de Tracy beschlossen, die französischen Abgesandten, die die Aufgabe hatten, sich von den friedlichen Absichten der Irokesen zu überzeugen, zurückzurufen und vierundzwanzig Vertreter der Indianer im Schloß Saint-Louis einzusperren.

Guillaume hatte eine große Unruhe im Huronenfort gespürt, auch wenn über diesen Vorfall nicht gesprochen wurde. Der Waldläufer wußte, daß die Huronen von den Irokesen aus ihren Stammesgebieten vertrieben worden waren und daß die Jesuiten sie aufgenommen hatten. Sie waren getauft worden, einige von ihnen waren jetzt sogar richtiggehende Glaubenseiferer. Guillaume vermutete jedoch, daß einige Stammesältere das Sakrament der Taufe nur empfangen hatten, um in den Genuß von Privilegien zu kommen: Zugang zu den französischen Forts, der ihnen eine gewisse Sicherheit bot; bessere Tarife im Warentausch mit den örtlichen Vertretern der Handelskompanie sowie die Möglichkeit, sich Waffen zu beschaffen. Zwanzig Jahre zuvor hatten die Franzosen noch darauf bestanden, nur Bekehrten Gewehre zu geben, während die Holländer schon längst viele Irokesen mit Waffen versorgt hatten, ohne von ihnen zu verlangen, sich von ihren Göttern loszusagen. Die Huronen waren von der Schrift fasziniert gewesen und hatten den Priestern betroffen zugehört: Ihre Lehren waren äußerst erschreckend gewesen! Den Schwarzröcken war es gelungen, sie von der Existenz der

Hölle zu überzeugen und ihnen klarzumachen, wie dringend sie für die Vergebung ihrer Sünden beten müßten. Aber Guillaume Laviolette glaubte nicht, daß alle seine indianischen Freunde von der Richtigkeit dieser religiösen Gebote überzeugt waren. Einige dachten, daß ihre heidnischen Brüder, die sich mit dem Feind verbündet hatten, eine große Schlacht verloren hätten, weil sie dem Stolz und der Würde, die charakteristisch für die Irokesenstämme waren, die Gefühle von Katholiken vorgezogen hatten: Demut, Scham und das Bedürfnis nach Erlösung von den Sünden. Der Falke und seine Schwester konnten nicht umhin, insgeheim ihre Feinde zu bewundern, weil diese nicht zögerten, sich mit den Soldaten des Regiments anzulegen.

»Damit werden sie bald aufhören«, hatte Guillaume dem Falken prophezeit. »Monsieur de Tracy wird den Tod seines Verwandten rächen.«

Statt in die Rue Sault-au-Matelot abzubiegen, ging der Waldläufer zu Boisdon in die Schenke. Dort traf er Guillaume Bonnet. Wie ein junger Hund schaute er ihn mit vor Bewunderung glänzenden Augen an: Er hatte vom Waldläufer gehört, der fast so berühmt war wie Radisson oder des Groseilliers, und er war froh, daß er ihn durch Marie kennengelernt hatte. Sie war wie eine große Schwester zu ihm, und Guillaume behandelte ihn wie einen Freund. Beweis dafür war, daß sich der Waldläufer in der Schenke neben ihn setzte!

»Wir werden vor Ende Juli aufbrechen.«

»Du wirst zurückkommen«, sagte der Koloß. »Ihr seid viel zu zahlreich, sie werden euch nicht schlagen können.«

Er nahm einen kräftigen Schluck und verzog das Gesicht.

»Ein übles Gesöff! Alles, was mir aus der Heimat fehlt, ist ein Wein, der nicht sauer und doch erheblich billiger ist als dieser Fusel.«

»Monsieur Talon verspricht uns eine schöne Brauerei«, sagte Michel Dupuis.

»Bevor gezecht wird, sollte man den Frieden schließen«, sagte der Herzog schulmeisterlich.

Guillaume lachte lauthals, denn Horace Bontemps war Stammgast bei Boisdon.

Der Herzog war gekränkt und behauptete, daß er sich in Sachen Alkohol auch zurückhalten könne. Dupuis wettete sofort, daß er es nicht schaffen würde, bis zum Frieden trocken zu bleiben.

Bontemps biß sich auf die Lippen, als er sah, daß alle Gäste ihn beobachteten, und versuchte, seine Äußerung abzuschwächen. Er habe nur gemeint, daß es nichts zum Feiern gebe, wenn man an die ermordeten Offiziere denke.

»Du hast Angst, die Wette zu verlieren!« sagte Antoine Souci und lachte schallend. »Eine Zeitlang ohne Alkohol könnte dir nicht schaden ...«

Der Herzog wurde rot, denn er becherte jeden Tag. Aber er würde ihnen schon zeigen, daß er den Willen hatte.

»Ich wette zehn Biberfelle, daß ich keinen Tropfen mehr anrühre, bis die Montagnais sich ergeben haben.«

»Und ich setze dagegen«, erklärte Dupuis. Sein breites Grinsen unterstrich seine feste Überzeugung, daß er noch in dieser Woche die Wette gewinnen würde.

Guillaume Bonnet wollte den Waldläufer gerade über die Bauweise der Langhäuser befragen, als Alphonse Rousseau die Tür so heftig aufstieß, daß sie gegen die Steinmauer schlug. Er war derart außer Atem, daß er kein einziges Wort hervorbrachte. Schließlich vermeinte Laviolette, ›Marie‹ aus dem Gestammel herauszuhören.

»Du willst wissen, wo Marie ist? Wer verlangt nach ihr?«

War Simon Perrot vielleicht nach Québec zurückgekehrt?

»Ro... Rose. Sie bekommt das Kind!«

Laviolette riß die Augen auf, konnte Einbein die Verzweiflung nachfühlen und versuchte, seine Verlegenheit mit einem Scherz zu überspielen.

»Die hat es aber ganz schön eilig! Sie hätte doch noch ein bißchen warten können!«

Der Waldläufer spielte darauf an, daß sich Roses Schwangerschaft in die Länge zog; nach Maries Berechnungen hätte sie Mitte Juni niederkommen müssen. War das Kind jetzt endlich nach zehn Tagen Verspätung bereit, das Licht der Welt zu erblicken?

Er übergab Alphonse der Obhut des jungen Bonnet.

»Holt Hélène Desportes!«

»Rose will aber Marie bei sich haben.«

»Für die Kirche ist Marie keine Hebamme. Ich gehe sie holen, aber Hélène Desportes muß dabeisein. Sorg du dafür, daß ein Priester kommt.«

»Ist schon erledigt. Beim Hinausgehen bin ich Guillemette Couillard begegnet, sie hat ihren Enkel ins Priesterseminar geschickt. Im Moment ist sie bei Rose.«

Alphonse Rousseau bekam wieder Farbe im Gesicht. Es hatte ihn sehr mitgenommen, als Rose vor Bestürzung geschrien und er gesehen hatte, wie ihr Fruchtwasser auf den Fußboden des großen Zimmers gelaufen war.

Jetzt wurde er rot und wiederholte, man müsse Marie holen.

»Ich habe es ihr versprochen!«

»Geh zurück zu ihr«, befahl ihm Laviolette, »ich werde meine Frau suchen.«

Er versprach dem Schankwirt, daß sie bald zurück sein würden, um miteinander anzustoßen. Trotz seiner Angst lächelte Alphonse tapfer, aber er stolperte, als er die Schenke verließ ... Völlig aufgelöst, versicherte er dreimal, daß auf sein Holzbein kein Verlaß sei, was Guillaume Bonnet zum Lachen brachte.

Sie eilten in die Rue Sault-au-Matelot, während der Waldläufer Richtung Fluß lief. Marie war vor einer Stunde mit ihrem Korb weggegangen. Sie hatte ihm gesagt, daß sie Kletten gegen die Gicht des alten Joseph pflücken wolle, und Berufskraut, um Agathe Souci zum Schwitzen zu bringen.

Die Füchsin war hellauf begeistert, als sie Honigklee entdeckte, der wunderbar bei eitrigen Wunden wirkte; sobald sie zu Hause wäre, würde sie Umschläge daraus machen und sie Catherine Lemieux bringen, die sich in dieser Woche verbrannt hatte.

Marie summte vor sich hin, als Guillaume näher kam. Einen Augenblick bewunderte er sie, ohne daß sie es merkte, und er war von der Sinnlichkeit verwirrt, die von jeder ihrer Bewegungen ausging. Jedesmal wenn sie sich bückte, fiel ihr kupferroter Zopf zwischen ihre Brüste; er war so geschmeidig und glänzend wie eine Schlange, und der Waldläufer dachte sich, daß nicht Eva Adam den Apfel gegeben hatte; nein, Adam war ganz einfach vergiftet worden, als er versucht hatte, den Platz des Reptils einzunehmen. Maries Busen, der vor Feuchtigkeit rosa schimmerte, erschien ihm schöner und sanfter denn je. Seine Stimme klang rauh, als er ihr Liedchen unterbrach. Sie fuhr zusammen, lächelte aber sofort, nachdem sie ihn erkannt hatte.

»Ich habe Honigklee gefunden!«

Guillaumes Auftauchen war nicht ungewöhnlich. Er hatte sie ein paarmal zum Kräutersammeln begleitet, aber sein Schweigen beunruhigte sie jetzt.

»Was ist los? Ist etwas mit Noémie?«

»Nein, mit Rose. Sie …«

»Rose!« rief Marie. »Als ich sie vorhin im Vorbeigehen gesehen habe, war sie noch so ruhig.«

»Sie ist es immer noch, laut Alphonse. Er aber nicht.«

Marie rief, daß sie sie entbinden wolle, mit oder ohne Erlaubnis. Sie würde Hélène Desportes assistieren. Diese hatte schon im voraus erklärt, daß sie nichts dagegen habe, weil sie denke, daß die Anwesenheit der Füchsin Rose helfen würde, die Geburtswehen besser zu ertragen.

Marie griff nach ihrem Quersack und versicherte, daß sie eines Tages ein Pferd haben würde, um ihre Patienten zu besuchen. Dann entfernte sie sich rasch vom Fluß. Ihre Schnelligkeit war sogar eine Herausforderung für die Rehkitze, die so flink im Wald verschwinden konnten. Guillaume versuchte gar nicht erst, sie einzuholen, und sammelte die kleinen Kräuterbündel auf, die sie hatte liegenlassen. Er hoffte, daß Rose nicht zu lange leiden mußte. Ohne Eile kehrte er in die Unterstadt zurück, von dem Ereignis beunruhigt. Er hatte die Aufregung, die eine Geburt mit sich brachte, öfter miterlebt, als er bei den Irokesen gelebt hatte, und er befürchtete, daß es in der Rue Saut-au-Matelot nicht einfacher sein würde. Viele Leute würden sich dort eingefunden haben; wozu hätte auch er noch hingehen sollen?

Um zu erklären, daß er bereit sei, Pate zu werden?

Er brauchte das Haus der Rousseaus nicht zu betreten, um

zu erfahren, daß Rose einen Jungen zur Welt gebracht hatte; es war so schnell gegangen wie bei einer Katze. Guillemette Couillard fächelte sich mit ihrem Taschentuch Luft zu und plauderte vor dem Haus der Picots mit den vorbeigehenden Frauen: So eine schnelle Niederkunft gab es nicht oft! Sie hatte gerade mal zehn Rosenkränze beten können. Rose hatte ihr Fruchtwasser verloren, sich dann auf den Boden gekauert und die Hebamme erwartet. Diese war aber nach Sillery gerufen worden, und bei Maries Eintreten hatte Rose mit verzerrtem Gesicht im Bett gelegen und hatte versucht, Guillemette Couillards Ratschlägen zu folgen. Marie hatte Guillemette gebeten, Alphonse Rousseau aus dem Zimmer zu bringen, weil sein Jammern keine große Hilfe für die Gebärende war. Madame Couillard hatte den aufgeregten Alphonse an Guillaume Bonnet weitergereicht und Ausschau nach dem Priester gehalten, um ihm gleich erklären zu können, daß sie Marie LaFlamme habe kommen lassen, weil Hélène Desportes nicht zu erreichen gewesen sei.

Das Herz der Füchsin hatte vermutlich genauso schnell geschlagen wie das ihrer Freundin. Sie hatte ihr aber scheinbar gelassen zugelächelt und versichert, daß alles gutgehen werde.

»Ich weiß«, hatte Rose angefangen. »Ich …«

Wegen einer Kontraktion war ihr die Luft weggeblieben, und Marie hatte ihr die blutigen Schenkel geöffnet. Völlig verdutzt hatte sie aufgeschrien, als sie festgestellt hatte, daß der Kopf des Kindes schon zum Vorschein gekommen war.

»Rose! Es dauert nicht mehr lange! Er ist schon da! Dein Kleiner kommt!«

Die Heilerin hatte ihre Hände in das Wasser getaucht, das Guillemette klugerweise schon bereitgestellt hatte, und dann versucht, den Schädel des Kindes zu fassen. Nachdem sie gesehen hatte, daß er leicht eingesunken war, hatte sie eine Hand auf den vor Schweiß glänzenden Bauch gelegt, eine letzte Kontraktion gespürt und Rose dann aufgefordert, erneut zu pressen, immer weiterzupressen. Mit einem Schrei, der mehr wie ein Sieges- als ein Schmerzensschrei geklungen hatte, war Rose um zwölf Uhr mittags mit einem acht Pfund schweren und völlig gesunden Jungen niedergekommen.

Sofort hatte sie gefragt, ob ihr Sohn ein Mal habe. Nein. Er hatte keinen einzigen Leberfleck!

Bernard Rousseau fing an, wie am Spieß zu schreien, und sein Vater, der sich Guillaume Bonnets Aufsicht entzogen hatte, kam in das Zimmer. Marie, die gerade das Kind wusch, wunderte sich, daß er es nicht einmal anschaute. Er stürmte sofort weinend auf Rose zu, denn er hatte solche Angst gehabt, sie zu verlieren! Er drückte ihr die Hände und beteuerte mehrfach, daß er sie liebe und Messen lesen lassen würde, um Gott zu danken, daß er sie verschont habe. Rose, die wußte, daß Alphonse sie wirklich mochte, begriff in diesem Augenblick, daß er sie aus tiefem Herzen liebte. Sie lächelte ihrem Mann zu und deutete dann auf ihren Sohn. Marie untersuchte ihn schnell; er schien vor Gesundheit zu strotzen. Sie wickelte den pausbäckigen Säugling in ein frisches Tuch und legte ihn dann auf den Bauch seiner Mutter. Danach zog sie sich diskret zurück.

Guillemette Couillard war genauso baff wie sie, daß Rose so schnell niedergekommen war; Gott hatte ihr einen besonderen Schutz zuteil werden lassen. Marie nickte und dachte sich, daß der Allerhöchste damit bestimmt die Vergewaltigung durch Germain Picot wiedergutmachen wollte. Sie war erleichtert, daß Rose nicht gelitten hatte, fühlte sich jetzt aber nutzlos. Dabei hatte sie sich so darauf gefreut, ihrer Freundin zu helfen! Sie lächelte, als sie Noémie auf den Armen Guillaumes sah, und sich an Julie LaFlandres schwere Entbindung erinnerte. Sie bekreuzigte sich und dankte dem Himmel, daß er Rose in seine Obhut genommen hatte.

»Es ist ein Junge!« erzählte man sich in der Rue Sault-au-Matelot.

Eine Frau schlug vor, ein Gebet für dieses Kind zu sprechen, und alle Schaulustigen knieten ohne zu zögern nieder. Die Rousseaus waren beliebt bei ihren Nachbarn, und man wünschte ihrem Sohn ein schönes Leben.

Im Zimmer stammelte Alphonse, Bernard habe ihn gerade

angelächelt, aber Rose hörte ihm nicht zu, weil sie von dem Geschehen noch zu erschüttert war. Sie empfand eine solche Herzensfülle und Verwunderung, daß sie gar nicht glauben konnte, daß ihr dieses Wunder widerfahren war: ihr, einer mit dem Lilienstempel gebrandmarkten Frau. Ihr Glück machte ihr angst, und sie bedauerte beinahe die Heftigkeit ihres Bauches, die so geradeheraus und eindeutig war. Rose fürchtete, daß Bernard urplötzlich wie in einem Traum verschwinden könnte.

Als Bernard sein Händchen öffnete, legte sie ihren Finger hinein, und die spürbare Kraft des Babys vertrieb ihr die Ängste: Ihr Sohn war wirklich am Leben.

»Er sieht dir ähnlich!« flüsterte sie Alphonse zu.

In diesem Augenblick kam Marie zurück, um nach dem Kind zu sehen, und drängte Einbein zur Tür.

»Der Priester! Geh und rede mit ihm!«

Der Kirchenmann war nicht allein. Etliche Frauen waren mit ihm hereingekommen, und jetzt kommentierten bestimmt fünfzehn die Niederkunft; sie erzählten von der eigenen oder der ihrer Nachbarin oder Tante. Mit Erleichterung begrüßte Alphonse Rousseau den Priester: Er war der einzige Mann in dieser Frauenversammlung gewesen und hatte sich bemüht, mit Gebeten seine Unruhe zu verbergen, doch Roses Schreie hatten ihn zu Tränen gerührt. Die Frauen hatten ihn belächelt. Madame Couillard hatte erklärt, der Geburtsvorgang habe gut begonnen, außerdem sei Rose ja gesund, sie habe breite Hüften, das würde sie leicht überstehen. Überdies sei Marie LaFlamme bei ihr; die Heilerin vollbringe Wunder, das wisse man doch!

Trotzdem hatte Alphonse gezittert, bis er seinen Sohn hatte schreien hören. Jetzt, da Rose außer Gefahr war, dankte Einbein seinen Nachbarinnen für ihre mitfühlenden Worte. Nunmehr wollte er aber wieder als Familienoberhaupt auftreten und ging entschlossen auf den Jesuiten zu. Gemeinsam traten sie vor das Bett, gefolgt von Guillemette Couillard, Catherine Lemieux, Eléonore de Grandmaison und Guillaume Laviolette.

Der Priester rief die Patin und den Paten nach vorne und

bat Alphonse, das aus vollem Hals schreiende Kind während der Taufe zu halten.

»Er wird einmal die Wölfe nachmachen können!« flüsterte Guillaume Marie zu. Sie kniff ihm in den Arm, damit er still war.

Ihr Gesichtsausdruck war feierlich, und der Waldläufer begriff, daß sie ihre Aufgabe als Patin sehr ernst nahm. Dachte sie an die Zukunft des Kindes, als sie den Gesten des Priesters folgte?

Aber Marie war in Gedanken vielmehr damit beschäftigt, den Sinn dieses Ritus zu verstehen. Die Frau kam nieder, von einer Frau entbunden. Eine Frau benachrichtigte den Priester, weitere Frauen gingen der Hebamme zur Hand, falls diese Hilfe brauchte, und kümmerten sich um die Familie. Falls der Priester nicht kommen konnte, trösteten die Frauen den Vater, Bruder oder Großvater, die bei der Taufe des Neugeborenen anwesend sein mußten. Denn ein Mann würde das Kind taufen, das als unreines Wesen galt, solange es nicht Gott geweiht war. Unrein wegen der Erbsünde. Eine Sünde, für die die Frau verantwortlich war, denn Eva hatte Adam in Versuchung geführt. Alle Frauen brachten die Frucht ihrer Sünde zur Welt, die dazu verdammt war, in der Vorhölle herumzuirren, wenn sie nicht sofort getauft wurde. Pater Martin hatte es Marie in Nantes erklärt. In Québec war es nicht anders, und eine Nonne hatte ihr gesagt, daß die Geburtswehen eine verdiente Strafe seien.

Marie wollte Hebamme werden, um die Frauen dieser ungerechten Strafe zu entziehen. Man verlangte von ihnen, daß sie Kinder in die Welt setzten, um die Kolonie zu besiedeln, aber anstatt sie zu beglückwünschen, betrachtete man sie immer noch als Sünderinnen. Marie mußte sich zurückhalten, als sie sah, wie der Priester Alphonse das Kind reichte, ohne einen Blick für Rose übrig zu haben. Marie erinnerte sich, daß Anne LaFlamme hatte schweigen müssen, um ihre Stelle als Hebamme behalten zu können. Und daß sie bestraft worden war, als sie sich aufgelehnt hatte.

Guillaume riß sie aus ihren Gedanken, als er Einbein vorschlug, in die Schenke zu gehen.

»Ich muß jetzt was trinken«, gestand der frischgebackene Vater.

Er hatte jetzt genug von all den Frauen, die der jungen Mutter gute Ratschläge erteilten. Er wollte wieder unter Männern sein.

Die Leute in der Gaststube gratulierten ihm und waren begeistert, daß es endlich einmal eine gute Nachricht gab. Souci sprach vom Johannistag, den man dieses Jahr mit mehr Zurückhaltung feiern würde, um auf die Trauer des Marquis de Tracy Rücksicht zu nehmen, und schlug vor, hier bei Boisdon zu feiern.

»Auf Bernard Rousseau!« rief er und hob seinen Becher.

Guillaume spendierte die erste Runde. Souci die zweite und Dupuis die dritte. Beaulieu wollte eine vierte Runde ausgeben, aber der Schankwirt war dagegen. Sie hätten alle genug getrunken, und er legte Wert auf den guten Ruf seiner Schenke.

Proteste wurden laut. Guillaume aber verließ die Gaststube, und einige taten es ihm gleich.

Der Waldläufer begleitete Alphonse nach Hause, um Marie wiederzutreffen, die den ganzen Nachmittag bei Rose geblieben war. Sie hatte ihr einen Absud aus Hirtentäschel zu trinken gegeben, um einer Blutung vorzubeugen. Rose hatte vor sich hingedämmert, aber ihr Wunsch, ihren Sohn zu berühren, war so stark gewesen, daß sie regelmäßig nach ihm verlangt hatte. Guillemette Couillard hatte erklärt, daß der Knabe eines der schönsten Kinder sei, die sie in der Kolonie jemals gesehen habe. Marie war von dem Stolz, den sie zum erstenmal in drei Jahren in Roses Augen gesehen hatte, gerührt gewesen.

Wie vorgesehen, war Françoise zu Rose gezogen. Marie hatte es ihr angeboten, nachdem sie von deren Schwangerschaft erfahren hatte. Françoise würde eine Woche bei ihr bleiben, damit sie sich nicht überanstrengte. Marie wohnte nur ein paar Häuser weiter, so würde Françoise Noémie nicht allzusehr vermissen. Als sich Françoise über Bernard beugte, las die Heilerin in ihrem Gesicht die reine Freude und schöpfte wieder Hoffnung. Vielleicht würde das gequälte Mädchen wieder glücklich sein, wenn es ein eigenes Kind zur Welt gebracht hätte.

Auf dem Heimweg erzählte sie dem Waldläufer von ihrer Beobachtung.

»Ich hoffe, du behältst recht, meine Liebe.«

Guillaume lächelte ihr zu, aber er schien beunruhigt. Er sagte ihr, was ihn bedrückte: Der Tod von Tracys Neffen hatte die Aussichten auf friedliche Verhandlungen gefährdet. Von nun an würde Rache die französischen Soldaten antreiben, und der Waldläufer befürchtete ein Gemetzel.

»Denkst du an Klalis?« fragte Marie.

Sie empfand mehr Dankbarkeit als Eifersucht für die indianische Geliebte ihres Mannes. Klalis hatte Guillaume geliebt und ihn gesund gepflegt, als er von Wölfen überfallen worden war. Wie durch ein Wunder war er dem Tod entkommen, aber ohne die Hilfe der Indianerin hätten sich seine Wunden entzündet, und er wäre infolge des Fiebers gestorben.

Guillaume nickte.

»Ich werde beten, daß auch Sena verschont bleibt. Sie hat schon einmal mit ansehen müssen, wie ihre Angehörigen niedergemetzelt worden sind. Wenn ihre neue Familie jetzt auch noch dezimiert wird ... Ich weiß nicht, wohin sie nach ihrer Flucht aus dem Schloß Saint-Louis gegangen ist.«

»Zu den Montagnais, das weißt du doch.«

Sena war Irokesin und hätte nicht versucht, von den Montagnais, den Abenaki, den Attikamek oder den Algonkin adoptiert zu werden. Außerdem hatten sich die Montagnais weit in das französische Territorium vorgewagt. Wenn Sena noch am Leben war, dann war sie jetzt bei diesem Stamm. Und würde der Krieg, den die Franzosen führen wollten, all denen gleichen, die unsere Erde seit den Anfängen der Welt mit Blut durchtränkt hatten, dann würden Frauen und Kinder die ersten Opfer sein.

»Sasagi Molsem«, flüsterte Marie, »was kann man tun?«

Guillaume machte aus seiner Ohnmacht keinen Hehl. Er besaß nicht die Weisheit, die die Indianer ihm zuschrieben, und er hatte keine Lösung anzubieten. In diesen Konflikt konnte er nicht eingreifen. Er hatte zwar dem Gouverneur als Dolmetscher gedient, sich aber geschickt der Verantwortung eines Beraters entzogen. Die Franzosen würden ihren Krieg schon ohne seine Hilfe führen. Sie waren ja so zahlreich!

Noémie fiel es nicht leicht, ihre Eltern von den düsteren Gedanken abzulenken. Beim Abendessen sprachen sie wenig, und als es Nacht wurde, umarmten sie einander, in der Hoffnung, eine Weile ihre Ängste vergessen zu können.

Nach der Messe zum Heiligen Johannes besuchten Marie und Guillaume die Rousseaus. Es war eine Freude zu sehen, mit welchem Glücksgefühl Rose ihren Bernard an sich drückte. Trotz ihrer Müdigkeit strahlte sie vor Wonne. In der Nacht hatte sie Bernard fünfmal stillen müssen! Während Guillaume Alphonse die Forellen zeigte, die er vor dem Gottesdienst gefangen hatte, holte Marie die Salbe hervor, die sie am Vortag zubereitet hatte und mit der die frischgebackene Mutter ihre Brustwarzen behandeln konnte.

»Hier, für dich. Dein Pummelchen ist so gierig und schont dich nicht.«

Mit einem Anflug von Stolz in der Stimme gab Rose zu, daß ihre Brustwarzen sehr gelitten hätten; ihr Kleiner setze ihr arg zu, weil er so kräftig sei!

Françoise erzählte, daß er ihr fast ein Ohr zerquetscht hätte, als sie ihn in seine Wiege zurückgelegt hatte. Er war lebhaft und ganz schön eigenwillig!

Rose berichtete Marie von all den Komplimenten, die man ihr wegen ihres Sohnes gemacht hatte. Marie sagte ihr, daß Monsieur Talon gekommen wäre, um ihr zu gratulieren, aber seine Verpflichtungen hätten ihn daran gehindert …

»Ich verstehe«, sagte Rose. »Wegen Johannistag.«

Marie nickte. Sie wollte den Rousseaus nicht die Freude verderben, indem sie ihnen erzählte, wie besorgt sie war. Ihre Schreckensvisionen und ihre Alpträume, in denen sich Indianerleichen auftürmten, Dörfer niederbrannten und die jungen Franzosen die Plünderungen entdeckten, würde sie für sich behalten. Sie stellte sich den Pulverdampf vor, der sich in der schlimmsten Sommerhitze mit dem Blutgeruch vermischen würde, dazu die verwesenden Leichen, auf denen Tausende von schwarzen Fliegen kleben würden, und den Rauch, der aus den brennenden Langhäusern steigen würde. Sie sah die Truppen heimkehren, die ihre Verletzten schleppten. Niemals würde sie eine abgetrennte Hand, ein ausgestochenes Auge oder ein zerfetztes Bein ersetzen können. Sie würde sechzehnjährige Jungen verbinden müssen, denen Einbein dann beizubringen hätte, wie man sich mit einem Holzstumpf fortbewegte.

Sie wußte, daß die Montagnais mit großer Bestialität Weiße überfallen hatten und daß man in Hochelaga ständig zitterte. Sie dachte an Jeanne Mances Erzählungen. Die Irokesen verfuhren mit ihren Gefangenen ebenso grausam wie die Inquisitoren. Ihr war klar, daß man sie unterwerfen mußte. Aber wie konnte eine Heilerin den Krieg akzeptieren? In Québec hatte man erfahren, daß Frankreich und England Krieg gegeneinander führten, daß Holland, Spanien und Portugal ebenfalls in den Konflikt verwickelt seien und daß viele Schiffe versenkt wurden. Gab es auf dieser Welt einen Ort, an dem die Menschen sich nicht gegenseitig töteten?

Marie LaFlamme empfand ein starkes Bedürfnis, Bernard in die Arme zu nehmen. Das Leben würde weitergehen, auch wenn die Menschen dumm und machthungrig waren. Die Mütter würden nicht nur Soldaten gebären.

Sie dachte, daß Gott ein solches Gemetzel nicht erlauben würde, wenn er eine Frau wäre und Angst haben müßte, daß sein eigenes Fleisch und Blut von einer Kanonenkugel vernichtet würde.

Die Kriegsvorbereitungen erbosten Marie so sehr, daß sie fast den ganzen Tag über Kräuter sammelte. Begeistert begleitete sie Guillaume auf die Ile d'Orléans; wenn sie einen Soldaten sah, dann fragte sie sich sofort, wie viele Montagnais er töten und ob er nach Québec zurückkehren würde. Während des ersten Feldzuges hatte sie nicht diese Angst empfunden, weil sie damals nur Simon Perrot im Sinn gehabt hatte.

Die Familien, die auf der Ile d'Orléans lebten, ließen sie dann aber in ihrem Urteil schwanken. Zum ersten Mal traf sie

Menschen, die von den Irokesen angegriffen worden waren. Es waren einzelne, offensichtlich spontane Überfälle gewesen, die nicht immer Opfer gefordert, aber Furcht und Schrecken unter den Siedlern verbreitet hatten.

»Wir können nicht mehr ruhig schlafen«, vertraute eine Frau Marie an.

»Wir machen uns Sorgen um unsere Kinder«, sagte eine andere. »Wenn sie sich verspäten, befürchten wir immer das Schlimmste.«

Sie blieben aber auf der Insel, weil der Boden fruchtbar war und weil man ihnen versprochen hatte, daß Monsieur de Tracy die Montagnais bezwingen werde.

»Das Carignan-Salières-Regiment wird sie im Zaum halten«, versprach Guillaume ohne große Begeisterung.

Sie fragten den Waldläufer nach Einzelheiten, die er ihnen aber nicht geben konnte. Er wußte nicht, wann die Soldaten Québec verlassen würden, aber er hätte sein Hemd verwetten können, daß sie noch vor Monatsende ins Feld ziehen würden.

Die Siedler schenkten den Besuchern Erdbeeren, und Noémie erstaunte sie mit ihrem Appetit. Die Früchte waren wirklich sehr süß, und Marie konnte genausowenig widerstehen wie ihre Tochter.

Als die Laviolettes nach Québec zurückgingen, fiel ihnen ein, daß Louis Jolliet am 2. Juli seine Dissertation in Philosophie verteidigen würde.

Im Warenhaus erfuhren sie daß der junge Geistliche seine Beweisführung in Latein geführt hatte; vor dem Marquis de Tracy, dem Gouverneur, dem Intendanten und Monsignore de Laval. Louis Jolliet hatte sich gut gehalten, und die Einwohner, die seit zwei Jahren sein Talent als Orgelspieler im Gottesdienst zu schätzen wußten, freuten sich über seinen Erfolg.

»Ich denke nicht, daß er zum Priester bestimmt ist«, sagte Guillaume nach dem Abendessen zu seiner Frau.

»Er hat aber gute Anlagen dazu«, protestierte Marie.

»Zu oft mußte ich ihm von meinen Streifzügen erzählen, und er stellt sehr gescheite Fragen. Im Priesterseminar wird er es nicht aushalten, das kannst du mir glauben. Er träumt davon, mit dem Boot die Flüsse zu überqueren ...«

Guillaume hatte gesagt, daß er eine Woche wegbleiben würde. Marie erwartete ihn am Abend, er würde zum Essen zurück sein. Der Waldläufer und der Falke mußten sich gemeinsam entschlossen haben, tief in den Wald vorzudringen, um ein großes Tier in eine Falle zu locken. Sie würden mit einem riesigen Fell und Fleisch für fünf Familien wiederkehren.

Marie hatte drei Pfund Kräuter zu Pulver zerstoßen und war gerade dabei, es in Philoen zu füllen, als Mani und Rose die Tür aufstießen. Die Füchsin hob freudig den Kopf, weil sie dachte, Guillaume komme nach Hause. Er würde die Kürbissuppe mit großem Appetit essen. Es war gut, daß sie ihrem Eintopf ein großes Stück Speck hinzugefügt hatte. Die Vögel, die er erlegt hatte, würde sie nicht sofort rupfen. Er würde sie vier Tage lang hinten in der Stube aufhängen. Mindestens vier Tage. Sie würde sie mit Lauch braten. Sicher würde er auch einen Hasen mitbringen. Françoise mochte Hase mit Pilzen sehr.

»Rose, Mani? Ihr?«

Mkazawi winselte.

»Marie«, sagte Mani, die wie Rose auf Marie zuging, um sie an den Handgelenken festzuhalten.

Sie wollten sie daran hindern, sich das Gesicht zu zerkratzen, wie ihre Großmutter es getan hatte, als ihr Mann von einem Bären getötet worden war. Aber Marie LaFlamme rührte sich nicht. Die Besucherinnen meinten sogar, daß sie nicht mehr atmete. Ihr Gesicht war plötzlich aschfahl geworden, und Rose wußte, daß Marie in Ohnmacht fallen würde, wenn sie erfuhr, daß ihr Mann tot war.

»Guillaume!« schrie Marie. »Guillaume!«

Ihr Schrei erinnerte Mani an eine Wölfin, die zwei Tage und zwei Nächte in der Nähe ihres Camps geheult hatte, nachdem ihr Rüde getötet worden war: Ihr Heulen war so lang gewesen wie eine Winternacht und so traurig wie eine

Hungersnot. Marie kam ihr seltsam schwer vor, als sie zusammenbrach, und Mani dachte sich, daß Guillaumes Geist jetzt nicht mehr umherirrte, sondern im Körper seiner Frau wohnte. Die Nonnen, die den Katechismus lehrten, hätten diese Vorstellung mit Schrecken zurückgewiesen. Aber Mani sagte es Marie sofort, nachdem diese wieder zu sich gekommen war.

Alphonse, der die Frauen vorgeschickt hatte, entschloß sich, ihnen jetzt zu folgen. Françoise, die Noémie unter Tränen in die Arme schloß, stürzte sich zitternd auf ihn. Er strich ihr sanft übers Haar und flüsterte ihr zu, daß Marie jetzt mehr denn je ihre Hilfe brauche. Sofort richtete Françoise sich wieder auf und vergaß ihren eigenen Schmerz; endlich würde sie Marie ihre ganze Dankbarkeit zeigen können. Sie ging hinaus, um Noémie und Mkazawi, der immer noch wimmerte, zu beruhigen. Dann erinnerte sie sich, daß er den ganzen Tag über unruhig gewesen war, was er sonst nicht machte. Er hatte offenbar gespürt, daß seinem geliebten Herrn etwas zugestoßen war.

Françoise mußte auch dafür sorgen, daß keine Schaulustigen ins Haus kamen, das hatte ihr Alphonse aufgetragen. Sie zweifelte an ihrem Durchsetzungsvermögen und war erleichtert, als sie Eléonore de Grandmaison erblickte. Eine Frau ihres Formats würde sich besser als sie Gehör verschaffen. Sie hatte als erste durch Mani von Guillaumes Tod erfahren und gesehen, wie erschöpft der Falke gewesen war, als er die Leiche des Waldläufers zurückgebracht hatte.

Der Hurone hatte seinen Freund auf der Ile d'Orléans nicht im Stich lassen wollen. Sechseinhalb Stunden war er, ohne innezuhalten, bis Québec gepaddelt, weil er ein Gewitter befürchtet hatte. Der Weg war ihm unendlich lang und doch zu kurz vorgekommen, um begreifen zu können, daß Guillaume tot war. Hundertmal hatte er ihn angesehen, um sich davon zu überzeugen. Wie konnte so ein Koloß sterben? Er hatte darauf gewartet, daß er den Kopf schüttelte, ein bißchen Wasser ausspuckte, hustete, mit den Augen blinzelte und dann sein Paddel in die Hand nahm, um mit ihm nach Québec zurückzurudern. Er hätte die rutschigen, gefährlichen

Steine verflucht, auf denen er gestürzt und deretwegen ihm die größte Regenbogenforelle entwischt war, die man je in der Kolonie gesehen hatte. Der Falke hätte sich über ihn lustig gemacht und ihm geholfen, seine Kleider auszuwringen.

Er war gerade dabei gewesen, einem Fisch die Kiemen auszureißen, um sie an einer Angel festzustecken, als er gesehen hatte, wie Guillaume auf die braunen Felsen zugeschritten war. Er hatte sein Lächeln gesehen und gespürt, daß Guillaume einen guten Fang machen würde. Der Falke hatte zurückgelächelt; er würde die Herausforderung annehmen und das Ungeheuer fangen! In diesem Augenblick hatte der Waldläufer den Halt verloren. Mit dem Kopf war er gegen einen Felsvorsprung gestoßen und ins schlammige Wasser gefallen. Der Falke war ihm sofort nachgesprungen und zwischen zwei Felsen ins Wasser getaucht, um seinem Freund zu helfen. Er hatte ihn unter den Armen gepackt, seinen Kopf über Wasser gehalten und war durch das morastige Wasser ans Ufer geschwommen.

Dort hatte er festgestellt, daß Guillaume tot war.

Eine ganze Stunde war der Falke sitzen geblieben, genauso regungslos wie die Leiche. Er hatte den lieben Gott gebeten, den Waldläufer in sein Reich aufzunehmen. Aber er hatte seinen Freund auch dem Großen Geist empfohlen, der den Wert Sasagi Molsems kannte. Er hatte nicht gezögert, die Leiche nach Québec zurückzubringen, auch wenn er wußte, daß man ihn vielleicht wegen Guillaumes Tod beschuldigen würde. Denn er wußte auch, wie die Riten den Hinterbliebenen halfen, den Aufbruch ihrer Angehörigen zur großen Reise leichter zu akzeptieren. Marie mußte Guillaume ein letztes Mal sehen und berühren, sonst würde sie das Gefühl haben, daß sein Geist mit seinem Körper verlorengegangen war.

Der Falke hatte die Leiche in eine Decke aus Ratiné gewickelt, sie auf den Boden des Kanus gelegt und war gepaddelt. Der Tod seines Freundes betrübte ihn sehr, aber er beneidete ihn auch um dieses schnelle Ende: Guillaume hatte nicht mehr die Zeit gehabt zu begreifen, daß er starb. Er hatte das Bild einer sagenhaften Forelle mitgenommen, die ihn zum besten Fischer der Kolonie machen würde. Er hatte seinen Geist im Herzen der Natur ausgehaucht, dort, wo er wirklich glücklich gewesen war. Niemals hatte er sich gegen die Götter versündigt, indem er ihre Geschöpfe nur zum Spaß tötete, und sie hatten ihm einen schönen Tod beschert. In ein paar Wochen würde er das Marie sagen.

In der Nähe Québecs hatte er beschlossen, Mani zu beauftragen, der Füchsin Guillaumes Tod mitzuteilen. Er selber beherrschte die Sprache der Weißen nicht gut genug, um eine so schwerwiegende Nachricht zu überbringen. Er war froh gewesen, daß er Québec am Abend erreicht hatte; Die Siedler hatten gegessen und begaben sich zur Ruhe, denn im Juli war die Feldarbeit hart. Mit etwas Glück würde der Indianer unbemerkt anlegen, das Kanu und seine kostbare Fracht verstecken, zum Huronenfort laufen und Mani mitnehmen können. Obwohl er müde gewesen war, war er die Anhöhe hinauf- und mit der Indianerin genauso schnell wieder hinuntergerannt.

Sie hatten Eléonore de Grandmaison und ihren Ehemann getroffen, die nach einem Abend bei Freunden in der Oberstadt auf dem Heimweg gewesen waren. Mani hatte ihnen die traurige Nachricht mitgeteilt. Cailhaut de La Tesserie hatte dem Falken gedankt, daß er den Leichnam eines Christen nach Québec zurückgebracht hatte, und dann bei Souci und Dupuis geklopft, damit sie ihnen halfen. Madame de Grandmaison hatte vorgeschlagen, Guillaumes Leiche besser zu den Rollands als zu Marie zu bringen.

Alphonse und Rose hatten sofort begriffen, daß ein Unglück geschehen war, als sie Eléonore de Grandmaison gesehen hatten, denn das war die einzige Erklärung für ihren nächtlichen Besuch gewesen. Alphonse hatte schützend den Arm auf die Schulter seiner Frau gelegt. Sie hatte aufgeschrien, weil er sie so fest gedrückt hatte, als sie den Tod ihres Freundes erfahren hatten.

Jacques de Cailhaut de La Tesseries feste Stimme hatte sie wieder zur Besinnung gebracht, jetzt müßten sie sich um Marie LaFlamme kümmern. Rose war auf Mani zugegangen und hatte gesagt, daß sie beide diese Aufgabe übernehmen würden. Der kleine Bernard war zu Nachbarn gebracht worden.

»Marie LaFlamme ist nicht allein«, sagte Eléonore de Grandmaison den Leuten aus der Rue Sault-au-Matelot immer wieder, als sie die Witwe besuchen wollten.

»Ich könnte ihr einen Obstkuchen bringen«, schlug eine Nachbarin vor.

»Was ist passiert?«

Eléonore de Grandmaison wiederholte noch einmal, was ihr Mani gesagt hatte: Guillaume war gestürzt und ertrunken, der Falke hatte den Toten zurückgebracht.

»Das ist ein wunderbarer Beweis, daß unsere Huronen gute Katholiken sind«, bemerkte die Grundherrin abschließend.

»Unsere Indianer werden uns helfen, die Montagnais zu bekämpfen«, versicherte Michel Dupuis. »Ich habe schon immer gewußt, daß sie auf unserer Seite sind.«

Wenn Marie den Siedler gehört hätte, hätte sie sich bestimmt über ihn lustig gemacht, denn er war den Huronen noch nie sehr zugetan gewesen.

Aber sie wollte nichts hören, nichts wissen von der Welt, von diesem Alptraum. Sie wollte nicht wahrhaben, was man ihr gesagt hatte.

Das war nicht Guillaumes Art, aus dem Leben zu gehen, denn sonst wäre er schon viel früher gestorben! Ihr Mann hatte gegen wilde Tiere gekämpft und war von den Irokesen gemartert worden. Und jetzt sollte er auf ganz dumme Weise zwischen zwei Felsen in vier Fuß tiefem Wasser zusammengebrochen sein? Er konnte nicht schwimmen, aber so ertrinkt man doch nicht! Das war unmöglich. Er hatte nur das Bewußtsein verloren, und sie würde ihn wiederbeleben. Ja! Sie wollte ihn sofort sehen. Sie hatte ihn schon einmal von einer schlimmen Verletzung kuriert und würde ihm auch jetzt helfen können. Er hatte einen dermaßen harten Schädel, daß ihm eine Schnittwunde am Kopf, auch wenn sie ziemlich schlimm war, nichts anhaben konnte! Sie würde ihn schon richtig behandeln! Wo war ihr Quersack? Ihre Kürbisflasche? Hatte man daran gedacht, Guillaume Alkohol unter die Nase zu halten? Er würde aus der Hölle zurückkommen, um einen Schnaps zu trinken, das hatte er doch immer gesagt.

»Marie, hör auf! Marie.«

»Wo ist er?«

»Er ist tot, Marie. Seit Mittag.«

Das war absurd! Um diese Zeit war sie gewöhnlich dabei, dem Regimentskoch einen Verband anzulegen. Sie wußte es genau, denn sie wartete immer ab, bis die Sonne nicht mehr so heiß war, bevor sie Kräuter sammeln ging. Guillaume konnte nicht gestorben sein, während sie einem drittklassigen Koch einen Basilikumumschlag auf die rauhen Handflächen angelegt hatte! Mittag? Das heißt, er war seit ungefähr neun Stunden bewußtlos. Anne LaFlamme hatte ihr von einer Frau erzählt, die fast lebendig begraben worden wäre, weil man sie schon seit zwei Tagen für tot gehalten hatte. Sicher, Guillaume würde etwas verstört sein beim Aufwachen, dann aber würde er ihr sein Mißgeschick erklären und über die Freundschaft mit dem Falken reden.

»Ich will ihn sehen!«

»Ich werde ihn mit dem Falken herbringen«, sagte Alphonse. »Er ist tot, Marie, das ist die Wahrheit.«

Die Füchsin mußte sich mit dieser unerträglichen Wahrheit abfinden.

Guillaume wurde beerdigt, nachdem die Einwohner Québecs Abschied von ihm genommen hatten. Der Falke wollte, daß man Sasagi Molsem die Zähne eines weißen, für seine Klugheit berühmten Wolfes und den Schwanz eines Fuchses, der genau die Farbe von Marie LaFlammes Haarsträhnen hatte, in den Sarg legte. Antoine Souci war von Guillaumes Tod so erschüttert, daß er Marie unbedingt das Geld geben wollte, das er Guillaume schuldete. Am Abend, vor dem der Tote zum Fischen aufgebrochen war, hatte er mit ihm Karten gespielt. Er war einer der letzten gewesen, der mit ihm gesprochen hatte! Wenn er das gewußt hätte! Die Ursulinerinnen und die Barmherzigen Schwestern, denen Laviolettes Hilfe bei der Instandhaltung ihrer Klöster oft zugute gekommen war, schrieben einen Nachruf, der die Gläubigen zu Tränen rührte. Marie hatte darauf bestanden, daß Pater Chaumonot die Totenmesse las. Gerne hatte der Priester diese Aufgabe übernommen; er erinnerte an Guillaume Laviolettes Großzügigkeit, an seinen Gerechtigkeitssinn und erklärte, daß er zwar ein Waldläufer, aber trotzdem ein guter Christ gewesen sei, weil er sein Leben lang den Schwachen geholfen habe.

Marie trocknete sich die Stirn, während sie dem Priester zuhörte. In der Kirche erstickte man fast. Guillaume mußte es warm sein in seinem Sarg und er würde sich freuen, die kühle Erde zu spüren und in Frieden zu ruhen. Sie ballte die Fäuste. Wie hatte er sie nur im Stich lassen können? Hatte er ihr nicht noch eine Stunde, bevor er zum Falken gegangen war, gesagt, daß er sie liebe? Was mußte er auch auf mit Seegras bewachsenen Felsen herumturnen? Am liebsten hätte sie ihn geschlagen und Rechenschaft von ihm gefordert. Ja, sie hätte ihn ohrfeigen können! Sie war damit einverstanden gewesen, daß er jeden Winter wegging, aber er mußte zurückkommen. So verlangte es ihre Abmachung! Und dazu gehörte nicht, daß er sich dreißig Meilen von Québec entfernt das Genick brach. Wer würde sie schützen, wenn Simon zurückkam? Denn der war immer noch am Leben! Er hatte sie geschlagen und gedemütigt, aber er war nicht tot.

Die Nacht war so schwül wie der Tag, und Françoise blieb lange an Noémies Seite, bis sie einschlief. Die Kleine war beunruhigt, weil ihre Mutter ein so seltsames Gesicht machte, und fragte sich, ob sie ihr Kummer bereitet hatte. Sie wußte, daß sie nicht in ihrem Quersack hätte wühlen sollen, aber sie hatte die Kräuter kaum zerdrückt. Sie hatte nicht verstanden, warum Guillaume auf dem großen Tisch liegengeblieben war, warum so viele Leute bei ihnen gewesen waren. Tante Rose hatte ebenfalls sehr streng dreingeschaut. Zum Glück war Françoise nicht böse gewesen. Den ganzen Nachmittag hatte sie mit ihr gespielt. Jetzt streichelte sie ihr die Stirn, ganz sanft, und ganz liebe Wölfe kamen zu ihr und ermunterten sie, auf ihren Rücken zu klettern. Sie waren hellblau, und ihr Fell war weicher als das von Mkazawi.

»Sie schläft«, flüsterte Françoise Marie zu.

Gern hätte sie ihr gesagt, wie sehr sie Guillaumes Tod betrübte, aber sie hatte Angst, nicht die richtigen Worte zu finden und Marie nur noch trauriger zu machen, wenn sie vom Waldläufer sprach. Sie hatte Marie dazu gebracht, ein bißchen Suppe und das Brot, das Agathe Souci gebracht hatte, zu sich zu nehmen, aber sie fürchtete sich vor der Nacht. Würde Marie wie in der Nacht zuvor in der Stube herumschleichen, weinen und den Himmel verfluchen? Würde sie vor dem Morgengrauen einschlafen? Würde sie aufhören, auf die Tür zu starren, als erwarte sie noch immer Guillaumes Rückkehr?

Françoise wäre es lieber gewesen, wenn Rose bei ihnen geblieben wäre, aber Marie hatte sie zu ihrer Familie zurückgeschickt. Jetzt lag Marie LaFlammes Gesundheit ganz in ihren Händen. Sollte sie sie an die Tatsachen erinnern? Sie bejammern? Sie ablenken? Sie versuchte sich zu erinnern, was sie sich von anderen gewünscht hätte, als Anne Martin sie gequält hatte, aber sie hatte diese schreckliche Zeit zu tief in ihrem Gedächtnis vergraben. Sie wußte, daß es ihr gutgetan hätte, wenn man ihr die Haare gestreichelt hätte, statt sie ihr auszureißen.

Sie ging zu Marie und legte vorsichtig eine Hand auf deren Stirn. Sanft fuhr sie über die langen Haare ihrer Adoptivmutter, bis diese anfing zu weinen. Leise, still. In ihren Tränen war kein Zorn mehr, sondern Schmerz, Trauer und Abschied.

Bis in die Morgendämmerung hinein redete Marie über Guillaume Laviolettes Abenteuer, dem besten Waldläufer seit Radisson und des Groseilliers. Sie erzählte Françoise von ihrer ersten Begegnung, von ihrem gemeinsamen Haß auf Geoffroy de Saint-Arnaud, von ihrer List, um Picot in die Falle zu locken, und wie gut sie sich verstanden hätten; sie sprach von einem Tag auf dem Boot, an dem der Strom so ruhig wie ein See gewesen war; von Spaziergängen in den roten Wäldern, kurz bevor er zu seinen Streifzügen aufgebrochen war; von den sechs Wachteln, die er hintereinander verzehrt hatte; von dem Morgen, an dem er Mkazawi nach Hause mitgebracht hatte; von seiner Kenntnis der Indianersprache und von der Abenddämmerung, die er so sehr geliebt hatte.

Marie träumte, daß Guillaume den geheimnisvollen Fluß

im Westen gefunden hatte, von dem ihm Indianer erzählt hatten. Er war so breit, so tief und so schön wie der Sankt-Lorenz-Strom und führte zu einem purpurfarbenen Meer, an dem es keinen einzigen Felsen gab, nur Strände mit goldgelbem Sand, und er lud sie ein, ihm dorthin zu folgen.

16.

KAPITEL

Rose Rolland hätte sich eigentlich nicht über Michel Dupuis' Unfall freuen dürfen, aber sie hatte sich gesagt, daß nichts Marie besser ablenken würde als ein gebrochener Arm. Die Füchsin war wieder zur Besinnung gekommen, als es darum gegangen war, den Arm des Maurers zu retten, und die Tatsache, daß sie in der Lage gewesen war, den dreifachen Bruch wieder einzurenken, hatte ein Hochgefühl in ihr ausgelöst. Sie hatte den gleichen Taumel verspürt wie vor Jahren, als sie den Abscheulichkeiten des Reeders entkommen war.

Françoise hatte geklatscht, als Marie sie aufgefordert hatte, ein Hühnchen für das Abendessen zu braten.

»Ich werde auch einen Erdbeerkuchen backen. Dieses Jahr sind die Erdbeeren besonders schön!«

»Lad Guillaume Bonnet zum Essen ein; so schnell wird er nichts Kräftiges mehr zwischen die Zähne bekommen«, sagte Marie.

Ihre Stimme hatte nicht gezittert, als sie den Namen Guillaume ausgesprochen hatte. Sie würde stark sein und nicht länger herumjammern. Mit dem Mitleid der anderen würde sie ohnehin nicht rechnen können. Sie konnte sich auch gar keine mitfühlenden Gesichter vorstellen, weil sie es gewohnt war, bei ihren Gesprächspartnern eher auf Verblüffung oder auf Bewunderung zu stoßen. Außerdem zogen die Truppen am nächsten Tag ins Feld, und es wäre unschicklich zu klagen, während Männer, die viel jünger waren als ihr Mann, auf schreckliche Weise sterben würden. Der Falke hatte recht; ihr Mann hatte einen beneidenswerten Tod gehabt. Die Soldaten dagegen würden töten, um nicht getötet zu werden.

Heute abend würde sie fröhlich sein, damit Guillaume Bonnet mit glücklichen Erinnerungen wegging. Vielleicht würden sie ihm bei den Kämpfen helfen.

Als er sich verabschiedete, versprach sie ihm, daß sie kommen werde, um ihn mit seinem Regiment aufmarschieren zu sehen.

Hauptmann Pierre de Saurel betrachtete seine Truppen mit einer Mischung aus Stolz und Angst: Er erinnerte sich an Jean Talons Komplimente über seine Kompanie – ›die beste‹, hatte er behauptet –, bevor sie La Rochelle verlassen hatte, und er hoffte nun, daß sich das gesamte Regiment bei dieser Expedition auszeichnen würde. An diesem 27. Juli 1666 war es sehr heiß, und die Siedler dachten sich, daß die Soldaten nicht weniger leiden würden als im Winter. Etwa zweihundert Franzosen und ungefähr hundert Indianer folgten Saurel in das Gebiet der Montagnais; der Tod des Neffen des Oberbefehlshabers sollte gerächt werden. Die Tatsache, daß sich die Huronen und die Algonkin den Truppen angeschlossen hatten, hatte einige Québecer, die bis zu diesem Tag noch an deren Zuverlässigkeit gezweifelt hatten, beruhigt.

Am Quai Champlain winkte Marie ein letztes Mal dem jungen Bonnet zu und fragte Guillemette Couillard, wie es ihr gehe. Sie fand, daß sie seit dem Frühling ziemlich abgebaut hatte.

»Ich bin nicht mehr die Jüngste, Marie. Und außerdem weißt du doch, daß meine Kinder böse auf mich sind. Erzähl mir lieber von deinen!«

Marie lobte Françoises Reife und daß sie so lieb zu Noémie sei.

»Sie war mir eine große Hilfe in der letzten Zeit.«

»Sie weiß, was es bedeutet zu leiden.«

»Genau wie Sie.«

Guillemette Couillard erzählte, sie habe Eléonore de Grandmaison, die ihr nach dem Tod ihres Mannes gesagt habe, daß die Zeit ihre Wunden heilen werde, zuerst nicht geglaubt. Aber sie habe recht gehabt: Sie litt zwar immer noch, wenn sie an Guillaume Couillard dachte, aber sie wurde nicht mehr von einer ganzen Flut von Schmerzen überwältigt, die sie in den ersten Wochen völlig aus der Bahn geworfen hatte. Allmählich stiegen die guten Erinnerungen wieder in ihr auf, eine nach der anderen. Sie dachte an die gefahrvollen Anfänge, als die Familie Couillard die einzige in der Kolonie gewesen war. Damals hatten sie Espérance und Charité adoptiert, zwei kleine Indianerinnen, die Champlain nicht nach Frankreich hatte mitnehmen können. Auch an Olivier erinnerte sie sich, der aus Madagaskar gekommen und so schwarz gewesen war! Der Proviantmeister Le Baillif hatte ihn Guillaume anvertraut. Sie waren oft zwischen Québec und Tadoussac unterwegs gewesen.

»Mein Mann ist zu Hause gestorben«, erklärte sie. »Das hat meinen Schmerz gemildert. Aber deiner ...«

»Mein Mann ist auch zu Hause gestorben. In seinem Bett.«

Guillemette Couillard sah die Füchsin mit großen Augen an. Verlor sie jetzt den Verstand? Guillaume war doch weit von der Rue Sault-au-Matelot entfernt gestorben.

Und jetzt lächelte sie ihr auch noch zu, als glaube sie das Märchen, das sie sich einredete!

»Er hat öfters draußen geschlafen als in einem Bett«, rechtfertigte sich Marie. »Er hätte nicht woanders sterben wollen.«

Sie betrachtete den Strom; ihr Vater war auf hoher See, die er so sehr geliebt hatte, gestorben. Würde sie am Bett eines Kranken sterben? Oder als Geburtshelferin?

»Sind sie traurig über Ihre Entscheidung?« fragte sie Guillemette Couillard; sie wußte, daß die alte Dame von der Haltung ihrer Kinder zutiefst enttäuscht war.

»Es ist ihnen nicht recht, daß ich das Haus verkauft habe. Aber das kann ich nun mal nicht mehr rückgängig machen.«

Madame Couillard hatte ihr Haus und einen Großteil ihres Grundstücks Monsignore de Laval zur Verfügung gestellt, der dort eine von Geistlichen geleitete Internatsschule errichten wollte.

»Mein Mann war den Nonnen gegenüber immer sehr

wohltätig gewesen. Und ich möchte mich ins Klosterspital zurückziehen und dort mit Schwester Catherine beten.«

Marie nickte nur. Sie hielte Guillemette Couillards Entscheidung für falsch und fand, daß das Alter diese Frau sehr ängstlich gemacht hatte. Hätte sich Anne LaFlamme auch geändert, wenn sie alt geworden wäre? Marie wollte es nicht wahrhaben, mußte sich aber eingestehen, daß Madame Couillard auf jeden Fall bis Ostern noch eine energische Frau gewesen war.

Vielleicht würde sie ihr ähnlich sein, wenn sie in ihrem Alter wäre.

Diese Vorstellung ließ sie erschaudern, und sie malte sich Guillaumes Verzweiflung aus, wenn das Alter ihn zwingen würde, auf seine Streifzüge zu verzichten. Sie könnte wenigstens noch ihre Krankenberichte schreiben, und ihre Töchter würden für sie die Kräuter sammeln, wenn ihr Rücken und ihre Augen trüb und verbraucht sein würden.

Ihre Töchter? Nein, Françoise gab sich zwar Mühe, Interesse für die Botanik zu zeigen, aber was Marie ihr beibrachte, vergaß sie bald wieder. Und nur selten äußerte sie den Wunsch, sie in den Wald zu begleiten. Sie blieb lieber in der Stadt und kümmerte sich um Noémie, nahm sie mit ins Warenhaus, auf den Markt oder zum Hafen, wo sie andere Kinder traf. Die Mütter vertrauten sie Françoise gerne an, weil sie wußten, daß sie sich trotz ihres sanften Wesens Gehorsam zu verschaffen wußte.

Noémie dagegen fand bereits jetzt Gefallen an Pflanzen. Sie zerdrückte sie in ihren Patschhändchen, sog ihren Duft ein und würde bald Giftbeeren erkennen können. Sie würde ganz bestimmt keinen Schwarzen Nachtschatten essen! In diesem Sommer hatte es schon wieder zwei Fälle von Vergiftung gegeben, trotz aller Warnungen! Würde sie bis ans Ende ihrer Tage immer wieder predigen müssen, daß man Beeren und Pilze, die man nicht kennt, stehenlassen soll? In dieser Hinsicht waren die Indianer viel vernünftiger; Mani berichtete ihr nur von ganz wenigen Unfällen dieser Art. Es war Zeit, daß die Franzosen mehr von ihnen abschauten; die Teilnahme der Huronen am Feldzug würde die Haltung der Weißen ihnen gegenüber vielleicht ändern. Sie sollten etwas beibringen, nicht nur den Indianern, sie konnten auch selber viel von ihnen lernen. Würden sich die Soldaten bei der Expedition einige Lektionen erteilen lassen?

Als sich die Truppen entfernt hatten, ging Marie nach Hause. Ein Gewitter zog auf, und Françoise hatte sie daran erinnert, daß ihre Wäsche noch zum Trocknen aufgehängt war. Sie hatte sich entschlossen, Guillaumes Hemden und Kniehosen zu waschen, um sie dann Rose zu schenken; Alphonse war zwar kleiner als der Tote, aber niemandem in der Kolonie wäre es eingefallen, geschenkte Kleider abzulehnen. Sie waren von guter Qualität und hatten dem Waldläufer gehört! Marie hatte seine Wildlederjacke und seine Mokassins behalten, weil dies Geschenke seiner indianischen Brüder waren. Sie bedauerte, ihnen nie begegnet zu sein, und hätte gern mit denen, die ihn auch anders gekannt hatten, die Erinnerung an Sasagi Molsem wachgerufen. Guillaume mußte als Trapper überaus glücklich gewesen sein!

Seit einer Woche legte sie Schlingen aus, hatte aber nur ein Rebhuhn gefangen. Sie mußte tiefer in den Wald vordringen. Rose hatte ihr versichert, daß es immer wieder Patienten geben werde, die ihr einen Hasen, ein Huhn, Speck oder Eier als Gegenleistung für ihre Behandlung geben würden, aber Marie dachte sich, daß Guillaume stolz auf sie wäre, wenn es ihr gelänge, selbst Tiere zu fangen. Er hatte ihr mehrmals seine Methoden gezeigt, und außerdem hatte Mani die Schlingen ihrer Freundin kontrolliert.

Sie würde es schon noch schaffen. Morgen würde sie vier Schlingen auslegen und noch vor Ende der Woche Wachteln auf die Kräuter in ihrem Quersack legen können. Noémie würde sich freuen! Sie hieß doch nicht umsonst die Füchsin …

Fünf Tage später hatte sie immer noch nichts gefangen und ließ ihrem Zorn freien Lauf. Sie verfluchte den Himmel, der eine so große Hitze übers Land gebracht hatte, daß die Tiere sich in ihren Bauen versteckt hielten. Sie verfluchte Guillaume, der ihr den Umgang mit seinen Schlingen mehr schlecht als recht erklärt hatte. Und sie verfluchte die Indianer, die die Hasen gefangen hatten, die eigentlich für sie,

Marie, bestimmt waren. Während sie mit ihrem Gehstock im Gestrüpp herumstocherte, konnte sie nicht hören, wie sich jemand von hinten an sie heranschlich.

Als sie es merkte, war es schon zu spät. Bevor sie schreien konnte, legte man ihr einen Strick um den Hals und stopfte ihr einen dicken Stein in den Mund. Außer sich vor Angst, versuchte sie sich zu wehren, als sie plötzlich begriff, daß sie zu tief in den Wald gegangen war und daß Montagnais-Indianer ihr aufgelauert hatten. Man legte ihr eine Decke über den Kopf und fesselte ihr die Handgelenke mit Lederriemen. Als sie nichts mehr sah, hörte sie auf, mit den Füßen um sich zu treten, denn sie verlor den Halt. Einen kurzen Augenblick taumelte sie, dann wurde sie hochgehoben und weggetragen. Es dauerte etwa zehn Minuten, ihre Entführer gingen langsam, und sie kannten die Pfade. Sie wurde gewaltsam in ein Kanu geworfen, und am Boden des Bootes konnte sie das Plätschern der Wellen hören.

Man brachte sie weit von Québec weg.

Myriam Le Morhier war verzweifelt: Hornet war nichts Besseres eingefallen, als ihre Schwiegertochter zur Ader zu lassen. Das Fieber war aber nicht gesunken.

»Er weiß nicht einmal, von welcher Krankheit unsere Elizabeth befallen ist!« rief sie, als sie den Kapitän erblickte.

Es tat weh, Martin Le Morhier zu sehen; er hatte ebensoviel abgenommen wie seine Schwiegertochter. Seit sie bettlägerig war, hatte er den Appetit verloren.

»Sie wird sterben, noch vor Einbruch der Nacht«, flüsterte er.

»Anne LaFlamme hätte sie gerettet!«

Der Kapitän unterdrückte einen Seufzer; obwohl er Elizabeth erst seit drei Monaten kannte, liebte er sie wie eine eigene Tochter. Keine Neuigkeit hatte ihn so erfreut wie die, daß sein Sohn Elizabeth Brune geheiratet hatte.

Chevalier du Puissac und seine Frau hatten die junge Engländerin zu ihren Schwiegereltern gebracht, so wie sie es Victor versprochen hatten. Er hatte nämlich erneut nach London reisen müssen, wo seine Geschäfte wunschgemäß gediehen; die Leute, die die Pest überlebt hatten, waren von einem gewaltigen Lebenshunger erfüllt. Sie waren neugierig und bereit, in Victor Le Morhiers Unternehmen zu investieren. Er war zwar Franzose, aber weltgewandt und hatte vielerlei Kontakte. Mit den Proviantmeistern sprach er über den Krieg, aber noch viel mehr über den Handel zwischen den einzelnen Erdteilen. Dadurch konnte er in Erfahrung bringen, daß Portugal, die Azoren und Madeira von Neuengland und Spanien für die Herstellung von Weinfässern mit Eichenholz versorgt wurden, und daß dieses wasserdichte, den Geschmack der Weine nicht verändernde Holz sehr gefragt war. Sehr bald wurde ihm klar, daß die Kolonien Neuengland und Neuniederland besser verwaltet und wohlhabender waren als Neufrankreich. Victor wußte, wie wichtig ein vielseitiger Handel war, und befürchtete daher, daß die Biberfelle, die Québec zu bieten hatte, für die Schiffseigner bald nicht mehr von so großem Interesse sein würden. Man verlangte eher nach Zucker, Tabak und Mais. Würde es ihm gelingen, rentable Handelswege zwischen den Kolonien und dem Kontinent aufzubauen? Würden die Franzosen ihn unterstützen? Wären sie dazu in der Lage? Die Überlegenheit der holländischen Flotte war offenkundig; Victor hatte sogar gehört, daß die meisten französischen Seeleute lieber auf holländischen Schiffen anheuerten, als ihrem eigenen Land zu dienen. England machte Holland die Vorherrschaft im Atlantik streitig; wie immer dieser Wettbewerb ausgehen würde, Victor ahnte jedenfalls, daß Frankreich in den nächsten Jahren viel verlieren würde …

Elizabeth war sehr tapfer gewesen, als Victor sie das letzte Mal vor dem herrschaftlichen Haus der du Puissacs geküßt hatte. Sie würde mit ihren Freunden nach Nantes gehen und dort bei seinen Eltern auf ihn warten. Die Reise stellte keinerlei Gefahr mehr dar, holprige Straßen würden dem Kind jetzt nichts mehr ausmachen. Der Arzt, den Véronique de Roche-Brieux befragte, war überzeugt, daß eine Landreise weniger beschwerlich war als eine Fahrt mit dem Schiff. Ein einziges Mal nur mußte sich Elizabeth übergeben, und nach ein paar

Tagen spürte sie die Erschütterungen der Kutsche fast gar nicht mehr.

Sie hatte sich vor dem Zusammentreffen mit ihren Schwiegereltern gefürchtet, war aber sehr erleichtert, als Myriam Le Morhier die Arme ausbreitete. Der Kapitän wirkte unsicher, hatte aber das gleiche leichte Lächeln auf den Lippen, das ihr an Victor so gut gefiel, und seine Augen musterten sie genau, ohne sie zu beurteilen. Madame du Puissac flüsterte ihr dann zu, daß sie noch nie so warmherzigen Bürgersleuten begegnet sei. Sie waren nicht steif und schienen auf die Blicke ihrer Nachbarn gar nicht zu achten, die die Ankunft der fremden Schwiegertochter mißtrauisch beäugten und erwartet hatten, daß die Vorstellung mehr der Etikette entspräche. Die Kutsche freilich hatte einen mächtigen Eindruck bei den Leuten in Nantes hinterlassen, und sie hatten sie mit der Geoffroy de Saint-Arnauds verglichen.

Die Le Morhiers stellten ihre Schwiegereltern nach und nach allen Freunden vor. Oft luden sie, was sie gewöhnlich nicht taten, Gäste zum Abendessen oder Souper ein, denn sie hatten Angst, Elizabeth könnte sich bei ihnen langweilen, weil sie Louise Beaumont gegenüber erwähnt hatte, daß sie das Pariser Leben liebe. Diese Bemerkung der jungen Engländerin hatte Martin Le Morhiers Schwester, die in der Rue des Vieilles-Etuves-Saint-Honoré einen Hutladen betrieben hatte, dem Kapitän weitererzählt. Die Empfänge hatten Elizabeth nämlich nicht recht glücklich gemacht, und sie hatte sich, um ihre Schwiegereltern nicht zu verletzen, Madame Beaumont anvertraut. Elizabeth wollte arbeiten! Und wenn man ihr den Umgang mit geschäftlichen Dingen beibrachte? Victor würde dann seinen Augen nicht trauen, wenn er zurückkäme! Sie konnte schreiben und rechnen und beherrschte zwei Sprachen, es mußte doch eine Aufgabe für sie geben!

Madame Beaumont, die ihren Laden vermißte, schlug ihrer Nichte daher vor, mit ihr zusammen ein eigenes Geschäft zu eröffnen. Die Frauen in Nantes seien kokett; man brauche nur zu beobachten, wie sie sich auf dem Markt um ein Stück Stoff rissen. Es wäre leicht, ihnen irgendwelchen Flitter zu verkaufen, Hauptsache er sei neu und in Mode. Victor könne sie sogar mit Waren versorgen. Elizabeth war von diesem Vorschlag so begeistert, daß man sie bremsen mußte; sie sollte sich ja wegen ihres Kindes schonen. Tatsächlich aber verlief ihre Schwangerschaft ohne Komplikationen. In den ersten Wochen hatte sie zwar viel geschlafen, sonst aber keinerlei Beschwerden gehabt.

Deshalb war Myriam Le Morhier so bestürzt, als sie sie bewußtlos am Fuß der großen Treppe vorfand. Sie hatte sie nicht einmal stürzen oder schreien hören. Louise Beaumont eilte herbei und lief sofort aus dem Haus, um Hornet zu holen. Ihre Schwägerin mochte ihn nicht, aber sie hatten keine andere Wahl. Der zweite Arzt, ein Mann aus der Champagne, war im Frühling bei einem Duell gestorben. Der Dummkopf! Jetzt mußte man mit diesem Esel von Hornet vorliebnehmen.

Er ließ Elizabeth zur Ader, die daraufhin ihr Kind verlor.

Er hätte sie sogar ein zweites Mal zur Ader gelassen, wenn Madame Le Morhier es ihm nicht untersagt hätte. Denn man brauchte Elizabeth nur anzusehen, um zu begreifen, daß sie fast kein Blut mehr in ihren Venen hatte. Das bißchen, das ihr noch geblieben war, sollte man ihr auch lassen!

Louise Beaumont versuchte, ihren ältesten Bruder zu trösten, indem sie ihm erzählte, daß sie in Paris Frauen gekannt habe, die nach einem Blutverlust wieder genesen seien und ihm Jahr darauf ein Kind zur Welt gebracht hätten. Martin Le Morhier ließ sie ihre Worte wiederholen und schwören, daß sie die Wahrheit sagte.

Myriam Le Morhier sah ihre Schwiegertochter an; ihr Gesicht hatte die Farbe von Kerzenwachs. Sie schien so zerbrechlich. Gern wäre sie an ihrer Stelle gewesen! Denn sie konnte auf ein erfülltes Leben zurückblicken, war so glücklich gewesen mit dem Kapitän und so stolz auf ihren Sohn. Eine Weile hatte sie befürchtet, daß er Marie LaFlamme niemals vergessen würde, doch dann war Elizabeth gekommen. Wie sollte sie ihm beibringen, daß seine Frau tot war? Daß sie ihr Kind verloren hatte? Warum konnte sie ihm diesen Schmerz nicht ersparen? Schon lange dachte Myriam Le Morhier, daß sie ihren Anteil an Freude im Leben bekommen hatte und daß im Alter noch viele Prüfungen zu bestehen sein würden, denn man mußte leiden, um zu Gott zu finden. So würde ihr Martin bestimmt auf See sterben. Sie hatte nicht damit gerechnet, daß Victors Unglück die Ursache für ihren Schmerz sein würde.

»Laß uns beten!«, sagte sie zu ihrem Mann und ergriff seine Hand.

»Hört denn Gott auf uns?«

»Seien Sie still, mein Freund.«

Madame Beaumont verließ Elizabeths Zimmer; Myriam und Martin Le Morhier waren sich so zugetan, daß sie sich fehl am Platze fühlte. Sie beneidete sie, ohne verbittert zu sein, und fragte sich, wie sie sie über den Tod Elizabeths hinwegtrösten könnte. Denn noch vor Mitternacht würde sie sterben, dessen war sie überzeugt. Als sie sich um Bettler gekümmert hatte, hatte sie oftmals solch wächserne Gesichter gesehen, diesen scharfen, penetranten Geruch des Schweißes, der über die Stirn der Kranken geperlt war, wahrgenommen und mehr als einmal dieses furchtbare Ringen nach Luft gehört. Sie betete, ihr Bruder möge sich mit dem Tod seiner Schwiegertochter abfinden.

Als sich der Mond vor die Wolken schob, kam Elizabeth für ein paar Minuten wieder zu Bewußtsein, verlangte nach Victor, lächelte, als habe sie ihn gesehen, flüsterte: »St. Clement« und verstarb mit einem glücklichen Gesicht.

Zur gleichen Zeit bat Victor Le Morhier in London Guy Chahinian, still zu sein. Der Goldmacher bemerkte, daß sein Freund blaß wurde, als er das Glockengeläute von St. Clement vernahm.

»Was ist los?«

Victor Le Morhier rieb sich die Augen, suchte nach einem Halt und hakte sich bei Chahinian ein.

»Ich weiß nicht … Ich habe gedacht, daß … Das Glockengeläute. Jemand ist gestorben. Jemand, den ich kannte.«

»Hier?«

»Ich … ich weiß es nicht …«

Beunruhigt sah der Goldmacher seinen Freund an; er schien vollkommen verwirrt zu sein!

»Sollen wir nach St. Clement gehen? In zehn Minuten sind wir dort.«

»Nein«, sagte Victor, nachdem er tief Luft geholt hatte. »Mir war unwohl, aber jetzt fühle ich mich wieder besser. Ich hatte den Eindruck ... aber das ist albern, ich habe ja hier keine Familie mehr, außer diesen Samuel Barrow und seinen Vater, dessen Gelehrsamkeit Sie mir rühmen.«

»Den Sie morgen treffen werden«, ergänzte Chahinian, erleichtert, daß Victor wieder Farbe bekam. »Morgen kommt er aus Leeds zurück.«

Die zwei Männer schlenderten die Themse entlang. Seit seiner Ankunft hatte Chahinian diesen Spaziergang schon oft unternommen. Trotz seiner Prothese ging er gern von St. Clement zur London Bridge. Er hatte den Eindruck, daß er nach diesen Spaziergängen besser nachdenken konnte. Er war so lange in Paris eingesperrt gewesen, in den Faubourg Saint-Martin verbannt. Es war ein wahres Vergnügen, am hellichten Tag die Straße zu betreten und zu wissen, daß niemand einen erkennen oder verhaften konnte. Samuel Barrow versicherte ihm, daß die Mitglieder der Brüderschaft des Lichtkreuzes in London nicht verfolgt würden, solange sie ihren Glauben nicht an die große Glocke hingen. Chahinians Experimente bestärkten Barrow in seinen Ansichten; sie gelangten zu den gleichen Ergebnissen, nachdem sie mehrmals bewiesen hatten, daß sich bestimmte Metalle, die sich zunächst anzogen, nach Berührung abstießen und welche Rolle das Vakuum dabei spielte.

Chahinian nahm den üblen Geruch, den die Themse verbreitete, nicht mehr wahr, aber Le Morhier hatte eine lange Seereise hinter sich, auf der der Wind den muffigen Gestank, der vom Schiff hochgestiegen war, vertrieben hatte, und er fragte sich, wie viele Pestkranke den Fischen Nahrung gegeben haben mochten und ob sie alle bis auf den Grund gesunken waren. Ein schwacher Fäulnisgeruch hing über den Docks, und Victor hoffte, daß er sich bald daran gewöhnen würde. Mittlerweile hatte er sich im Haus der Brunes gut eingelebt. Am Anfang der Woche hatte er noch geglaubt, überall Elizabeth zu sehen. Er hatte sich an die ersten gemeinsamen Tage erinnert und bedauerte, daß sie ihn nicht begleitet hatte. Aber die Reise wäre ihr unendlich lang vorgekommen! Er war zuerst in Spanien, dann in Holland gewesen, obwohl Krieg herrschte, der die Routen veränderte. Man brauchte länger, um sein Ziel zu erreichen, wenn man es überhaupt erreichte …

Le Morhier hatte sich geweigert, nach Madagaskar zu reisen, obwohl ein Schiffseigner alles unternommen hatte, um ihn dazu zu überreden; er war sogar bereit gewesen, ihn zum Kapitän zu ernennen. Er hatte aber viele Matrosen getroffen, die versichert hatten, daß die Insel nichts Gutes in sich berge. 1664 waren auf der Ile Bourbon, in Sainte-Marie, Antogil und Matitana Handelsposten gegründet worden, aber Victor Le Morhier hatte nicht gedacht, daß es ihm gelingen würde, zwischen diesen und dem Mutterland Handelsbeziehungen aufzubauen. Noch weniger zu England, Holland, Spanien oder Portugal. Er hatte sich aber vorgenommen, demnächst die Sargassosee zu bereisen; im Schiffsbau herrschte große Nachfrage nach Zedernholz und Mahagoni von den Bermudainseln. Jamaika würde er umgehen, bis es auf der Insel wieder ruhiger wäre. Der Abzug der Spanier, die von den Engländern vertrieben worden waren, hatte den Sklaven zwar die Freiheit wiedergegeben, die Briten hatten aber nicht die Absicht, noch länger zuzusehen, wie die Kastanien aus Jamaika ausgeführt wurden. Ihre Waffen dienten der Abschreckung, die Sklaven aber waren fest entschlossen zu kämpfen. Nein, er mußte noch abwarten: Er hatte ja schon das Glück, einen Handelsverkehr zwischen verfeindeten Ländern aufbauen zu können. Er freute sich über seinen Erfolg und dankte Gott, daß er sprachgewandt war und Überzeugungskraft besaß. Den Franzosen erzählte er, daß er Pariser sei, den Bretonen, daß er aus Nantes komme, den Engländern, daß er eine Londonerin geheiratet habe, und den Spaniern, daß seine Mutter aus Kadir stamme. Und daß ihm nur eins wichtig sei: ein Vermögen zu machen, indem er alle Weltmeere befuhr.

Seit seiner Ankunft in London hatte er viel von Lord Sandwichs Heldentaten auf hoher See gehört. Victor Le Morhier erklärte dazu, daß er im September 1665, als der Admiral acht Schiffe samt Beute gekapert hatte, in London gelebt habe; zwei dieser Schiffe waren aus Ostindien gekommen. Le Morhier erinnerte sich, wie die Londoner sich über diese Nachricht gefreut hatten, auch wenn die meisten von ihnen den Tod eines Verwandten zu beweinen hatten, denn die Epidemie wütete und hatte die Untertanen Seiner Majestät zu Tausenden hinweggerafft. Siebentausend Opfer in der Woche hatte es Ende August geheißen.

Victor Le Morhier wunderte sich immer noch, daß es keine unheilverkündenden Pestkarren, keine Leichenzüge mehr gab und daß die Innenstadt jetzt wieder bevölkert war. Daß man die Tür jeder Schenke aufstoßen konnte und dort fröhliche und gesunde Menschen vorfand. Er hatte im *Star*, im *King*, im *Swan* und im *Dog* gezecht und jedesmal seinen Becher auf Elizabeths Wohl erhoben, weil sie ihn von der Pest kuriert hatte. Gleich nach seiner Ankunft hatte er ihr geschrieben, um ihr mitzuteilen, daß ihr Vetter Samuel Barrow ihm eine große Hilfe gewesen sei: Das Elternhaus hatte überhaupt keinen Schaden genommen.

Guy Chahinian hatte die Vorzüge des Hauses schon gerühmt, Elizabeth aber hatte Victor vor der Abreise dringend gebeten, ihr zu sagen, wie es wirklich darum stehe. Er war erleichtert gewesen, sie beruhigen zu können. Daß zwei Waldläufer in England eingetroffen waren, hatte er ihr vorenthalten. Er würde warten, bis er Radisson und des Groseilliers getroffen hatte, bevor er damit angeben würde, daß er mit ihnen Handel trieb.

Seine erste Begegnung mit Guillaume Laviolette kam ihm wieder in den Sinn; der Hüne hatte ihm rasch beigebracht, wie man Felle einkauft. Er hatte ihm von seiner Bewunderung erzählt, die er für die beiden berühmten Waldläufer empfand, auch von der Dummheit Davaugours. Damals fand Le Morhier, daß die Waldläufer keine Patrioten waren, aber jetzt hatte er seine Meinung etwas geändert. Er hoffte, bald Nachrichten aus Neufrankreich zu bekommen, insbesondere von seinem Freund Laviolette, dem er ebenfalls geschrieben hatte.

Die Heirat mit Marie LaFlamme hatte er Laviolette längst verziehen.

Guillaume Laviolette war tot! Simon Perrot traute seinen Ohren nicht. Er wollte Nicolette Jasmin gerade nach Einzelheiten fragen, als sie von selbst mit ihrem Bericht fortfuhr:

»Kurz darauf ist Marie entführt worden.«

»Was?«

»Von den Irokesen. Sie haben Marie gefangengenommen.«

Nicolette hatte Simon Perrot wiedererkannt, als er an die Tür der Laviolettes geklopft hatte. Am Tag zuvor war er in Québec angekommen und hatte seine Freunde begrüßen wollen. Nicolette hatte ihm zunächst von Guillaumes Tod erzählt, denn sie hatte vor der Reaktion des Soldaten Angst gehabt, wenn er erst vom Verschwinden der Heilerin erfahren würde. Sie hatte nie über die Beziehung zwischen Perrot und Marie LaFlamme Bescheid gewußt. Anfangs war sie fest davon überzeugt gewesen, Marie sei in den Soldaten verliebt, hatte aber ihre Meinung nach Guillaumes Rückkehr geändert. Simons wütender Gesichtsausdruck irritierte sie.

»Sag es noch mal!«

»Die Irokesen haben Marie entführt, Anfang August. Sie war gerade beim Kräutersammeln.«

»Haben sie sie getötet?«

Nicolette seufzte und erklärte, daß man es nicht wisse. Man habe eine großangelegte Suchaktion im Wald durchgeführt und lediglich ein blaues Band und eine Haube gefunden. Zertretene Sträucher hätten auf einen kurzen Kampf hingedeutet. Jean Talon habe versprochen, daß er von den eingesperrten Indianerhäuptlingen mehr erfahren werde, aber Maries Entführung liege schon mehr als zwei Wochen zurück, und es gebe bis jetzt keinen einzigen Hinweis, der auf ein gutes oder wenigstens rasches Ende schließen ließe.

Nicolette versuchte, Simon Perrot zurückzuhalten, aber er

rannte zu Boisdon, als wären ihm die Wilden auf den Fersen. Er mußte etwas trinken, und nicht nur einen Krug!

In einem Zug leerte er seine Schale Apfelwein und befragte dann die Gäste in der Schenke. Hatte er richtig verstanden, was Nicolette ihm erzählt hatte?

»Leider stimmt es«, bedauerte Antoine Souci. »Und wie wir nach ihr gesucht haben! Wir haben drei Tage lang die Umgebung der Stadt durchkämmt. All ihre Patienten waren dabei.«

»Bâtard Flamand sagt, daß er nichts weiß, aber ich glaube ihm nicht!« erklärte Horace Bontemps.

Er führte einen Becher zum Mund, denn er hatte seine Wette verloren. Nachdem er erfahren hatte, was Marie LaFlamme zugestoßen war, hatte er sein Versprechen, nüchtern zu bleiben, vergessen und war in die Schenke gerannt, in der die Entführung Tagesgespräch gewesen war. Es war alles so schnell gegangen. Die Füchsin war bei Sonnenuntergang immer noch nicht zu Hause gewesen, und Rose hatte sich große Sorgen gemacht. Sie hatte Michel Dupuis gebeten, sie in den Abschnitt des Waldes zu begleiten, in dem Marie gewöhnlich ihre Kräuter sammelte. Dort hatten sie nach ihr gerufen.

Besorgt waren sie zurückgekehrt, um Verstärkung zu holen. Alphonse hatte geraten, Mkazawi an Ort und Stelle zu bringen. Der Hund hatte zuerst das Band und dann Maries Haube gefunden.

Nachdem man am Flußufer Fußspuren, Abdrücke von Mokassins entdeckt hatte, war mit dem Schlimmsten gerechnet worden.

»Rose und Alphonse haben die Mädchen zu sich genommen.«

Mit zunehmender Wut hörte sich Simon Perrot die Geschichte der Entführung an. Als er seinen Becher heftig auf den Tisch knallte, hätte ihm kein einziger Gast in der Schenke widersprochen: Es war ein abscheuliches Verbrechen!

Alle wußten, daß der Soldat wie Marie aus Nantes stammte, und seine Empörung schien ein Beweis der Freundschaft zu einer Landsmännin. Niemand konnte ahnen, daß er sich so aufregte, weil ihm der Schatz zu entgehen drohte.

War er denn umsonst in dieses Land von Wilden gekommen?

Er bestellte sich erneut zu trinken und erklärte dann, daß er seine Jugendfreundin wiederfinden werde.

»Ihr Mann ist tot, jetzt müssen wir an seiner Stelle handeln und Marie LaFlamme nach Québec zurückholen.«

Die Männer stimmten ihm zu, wagten aber nicht, ihm irgendwelche Fragen zu stellen, zum Beispiel, wie er das bewerkstelligen wollte.

Im Innern der Schenke war es sehr heiß, aber bei dem Gedanken an Maries Schicksal lief es einem kalt den Rücken hinunter. Perrot hatte schon recht, wenn er ans Eingreifen dachte. Dupuis und der Herzog, die zwar nicht sehr mutig waren, boten ihre Hilfe an. Simon dankte ihnen, sagte aber, daß er die Entführer selber aufspüren wolle und sie mit seiner Kompanie bestrafen werde.

»Ich bin vielleicht kein so wichtiger Mann wie Charles Aubert de La Chesnaye, aber man wird sich an mich erinnern, wenn ich mit den Köpfen der Schuldigen wiederkomme.«

Simon Perrot hatte den Kaufmann erwähnt, weil dieser ebenfalls am Tag zuvor nach Québec zurückgekehrt war. Am 11. August ging die *Saint-Jean-Baptiste* am Quai Champlain vor Anker. Aubert de La Chesnaye, der monatelang abwesend gewesen war, schien erfreut, wieder in Neufrankreich zu sein. Er war zum Generalbevollmächtigten ernannt worden und würde daher erneut den Pelzmantel und die Geschäfte in der Kolonie kontrollieren. Die Reise hatte ihn offenbar nicht sonderlich ermüdet, obwohl er sich schon am 17. Mai eingeschifft hatte. Die *Saint-Jean-Baptiste* hatte aber in Gaspé Station gemacht, wo ein deutscher Gießer und ein paar Männer von Bord gegangen waren, um in dieser Bleimine zu arbeiten, die den Intendanten so sehr interessierte.

»Charles Aubert hat mit dem Minister des Königs gesprochen«, flüsterte Bontemps unterwürfig.

»Weder Colbert noch La Chesnaye werden Marie befreien«, antwortete Simon mit verächtlicher Miene.

»Auf der *Saint-Jean-Baptiste* waren feine Herrschaften«, sagte Antoine Souci. »Der Chevalier du Puissac und seine Frau.«

»Ich hätte nie gedacht, daß er hierher zurückkehrt!« bemerkte Bontemps. »Ist aber gut für den armen Alphonse, der immer noch nach Marie sucht.«

»Alphonse? Wer ist das?« fragte Perrot sofort.

Hatte Marie während seiner Abwesenheit etwa einen Geliebten gehabt?

»Einbein! Du kennst ihn doch.«

Der Soldat erinnerte sich an den Mann und lächelte erleichtert; Marie hätte nie etwas mit einem häßlichen Mann angefangen.

»Sie waren Freunde, seit sie ihn im Spital gesund gepflegt hat.«

»Gesund oder nicht«, sagte Simon, »er ist ein Krüppel und wird Marie kaum helfen können. Meine Kompanie wird diese Hunde schon fertigmachen! Sie werden nicht einmal die Zeit haben, um Mitleid zu flehen!«

Simon Perrots Entschlossenheit beeindruckte die Gäste bei Boisdon. Noch lange, nachdem er gegangen war, sprachen sie über ihn. Horace Bontemps, der sofort ins Neue Warenhaus gerannt war, um die Nachricht auszuposaunen, wunderte sich, daß Alphonse Rousseau sich nicht mehr darüber freute.

»Dieser Perrot hat behauptet, daß er die Füchsin wiederfinden wird. Das wolltest du doch, oder nicht?«

Alphonse nickte und versuchte, sich nichts anmerken zu lassen, rechtfertigte seine Zurückhaltung aber mit dem Hinweis auf den Pessimismus, zu dem er nun einmal neige. Er glaubte nämlich, daß Marie nicht mehr lebte.

Er verließ das Warenhaus, um seiner Frau von Simon Perrots Rückkehr zu erzählen.

Die Nachricht brachte Rose so durcheinander, daß sie ihre Verlegenheit vor Véronique du Puissac vergaß. Diese war überraschend zu Besuch gekommen. Rose Rolland fühlte sich zwar geehrt, katzbuckelte aber andauernd vor ihr und hoffte, daß ihr Mann bald nach Hause kommen würde. Was sollte sie dieser Dame sagen? Was sollte sie ihr anbieten? Sie hatte ein

Kissen auf den großen Sessel gelegt, damit er bequemer war, aber sie selbst hatte sich erst gesetzt, nachdem ihre Besucherin sie mehrmals darum gebeten hatte. In der Gegenwart von Adeligen hatte man zu stehen oder zu knien. Noémie und Françoise, die aus dem Warenhaus kamen, sorgten für etwas Ablenkung. Die Frau des Chevaliers lächelte die beiden freundlich an und streichelte sogar Mkazawi. Rose hatte den Eindruck, daß sie Noémie sehr aufmerksam betrachtete, und war sogar ein bißchen neidisch, denn ihr Sohn war genauso hübsch! Véronique du Puissac brachte dann die Sache unwissentlich wieder in Ordnung, als sie ihrer Gastgeberin sagte, daß ihre Tochter die gleiche Hautfarbe habe wie ihre verstorbene Schwester.

»Sie ist nicht meine Tochter, Madame. Sie ist Marie LaFlammes Tochter.«

»Ist das die Heilerin, die entführt worden ist?«

»Ja, genau die, Madame.«

»Aber ich dachte, Françoise sei ... Mein Mann hat mich offenbar falsch informiert. Er konnte es nämlich gar nicht erwarten, Ihren Mann wiederzusehen, von dem er mir so viel erzählt hat.«

Rose Rolland hätte beinahe gesagt, daß er hätte schreiben können, wenn er solche Sehnsucht nach ihm gehabt habe, aber sie lächelte nur höflich und erklärte Véronique du Puissac, daß sie sich um Maries Kinder kümmere, bis diese nach Québec zurückkehre. Beiläufig fügte sie hinzu, daß ihre Freundin Françoise bei sich aufgenommen habe und daß Fremde sie für Noémies Schwester halten würden, weil beide ebenso rothaarig wie Marie seien.

Gern hätte Véronique du Puissac mehr über Marie LaFlamme erfahren, aber sie befürchtete, schmerzliche Erinnerungen wachzurufen, denn der Chevalier hatte ihr erzählt, wie sehr Rose Rolland der berühmten Heilerin zugetan war. Sie erkundigte sich nach Bernard und war begeistert. Sie hatte zwar keine Erfahrung mit ganz kleinen Kindern, war aber der Meinung, daß er für sein Alter sehr kräftig war.

Dieser harmlose Trick begann gerade, den Bann zu brechen, als Alphonse hereinkam. Respektvoll begrüßte er Véronique du Puissac und wunderte sich, den Chevalier nicht zu sehen. Als er erfuhr, daß der Chevalier den Intendanten aufgesucht hatte, war er beruhigt und erzählte, was er im Laden gehört hatte.

»Was, Simon Perrot ist zurück?« rief Rose. »Bist du dir ganz sicher?«

Alphonse Rousseau wiederholte, was ihm Horace Bontemps gesagt hatte.

»War Marie nicht in diesen Mann verliebt?« fragte Véronique de Roche-Brieux. »Ich glaube, Monsieur Chahinian hat meinem Mann davon erzählt.«

»Ihr Mann hat Ihnen also alles erzählt?« fragte Rose.

»Julien hat keine Geheimnisse vor mir«, gestand Véronique du Puissac. »Er spricht mit mir über all seine Freunde, auch über seine Feinde.«

Rose Rolland hätte gern gewußt, ob der Chevalier ihr auch von seiner Untreue dem König gegenüber erzählt hatte, fand aber, das sei nicht der passende Augenblick. Sie hoffte nur, daß du Puissac nicht versuchen würde, Alphonse zu überzeugen, sich ihm anzuschließen, um Gefolgsleute zu finden, die bereit wären, Ludwig XIV. zu stürzen und Fouquet zu rächen. Sie kam sich dumm vor, sich so etwas vorzustellen, denn sie waren von Frankreich ja durch den Ozean getrennt. Aber Alphonse war dem Chevalier so ergeben! Seit seiner Rückkehr war er wie ausgewechselt! Wie er zu ihm aufsah! Seine Augen glänzten vor Freude und Stolz bei dem Gedanken, Julien du Puissac seinen Sohn zeigen zu können. Und die Art, in der er dem Chevalier zuhörte, ließ auf die große Achtung schließen, die er ihm entgegenbrachte. Doch was, wenn der Chevalier aus Paris geflüchtet war? Wenn man ihn eines Komplotts beschuldigt hatte? Rose wollte nicht, daß ihr Mann in solche Geschichten verwickelt wurde. Sie hatte genug Sorgen wegen Maries Verschwinden. Sie hatte ihrem Mann gegenüber oft genug deutlich gemacht: Sie würde zwar freundlich sein zum Chevalier und seiner Frau, würde es aber nicht zulassen, daß sie ihr Leben durcheinanderbrachten!

Sie wußte nicht so recht, was sie von Véronique du Puissac halten sollte. Sie war so direkt, stellte geradeaus Fragen und zeigte echtes Interesse für Marie LaFlammes Schicksal. Bei ihrem nächsten Treffen, ohne ihre Männer, würde sie ihr erzählen, wovor sie Angst hatte.

»Was befürchten Sie von Simon Perrot?«

Bevor Rose antwortete, machte sie sich bewußt, daß sie noch nie eine solche Stimme gehört hatte: so tief und lang wie ein Sommertag. Eine warme Stimme, die gut zum Monat August paßte und die Marie, die Agathe Soucis grelle Stimme nicht ertragen konnte, gefallen hätte.

»Simon hat Marie nicht geliebt. Er hat ihr nur Ärger gemacht, und sie hatte Angst vor ihm.«

»Aber Julien hat mir versichert, daß sie in diesen Henker verliebt war!«

»Zum Schluß hat sie begriffen, wie er wirklich war!« seufzte Rose.

»Dennoch will er sie befreien!«

»Das müssen andere Soldaten tun«, erklärte Alphonse. »Monsieur Talon hat mir gesagt, daß er von den gefangenen Irokesen mehr erfahren würde. Und jeder weiß, daß bald eine Expedition Québec verlassen wird, um ins Montagnais-Gebiet einzufallen.«

»Glauben Sie, daß Freiwillige Marie suchen würden, wenn man ihnen eine hohe Belohnung in Aussicht stellt?«

Rose dankte Véronique du Puissac für ihre Großzügigkeit, äußerte aber Zweifel über den Erfolg eines solchen Unterfangens. Denn niemand würde sich auf Montagnais-Gebiet wagen, solange die Friedensverhandlungen so langsam vorankamen. Das wäre glatter Irrsinn!

»Guillaume Laviolette hätte sich mit den Montagnais getroffen, aber er ist tot. Hoffen wir, daß die Soldaten nicht zu spät kommen, um Marie zu befreien.«

Alphonse Rousseau legte seiner Frau einen Arm auf die Schulter, um sie zu trösten. Man würde Marie wohlbehalten nach Hause bringen. Sie hatte so viele Prüfungen bestanden und würde sich auch aus dieser Klemme befreien.

Als sich Véronique du Puissac verabschiedete, sagte sie zu den Rousseaus, daß sie ihrer Freundschaft gewiß sein könnten und daß sie Marie LaFlamme helfen wolle. Rose sah ihr nach, wie sie in aufrechter Haltung fortging, ohne die neugierigen Blicke ringsum zu beachten. Rose beneidete sie um ihr selbstsicheres Auftreten, denn Madame du Puissac wußte bestimmt, daß die Siedler munkelten, daß der Chevalier sie nur wegen ihres Vermögens zur Frau genommen habe ...

Alphonse Rousseau war überzeugt, daß dem nicht so war. Sein Herr hätte nie aus Eigennutz gehandelt und war offensichtlich glücklich, Véronique de Roche-Brieux geheiratet zu haben.

»Diese Frau ist die Güte in Person«, sagte er zu Rose. »Sie kennt Marie nicht einmal, und trotzdem will sie ihr helfen.«

Rose pflichtete ihm bei und fügte hinzu, daß sie sie zu ihrem Sohn beglückwünscht habe. Sie bedauerte nur, daß Véronique du Puissacs Geld allein ihnen Marie nicht zurückbringen würde.

»Gibt es denn keine Möglichkeit, unsere Füchsin wiederzubekommen?«

Rose massierte sich den Nacken. Seit ihre Freundin verschwunden war, war sie so angespannt und hatte fünf Pfund abgenommen. Zum Glück redete auch Françoise Noémie gut zu, die jeden Tag mehrmals weinend nach ihrer Mutter verlangte. Sie versicherte ihr immer wieder, daß Marie sie nicht im Stich gelassen habe, daß sie sie noch immer liebe und zurückkommen werde.

Freilich, würde sie ihr nun bald sagen müssen, daß ihre Mutter tot sei?

Rose erklärte ihrem Mann, daß sie ihre Meinung geändert habe und daß sie Simon ermutigen werde, nach Marie zu suchen.

»Ich werde ihm sagen, daß sie Sehnsucht nach ihm hatte.«

»Ich frage mich, warum er so an ihr hängt. Sie ist nicht die einzige Frau in der Kolonie! Gewiß, Marie ist sehr schön, aber ...«

»Er möchte einen Grund mehr haben, Montagnais niederzumetzeln. Er ist ein brutaler und blutrünstiger Mensch. Das hat mir Marie erzählt.«

»Einfach zu schade, daß Guillaume gestorben ist ...«

»Gott ist sehr streng zu unserer armen Freundin«, seufzte Rose.

Sie wagte nicht, Alphonse ihre geheimsten Gedanken anzuvertrauen. In den vergangenen zwei Wochen hatte sie sich nämlich oft gedacht, daß der Allerhöchste schlecht für seine Geschöpfe sorgte. Sie erinnerte sich an das Gleichnis von der Ehebrecherin und an die Worte des Sohnes Gottes: ›Wer von euch ohne Sünde ist, der werfe den ersten Stein.‹ Der Allerhöchste war ohne Sünde; wie sollte er bei seinen Kindern dafür Verständnis zeigen und ihnen verzeihen? Marie war eine Ehebrecherin, gewiß, aber die Strafe für dieses Vergehen war zu grausam. Und außerdem hatte Guillaume ihr verziehen. Konnte es sein, daß der Waldläufer gnädiger war als der Herrgott?

17. KAPITEL

»Karl II. wird Ludwig XIV. besiegen«, sagte Victor Le Morhier zu Guy Chahinian.

Der Goldmacher war nicht dieser Ansicht und klopfte mit seinem Stock auf das Straßenpflaster. Seit einigen Tagen klang das Geräusch anders, weil die Steine so trocken waren. Es hatte schon lange nicht mehr geregnet, der Schlamm war hart geworden, und die Themse führte nur wenig Wasser.

»Das glaube ich nicht«, antwortete er und hoffte doch, Victor würde hartnäckig versuchen, ihm das Gegenteil zu beweisen.

Er wollte nicht, daß sein Freund den Kopf hängen ließ. Ein Treffen mit Médard Chouart des Groseilliers und Pierre Esprit Radisson hatte ihn im richtigen Moment abgelenkt. Guy Chahinian war daran gelegen, daß Victor schon bald wieder mit den Waldläufern zusammenkam. Sie hatten es nämlich geschafft, daß er einen ganzen Nachmittag nicht an Elizabeth gedacht hatte.

Ungläubig hatte Victor Le Morhier vom Tod seiner Frau erfahren. Eine solche Ungerechtigkeit konnte Gott nicht zugelassen haben! Elizabeth hatte nicht die Pest überlebt, um ein paar Monate später zu sterben!

Nie mehr würde er ihre Augen sehen können, deren intensives Grün die Blätter der Bäume im Frühling neidisch gemacht hatten.

Nie mehr? Das war unvorstellbar. Zehnmal, zwanzigmal hatte er den Brief seiner Mutter gelesen. Sie berichtete von ihrem Schmerz, vom Zusammenbruch seines Vaters, der Elizabeth wie eine Tochter geliebt habe, von ihrer Sorge um ihn und ihrem Wunsch, daß er nach Nantes zurückkehrte. Guy Chahinian hatte den Brief ebenfalls gelesen. Er hatte nicht die rechten Worte gefunden, um seinen jungen Freund zu trösten, und am Abend während seiner Arbeit mit Samuel Barrow hatte er voller Bitterkeit gemeint, daß das Licht, das sie entdecken wollten, die Menschen nicht von all ihren Leiden erlösen werde.

Barrow hatte dem Goldmacher nicht widersprochen, denn der Tod seiner Cousine war ihm selbst sehr nahe gegangen.

Zwei Tage war Victor auf den Docks herumgeirrt und in allen Tavernen eingekehrt, die geöffnet hatten. Dann war er mit einem Hund zum Haus der Brunes zurückgekommen. Er hatte ihn aus einem Tümpel gefischt, in dem er ohne seine Hilfe ertrunken wäre. Er hatte sich mit seinem schweren Los abgefunden. Gott schützte ihn, obwohl er ihn hart geprüft hatte, sonst hätte er ihm nicht diesen Köter geschickt! Der Hund war abgemagert und schwarz wie die Hölle, er hatte nur ein Ohr und war auf einem Auge blind. Er erinnerte Victor an einen Piraten, und er nannte ihn Black Jack. Er fütterte und pflegte das Tier und gewann es schließlich lieb. Chahinian und Barrow wußten damals nicht, daß Victor seinem Hund ständig von Elizabeth erzählte, aber ihnen fiel auf, daß ihr Freund wieder zu essen angefangen und ein paar Tage nach Black Jacks Ankunft keinen Portwein mehr angerührt hatte. Eine Woche später hatte Victor gebeten, die Abenteurer aus Neufrankreich treffen zu dürfen.

Samuel Barrow hatte ihn darauf aufmerksam gemacht, daß sich die beiden Waldläufer in England aufhielten. Sie waren schon vor Monaten eingetroffen, aber während der Pest aus London geflohen; die roten Kreuze an den Häusern hatten sie mehr erschreckt als ein Kampf auf See oder ein Scharmützel mit Indianern. Sie waren bis nach Oxford gegangen, wohin der Hofstand geflohen war, und dem König vorgestellt worden. Karl II. hatte mit großer Aufmerksamkeit den spannenden Expeditionsberichten der Waldläufer gelauscht. Radisson war von den Montagnais gefangengenommen worden, hatte in Neuniederland gelebt und sich einer Jesuitenmission in Onondaga angeschlossen. Zusammen mit des Groseilliers hatte er auf der Suche nach dem Nordmeer jahrelang den neuen Kontinent erforscht. Sie hatten erfolgreich Handel betrieben und warfen Voyer d'Argenson vor, daß er ihnen Tausende von Biberfellen gestohlen und sie dann ins Gefängnis gesteckt hatte, statt ihnen zu danken, daß sie der Kolonie geholfen hatten.

Karl II. hatte Anteil an dem Mißgeschick der Abenteurer genommen und war von seinem Bruder, dem Herzog von York, den der Überseehandel begeistert hatte, darin bestärkt worden, die Waldläufer zu unterstützen.

Wenn die Franzosen so dumm waren, auf die Dienste dieser Männer zu verzichten, dann würden sie es bald bereuen ...

Aufgrund dieser Äußerung, die ihm Radisson am 1. September 1666 weitergegeben hatte, behauptete Victor, daß die Engländer den Krieg gewinnen würden, denn sie seien klüger als die Franzosen.

»Ihre Flotte ist der unseren um einiges überlegen«, gab Chahinian zu.

»Aha!« sagte Victor mit leicht triumphierender Stimme. »Ich mag es nicht zugeben, und mein Vater wäre entsetzt, mich so reden zu hören, aber die Engländer sind die Stärkeren und werden es auch bleiben. Bei meiner Rückkehr aus Oxford dachte ich an Guillaume Laviolette; er hatte mir

Radisson und des Groseilliers treffend geschildert, und ich werde versuchen, mit ihnen ins Geschäft zu kommen.«

Chahinian erriet, daß Le Morhier daran gelegen war, daß man ihm verzieh. Victor hoffte, man würde ihm bestätigen, daß er völlig recht habe, mit den Waldläufern zusammenzuarbeiten, auch wenn sie ihr Vaterland verrieten.

»Die Brüder des Lichts werden von den Engländern doch auch besser aufgenommen, oder?« fragte Victor voller Verständnis.

Chahinian versicherte ihm, daß die Mitglieder der Brüderschaft in London in der Tat weniger Angst vor Verfolgung haben müßten. Trotzdem dürfte man die schrecklichen Religionskriege nicht vergessen, die England erschüttert hätten. Im Moment meine man es gut mit den Forschern, im nächsten Jahr würde es vielleicht schon ganz anders aussehen. Auf diesen geheimnisvollen Gebieten könne man nie sicher sein …

Victor Le Morhier mußte sich damit abfinden, daß Chahinian ihm keine Antwort geben und ihn auch nicht entschuldigen würde. Er mußte sein eigenes Gewissen befragen und dann entscheiden, ob er mit Radisson und des Groseilliers gemeinsame Sache machen wollte. Er fragte sich, ob sein Vater auch schon in einer solchen Zwickmühle gesteckt hatte. Er kannte viele Schiffseigner, zum Beispiel Geoffroy de Saint-Arnaud, die nicht so viele Skrupel gehabt hätten. Er bot Chahinian seinen Arm an, denn dieser wollte nach Hause. Er pfiff nach Black Jack, und schweigend gingen sie bis zur Kirche St. Clement. Le Morhier befragte sein Gewissen, konnte aber nicht umhin, diese Waldläufer, die dem Hof von Oxford nach Windsor gefolgt waren, zu beneiden. Radisson hatte erzählt, daß man ihnen zwei Pfund Sterling in der Woche für ihre persönlichen Ausgaben bewilligt habe und daß man ihnen bald eine Flotte zur Verfügung stellen würde. Eine Flotte? Zwei Schiffe mindestens, erklärte des Groseilliers. Sie bräuchten dann erfahrene Seeleute. Reizte es Le Morhier nicht, sich ihnen anzuschließen?

Chahinian sah sich im Geist wieder im Alter seines Freundes. Ein Alter, in dem er begriffen hatte, daß er nie über Péronnes Tod hinwegkommen würde und daß die einzige Möglichkeit zu überleben darin bestand, das Licht zu erfinden. Er hatte die schönsten Geschmeide entworfen, aber weder die Kunst noch die schnellen Ehrungen in jungen Jahren hatten ihn glücklich gemacht. Sein Streben nach dem Absoluten konnte nur durch die Entdeckung des Lichts befriedigt werden. Würde ihm das in London gelingen? Vielleicht, denn Samuel Barrow war ein außergewöhnlicher Mann. Nicht in diesem und auch nicht im nächsten Jahr würden sie herausfinden, wie man Gleichstrom erzeugt, aber Chahinian hoffte, noch zu seinen Lebzeiten dahinterzukommen. Er war froh, daß er nach London gegangen war, und wollte noch zehn oder zwanzig Jahre dort bleiben. Das wäre kein Opfer, denn er liebte diese Stadt. *Temple Hall*, seine Gebäude aus rotem Ziegelstein, *Charterhouse*, wo keine Kartäuser mehr untergebracht waren, sondern Arme, das *Palais de Savoie*, das ebenfalls in ein Armenhaus umgewandelt worden war, *Royal Hampton Court, St. Olave*, obwohl sein Friedhofstor mit Eisenspitzen gespickt war, die Kapelle *St. Clement*, die er gerne zum Beten aufsuchte, die *City*, in der er wohnte. Er empfand eine gewisse Ruhe, wenn er durch sein Viertel schlenderte und sich über das Kommen und Gehen der Finanzleute amüsierte. Sie hatten es so eilig. Was suchten sie? Was wollten sie?

Sie wollten aus der brennenden *City* flüchten, um zwei Uhr morgens!

Black Jack hatte die drei Männer geweckt, die sofort das Feuer gerochen hatten. Sie waren zum Fenster geeilt, hatten aber nichts entdecken können. Dann war Victor auf die Straße gestürzt und hatte in der Bäckerei an der Straßenecke ein seltsames rötliches Schimmern gesehen. Er hatte die Nachbarn alarmiert und war zu seinen Freunden zurückgerannt; das Feuer mußte bekämpft werden. Mit Samuel Barrow war er hin und her gelaufen, es war aber schon zu spät. Die Flammen schlugen an der ganzen Hausfassade hoch, griffen gierig auf die Nachbarhäuser über und tanzten ihren mörderischen Hexensabbat, unter den entsetzten Blicken der Bewohner, die ahnten, daß sie in dieser Nacht ihren gesamten Besitz verlieren würden.

Angesichts dieses Schauspiels, das von seinen eigenen

Alpträumen hervorgerufen schien, war Chahinian unfähig, sich zu bewegen. Victor Le Morhier, der ins Haus gekommen war, um die wichtigsten Papiere zu holen, schüttelte ihn und zerrte ihn mit Samuels Hilfe vom Feuer weg. Von Black Jack, der instinktiv das Wasser suchte, hasteten sie auf die Kais zu. Plötzlich hörte Chahinian einen Schrei, deutlich schriller als die anderen. Er drehte sich um und sah am Fenster im ersten Stock eines Hauses eine junge Frau, die sich in den Flammen krümmte, während sie um Hilfe schrie und Gott anflehte, sie zu verschonen.

Péronne!

Sie würde kein zweites Mal verbrennen! Chahinian befreite sich aus dem Griff seiner Begleiter und stürzte sich in die Flammen. Victor lief ihm hinterher, aber ein starker Rauch vernebelte die Stelle, an der der Goldmacher ins Haus gelangt war. Ein unheimliches Knistern hielt Victor zurück. Samuel Barrow, starr vor Entsetzen, wendete seinen Blick nicht vom Fenster; die junge Frau war verschwunden.

»Er ist verrückt!« sagte er zu Victor. »Aus dieser Hölle kommt er nicht mehr raus! Gehen wir, bevor wir auch noch Feuer fangen.«

»Warten Sie!«

Er deutete auf eine schwarze Gestalt, die auf sie zugetaumelt kam: Chahinian war es gelungen, die Engländerin zu retten. Aber um welchen Preis! Seine Kleider brannten noch an ihm! Victor zog sein Wams aus und rannte auf Chahinian zu, um die Flammen zu ersticken. Sein Gesicht und seine Hände waren eine einzige dunkle Wunde. In dem Moment, in dem er Samuel die junge Frau übergab, brach er zusammen. Victor fing ihn auf und nahm ihn in die Arme. Mit Entsetzen spürte er, wie die Haut des Goldmachers an seiner klebte. Einen Augenblick stockte ihm der Atem, aber Black Jacks Bellen brachte ihn dazu loszulaufen, denn das Feuer griff rasch um sich. Ein ganzer Häuserblock stand bereits in Flammen. Würden sie mit ihren Verletzten die Themse erreichen?

Sie waren so klug gewesen, nichts retten zu wollen. Viele Londoner aber hatten nicht darauf verzichten wollen, Möbel und Kleider mitzunehmen. Victor zeigte einem Schiffer seine prall gefüllte Geldbörse; so durften sie in das Boot klettern und waren gerettet.

Von der Mitte des Flusses aus bot sich ein apokalyptischer Anblick: Das Feuer, angefacht von einem starken Wind, breitete sich mit teuflischer Geschwindigkeit aus und würde zweifellos die Gegend um die gesamte *City* dem Erdboden gleichmachen. Schreie des Entsetzens erhoben sich von den Booten, die jetzt in immer größerer Zahl auf der Themse auszumachen waren. Hatte London für seine Sünden mit der Pest nicht schon genug bezahlt? Was bedeutete diese neue Heimsuchung? Mißfiel Gott Karl II. so sehr? Weil er den Krieg erklärt oder weil er den Sieg noch nicht errungen hatte?

Le Morhier hatte Chahinian ans Ende der großen Schaluppe gesetzt und sah ihn hilflos an. Er hoffte, am anderen Ufer einen Arzt zu finden. Samuel Barrow, der noch immer die junge Unbekannte stützte, erklärte Victor, daß sie überleben würden. Ihr Freund werde noch in dieser Stunde sterben, denn sein Röcheln lasse das Schlimmste befürchten.

Victor Le Morhier starrte Chahinian an; sollte dieser Anblick das letzte Bild sein, das ihm vom Goldmacher bleiben würde? Eine entstellte Puppe, die neben ihm wegzuschmelzen schien? Er würde sich auch an sein Holzbein erinnern, das seltsamerweise verschont geblieben war. Dann hatte er den Eindruck, daß der Verletzte etwas sagen wollte. Er beugte sich ganz nah an seine aufgesprungenen Lippen und seine verkohlte Nase.

»Péronne, habe ich sie gerettet?«

»Kannten Sie sie?« wunderte sich Victor Le Morhier zunächst. Dann erinnerte er sich an diese Cousine, von der ihm der Chevalier du Puissac erzählt hatte.

Eilends versicherte er, daß sie außer Gefahr sei. Ja, Péronne lebte.

Guy Chahinian sah Victor fragend an, denn er wollte in diesem allerletzten Moment nicht belogen werden. Victor wiederholte, daß die junge Frau außer Gefahr sei, Samuel Barrow halte sie in seinen Armen. Sie atme, das könne er schwören, bei der Seele von Elizabeth.

»Schwören Sie auch bei der von Anne LaFlamme. Sie war auch eine Hexe, aber es war mir nicht möglich …«

»Sie haben doch Marie geholfen! Reden Sie nicht, es strengt Sie zu sehr an!«

»Julien … Die Kapellen … Marie sehen …«

Die Augenlider mit den versengten Wimpern zuckten, und Le Morhier hörte, wie der Goldmacher flüsterte: »Péronne.« Er beteuerte, daß Chahinian ihr das Leben gerettet habe. Ein sanftes Lächeln erblühte auf den verbrannten Lippen des Großmeisters der Brüderschaft des Lichtkreuzes.

Samuel Barrow bekreuzigte sich; Guy Chahinian war verschieden.

Am nächsten Tag beerdigten Le Morhier und Barrow den Goldmacher in *Paris Garden* gegenüber von *Temple Staits;* Barrow blieb mit Becky, deren Zustand ständige Pflege verlangte, dort zurück. Victor versuchte, in die Innenstadt zu gelangen. Er gab es aber auf, als er das Durcheinander sah, das am gesamten Ufer der Themse herrschte, und feststellte, daß das Feuer noch nicht unter Kontrolle war. Ganz im Gegenteil: Man hätte meinen können, daß das durch London hallende Geschrei die Flammen ermutigte und antrieb, die ganze Stadt zu verschlingen. Mehrere hundert Häuser waren abgebrannt, und bis zum Abend würden bestimmt noch einmal genauso viele in Schutt und Asche liegen. Die enge Bauweise und das Inventar der Häuser begünstigten die Feuersbrunst: Es gab viele Läden, in denen Öl, Pech, Teer und Schnaps lagerten. Zwischen zwei Schluchzern oder Schreien beteten die Menschen und hofften, daß Gott sich endlich ihrer erbarmen würde. Sie fragten sich, ob die Dürre der letzten Wochen nicht Vorsehung gewesen war, damit das Inferno die Sünder noch härter bestrafen konnte.

Am 4. September lag das Feuer wie eine goldene, unheilvolle Kuppel über der Stadt. Es erstreckte sich vom *Tower* bis *Trinity House,* nachdem es am Tag zuvor *Old Bailey* erreicht hatte. *St. Paul* und ganz *Cheapside* waren niedergebrannt. Drei Tage später erfuhr Victor, daß *Ludgate, Fleet Street* und ein Großteil des *Temple* in Flammen standen und daß auch *Whitehall* brannte. Viele Menschen hatte in *Lambeth House* Schutz gesucht und ertrugen das Höllenschauspiel mit staunendem Schrecken. Ein Schauspiel, das viele Tage währte. Die Nächte fielen kaum noch auf, denn die Sterne konnten es mit den Funken, die aus allen Winkeln der Stadt in den Himmel schlugen, nicht aufnehmen.

Mitte September waren zwei Drittel aller Häuser und Denkmäler Londons dem Erdboden gleichgemacht. Die übriggebliebenen Häuser waren vom Rauch geschwärzt, die Kleider verschmutzt, die eingeschüchterten Gesichter verdunkelt. Er hüllte auch die Diebe und Plünderer ein, die die immer noch brennenden Trümmer durchsuchten.

Die Verzweiflung war so groß, daß Victor zunächst daran dachte, nach Paris zurückzukehren. Er entschloß sich aber, die Kaufleute, mit denen er Handel treiben wollte, doch aufzusuchen, und dachte sich, daß manche bei dem großen Feuer sicherlich alles verloren hatten. Er würde ihnen seine Hilfe anbieten und als Gegenleistung Informationen und Verträge für ihre zukünftigen Verhandlungen verlangen. Von nun an würde er sich nur noch um seine Geschäfte kümmern. Er würde alle Meere befahren, in jeder Stadt der Welt Waren einkaufen und sie dem meist Bietenden wieder verkaufen.

Er versuchte, sich noch einmal mit Radisson und des Groseilliers zu treffen, aber ein Verkehrsmittel zu finden gestaltete sich ebenso schwierig wie früher seine Bemühungen, Marie LaFlamme zur Vernunft zu bringen. Er wunderte sich, daß er an sie dachte, während er durch diese Stadt ging, die ihr unbekannt war und die sie vermutlich auch nie sehen würde. Er war nicht aus der Fassung geraten, als Chahinian von ihr erzählt hatte. Für ihn war Marie jetzt eine Jugendfreundin. Er stellte sich vor, wie sie über das heiße, die Schuhe versengende Pflaster und den Mangel an Nahrung schimpfen und dennoch unermüdlich von einem Verletzten zum anderen rennen würde.

Vielleicht hätte sie Elizabeth retten können? Denn Anne LaFlamme hatte Myriam Le Morhier geholfen niederzukommen, und Marie hatte ihre Fähigkeiten geerbt; wäre sie bei Elizabeth gewesen, dann hätte diese ihren Sohn auf die Welt gebracht und würde noch am Leben sein. Victor rieb sich die

Augen, er redete dummes Zeug. Sein Kopf mußte schon ganz vernebelt sein, weil er ständig diese Luft voller Asche einatmen mußte. Es war Zeit, daß er wieder fortging.

Er würde einen Huker finden, um nach Holland zu gelangen. Mit Freude würde er sich einschiffen, denn er hatte Sehnsucht nach dem Meer. Nie würde er es im Stich lassen. Er würde es bewundern, wenn es im Dunst der Nebelschleier aufwachte, würde sich nicht satt sehen können an seiner blauen Weite, seinen sinnlichen, wilden und gebieterischen Tänzen, seinen gefährlichen Launen und seiner unendlichen Ruhe.

Von nun an würde das Meer seine einzige Geliebte sein.

Am 14. September 1666 schickte Alexandre de Prouville de Tracy zwei Soldaten zu Bâtard Flamand, um ihm die Truppe vorzustellen, die ins Montagnais-Gebiet aufbrechen sollte. Sogar Jean Talon, der mehr Verwalter als Militär war, glaubte an die Notwendigkeit, die Irokesen zu unterwerfen. In diesem Sinne hatte er Daniel Rémy de Courcelle einen Brief geschrieben, der aber nicht überzeugt zu werden brauchte: Die Montagnais würden den Kampf verlieren! Die Expedition war von so großer Bedeutung, daß Tracy seine mehrere hundert Mann starke Armee, die aus Soldaten aller Kompanien des Carignan-Saliéres-Regiments, ebenso vielen Einwohnern und etwa hundert Huronen und Algonkin bestand, persönlich anführte. Am 28. September würden andere Armeekorps und Siedler aus Ville-Marie im Fort Sainte-Anne zu ihnen stoßen. Es war die größte Truppe, die je in der Kolonie aufgestellt worden war, und Bâtard Flamand begriff, daß seine Brüder den Krieg verlieren würden. Er flehte Tracy an, seine Frau und seine Kinder zu schonen, und zählte voller Angst die Soldaten, die sich entfernten.

Rose Rolland beobachtete den Abmarsch der Männer mit einem Gefühl der Rache, das sie gar nicht zu verbergen versuchte. Die Soldaten sollten ruhig alle Montagnais niedermetzeln, wenn man ihr Marie nicht zurückbrachte! Zugleich befürchtete sie aber, daß ein so schwerer Angriff die Irokesen erzürnen und dazu bringen könnte, ihre Gefangenen zu töten. Sie hatte Jean Talon eindringlich gebeten, mit Monsieur de Tracy und Monsieur de Courcelle darüber zu reden, aber ob sie ihn anhören würden? Was war das Leben einer Frau in einem solchen Konflikt schon wert?

Rose hielt die Tränen zurück. Seit ihre Freundin verschwunden war, bemühte sie sich, Noémie und Françoise zu trösten. Sie war am Ende ihrer Kräfte. Zum Glück brachte ihr Sohn etwas Freude in die Rue Sault-au-Matelot! Er allein lenkte die Mädchen von ihrem Kummer ab.

Aber er würde ihnen niemals Marie ersetzen können. Und Rose würde es auch nicht fertigbringen.

Sie betete mit Inbrunst und wußte, daß dies auch alle Nonnen taten, Schwester Sainte-Blandine hatte es ihr versichert. Maries Entführung hatte die Ursulinerin erschüttert. Davon konnte sich Rose selber überzeugen, als sie sah, wie die Hände der Schwester zitterten, wenn sie von der Heilerin sprach, aber sie war keine Frau, die zum Jammern neigte. Sie wußte auch zu handeln und hatte Rose angeboten, Françoise im Kloster aufzunehmen. Rose hatte ihr aber erklärt, daß ihr das Mädchen eine große Hilfe sei, weil es sich um Noémie kümmerte.

»Ich weiß, daß es Ihnen lieber wäre, unsere Töchter im Kloster zu haben, damit sie nicht die Sitten der Wilden annehmen, aber Sie müssen zugeben, daß Françoise sehr zurückhaltend ist.«

Daraufhin hatte Schwester Sainte-Blandine den Vorschlag gemacht, Françoise solle dreimal die Woche den Unterricht besuchen, Marie würde stolz auf sie sein, wenn sie zurückkäme!

Rose war einverstanden gewesen. Sie wollte einfach an die Rückkehr der Füchsin glauben. Gott konnten doch die Gebete so vieler Nonnen nicht gleichgültig sein.

Und der Teufel würde Simon Perrot vielleicht dankbar sein … Rose schauderte, als sie an den Soldaten dachte, doch er war der einzige, der sich nichts sehnlicher wünschte, als Marie wiederzufinden. Diese Entschlossenheit machte Rose irgendwie stutzig. Marie hatte gesagt, Simon sei eifersüchtig und besitzergreifend. Konnte es sein, daß er so sehr an der Freundin aus seinen Kindertagen hing, daß er sie unbedingt aus den Händen der Montagnais befreien wollte? Rose hatte gelogen, als sie ihm erzählt hatte, daß Marie Sehnsucht nach ihm gehabt hatte. Er schien aber beruhigt und zufrieden deswegen. Zweimal hatte er nachgefragt, ob sie Nachrichten aus Nantes bekommen habe. Als Rose dies verneint hatte, war er erleichtert gewesen. Dann hatte ihm Alphonse einige Fragen gestellt. Aber der Soldat hatte nur damit geprahlt, was er den Montagnais antun und daß er mit dem Skalp der Entführer zurückkommen werde!

Der milde September ließ Rose kalt. Sie legte sich schlafen und fragte sich, wo ihre Freundin war, was aus ihr geworden sein mochte. Sie erinnerte sich an die Qualen, die die gemarterten Jesuitenpatres erlitten hatten, und bekam schreckliche Alpträume. Alphonse wiegte sie in seinen Armen, aber die Träume kamen fast jede Nacht wieder. Eléonore de Grandmaison hatte sie zunächst getröstet, dann aber auch getadelt. Rose müsse an ihren Sohn und an Maries Kinder denken. Das sei alles, was sie für sie tun könne!

Seit über einem Monat war die Füchsin nun verschwunden, die Getreideernte war fast zu Ende. Jetzt wurden die Äpfel gesammelt, und jede Nacht würde es kühler. Der Morgentau duftete nicht mehr nach Himbeeren, die ersten Fröste drohten, die roten Blätter klammerten sich vergeblich an die Zweige, und die Wildgänse waren über die Ile d'Orléans hinweggeflogen. Der Nordwind tobte und peitschte durch die Tannenwälder. Er trieb die Wolken vor sich her und riß den Frauen, die in die Kirche gingen, die Hauben vom Kopf. So manche Nonne hatte im Sturm ihren Schleier verloren, zur großen Freude der Schülerinnen, die aufgeregt gluckten, weil sie die Haare ihrer Lehrerin erspäht hatten. Jedesmal wenn Françoise die Anhöhe zu den Ursulinerinnen hinaufging, blieb sie auf halbem Weg stehen und betrachtete den Strom, den Marie so liebte. Sie konnte nicht glauben, daß diese Frau, die sie vor Anne Rochelais gerettet hatte, ermordet worden war. Niemals würde sie sich damit abfinden können. Außerdem wußte sie von Mani, daß die Indianer ihre

Gefangenen manchmal in den Stamm aufnahmen. Françoise betete, ihr Vormund möge eine gute Familie gefunden haben. Sie betrachtete den Sankt-Lorenz-Strom, in der Hoffnung, dort ein Kanu zu entdecken, ein leichtes und schlankes Boot, das unter dem Beifall der Siedler am Quai Champlain anlegen und Marie nach Québec zurückbringen würde. Françoise war immer sehr stolz, wenn sie die Leute über Marie LaFlamme reden hörte. Man vermißte sie sehr. Françoise hatte erfahren, daß Horace Bontemps und Michel Dupuis Perrot eine Belohnung versprochen hatten, wenn er die Heilerin wiederfand. Mit Véronique du Puissacs Geld dazu würde der Soldat kein schlechtes Geschäft machen. Sie war freundlich zu ihm gewesen, als er sie besucht hatte, auch wenn sie wußte, daß sie ihn nie mögen würde. Er hatte eine Art, ihre Hand zu berühren, wenn sie ihm die Tür öffnete, die sie störte. Und wie Bertrand Rochelais hatte er einen unruhigen Blick. Sie wäre wirklich überglücklich, wenn ein anderer Soldat Marie nach Québec zurückbrächte.

Würde ihr Wunsch in Erfüllung gehen?

Marie LaFlamme hatte aufgehört zu beten.

Wozu beten?

Sie war die Gefangene der Montagnais, und sie würden sie nicht freilassen. Sie sah die Rauchschwaden aus dem Dach des Langhauses ziehen, in dem sie lebte, und sagte sich, daß dadurch die Luft in der Hütte besser wäre. Sie hatte sich noch nicht an den beißenden Rauch gewöhnt, der sich mit den Ausdünstungen der Menschen und Tiere und dem Geruch des Maiseintopfs, der stundenlang auf dem Feuer köchelte, vermischte. Zum Glück wurde erst seit dem letzten Vollmond Feuer in dem Langhaus gemacht.

Der Monat August war heiß gewesen.

Sehr heiß. Obwohl Marie in den ersten beiden Wochen sehr viel gezittert hatte. Hundertmal hatte sie geglaubt, daß ihr Herz aufhören würde zu schlagen.

Die Entführung. Dieser Stein, den man ihr in den Mund gedrückt und der sie verletzt hatte. Dann diese Decke, unter der sie beinahe erstickt wäre. Wie lange hatte man sie über ihren Kopf gelegt? Einen Tag? Bei jedem Ruderschlag hatte sie das Wasser plätschern hören. Tausend Schläge? Zweitausend? Sie hatte im Bauch des Kanus gelegen, den Sog gespürt und vermutet, daß ihre Entführer mit ebensoviel Kraft gepaddelt waren wie Guillaume Laviolette.

Hundertmal hatte sie sich gesagt, daß sie sie schon getötet hätten, wenn sie es gewollt hätten. Sie hatte sich bemüht, die Vorstellung, daß sie sie erst martern würden, wenn sie wieder bei ihrem Clan wären, aus ihren Gedanken zu vertreiben. Hatte ihr Guillaume nicht erzählt, daß sie diese Mißhandlungen den Frauen und den Kindern gewöhnlich ersparten? Er hatte ihr aber auch erzählt, daß sie aus ihnen Sklaven machten und sie hart, sogar grausam behandelten. Aber sie verbrannten ihnen nicht die Brust mit glühendroten Kriegsbeilen, rissen ihnen nicht die Nägel aus oder schmierten sie mit siedendheißem Pech ein. Sie begnügten sich damit, sie zu schlagen, sie an den Haaren zu zerren, sie herumzuschubsen oder sie hungern zu lassen.

»Sie essen selten ihre Feinde.« Guillaume hatte die neuen Siedler oft beruhigt. In der Tat hatte er während seiner Zeit als Waldläufer nur von zwei Fällen von echtem Kannibalismus gehört und war selbst nie Zeuge solcher Szenen geworden. Und schließlich war Sommer gewesen, die Natur hatte ihren Reichtum verteilt, und es hatte genug Wild, Früchte und Fische sogar im Überfluß zu essen gegeben.

Warum hatten sie sie entführt?

Anfangs hatte sie an eine Vergewaltigung gedacht und sich an die schrecklichen Nächte erinnert, in denen sich de Saint-Arnaud an ihr vergangen hatte. Würde sie erneut eine solche Demütigung ertragen müssen? Guillaume hatte behauptet, die Indianer würden ihre weiblichen Gefangenen nicht vergewaltigen.

Später hatte sie eine Opferung in Erwägung gezogen, aber darüber hatte sie nie etwas gehört. Sie hatte gewußt, daß sie manchmal das Herz oder die Leber ihres Feindes aßen, um ihn zu ehren. Sie hatten aber überhaupt keinen Grund gehabt, ihr diese Ehre zu erweisen, sie hatten sie ja nicht einmal gekannt.

Und falls sie sie doch kannten?

Ihr war keine Zeit geblieben, ihre Entführer zu sehen. Sie hatte vermutet, daß es Montagnais gewesen waren, aber sie hatte sich auch irren können.

Der Gedanke war ein Schock für sie gewesen. Sie hatte nach Simon gerufen, mehrmals, aber eine tiefe Stimme hatte sie wahrscheinlich zum Schweigen ermahnt, in einer Sprache, die sie nicht verstanden hatte. Hatte Simon womöglich Indianer bezahlt und sie entführen lassen? War er desertiert? Vielleicht hatte er das Fort verlassen und auf einen günstigen Augenblick gewartet, um sie wieder nach Nantes zu bringen. Sie hatte geschworen, daß sie niemals dorthin zurückkehren würde. Immer wieder hatte sie gesagt, daß der Schatz nicht existierte. Aber er hatte ihr nicht geglaubt und in den Besitz der Beute und an de Saint-Arnauds Belohnung kommen wollen. Wahrscheinlich hatte das Geld des Reeders dazu gedient, ihre Entführung zu bezahlen.

Diese Möglichkeit hatte sie in Wut versetzt, ihr aber auch Kraft und Zuversicht gegeben.

Zumindest für ein paar Stunden. Dann hatte man ihr die Decke weggezogen. Sie war so geblendet gewesen, daß sie ein paar Augenblicke gebracht hatte, um die Gesichter der drei Entführer zu erkennen. Aus Angst, und auch um ihre Ergebenheit zu zeigen, hatte sie den Blick gesenkt. Sie hatten sie lange angesehen, ohne ein Wort zu sagen. Langsam hatte sie den Kopf wieder gehoben und versucht, sich auf die Landschaft in der Ferne zu konzentrieren, um so ihr Zittern unter Kontrolle zu bekommen. Wo war sie? Wohin brachte man sie? Nach Tadoussac, Trois-Rivières oder Ville-Marie?

Dann hatte sie wieder die Indianer angesehen. Die Männer waren fast so groß wie Guillaume gewesen, kräftig und muskulös, mit einem flachen Bauch. Etliche Siedler hätten sie um die Leichtigkeit, mit der sie gepaddelt waren, beneidet.

Dennoch waren sie ans Ufer gerudert, um sich etwas auszuruhen. Der älteste hatte Marie hochgehoben und sie bis zu einer kleinen Lichtung getragen, auf der ein Kreis von geschwärztem Gras angedeutet hatte, daß an dieser Stelle schon einmal ein Feuer gemacht worden war. Die Männer hatten sich um den Kreis gesetzt, als sähen sie immer noch Flammen, und einer von ihnen hatte aus seinem Fellsack eine Art Fladen gezogen. Dieses Brot hatte er in drei Teile geteilt und seinen beiden Brüdern je ein Stück gegeben. Dann hatte er mit einem scharfen Messer etwas auseinandergeschnitten, das nach einem halben, nicht durchgebratenen Hasen ausgesehen hatte. Obwohl Marie viel zu verängstigt gewesen war, um irgend etwas zu sich zu nehmen, war ihr doch schnell klargeworden, daß sie auf der ganzen Fahrt nichts zu essen bekommen würde. Sie hatte nicht protestiert und sich nicht gerührt, weil sie befürchtet hatte, daß schon die geringste Bewegung den Zorn ihrer Entführer erregen könnte. Einer von ihnen war aufgestanden und hatte einen Schlauch mit Wasser gefüllt. Als sie ihn trinken gesehen hatte, war ihr bewußt geworden, daß sie schrecklichen Durst hatte. Sie hatte gezittert, als der Montagnais sich über sie gebeugt und sie brutal an den Haaren gezogen hatte. Dann hatte sie aber gespürt, wie das Wasser in ihren Mund geflossen war, und ihren Entführer einen Augenblick vergessen. Er hatte den Schlauch wieder weggezogen und sich entfernt, ohne sie berührt zu haben. Marie hatte etwas Zuversicht gefaßt, vielleicht hatten diese Männer nicht die Absicht, sie zu entehren.

Nach dem Essen hatte der kleinste Marie zu einem Baum geführt und sie daran festgebunden. In diesem Moment hatte sie geglaubt, ihre letzte Stunde sei gekommen. Sie hatte an Anne LaFlamme und an Guillaume und an die Qualen, die die beiden erduldet hatten, gedacht und ihre Seele Gott befehlen wollen. Unter dem Gelächter der Indianer hatte sie ihre Notdurft verrichtet. Dann hatten sich die Entführer schlafen gelegt.

Schon nach fünf Minuten hatte Marie sie schnarchen hören. Sie hatte versucht, sich von den Fesseln zu befreien, es war ihr aber nur gelungen, sich die Handgelenke aufzureiben. Der Indianer hatte jedoch die Fesseln nicht allzu fest gebunden, so daß sie es nach etlichen Verrenkungen geschafft hatte, in Kauerstellung zu gehen. Der Nacken und die Schultern hatten geschmerzt. Sie hatte Hunger und immer noch

Durst gehabt, war aber schließlich unter einem mondlosen Himmel eingeschlafen.

Es war noch nicht Tag gewesen, als man sie wieder in das Kanu geworfen hatte. Sie hatte aus der Nase geblutet und gespürt, wie die warme Flüssigkeit an den Lippen, am Kinn und am Hals klebte. Niemand hatte sie abgewischt, und sie hatte zu weinen begonnen. Sie hatte befürchtet, monatelang am Boden dieses Kanus knien zu müssen, ausgehungert, blutig und stinkend, und daß die drei vor ihr paddelnden Männern sich nie Gedanken um sie machen würden. Warum hatten sie sie entführt? Zu diesem Zeitpunkt wußte sie, daß kein Weißer mit der Entführung zu tun hatte. Die Montagnais hatten auf eigene Faust gehandelt. Sie hatten niemanden gebraucht, um auf diese Idee zu kommen, aber diese Expedition war auch nicht ganz ungefährlich. Warum lag den Indianern soviel an ihr?

Erst sehr viel später begriff sie, daß ihr rotes Haar ihre Entführer neugierig gemacht hatte. Als sie endlich in ihrem Dorf angelangt waren, hatten sie stolz ihre Gefangene vorgezeigt, und mehrere Indianer hatten sich Marie genähert, um ihr kupferrotes Haar zu berühren und daran zu ziehen. Einer der Entführer hatte ein Kind daran gehindert, ihr eine Strähne abzuschneiden.

Wie lange hatte sie in der Mittagssonne gestanden, umgeben von etlichen Irokesen, die sie angestarrt und dabei gelacht oder getuschelt hatten? Guillaume hatte ihr von Indianerdörfern erzählt, sie kannte aber nur das Huronenfort, das im Vergleich zu dem Dorf ihrer Entführer sehr bescheiden war. Sie hatte mindestens zwanzig Langhäuser gezählt! Sie wußte, daß jedes Haus ungefähr dreißig Familien mit drei bis fünf Personen beherbergte; in diesem Dorf lebten also Hunderte von Montagnais. Der Palisadenzaun ließ auf eine gewisse Seßhaftigkeit schließen. Die Algonkin waren Nomaden und lebten von der Jagd und vom Fischfang. Die Irokesen dagegen betrieben Landwirtschaft und wählten den Standort, an dem sie sich niederließen, sehr genau aus. Sie blieben nämlich zehn bis dreißig Jahre an einem Ort, je nach Ertrag des Landes um das Dorf herum. Wenn ein Boden, den man überhaupt nicht düngen konnte, nichts mehr hergab, wurden die Langhäuser aufgegeben und neues Land zum Roden gesucht: Land, durchquert von einem Fluß, mit Mischwald und einem Boden, auf dem man Mais, Kürbisse und Bohnen anbauen konnte.

Bevor Marie durch die Öffnung im Palisadenzaun geschoben wurde, hatte sie ein großes Maisfeld gesehen. Die Stiele des indischen Weizens waren sehr hoch, und jeder hatte bestimmt acht bis zehn Ähren! Rose wäre begeistert gewesen! Die Erinnerung an ihre Freundin hatte ihr geholfen, das Dorf mit erhobenem Haupt zu betreten. Sie war aber gestolpert, und das böse Lachen der Montagnais war ertönt. Einer ihrer Entführer hatte ihr einen Tritt in den Hintern gegeben, sie war wieder aufgestanden, etliche Indianer hatten sich um sie gedrängt und mit ihren schmutzigen Händen auf ihr Haar gezeigt.

Das Haar dieser Indianer glänzte noch mehr als das der Huronen, es war mit Bärenfett eingerieben und kohlrabenschwarz. Die Frauen zogen in der Mitte des Kopfes einen Scheitel und hielten es im Nacken mit bunten Bändern zusammen. Einige trugen ein gesticktes Band auf der Stirn. Einige Männer hatten kürzeres Haar, das an den Seiten sogar ausrasiert war. Die meisten von ihnen hatten durchlöcherte Ohren, aber Marie war zu verängstigt, um den Ohrenschmuck zu bewundern. Sie fragte sich, welche Bedeutung die Tätowierungen hatten, die die roten Körper zierten. Pater Chaumonot behauptete, daß die Indianer mit genauso blasser Haut wie die Franzosen auf die Welt kämen. Sie benutzten aber ein rotes Tierfett, mit dem sie sich den ganzen Körper einrieben, um sich gegen Insekten und Unwetter zu schützen, und dieses regelmäßig verwendete Fett veränderte mit der Zeit ihre Hautfarbe. Das rauhe Klima, dem sie oft halbnackt trotzten, verstärkte diesen Effekt.

Die Füchsin hatte den Eindruck, daß alle die gleiche rote Haut hatten und mit Tierfellen bekleidet waren. Einige trugen Kleider, andere nur ein Lederviereck, das mit Lederriemen befestigt war, um ihr Geschlecht zu verbergen. Die Huronen hatten mehr an, um die Geistlichen in Québec nicht zu schockieren. Die Kleider der Frauen waren etwas länger als die der Männer und hatten Fransen. Marie sollte wenig später erfahren, daß diese Fransen nicht nur dekorativ waren, sondern auch das Wasser ablaufen ließen und im Winter die Bildung von Eiszapfen verhinderten.

Eine Frau hatte mit ihren Entführern gesprochen, und Marie stockte der Atem: Wollte die Frau sie kaufen? Sie wußte, daß ein Indianer seinen Gefangenen einem Interessenten, der ihn martern wollte, verkaufen konnte. Die Irokesin war schlank und geschmeidig und hatte mit tiefer Stimme gesprochen, während sie auf Marie gezeigt hatte. Ihre Entführer hatten gelächelt und zwischendurch den Kopf geschüttelt. Dann hatte die Frau ein Messer unter ihrem Kleid hervorgezogen und war auf sie zugegangen.

Marie war ohnmächtig geworden. Der Schreck und die Angst hatten ihren Willen und ihren Widerstand gebrochen.

Als sie das Bewußtsein wiedererlangt hatte, war sie auf dem Boden gelegen, und eine Frau hatte leise ihren Namen wiederholt. Hatte sie denn geträumt? War sie denn nicht gefangen? Sofort hatte sie sich aufgerichtet.

»Sena!«

Mit zerknirschtem Lächeln hatte die Irokesin genickt. Sie hatte verstanden, warum ihre Brüder Marie LaFlamme entführt hatten, aber versuchte, sie zu schützen. Denn sie hatte nicht vergessen, daß sie Marie ihre Freiheit verdankte. Sie hatte der Füchsin eine Schüssel mit Suppe gereicht, in der ein Fischkopf geschwommen hatte. Marie hatte alles gierig hinuntergeschluckt, weil sie ausgehungert gewesen war, und den Indianern hatte zeigen wollen, daß sie ihre Sitten respektierte.

Sena hatte ihr erklärt, daß sie von nun an bei den Montagnais leben würde. Man habe nicht die Absicht, sie zu töten, sie brauche keinen Schlag mit dem Tomahawk zu befürchten. Sena wußte damals jedoch nicht, welches Schicksal ihr bevorstand. Sie würde noch mit den Häuptlingen und den Frauen der Entführer sprechen.

Sie hatte ihre Freundin gut verteidigt. Marie hatte Sena ermöglicht, das Schloß Saint-Louis zu verlassen, ohne damals daran zu denken, daß sie einmal Dankbarkeit für diese Hilfe ernten würde. Seit sie bei den Montagnais lebte, war sie froh, daß sie der Indianerin geholfen hatte. Was hätte man ihr ohne ihren Beistand angetan?

Die Füchsin hatte erfahren, daß es drei Gruppen von Gefangenen gab: die Gefangenen, die sich mit den Siegern verbündeten, die Sklaven und schließlich die Frauen, die kein Mann heiraten wollte. Die ersten wurden sozusagen von einer neuen Familie adoptiert, hatten das Recht, selbst eine Familie zu gründen, und nahmen am Leben der Sippe teil, auch wenn sie bei den öffentlichen Ratsversammlungen nicht mitwählen durften. Die zweiten wurden zunächst gemartert, hatten danach keinerlei Rechte, mußten ihren neuen Herren dienen und für Kost und Logis sehr hart arbeiten. Die letzte Gruppe, die Frauen, lebten in der ständigen Angst, vergewaltigt, mißhandelt oder getötet zu werden, wenn sie ihrem Eigentümer mißfielen. Weil Marie eine Rarität war, hätte man sie vielleicht besser behandelt als diese armen Gefangenen, aber so viel Nachsicht hätte man vielleicht doch nicht gezeigt. Denn sie hatte genug zu essen und wurde wenig geschlagen. Natürlich wurde sie wie alle Gefangenen jede Nacht gefesselt, aber ihre Herren behandelten sie nicht so grob wie die beiden Algonkinfrauen. Eines Morgens, als sie gesehen hatten, wie Kinder diese Frauen mit Steinen beworfen hatte, um sie aufzuwecken, hatte Marie Senas Einfluß ermessen können.

Die Füchsin war von der Indianerin noch nicht adoptiert worden, als sie versprach, sie ihren Entführern abzukaufen. Jeden Tag unterhielten sie sich ein paar Stunden, während sie Hanf sponnen, Tiere abhäuteten, Felle räucherten, Rinde bearbeiteten und Binsen flochten. Marie war überrascht gewesen, daß Sena so gut Französisch sprechen konnte. Sie hatte ihr erzählt, daß ein Weißer fast ein Jahr lang im Dorf gelebt und sie nicht vergessen habe, was sie von Sasagi Molsem und im Schloß Saint-Louis gelernt habe. Sie erinnerte sich sogar an Noémie. Dann zeigte sie Marie ihre eigene Tochter. Marie gratulierte ihr und erklärte zugleich, daß sie wieder zu Noémie zurückwolle. Senas Gesichtszüge verhärteten sich, und sie sagte Marie, daß sie ihr bei der Flucht nicht helfen würde. Sie könne die Stammesbrüder, die sie nach ihrer Flucht aus Québec aufgenommen hatten, nicht verraten. Sie fügte sogar hinzu, daß Marie sich bestimmt mit einem Montagnais vereinigen und andere Kinder haben würde.

Die Füchsin unterdrückte ihren Schmerz über soviel Unverständnis. Sie würde es nicht zulassen, daß ein Indianer sie schwängerte. Und kein anderes Kind würde ihr ihre Noémie ersetzen können. Senas Worte brachten sie aus der Fassung, denn diese liebte Kinder wie ihre indianischen Schwestern. Sie gingen ganz anders mit Kindern um als die Französinnen, und Marie bewunderte ihre Einstellung vorbehaltlos. Die Kinder wurden umsorgt und gestreichelt, waren aber viel freier. Sie gingen von einem Langhaus ins andere und mußten vorher nicht jedesmal um Erlaubnis fragen. Sie waren aufgeweckter und flinker als französische Kinder, auch wenn sie ganze Stunden auf dünnen Holzbrettern verbrachten oder mit breitem Lederriemen am Körper ihrer Mütter befestigt wurden. Im Huronenfort hatte Marie schon solche Bretter gesehen, war aber erneut begeistert, wie zweckmäßig sie waren: Man hatte sogar daran gedacht, ein umgekehrtes Maisblatt in eine Öffnung zwischen zwei Lederstreifen zu legen, damit die Mädchen Wasser lassen konnten, ohne das Vlies, das ihnen als Windel diente, naß zu machen.

Sena war sehr glücklich, eine Tochter zu haben. Marie spürte, daß die Frauen eine wichtige Rolle in der irokesischen Gesellschaft spielten. Darüber hätte sie sich gern mit ihrer Freundin unterhalten, aber sie wagte nicht, Sena darauf anzusprechen.

Marie fürchtete, noch alle Zeit der Welt zu haben, ihre Kenntnisse über die Indianer zu vertiefen. Nach fünf Wochen Gefangenschaft jedoch legte sie sich abends schlafen, ohne zu weinen und ohne zu beten. Sie ließ den Tag Revue passieren, wiederholte die paar Wörter, die sie gelernt hatte und die je nach Betonung eine andere Bedeutung hatten. Heute hatte sie *iawékon* statt *iawé:kon* gesagt. Verdutzt hatte Sena gelacht: Statt ›das ist köstlich‹, hatte Marie gesagt, daß sie Suppe gegessen hatte. Diese schreckliche Suppe, deren guten und sommerlichen Geschmack Sena rühmte. Im Winter würde in dem großen Topf ein weniger appetitlicher Eintopf kochen, und die Füchsin würde sich daran gewöhnen müssen.

Und wenn sie bis dahin nicht mehr bei den Montagnais wäre? Sie hatte aber ihr Verhalten sehr schnell geändert; sie mußte lernen. Sie mußte lernen zu überleben, die Natur einzuschätzen, sich abzuhärten gegen Hunger, Kälte und Müdigkeit. Sie hatte gesehen, wie kleine Kinder sich gegenseitig Verletzungen zugefügt haben, um sich an den Schmerz zu gewöhnen und Mut zu beweisen, falls sie eines Tages gefangengenommen würden. Auf ihre Art würde sie es ihnen gleichtun und eines Nachts ihre Fesseln lösen und in einen Wald gehen, den sie gut genug kannte, um zu ihrer Familie zurückzukehren. In sechs, acht oder zehn Monaten? Sie würde es schaffen, und sie würde alles über die Medizin der Indianer gelernt haben, wenn sie die Sippe verließ.

Als Marie aus dem Langhaus trat, in dem sie den Maiseintopf umgerührt hatte, fiel ihr auf, daß man sie anstarrte wie in den ersten Tagen nach ihrer Ankunft. Sie setzte sich neben die Schwester ihres Herrn, die ihr befahl, Zweige zu sammeln. Marie griff nach einer Art Plane, mit der sie das Holz transportieren konnte, und ging gerade in Richtung Palisadenzaun, als Sena sie ansprach. Alle Blicke waren auf sie gerichtet. Die Indianerin teilte Marie mit, daß ein Späher das Carignan-Salières-Regiment beim Verlassen des Fort Sainte-Anne beobachtet habe. Es seien Hunderte von Männern gewesen.

Die Krieger, sagte ihr Sena, würden zu sehr damit beschäftigt sein, den Angriff vorzubereiten, und sich daher nicht um sie kümmern. Ihre Frauen und Kinder aber würden diese Weiße, die den Feind verkörperte, gern schikanieren wollen. Man würde sie ärgern und belästigen, sie aber nicht töten, um sie eintauschen zu können, wenn die Soldaten des Regiments ihre Häuptlinge gefangennehmen würden. Im Gegensatz zu dem, was Marie immer geglaubt hatte, gab es nicht nur einen Häuptling in der Sippe. Sie verstand noch nicht ganz, wie der Stamm funktionierte, wußte aber, daß mehrere Männer von Bedeutung waren und daß sie manchmal von den Frauen gewählt wurden.

Sena hatte recht. Kinder warfen Sand auf die Früchte, die Marie gerade essen wollte, eine Frau stellte ihr ein Bein, während eine andere sie an den Haaren zog, auf den Boden warf und ihr einen Regenwurm in den Mund stopfte. Sie bekam mehr Fußtritte als gewöhnlich, damit sie schneller arbeitete, sie wurde mehrmals bespuckt und bedroht. Als sie jedoch mit der Plane voll Kleinholz zum Langhaus zurückkehrte, erlaubten ihre Gebieterinnen, daß sie sich beim Ausbessern eines Wildlederkleides ausruhte, während sie mit den Häuptlingen sprechen würden.

Marie nahm sich vor, das Kleid zu flicken, nachdem sie sich schon zweimal mit der Knochennadel gestochen hatte. Sie setzte sich vor das große Langhaus und kreuzte die Beine wie die Indianerinnen. Für Ende September war die Luft sehr mild. Es mußte etwa um den Zwanzigsten herum sein. Die Füchsin versuchte, das Zeitgefühl nicht zu verlieren, sie lebte aber in einer Welt, in der sogar die Tage und die Nächte anders gerechnet wurden. Man sprach eher vom nächsten Vollmond als vom Monat Oktober. Sie betrachtete ein Ahornwäldchen und erinnerte sich, daß sich die Blätter im letzten Jahr sehr früh rot verfärbt hatten. Würde sie es erleben, wie diese Bäume ihre Farbe veränderten, oder würde sie ihren Herren auf der Flucht folgen müssen?

Sena hatte ihr gesagt, daß die Frauen vorhätten, das Dorf zu verlassen, falls die französischen Truppen auftauchten, aber etliche Krieger wollten gegen die Soldaten kämpfen. Seit zwei Tagen war nur noch die Rede von Hinterhalten und Verrätern, die bereit waren, Frieden zu schließen. Mehrere Häuptlinge sprachen den Namen Garakontié mit Verachtung aus und behaupteten, daß die Holländer und die Engländer sie im Kampf gegen die Franzosen unterstützen würden. Die Unruhe, die im Dorf herrschte, widerlegte jedoch diese Behauptungen.

Marie mochte die Montagnais nicht und haßte ihr Sklavendasein, konnte sich aber nicht darüber freuen, daß die jungen Männer, mit denen sie seit dem 18. August im Dorf zusammenlebte, niedergemetzelt werden sollten. Sie hatte gesehen, wie sie Wildhunde zähmten, mit herrlichen Fischen zurückkamen, den Mädchen lachend hinterherliefen, mit den Kindern spielten, Tabak und Kürbis anbauten, Fischnetze herstellten und Gewehre reinigten.

Mit genausoviel Angst und Wut wie die Franzosen würden sie in den Kampf ziehen. Und sie würden ihn verlieren. Vielleicht würde Guillaume Bonnet auf Tonra zielen und jubeln und selber vor dem Schuß erschrecken. Er würde es noch einmal tun, und weitere Montagnais würden sterben.

Würden die Überlebenden sie hinrichten, wenn sie zu ihren Familien zurückkehrten? Nein, Sena hatte von einem Austausch gesprochen.

Marie drückte die Nadel durch das Leder, indem sie mit einem Stein darauf schlug. Sie hätte beinahe ihren Finger getroffen und fluchte. Würde man sie eines Tages zum Kräutersammeln einsetzen, wie sie Sena gebeten hatte? Würde sie den Schamanen zur Hand gehen können? Sena hatte ihr mit leicht verächtlicher Stimme geantwortet, daß sie von den Riten um Krankheit und Tod nichts verstehe. Marie aber träumte davon, in diese Riten eingeführt zu werden. Sie beobachtete die Wolken, die träge über den violetten Himmel zogen, und erinnerte sich, daß Guillaume ihre Augen mit Vergißmeinnicht verglichen hatte.

Guillaume! Auch er war ihr eine Hilfe; Sena hatte allen erzählt, daß Marie die Frau von Sasagi Molsem gewesen sei. Einige Indianer hatten sie daraufhin mit anderen Augen angesehen, und einige Frauen hatten ihr zugelächelt. Deswegen waren ihre Aufgaben nicht weniger geworden, die Frauen hatten aber insgesamt mehr zu tun, seit die Männer mit den Kriegsvorbereitungen beschäftigt waren. Marie seufzte. So viel Blut würde vergossen werden bei den Kämpfen, das es vielleicht bis zum Himmel spritzen würde, bis zu diesem Himmel, der sie an den Flieder erinnerte, der die Côte Sainte-Geneviéve mit seinem Duft erfüllte.

Da mußte sie lächeln; wie konnte sie nur an Paris denken, während sie Gefangene der Montagnais war? Seit ihrer Entführung schweiften ihre Gedanken seltsam umher. Sie erlebte Momente tiefster Verzweiflung, in denen sie am liebsten so schnell wie möglich gestorben wäre, dann wiederum hatte sie

Anwandlungen von Energie und Stolz, wo sie sich schwor zu überleben, und dann dieses seltsame Gefühl eines zweiten Ichs, als träume sie alles nur und sehe eine andere Frau an ihrer Stelle handeln. Erinnerungen kamen hoch, die ihre Sehnsucht abwechselnd steigerten und linderten, Erinnerungen an Nantes, Paris und die Fahrt auf der *Alouette*.

Oft träumte sie von Anne LaFlamme, immer pflegte sie einen Wolf, dann zehn, dann hundert und tausend Wölfe. Ihre Körper waren von Kugeln durchbohrt, ihre Eingeweide ergossen sich auf den Boden, und Anne mußte sie aufsammeln und in die Bäuche zurücklegen. Sie fügte Tabak, einen kleinen Topf aus Terrakotta und drei Perlen hinzu, dann nähte sie die Tiere wieder zu, die sofort verschwanden, nachdem sie sie behandelt hatte. Marie wachte dann meistens auf und bekam durch das Fell eines Hundes keine Luft. Sie schob ihn sanft von sich, schimpfte mit ihm, weil er sie aufgeweckt hatte. Obwohl sie müde war, würde sie lange brauchen, bis sie wieder einschlief, weil sie das Schnarchen der Erwachsenen, das Flennen der Kinder und das Stöhnen der Liebenden hörte. Sena sagte ihr, daß die Nächte im Sommer ruhig seien, weil nicht alle Hunde ins Langhaus kämen. Marie fürchtete sich sehr vor dem Winter. Sie drehte sich auf ihrem Lager aus Tannenholz um, neidisch auf ihre Nachbarn, die sich von dem Rauch, der Kälte und den Gerüchen kaum gestört fühlten.

Auch von Guillaume hatte sie geträumt: Er stand vorne in einem riesigen Kanu aus Birkenrinde. Diese wasserdichte Birkenart verfärbte sich im Winter rosa, und die Algonkin tauschten sie mit anderen Indianervölkern. Das Kanu war so schnell, daß es am Dorf vorbeizog, ohne anzuhalten. Marie schrie, aber Guillaume hörte sie nicht und fuhr nach Norden, um Felle einzukaufen.

Victor Le Morhier war nur in einem ihrer Träume vorgekommen: Er war umgeben von toten Bäumen, die er in ein Leichentuch wickelte, bevor er sie ins Meer warf. Die Bäume sanken, während die Tücher auf dem Wasser schwammen und dann in die Höhe schwebten, um ein riesiges Zelt zu bilden, in dem ihr Vater und Guy Chahinian erschienen. Sie wollte zu ihnen, aber Victor hinderte sie daran. Sie wehrte sich, worauf ihr ein Nachbar Schläge versetzte.

Durch die Ritzen der Rindenwand betrachtete sie den Mond und die Sterne und fragte sich, ob ein Schamane eines Tages sich für die Träume einer Weißen interessieren würde. Sie wußte, daß die Indianer bestimmte Männer aufsuchten, wenn sie krank waren, und ihnen ihre Träume erzählten. Ob es ihr gelingen würde, hinter dieses Geheimnis zu kommen, in das man sie nicht einweihen wollte?

Es gab so viele unerklärliche Dinge in ihrem neuen Leben! Sie schloß die Augen und dachte sich, daß die Sitten der Montagnais ganz anders waren als die der Weißen. Nach ein paar Tagen hatte sie bemerkt, daß die Männer nicht immer zu den gleichen Frauen gingen, daß sich diese aber nicht schämten, ihre Gunst mehreren Verehrern zu schenken. Und das schon in sehr jungem Alter.

Hätte sie Simon Perrot auch geliebt, wenn sie ihn besser und früher gekannt hätte?

18. KAPITEL

Victor Le Morhier las Emile Cléron den Brief des Chevaliers vor. Cléron hörte ihm aufmerksam zu, obwohl er fand, daß Julien du Puissac unnötige Bedenken hatte. Er hätte über Noémies Zukunft entscheiden können, ohne ihrem Paten zu schreiben. Was erhoffte er sich von Victor? Daß er sich nach Neufrankreich einschiffte? Der Chevalier teilte ihm mit, daß Guillaume gestorben und Marie LaFlamme von den Irokesen entführt worden sei. Ihre Tochter habe man vorübergehend Rose anvertraut, einer guten Freundin, die selber ein Kind habe und sich nicht auf Dauer um Noémie würde kümmern können. Chevalier du Puissac erinnerte daran, daß seine Frau Véronique Noémies Tante war. Sie wüßten zwar nichts voneinander, aber seine Frau wäre sehr glücklich, wenn sie helfen oder das Kind sogar adoptieren könnte. Mit Rücksicht auf Marie, der er versprochen habe, nichts über Noémies wirkliche Herkunft zu sagen, wende er sich an Victor, ihren Paten, bevor er mit der Patin, Schwester Sainte-Blandine, sprechen würde.

»Dann sollen sie das Kind adoptieren!« sagte Cléron. »Die Sache ist doch ganz einfach.«

Victor Le Morhier sah auf die Seine, die an einer Biegung hinter der Ile Saint-Louis verschwand. Der St.-Martins-Tag war schön gewesen, der November begann mit heftigen Stürmen. Bei jedem Windstoß knarrten die Ladenschilder, und die Passanten befürchteten, sie könnten ihnen auf die Köpfe fallen. Der Himmel war so verhangen, daß der Kirchturm der Sainte-Chapelle beinahe bis in die grauen Wolken reichte. Bald würde es ein Gewitter geben, mit einem feinen und eisigen Regen. Die Vögel suchten Schutz in Erkertürmchen oder Wasserspeiern, und die Katzen hatten sich unter den Handkarren der Händler an der Place de Grève verkrochen. Victor Le Morhier hatte den Kragen hochgeschlagen und freute sich, daß sein Wams so warm hielt; der Wollstoff war von guter Qualität; er hatte einen angemessenen Preis dafür bezahlt. Die holländischen Kaufleute beklagten sich über Neuamsterdam, das sie im Vergleich zu den Investitionen ihrer Rivalen in Neuengland teuer zu stehen kam, aber Victor Le Morhier wußte, daß das Land noch reich war. Was die Holländer in Wirklichkeit beunruhigte, war die Unabhängigkeit, die die Briten erlangten, nachdem sie jahrelang ihre wirtschaftliche Vormachtstellung ertragen mußten.

Barrow hatte Victor erklärt, daß sein Land Tuchwaren aus naturbelassener Wolle in sehr großen Mengen an Holland geliefert habe. Tuchwaren, die noch verarbeitet und gefärbt werden mußten.

Diese beiden Arbeitsvorgänge erlaubten es den Holländern, das fertige Produkt mit beträchtlichem Gewinn zu verkaufen. Die Engländer hatten zwar versucht, das Beispiel ihrer Konkurrenten nachzuahmen, indem sie den gleichen Produktionsablauf anwandten, aber der Mangel an qualifizierten Arbeitskräften hatte das Unterfangen trotz der Schutzzölle scheitern lassen. Dann hatte der Dreißigjährige Krieg den wirtschaftlichen Aufschwung verzögert. Aufgrund von Marktschwankungen waren die Engländer gezwungen, die Preise zu erhöhen, während die Holländer ihre Stoffe immer noch günstig anbieten konnten.

Um sich auf den Märkten Amerikas und des Mittelmeeres durchzusetzen, mußte England auf alte Gewebe verzichten. Die neuen Tuchwaren wurden hergestellt, Stoffe aus grober und langfädriger Wolle, und allmählich wurde an Holland keine Wolle mehr verkauft. Samuel Barrow hatte hinzugefügt, daß Irland für diesen wirtschaftlichen Aufschwung bezahlt habe.

Victor Le Morhier hatte seine Vorahnungen bestätigt gesehen: Irland war gleichsam Englands Magd und als solche gezwungen, die Rohwolle ans Mutterland abzuliefern. Die Iren lehnten sich dagegen auf und flohen in Scharen aus der Alten Welt. Enteignete Bauern bevölkerten die englische Kolonie auf freien Stücken, und die Aussichten in der Neuen Welt waren für sie recht gut. Die holländische Regierung dagegen mußte ihre Landsleute dazu überreden, nach New Amstel auszuwandern, wo man auch Fremde aufnahm, ohne Rücksicht auf ihre Rasse oder Religion.

Victor hatte sofort die englischen und holländischen Kolonien mit Neufrankreich verglichen, wo man von den Einwanderern sozusagen ein Leumundszeugnis verlangte. Monsignore de Laval und der Gouverneur wollten, daß man ihnen anständige Männer schickte, keine Trunkenbolde, sondern gute Katholiken, sowie fleißige, ausdauernde und bescheidene Frauen. Hatte man nicht schon ein gefallenes Mädchen mit ihrem Kind nach Frankreich zurückgebracht? Samuel Barrow behauptete, daß es in Neuniederland mehr Geschäfte als kirchliche Einrichtungen gebe. In Kanada war es genau umgekehrt. Victor fragte sich aber, ob nicht auch die Kompanien, die sich in Québec niedergelassen hatten, für die langsame Besiedlung verantwortlich waren. Um schnell reich zu werden, brauchten sie nämlich Siedler, die die täglichen Geschäfte sicherten, waren aber dagegen, daß sich zu viele

Männer für den Pelzhandel interessierten. Denn in diesem Falle hätte man die Profite teilen müssen …

Neufrankreich, das den Angriffen der Indianer ausgeliefert war, die den Pelzhandel bremsten, hatte ein ungewisses Schicksal, das hatten alle Kaufleute bestätigt. Sollte Victor Le Morhier sich diese Situation zunutze machen?

Er las noch einmal Julien du Puissacs Brief und dachte, daß der Chevalier ein echter Patriot war, der die Sturheit des Bischofs und des Gouverneurs nicht ausnützen würde, nur um sich zu bereichern.

Aber es mußten gute Geschäfte zu machen sein zwischen den drei Kolonien und ihrem jeweiligen Mutterland! Du Puissac berichtete vom Carignan-Saliéres-Regiment, das gegen die Irokesen kämpfte; diese würden die Pelzbeschaffung nicht mehr behindern, sobald die Franzosen sie unterworfen hätten.

Es sei denn, die Holländer kamen ihnen zur Hilfe. Würden sie das tun? Victor zweifelte daran; Felle verloren nämlich an Wert, auch wenn man in Rußland immer weniger damit handelte. Neuniederland und Neuengland erschlossen sich neue Absatzmärkte durch den Export von Steineiche oder im Schiffsbau.

Victor dagegen würde in die amerikanischen Kolonien Waren von den Inseln einführen, zum Beispiel Rum, Zucker, Ingwer, exotische Hölzer und Baumwolle. Wenn er genügend Geld verdient hätte, würde er ein riesiges Schiff kaufen und sich auf den Seeweg nach Indien wagen.

»Du willst dich nach Neufrankreich einschiffen?« fragte ihn Cléron.

»Jetzt noch nicht.«

»Aber später?«

»Ja. Im Frühling geht's los. Das ist die richtige Zeit.«

»Mitten im Krieg!«

Cléron seufzte, Le Morhier konnte es nicht länger als einen Monat in einer Stadt aushalten. Paris war aber die schönste und die größte aller Städte. Alle Fremden sagten das! Er selbst hatte die Stadt nie verlassen, und das machte ihm nichts aus! Sogar Le Morhier gab nach der Rückkehr von all seinen Reisen zu: Die Pariser Straßen hatten die beste Beleuchtung, und die Engländer waren neidisch auf den Cours-la-Reine. Gewiß, die Tatsache, daß London nicht mithalten konnte, lag auch an den Zerstörungen durch das große Feuer. Cléron betrachtete den Brunnen an der Pont-Neuf. Zweifelsohne reichten seine Wasservorräte nicht, um die Stadt zu retten, wenn ein Feuer auf einer Insel ausbrechen würde. Der Schurke bekreuzigte sich und bat Gott, Paris zu schonen, wo es bestimmt genauso viele Sünder wie in London gab. Er beschloß, bei der Kollekte am Sonntag ein Zehntel seiner Einkünfte abzugeben, würde es aber der Baronin nicht sagen. Denn sie würde sich über ihn lustig machen, weil sie nicht abergläubisch war. Nicht aus Frömmigkeit nahm sie am Gottesdienst teil, sondern um ihren Reichtum zur Schau zu stellen. Cléron dachte an das Seidenkleid, das sie letzten Sonntag getragen hatte. Es war weiß wie der Bauch eines Hermelins, nein, es war vom gleichen Weiß wie die Ordenskleidung der Minimen gewesen. In der Woche war diese Farbe gerade Mode gewesen. Er hatte herzlich lachen müssen über die Damen, die für die Farbe einer Mönchskutte schwärmten.

Es gab viel zu lachen für ihn in Paris: Da waren die Pamphletisten, die die vielen Mißstände anprangerten; die Gaukler, die auf jedem Jahrmarkt ihre Bühne aufbauten; die Taschenspieler, die die Massen anzogen, die Musikanten und die Bärendompteure. Cléron beobachtete gern die Zuschauer, die Mund und Augen aufrissen und sich für jeden Zaubertrick begeisterten. Welch einfältige Gimpel waren sie doch, wie leicht konnte man sie zum Spielen verlocken! Die waren vielleicht komisch! Victor selbst erzählte nie von seinen Vergnügungen im Ausland, machte selten eine geistreiche Bemerkung oder schilderte eine lustige Szene. Die Fremden mußten sich zu Hause zu Tode langweilen. Sie sollten sich ruhig über die Verkehrsmittel, die schmutzigen Straßen und den Gestank beklagen, der Gauner wußte sehr wohl, wie das bunte Treiben in der Stadt die Fremden erregte.

Und erst ihre Schönheit. Victor hatte das Meer mit einer Geliebten verglichen. Paris aber war unwiderstehlich mit seinen Straßen, die sich ineinander verflochten wie das Haar einer Frau beim Liebesakt; mit seiner feuchten Wärme, die an die Haut der Rothaarigen erinnerte; mit der Seine, die ebenso viele Geheimnisse vermuten ließ wie der Ausschnitt eines Kleides. Die Pariser Abenddämmerung schimmerte manchmal so rot wie die Wangen einer Jungfrau, der man den Hof machte. Wie konnte man nur diese Stadt verlassen? Victor war nicht einmal mehr in Marie LaFlamme verliebt, er reiste um des Reisens willen. Die Aussicht, einen internationalen Handelsverkehr aufbauen zu können, trieb ihn dazu an. Der Spieler vermutete jedoch, daß Victor den Tod herausfordern wollte, indem er auf den Meeren herumsegelte. Victor hatte Cléron anvertraut, daß seine Seele im großen Feuer von London erloschen sei. Seitdem reize ihn die Gefahr, sie gebe ihm das Gefühl zu leben. Würde er wieder etwas zuversichtlicher werden, wenn er nach Neufrankreich zurückkehrte?

»Lach du nur, mein Lieber!« sagte Victor Le Morhier. »Vor Winterende werde ich nicht in die Kolonie aufbrechen.«

Cléron klatschte in die Hände. Vielleicht würde er seinen Freund überzeugen, das Meer und seine Piraten, Québec und seine Irokesen zu vergessen.

»Es ist jammerschade, daß Madame de Roche-Brieux uns verlassen hat.«

»Hör auf, ihr nachzutrauern. So oft hätte sie nicht mit den Würfeln gespielt.«

»Sie mochte die Baronin gern.«

»Ja, weil sie Chahinian geholfen hat. Siebzehnundvier, Reversi und Whist interessieren Madame du Puissac nicht. Ihr Mann schreibt mir, daß sie sich inzwischen für Astronomie begeistert und die Indianersprache lernen möchte. Marie wollte das auch …«

»Sie wird sie ler…«

Cléron biß sich auf die Lippen. Wie konnte er nur so dumm sein!

»Du braucht dich nicht zu entschuldigen, denn du sagst die Wahrheit. Wenn die Wilden Marie LaFlamme noch nicht getötet haben, dann wird sie sich noch vor Jahresende mit ihnen unterhalten können. In ihrer Sprache.«

»Die Soldaten des Regiments werden sie vielleicht befreien«, meinte Cléron und beschleunigte seinen Schritt.

Dicke Schweißtropfen rannen jetzt an den Seiten seiner Perücke herunter, und er wollte sich so schnell wie möglich an einem gemütlichen Feuer aufwärmen.

»Laß uns einen heben!«

»Im *Trois-Maillets*?« schlug Victor vor und pfiff nach Black Jack.

»Nein, im *Croix-de-Lorraine*.«

»Diese Männer wollen was zu trinken!« rief Julien du Puissac dem Schankwirt zu. »Sie haben es sich verdient!«

Begeistert bedankten sie sich bei dem Chevalier. Alphonse Rousseau war stolz auf die Großzügigkeit seines Herrn. Dieser hatte ihn ein paar Tage nach der Entführung der Füchsin wieder in seine Dienste genommen. So lenkte der Chevalier Einbein von seinem Kummer ab und gab ihm die Möglichkeit, etwas zu verdienen, damit er für die drei Kinder sorgen konnte. Außerdem hatte der Chevalier Rose eine prall gefüllte Börse übergeben und behauptet, daß Marie LaFlamme ihm ein Schmuckstück anvertraut habe; es sei ihm gelungen, dieses in Paris für sehr viel Geld zu verkaufen. Rose hatte ihm nur halb geglaubt, das Geschenk aber angenommen, denn Françoise mußte vernünftig gekleidet sein, wenn sie ins Ursulinerinnenkloster ging.

»Erzählt uns von eurem Feldzug!« forderte der Chevalier die Soldaten auf, die sich bei Boisdon drängten, weil sie mitgekommen hatten, daß jemand eine Runde ausgab.

»Habt ihr was von der Füchsin gehört?« fragte Michel Dupuis.

Die Männer schüttelten bedauernd den Kopf. Die Wilden verließen ihre Dörfer, bevor die Truppen sie erreichten. Marie hatte ihren Entführern bestimmt folgen müssen.

»Habt ihr nichts gesehen, was darauf schließen läßt, daß sie in einem Irokesendorf war?«

Guillaume Bonnet seufzte. Er war Perrot gefolgt, weil er gedacht hatte, daß dieser Marie LaFlamme wiederfinden würde. Dann hätte er ihr geholfen. Aber wie alle anderen Soldaten hatte Simon Perrot die Langhäuser geplündert und sie dann in Brand gesteckt. Sollte es irgendeinen Hinweis gegeben haben, daß die Füchsin bei den Montagnais gelebt hatte, dann war er inzwischen verschwunden.

»Wir haben sie gesucht«, versicherte ein Soldat. »Aber ihr müßt uns verstehen ... Tagelang waren wir unterwegs, auf Pfaden, die so schmal wie ein Flaschenhals und spiegelglatt waren.«

»Wir gingen am Rand einer Steilküste hoch über einem Fluß, dessen Grund man nicht einmal sehen konnte!«

»Die Huronen haben uns oft geholfen«, sagte Guillaume Bonnet.

»Die Algonkin auch. Einer von ihnen hat Monsieur de Tracy getragen. Ohne ihn wäre der Oberbefehlshaber ertrunken.«

Alphonse Rousseau fiel auf, daß Simon die Fäuste ballte, als seine Kameraden die Gewandtheit der indianischen Verbündeten lobten. Marie LaFlamme hatte bereits erzählt, daß er alle Indianer haßte, auch die befreundeten Stämme. In seinen Augen blitzte Zorn auf, als er sich damit brüstete, einen Montagnais getötet zu haben.

»Viele haben wir nicht erschossen, aber dieser da war ein ganz fetter!« fügte er lachend hinzu.

Der Chevalier du Puissac wollte Details hören. Hatte das Regiment ganze Stämme dezimiert?

»Nein, Monsieur«, antwortete Bonnet. »Wie gesagt, die Irokesen haben ihre Lager verlassen, bevor wie ankamen.«

»Lager ist das falsche Wort!« protestierte ein alter Soldat. »Diese Teufel sind praktisch besser gestellt als wir! Sie haben richtige Hütten und große Häuser, Möbel und Vorräte für Monate, sogar für Jahre! Und sie haben die schönsten Maisfelder.«

»Die ganze Nacht sind wir beim Trommelschlag marschiert«, erzählte Guillaume weiter. »Wir hatten Hunger, denn der Hauptmann hatte seit zehn Tagen unsere Rationen gekürzt! Zum Glück haben wir Kastanien gefunden!«

»Dann haben wir ihren gesalzenen Fisch gegessen und ...«

»Und dann?« unterbrach ihn der Schankwirt.

»Dann haben wir ein anderes Dorf geplündert, dann noch ein weiteres.«

»Selbst das war nicht genug! Wir hätten sie niedermetzeln sollen!« wetterte Simon Perrot.

Dann stand er plötzlich auf, verließ die Schenke und knallte die Tür zu. Die Soldaten atmeten erleichtert auf.

»Den wären wir los!« sagte einer.

»Wäre er doch bloß im Fluß ertrunken!« sagte ein anderer.

Julien du Puissac wollte wissen, warum die Männer einen derartigen Groll auf Perrot hatten. Guillaume Bonnet ließ sich nicht lange bitten: »Der Musketier ist ein Wahnsinniger!«

»Der Musketier?«

»Ja, das ist sein Spitzname, weil er ständig mit seinen Heldentaten prahlt. Seinen Reden nach will er in Paris Grafen und Baroninnen beschützt haben!«

Die Soldaten lachten hellauf.

»Perrot hat versucht, uns zu bestehlen. Jeden von uns.«

»Euch zu bestehlen?« fragte Alphonse Rousseau.

»In einem Dorf haben wir ein paar Wampume, bestickte Kleider und Schmuck gefunden. Der Musketier war als Kundschafter vorausgeschickt worden und hat behauptet, daß alles ihm gehören würde, weil er als erster in dem Dorf war. Er hat sogar Surprenant im Schlaf überfallen!«

Besagter Surprenant fügte hinzu, daß er ihn gehäutet hätte, wenn Bonnet nicht dazwischengegangen wäre.

»Er war so wütend, weil er nicht sechs Montagnais getötet und so seine Wette verloren hat. Da wollte er seinen Zorn an mir austoben.«

»Oder an mir!«

»Hat euer Hauptmann ihn nicht bestraft?«

»Wir haben nichts gesagt. Wir dachten, daß er in einem Hinterhalt umkommen würde, weil er immer vorausging, um Marie LaFlamme wiederzufinden, wie er sagte.«

»Dabei war Geld das einzige, was er gesucht hat!«

Der Chevalier spendierte eine zweite Runde, konnte aber nichts weiter über die Füchsin in Erfahrung bringen. Nachdem mehrere Dörfer zerstört worden waren, hatte Prouville de Tracy den Rückzug angeordnet, weil er einen Kälteeinbruch befürchtet hatte. Auf den brennenden Trümmern der Langhäuser war eine Messe abgehalten worden. Zum Zeichen, daß das Territorium der Besiegten im Namen des Königs in Besitz genommen war, hatte man ein Kreuz und einen Pfahl mit dem königlichen Wappen aufgestellt.

»Wir sind rechtzeitig wiedergekommen!« murmelte ein Soldat. »Auf dem Lac Champlain hat uns ein Sturm überrascht und wir haben acht Männer verloren, als zwei Boote gekentert sind.«

»Wir wären beinahe erfroren«, flüsterte Guillaume Bonnet.

Die Männer drehte sich zum Fenster, draußen fing es an zu schneien.

Die Märsche in den letzte Tagen waren voller Strapazen gewesen. Der Wind war unter ihre Uniformkragen gefahren und hatte ihnen die Röcke weggerissen. Mit klammen Fingern, gefrorenen Füßen und von der Last der Vorräte geschundenem Rücken hatten sie sich vorwärts geschleppt, die Köpfe tief gesenkt, um sich gegen den kalten Nordwind zu schützen. Sie hatten gehofft, daß die Offiziere, die die Expedition als Erfolg bezeichnet hatten, recht behalten würden. Die Montagnais hätten die Stärke der Franzosen gesehen und würden sich bald unterwerfen! Waren sie nicht aus ihren Dörfern geflohen, anstatt gegen die Soldaten zu kämpfen? Und außerdem hätten sie kaum Verluste in den eigenen Reihen zu beklagen; die Opfer dieses Feldzuges seien vornehmlich Montagnais! Auch wenn einige Soldaten wie Simon Perrot die Indianer am liebsten niedergemetzelt hätten, waren die meisten doch erleichtert gewesen, daß es weder Schwerverletzte noch Tote gegeben hatte. Dieser kampflose Krieg war zwar keine Ruhmestat gewesen, aber die Freiwilligen waren mit berechtigter Zufriedenheit in ihre Stadt zurückgekehrt.

Als Julien du Puissac die Schenke verließ, wunderte er sich, daß soviel Schnee gefallen war. Wie lange hatte er bei Boisdon gesessen? Die Dunkelheit war bereits hereingebrochen, und Alphonse schimpfte, weil er Angst hatte, mit seinem Bein auf dem Eis auszurutschen.

»Stütz dich auf mich!« forderte der Chevalier ihn auf.

Alphonse brummte, daß er kein Invalide sei, entschuldigte sich aber sofort: »Ich bin völlig durcheinander! Niemand hat Marie gesehen! Niemand!«

Du Puissac zog sich den Hut in die Stirn und schwieg, weil er seine dunklen Vorahnungen für sich behalten wollte: Wenn Marie LaFlamme noch am Leben war, dann würde sie die Zerstörung der Montagnais-Dörfer vermutlich teuer bezahlen müssen.

Um seinen Freund aufzuheitern, brachte er das Gespräch auf Bernard. Alphonse behauptete, daß der Kleine schon fast gehen könne.

»Rose hat einen Laufgürtel an sein Kleid genäht, er wird ihn aber nicht lange brauchen.«

Der Chevalier lächelte. Der Gürtel würde seine Dienste durchaus bis zum Frühling tun müssen, denn es gab kein Kind, das mit sechs Monaten laufen konnte. Mit oder ohne Laufgürtel.

»Rose wird sehr traurig sein, wenn sie erfährt, daß Marie ...«

Alphonse wandte sich dem Quai Champlain zu und schauderte bei dem Gedanken, daß die Füchsin vielleicht an Kälte oder an Hunger gestorben war. Hatten die Soldaten nicht das ganze Montagnais-Gebiet in Brand gesteckt?

Zuerst war dieser Geruch da. Beißend, schwer, merkwürdig. Marie war eine der ersten, die ihn wahrnahm, weil sie weniger an den Rauch gewöhnt war als die Indianer. Sie sagte einem Späher Bescheid, ohne zu wissen, warum. Fürchtete sie, daß man sie beschuldigen könnte, ihren Landsleuten geholfen zu haben? Sie hätte gar nichts für sie tun können. Man hatte ihr einen Strick aus geflochtenem Leder um den Hals gelegt, sobald klar gewesen war, daß sich die Soldaten auf dem Vormarsch befunden hatten. Derjenige, der einem Adler ähnlich sah, weil seine Nase so gekrümmt war, hatte gemeldet, daß das Regiment weniger als zwei Tage brauchen würde, um ihr Dorf zu erreichen.

Die Montagnais hatten auf den Feind geschimpft, Marie

hatte sie aber nicht jammern hören. Die Frauen hatten zwar feuchte Augen gehabt, als sie die Dinge ausgesucht hatten, die sie auf die Flucht mitnehmen würden, hatten aber überhaupt nicht protestiert. Sie hatten die Männer überzeugt, das Dorf zu verlassen, statt die Weißen zu bekämpfen. Alle Späher bis auf einen waren getötet worden. Diesem war es gelungen, der Vorhut zu entwischen und sein Volk vor dem Heranrücken von Hunderten von Bleichgesichtern zu warnen. Wenn sie in ihren Langhäusern blieben, würden sie alle vernichtet werden!

Marie hatte statt einem zwei Bündel tragen müssen. Als sie am Dorfausgang gestolpert war, hatte man sie mit einem Riemen ausgepeitscht. Der Strick hatte ihr die Kehle zugeschnürt, sie hatte sich aber nicht beklagt, weil sie den zunehmenden Zorn ihrer Entführer gespürt hatte, je weiter sie sich von ihrem Dorf entfernt hatten. Würde man an ihr Vergeltung üben und sie hinrichten?

Sie hatte sich mit ihrer Last abgeplagt und die Kälte nicht wahrgenommen. Knapp eine Stunde später, als sich die Montagnais nach einem Tagesmarsch in einer Höhle versteckt hatten, hatte sie jedoch dermaßen gezittert, daß eine Frau Mitleid mit ihr bekommen und ihr eine Felldecke geliehen hatte. Diese Indianerin mußte gewußt haben, daß die Gefangenen am Höhleneingang untergebracht wurden, und tatsächlich hatte Marie geglaubt, vor Kälte zu sterben.

Dann war ihr dieser Geruch aufgefallen.

Der Späher fuhr sie zunächst an, aber sie härte nicht auf, zu schnuppern und ihren Zeigefinger in Richtung Dorf zu zeigen. Dann begriff der Mann und versetzte ihr einen Schlag auf den Kopf. Sie fiel hin, und er hielt sie am Strick fest, so daß sie keine Luft mehr bekam. Er verpaßte ihr einen Fußtritt und zwang sie, sich niederzuknien. Da wußte man, daß die Frau mit den Feuerhaaren niemals betete.

Die Indianer erhoben sich schnell und traten vor die Höhle, um zu sehen, wie der Rauch den morgendlichen Himmel verdunkelte. Ein Schamane begann zu singen, und Marie vermutete, daß er die Götter um Erbarmen anflehte. Würden ihre Götter aufmerksamer sein als der Allerhöchste?

Den ganzen Tag über war der Himmel von Rauchwolken verhangen. Von Zeit zu Zeit betrachtete eine Frau den Horizont und seufzte, oder ein Kind kreischte, weil es angeregt vom gewaltigen Feuer, von einem Festessen träumte. Wenn es ein so großes Feuer brauchte, dann mußte ein prächtiges Tier gebraten werden. Die Männer hatten um die Höhle herum Fallen ausgelegt. Vielleicht würde es beim nächsten Essen Fleisch geben. Marie würde keines bekommen, weil sie nur eine Gefangene war. Es war ihr aber auch gleichgültig. Sie hatte sich zwar an viele Dinge gewöhnt, brachte es aber immer noch nicht übers Herz, in einen blutigen Hasenschlegel zu beißen. Noch nicht. Aber wenn sie sehr viele Tage in dieser Höhle bleiben mußten? Am Abend sagte ihr Sena, die Häuptlinge hätten für die Rückkehr ins Dorf gestimmt. Die Späher hätten die Weißen Richtung Süden abziehen sehen.

Die Trümmer rauchten immer noch, als Marie die Erlaubnis bekam, ihre Bündel abzusetzen. Der Anblick war so trostlos, daß sie zu weinen anfing. Die Franzosen hatten den Montagnais ihre Überlegenheit beweisen wollen, sie konnte aber ihre Abscheu vor soviel Zerstörung nicht verbergen. Die Langhäuser waren nur noch ein Haufen glühender Asche, aus der dort und da ein zerbrochenes Gefäß, ein Pfahl oder ein verbeulter Kessel ragte. Der Palisadenzaun war umgestürzt, und vom Maisfeld war nichts mehr übrig. Marie erinnerte sich, mit welcher Begeisterung die Kolben nach dem Sommer gepflückt worden waren, die Ernte war so ertragreich gewesen! All diese vergeblichen Anstrengungen, all diese verlorene Nahrung! Wovon sollten sie in diesem Winter leben? Die Fässer mit getrocknetem Fisch, die Getreide- und Samensäcke waren verbrannt worden.

Marie wurde schlecht, als sie sich ausmalte, daß man vielleicht sie essen würde. Sie stellte sich vor, wie sie in Stücke zerlegt und wie an ihr gekaut wurde. Sie mußte sich übergeben. Ein kleines Mädchen lachte sie aus, ein anderes aber reichte ihr einen Schlauch, damit sie sich den Mund ausspülen konnte. Marie lächelte ihm zu und richtete sich auf, als sie die Frau eines ihrer Entführer aus sich zukommen sah. Mit einer Handbewegung befahl diese ihr, sich der Gruppe anzuschließen, die die Trümmer wegräumen sollte.

Am späten Nachmittag war es so kalt, daß alle gern die noch warmen Holzstämme weggeschafft hätten, wenn sie nicht so erschöpft gewesen wären. Marie hatte an Senas Seite gearbeitet; das goldbraune Gesicht ihrer Freundin war rußgeschwärzt wie eine Maske, die angst machen sollte. Während sie Sena betrachtete, hörte sie plötzlich einen Jungen schreien. Sie hatte gerade noch Zeit, Sena zur Seite zu stoßen, als ein halb verkohlter Baum keinen Fuß weit von der Indianerin niederkrachte.

Alle hielten inne und starrten die Füchsin und Sena an. Ein Mann half Sena beim Aufstehen. Sie sah zu ihren Dorfangehörigen und gab Marie die Hand. Aber da stürzte Marie mit einem Schmerzensschrei wieder zu Boden, sie hatte sich den Knöchel verstaucht. Am selben Fuß wie im letzten Winter, als sie im Sturm mit Françoise unterwegs gewesen war. Sena und ihr Bruder hoben sie hoch, um sie zu den Fellbündeln zu tragen. Marie wehrte sich und versuchte trotz der Schmerzen zu laufen. Unter keinen Umständen wollte sie den Eindruck erwecken, sie sei gehbehindert und eine Last, die man loswerden sollte. Sie zog einfach nur ihren Schuh aus, um sich den Fuß mit einem geschmeidigen Lederriemen, den sie als Gürtel benutzte, zu verbinden, dann machte sie sich wieder an die Arbeit.

Zum Glück wurde es eine Stunde später dunkel, und die Arbeit wurde eingestellt. Nachdem Marie ihren Maisfladen gegessen hatte, ging sie erschöpft zu dem Unterschlupf, der tagsüber gebaut worden war. Sie dachte, daß sie wegen der Kälte nicht schlafen könne, aber Männer und Frauen schmiegten sich aneinander, die Hunde legten sich auf sie, und die Füchsin vergaß den Gestank der Körper und des Rauches und träumte von einer besseren Welt.

Hundert Fuß von ihrem ursprünglichen Platz entfernt wurden neue Langhäuser errichtet. Die Montagnais wollten diesen Ort, an dem der Boden für mindestens fünfzehn Jahre fruchtbar sein würde, nicht verlassen. Auch die Dörfer anderer Montagnais waren verwüstet worden. Einige von ihnen zogen nach Süden, andere bauten ihre Hütten eilends wieder auf, denn der nächste Vollmond würde Kälte bringen, der Winter stand bevor.

Der Boden war noch nicht ganz gefroren, daher konnte ein alter Schamane, der die Zerstörung seines Dorfes nicht verkraftet hatte, noch beerdigt werden. Am Morgen hatten sie ihn gefunden, zusammengekrümmt vor den Trümmern des Langhauses, in dem er gelebt hatte. Marie, die sich im Dorf frei bewegen durfte, seit sie Sena zu Hilfe gekommen war, beobachtete unauffällig das Bestattungsritual. Man zog der Leiche ein schönes Kleid an, kämmte sie und bemalte sie mit Zinnoberfarben. Dann wurde sie in ein großes Wildlederfell gewickelt und zum Friedhof außerhalb des Dorfes gebracht, eine Prozession folgte dem Schamanen bis an sein Grab, in das verschiedene Gegenstände gelegt wurden: eine Pfeife, ein Messer, eine Schüssel, Vorräte, Tabak und der Schmuck, den der Tote bevorzugt hatte.

Guillaume hatte Marie von diesen Riten erzählt, deshalb wußte sie, daß man den Schamanen auf diese Weise für die lange Reise ausgestattet hatte, auf der er seine Vorfahren wiedersehen würde. Die Totengesänge waren eher langweilig und monoton, aber als sie darüber nachdachte, fiel ihr ein, daß ihr die Totenmessen in Québec, bevor Louis Jolliet die Orgel gespielt hatte, auch ein Greuel gewesen waren. Zweifellos hatte sie de Saint-Arnaud zu mehreren Begräbnissen begleitet, doch sie konnte sich an diese Zeremonien nicht erinnern, weil sie der Reeder an ihrer Seite so bedrängt und angewidert hatte.

Kein Montagnais rief bei ihr derlei Empfindungen hervor. Nachdem Marie nun schon Monate bei den Indianern lebte, begann sie allmählich zu glauben, daß man sie doch nicht vergewaltigen würde, und sie fragte sich immer noch, warum man es nicht tat. Die Franzosen gingen mit weiblichen Gefangenen nicht so rücksichtsvoll um. Marie war erleichtert gewesen, daß die Montagnais ihr Dorf verlassen hatten, als das Regiment in Montagnais-Gebiet vorgerückt war, denn mit Sicherheit hätten die Soldaten Sena und ihre Schwestern vergewaltigt, wenn sie sie gefaßt hätten. Nicht einmal der alte

Schamane hätte ihnen nach einer solchen Schandtat helfen können, obwohl er Sena zufolge der beste Heiler unter seinen Stammesgenossen war.

Marie zweifelte nicht daran, selbst wenn dieser Medizinmann nie gewollt hatte, daß sie Kräuter sammelte. Vielleicht würden die anderen Schamanen im nächsten Frühling verständnisvoller sein? Sie hatte sich damit abgefunden, den Winter bei den Montagnais zu verbringen. Das Regiment war ganz in ihrer Nähe gewesen, hatte aber keine Versuche unternommen, sie zu befreien. Man hatte sie einfach vergessen. Und sie würde nicht überleben, wenn sie das Dorf verließe und sich allein durchschlagen müßte. Sie konnte noch nicht richtig jagen, außerdem lebten in der Umgebung des Flusses auch Indianer. Es konnte sich nur um den Richelieu handeln; ihn mußte sie erreichen. Aber wie sollte ihr das gelingen, wenn sie den Zeitpunkt der Flucht zu früh ansetzte? Sie mußte auf den Frühling warten, bis die Tage länger und wärmer wurden.

Nachdem die Männer das Gerüst der Langhäuser aufgestellt hatten, übernahmen es die Frauen und die kleinen Kinder, die Birkenrinde mit gebündelten Zweigen und Pflanzenstengeln daran zu befestigen. Es wurden nur ein paar Langhäuser errichtet, weil wegen des Feuers und der Kälte die Rohstoffe fehlten. Während die Frauen damit beschäftigt waren, ihr Heim wieder einzurichten, gingen ihre Männer auf die Jagd, um das Überleben des Stammes in den nächsten Monaten zu sichern. Einige Getreideballen waren vergraben worden, als sie vom Anmarsch der Truppen erfahren hatten, aber nicht alle Vorräte hatten versteckt werden können. Sie waren deshalb darauf angewiesen, daß es genügend Wild gab.

Marie hoffte ebenso auf eine erfolgreiche Jagd wie ihre Herren. Jeden Tag, jede Stunde und jede Minute fragte sie sich, inwieweit die Hilfe, die sie Sena geleistet hatte, sie nun beschützen würde.

»Sgechnaxen!« sagte Sena.

Marie drehte sich zu ihrer Freundin um, die ihr einen dicken Tannenzweig reichte.

»Wann kommen die Jäger zurück?«

Sena hob die rechte Hand. In fünf Tagen. Dann vertraute sie Marie an, sie habe geträumt, daß die Männer drei Elche erlegt hätten. Das wäre Fleisch für etwa hundert *kerat.*

»Hundert Essen?« fragte Marie nach.

Sena nickte. Ihre Freundin lernte die irokesische Sprache langsam. Zu deren großer Enttäuschung übrigens, denn Marie hatte geglaubt, sich nach ein paar Monaten unterhalten zu können, aber sie war nicht so begabt, wie sie sich gewünscht hätte. Sena versuchte sie zu trösten, wußte aber, daß Sasagi Molsem viel schneller gelernt hatte als seine Frau. Wenigstens reagierte sie auf ihren Namen. Einer ihrer Entführer hatte sie ›Sgechnaxen‹ getauft, weil ihr Haar dem Fell des Rotfuchses sehr ähnlich war. Marie hatte Sena erklärt, daß sie bei den Weißen auch diesen Spitznamen habe.

»Dein Traum ist schön, Sena«, flüsterte Marie.

Beinahe hätte sie sie gefragt, ob sie ihn einem der beiden Schamanen erzählt habe, dann fiel ihr aber ein, daß beide nicht im Dorf waren. Im Gegensatz zu bestimmten Priestern, die zwar viel redeten, die Arbeit aber oft Laienhelfern überließen, beteiligten sich die Schamanen normalerweise an den Gemeinschaftsaufgaben. Diese Schamanen aber lebten in einer Höhle oder in einem Tipi abseits von allen. Marie wurde aber eines Besseren belehrt und hatte schließlich begriffen, daß sie den Träumen der Kranken, die sie behandelten, große Bedeutung beimaßen. Deshalb hörte sie Sena sehr aufmerksam zu, wenn diese von ihren Träumen sprach. Sie wollte ihr zeigen, wie aufgeschlossen sie war; außerdem interessierte sie sich wirklich sehr für diese seltsamen Heilmethoden. Wer weiß, ob sie nicht großen Nutzen daraus ziehen konnte? Obwohl die Füchsin den Wunsch hatte, wieder bei ihren Angehörigen zu sein, und obwohl sie ein hartes Leben bei diesem Stamm führte, fing sie an, bestimmte Seiten der irokesischen Gesellschaft zu schätzen.

Marie hielt den Ast fest, und Sena wickelte die Stengel so fest wie möglich darum, als plötzlich hinter ihnen jemand stöhnte. Marie sah, wie der Sohn eines Häuptlings mit blutverschmiertem Gesicht angetorkelt kam. Sie rannte dem kleinen Jungen entgegen, ohne auf die Proteste der Frauen zu hören. Sie dachte sich, daß ihn das Unglück verfolgte, denn seine Mutter war vor einem Monat im Kindbett gestorben. Sie nahm ihren Umhang ab, warf ihn zu Boden und forderte das Kind auf, sich darauf zu legen. Sena versicherte ihren Schwestern, daß die Füchsin Bescheid wisse, sie selbst sei im Gefängnis von ihr gepflegt worden. Und war sie nicht schnell wieder auf den Beinen gewesen, nachdem sie sich den Fuß verstaucht hatte? Die Schamanen waren weit weg, und das Kind hatte schreckliche Schmerzen, auch wenn es seine Schreie unterdrückte.

Die Tanten des Kindes erklärten sich bereit, der Weißen zu vertrauen, die in ihrem Land auch Mutter war und mit sicherer Hand zu Werke ging. Sie war bereits dabei, seine Verletzung genauer zu untersuchen. Das Blut erschwerte diese Aufgabe, aber schließlich entdeckte sie das Stück einer Pfeilspitze; es steckte mitten in der Pupille. Der Metallgegenstand mußte entfernt werden, bevor er noch tiefer eindrang; sonst würde das Kind nicht überleben.

Marie flehte Anne LaFlamme an, ihr beizustehen. Noch nie hatte sie eine so schwierige Operation durchgeführt, die von so entscheidender Bedeutung war – sowohl für den Jungen als auch für sie selbst. Wenn das Kind stirbt, würde auch sie sterben müssen …

Sie holte tief Luft. Durch die Kälte bekam sie einen klaren Kopf, sie würde es schaffen. Sie durchsuchte ihren Quersack und holte den Magnetstein hervor, den ihre Entführer verschmäht hatten, weil er nicht glänzte. Sie bat Sena, das Kind ruhig zu halten, während sie ein Säckchen vorbereitete, um die Blutung zu stillen. Mit den Zähnen zerriß sie ihren Rock und bestreute das Stück Stoff mit zerstoßener Wallwurz, die sie in einem Tabakbeutel aufbewahrte.

Sena reichte ihr den Magnetstein und sah sie voller Respekt an. Die Geister würden Sgechnaxen beistehen, wenn sie selbst ein gutes Beispiel gab. Marie zeigte einer Tante, wie sie das Lid des Kindes offenhalten sollte, dann führte sie den Magnetstein zum Auge und betete, das Eisenstück möge daran haften bleiben, damit sie es aus der verletzten Augenhöhle entfernen konnte. Sie mußte es dreimal versuchen; erst als sie bereits das Schlimmste befürchtete, zogen sich die Metalle an. Sie entfernte das Stück und legte sofort die Kompresse auf das Auge und auf diese die Hand einer der Tanten. Dann richtete sie sich wieder auf.

Ihr wurde schwindlig, und sie stolperte. Sena fing sie auf, zwei andere Frauen halfen ihr, sich zu setzen. Eine von ihnen reichte Marie ihre Flasche, eine andere gab ihr ein Stück getrocknetes Fleisch. Marie hatte keinen Hunger, aber sie hätte ein Pferd verschlungen, nur um den Indianerinnen zu gefallen. Das verletzte Kind stand bald auf und kam mit erstaunlich sicheren Schritten auf sie zu. Marie konnte sehen, wie gut es war, daß dieser Junge von Kindesbeinen daran gewöhnt war, Schmerzen zu ertragen. Er streckte ihr die Hand entgegen, sie drückte sie, ohne zu wissen, was er von ihr erwartete. Sena schaltete sich ein. Der Junge wollte die Eisenspitze haben. Bereitwillig gab Marie sie ihm.

Der Junge nahm ein Lederband ab, das er um den Hals trug, und legte es der Füchsin an. Lächelnd streichelte er die blaue Muschel, die daran hing.

»Oga«, sagte er und deutete auf sein Gesicht.

Marie wiederholte das Wort; Sena erklärte ihr, der Junge habe ihr nicht seinen Namen mitteilen wollen, sondern das Wort ›Auge‹ beibringen wollen. Marie nickte und erklärte Tiron, daß sie vor Mondaufgang seinen Umschlag wechseln müsse. Sena übersetzte, aber Marie unterbrach sie und sagte: »Ennita.« Sie wußte, welche Bedeutung die Sterne für die Montagnais hatten. Sie war stolz, die Worte zu benutzen, die sie sich eingeprägt hatte, und sie war glücklich, daß sie dem Kind das Leben gerettet hatte.

Dann ging sie wieder an ihre Arbeit. Beim Verknoten der Pflanzenstengel überkam sie eine große innere Ruhe, die sie seit Wochen, sogar seit Monaten nicht empfunden hatte. Sie staunte über den Duft des Tannenholzes, der die Feuchtigkeit noch verstärkte, über die Farbe des Himmels, die den ersten Schnee ankündigte, und über die Geschicklichkeit der Frauen, die es nicht gewohnt waren, Hütten zu bauen.

Die Füchsin fand zwar, daß die Indianerinnen, genauso

wie die Weißen, oft mehr als ihre Männer arbeiteten, aber sie hatten mehr Macht und mehr Freiheit als die Französinnen. Marie hatte sich an das lustvolle Stöhnen gewöhnt, das man nachts hörte; sie beneidete die jungen Mädchen, weil sie über ihren Körper verfügen konnten, wie es ihnen beliebte. Sie stellte fest, daß sie treu waren, nachdem sie sich einen Mann ausgesucht hatten, daß sie aber deswegen nicht zu dessen Besitz wurden.

Geoffroy de Saint-Arnaud, Pater Thomas und die Inquisitoren, die ihre Mutter verurteilt hatten, würden gewiß die Ausrottung dieser Wilden verlangen, die den Weibern erlaubten zu denken. Was war aus dem Reeder geworden? Seit langer Zeit hatte Marie nicht mehr an ihren Ehemann gedacht. Mit Simon lauerte er sicher auf die Gelegenheit, sie auszurauben und zu töten. Die Erinnerung an all die Gefahren, denen sie entkommen war, munterte die Füchsin auf. Sie würde auch den Aufenthalt bei den Montagnais überleben und ihre Angehörigen wiedersehen. Die Trennung von Noémie und Françoise bedrückte sie sehr; aber sie sagte sich immer wieder, daß sich Rose bestimmt um die beiden kümmerte. Marie hätte nie zugelassen, daß sich eine andere Frau ihrer annehmen würde. Umgekehrt hätte sie selbstverständlich Bernard adoptiert, falls Rose gestorben wäre. Was Marie am meisten zu schaffen machte, war die Vorstellung, daß ihre Landsleute von ihr wie von einer Toten sprachen, daß Noémie glaubte, ein Waisenkind zu sein, und Françoise sich im Stich gelassen fühlte. Tirons Geschenk und sein würdevoller Blick, als er ihr seinen Glücksbringer überreicht hatte, waren ihr sehr nahe gegangen. Gern hätte sie ihn in die Arme genommen, seine kühlen Wangen und seinen leichten Atem gespürt und seine schwarzen Haare gestreichelt.

Sie hoffte, daß er von nun an ihre Zuneigung akzeptieren würde, auch wenn es daran nicht mangelte. Bei den Indianern wurden die Kinder umsorgt und umhegt, das hatte Marie schon im Huronenfort beobachten können. Obwohl die Ordensbrüder dies verurteilten und die mangelnde Autorität der Eltern anprangerten, hatten sich nicht alle Huronen darin gefügt, ihre Kinder zu züchtigen, um sich Gehör zu verschaffen, wie es die französische Gesellschaft verlangte. Die Füchsin, die zu Hause nie ausgepeitscht worden war, erinnerte sich an Michelle Perrots Schreie, wenn Madeleine sie verprügelt hatte. Sie hatte Noémie, seit sie auf der Welt war, nur zweimal Schläge auf den Hintern verpaßt. Sie war glücklich, daß die sprichwörtliche Grausamkeit der Montagnais sich nicht gegen ihre eigenen Familien richtete. Fröhliches Stimmengewirr lenkte Marie von ihrer Arbeit ab. Die Frauen und die Kinder liefen schon den Jägern entgegen, die mit reicher Beute zurückkehrten. Marie seufzte, denn in der Nacht würden viele Magenschmerzen bekommen! Viele Indianer hatten nämlich die schlechte Angewohnheit, immer weiter zu essen, auch wenn sie schon satt waren. In Momenten wie diesen war Marie von ihrer Dummheit betroffen. Warum gingen sie nicht sparsamer mit ihren Vorräten um?

Vier Stunden später kritisierte sie niemanden mehr.

Sie saß zwischen Sena und Tirons Vater. Er hatte erfahren, was Marie für seinen Sohn getan hatte. Die Frauen der Entführer hatten zugestimmt, daß man die Füchsin nicht mehr als Sklavin behandelte. Sie wußte nicht, wie Sondareinta ihren neuen Status ausgehandelt hatte. Selbst wenn sie das Dorf nicht verlassen konnte, freute sie sich, von nun an mehr Freiheit zu genießen. In Wirklichkeit sollte sie adoptiert werden, das hatte ihr Sena erklärt.

Diese hatte ihr allerdings vorenthalten, daß Sondareinta, der seit kurzem Witwer war, eine eigene Vorstellung von der Adoption hatte. Sena war es lieber, die Zeit und Sondareintas Charme wirken zu lassen, bis Marie begreifen würde, daß es in Wirklichkeit um eine Heirat ging.

Sena sollte recht behalten.

Rebhühner, Hasen und ein Viertel Elch wurden gebraten. Sie aßen, sangen und tanzten, als wäre die Zerstörung des Dorfes schon vergessen. Marie wunderte sich über diese Fröhlichkeit, klatschte, als die Kinder ihre Kunststücke vorführten und über das Feuer sprangen. Sollten sich einige dabei verbrennen, so würde sie diese gut pflegen. Vermutlich würde man ihr dies gestatten, und mit etwas Geduld würde sie auch mit einem der Schamanen sprechen können. Mit dem größeren, der andere sah sie nach wie vor mit mürrischem Gesicht an.

Schließlich drängten sich alle in den neuen Langhäusern zusammen, in denen man wie eingepfercht aufeinander saß. Marie konnte nicht einschlafen, weil sie keine Luft bekam und zuviel gegessen hatte …

Sondareinta, der ganz in ihrer Nähe geschlafen hatte, sah sie im Morgengrauen das Langhaus verlassen und folgte ihr. Marie bemerkte ihn nicht, weil sie tief Luft holte, um ihre Übelkeit zu bekämpfen. Sie kniete sich auf den Boden, zitternd, obwohl sie trotz der Kälte stark schwitzte; dann erbrach sie ihr erstes Essen in der neuen Freiheit. Lange verharrte sie in dieser Stellung, unbeweglich, denn sie befürchtete neue Krämpfe.

Dann kam Sondareinta auf sie zu, gab ihr ein Stück Tannenharz und bedeutete ihr, es zu kauen. Er half ihr nicht auf, um sie nicht zu demütigen. Doch er begleitete sie, als sie das ehemalige Maisfeld überquerte, um zum Fluß zu gelangen.

Schweigend gingen sie nebeneinander her. Nicht weil sie sich nicht hätten verständigen können, sondern weil Sondareinta begriffen hatte, daß sich Marie mit ihrer wiedergewonnenen Freiheit vertraut machen mußte. Sie erlebte diese Augenblicke sehr intensiv. Sie bog die Tannenäste zur Seite und wunderte sich, daß nicht alle verbrannt waren. Sie zählte ihre Schritte ab dem Palisadenzaun und war erstaunt, daß ihr der Fluß so weit entfernt erschien. Sie stolperte über die Wurzeln eines dicken Baumstumpfes, kam aber schnell wieder auf die Beine und setzte ihren Weg fort. Der Schrei eines Vogels ließ sie zusammenfahren. Sie blieb stehen und hielt nach ihm Ausschau. Sondareinta legte eine Hand auf ihre Schulter und zeigte ihr einen Ahorn hinter einem Fichtenwäldchen. In diesem Baum schrie sich das Rebhuhn die Kehle aus dem Hals.

Marie lächelte Sondareinta zu und wunderte sich über seine Sehschärfe. Chevalier du Puissac und Monsieur Chahinian, die manchmal über ihre schlechten Augen klagten, hätten ihn beneidet.

Sie gelangten jedoch nicht zum Fluß, sondern an einen

Bach. Marie war enttäuscht, daß sie die falsche Richtung eingeschlagen hatte, wollte sich aber das nächste Mal, wenn sie Frauen zum Fluß begleiten würde, alles genau ansehen. Mit Genuß trank sie das klare Wasser und fühlte sich besser. Eine Schneeflocke berührte ihre Wange, und sie freute sich; sie mochte den Schnee wirklich und dachte mit Schaudern an die nassen und grauen Winter in Nantes zurück. Der weiße, wattezarte Himmel beruhigte sie, und ihr Lächeln war so strahlend, daß Sondareinta nicht widerstehen konnte. Er beugte sich zu Marie und küßte sie sanft.

Verwirrt wich sie zurück. Er bewegte sich nicht und sah sie unverwandt mit seinen schönen Mandelaugen an. Wie lange blieben sie wohl stehen und sahen sich an?

Er küßte Marie erneut und umschlang ihre Taille. Plötzlich fühlte sie sich sehr schwach; ihr war angenehm flau. Sondareintas Hände waren so warm! Jetzt streichelte er ihr den Nacken, die Schultern, die Brüste durch ihre Kleidung hindurch, und sie fragte sich, ob sie träumte. War sie es, die den Annäherungsversuchen eines Montagnais nachgab, an einem Ort, den sie gar nicht hätte benennen können, auf einem Bett aus eisigem Moos und unter einem Himmel, der Schnee verhieß?

Sie bebte, als sie Sondareintas Erregung spürte. Sie tastete über seine Brust und berührte mutig sein Geschlecht. Er schob ihre Hand beiseite, streifte sein Gewand ab, warf es auf den Boden und bedeutete Marie, sich darauf zu legen. Dann beugte er sich über sie, raffte ihren Rock hoch und strahlte: Sgechnaxen war glühend und feucht, bereit, ihn zu empfangen. Sie spreizte die Schenkel und streckte dem Fremden ihre Arme entgegen. Noch bevor er sie nahm, fand sie Gefallen an seinem Körper und seiner Kraft. Sie hatte das Gefühl, in Sicherheit zu sein. Er drang in sie ein, heftig, dann hielt er inne. Lange spielte er mit ihren roten Haaren, bevor er sich wieder zu regen begann. Sie stöhnte auf und öffnete die Augen, überrascht von der eigenen Leidenschaft. Er bewegte sich schneller in ihr, und diesmal schrien sie beide gleichzeitig.

Er blieb in ihr, als habe er vor, in ihrem Leib einzuschlafen.

Sie wollte ihn nicht zurückdrängen; das Gefühl der Geborgenheit, das er ihr gab, war so beruhigend nach all den Wochen der Angst, des Mißtrauens und der Einsamkeit. Guillaume hatte ihr gesagt, wie sehr er die Spontaneität der Indianer schätze, ihre Art, sich aus reiner Lust zu vereinigen. Sondareinta liebte Sgechnaxen noch zweimal. Dann zog er sein Kleid wieder an. Er zitterte nicht einmal! Als sie ins Dorf zurückkehrten, überprüften sie die Fallen, und Marie lächelte, als er ihr einen Hasen gab. Der Stammeshäuptling forderte sie auf, nach dem Vergnügen nun die Arbeit mit ihm zu teilen …

19. KAPITEL

Erleichtert ließ sich Julien du Puissac in einen Sessel fallen. Seine Frau neckte ihn:

»Als Sie vorhin mit den Damen getanzt haben, schien es Ihnen nicht so schlecht zu gehen, mein Lieber!«

»Ich hatte keine Wahl«, jammerte er.

»Geben Sie zu, daß Sie auf diese Art Ihren Freund unterstützen wollten.«

Der Chevalier nickte. Er war schon sehr früh zu diesem ersten richtigen Ball erschienen, der in Québec gegeben wurde, denn er hatte gewußt, daß Louis-Théandre Chartier de Lotbinières Entschluß, den Karneval zu feiern, nicht die Zustimmung der Jesuiten hatte. Diese zeigten ihm die kalte Schulter und luden ihn nur selten zu den kirchlichen Feiern ein, zu denen die Mitglieder der besseren Kreise geladen wurden. Seine Funktion als General-Statthalter hätte die Priester eigentlich veranlassen müssen, seine Gesellschaft zu suchen … Du Puissac hatte gezeigt, auf welcher Seite seine Sympathien lagen. Talon und Lotbinière schätzte er mehr als Monsignore de Laval oder auch Prouville de Tracy, dessen

Frömmigkeit ihm übertrieben schien. Hatte er nicht sechs Stunden ununterbrochen gebetet? Der Chevalier erkannte jedoch, daß der Marquis großzügig war, denn er spendete den Ursulinerinnen und den Jesuiten und machte selber Krankenbesuche. Damit erfüllte er seine Aufgabe, in der Kolonie für Frieden und Ordnung zu sorgen.

»Glauben Sie, daß Bâtard Flamand Gefangene mitbringen wird, wie ihm Monsieur de Tracy befohlen hat?«

Véronique du Puissac spielte darauf an, daß der Indianer Anfang des Winters weggegangen war. Der Marquis de Tracy hatte ihn unter der Bedingung freigelassen, daß er mit französischen und huronischen Gefangenen nach Québec zurückkehrte.

»Das bezweifle ich. Bâtard Flamand wird in Zorn geraten, wenn er die niedergebrannten Dörfer sieht.«

»Wir haben aber Geiseln zurückbehalten.«

»Ja, aber er wird trotzdem zu einer List greifen.«

»Die Leute haben heute abend Andeutungen gemacht.«

Du Puissac strich sich über das Kinn. Seine Landsleute sprachen lieber über die letzten Ernennungen: Peuvret de Mesnu war zum Kanzlisten und Sekretär im Obersten Rat und Rouer de Villeray zum Ersten Beigeordneten bestellt worden. Lotbinière würde Talon unterstützen, der die Rechtsprechung nicht mehr allein ausüben konnte. Die Kolonie hatte sich in den letzten zwei Jahren weiterentwickelt, und es gab viel mehr Rechtsstreitigkeiten als früher.

»Sie haben noch keinen vertrauenswürdigen Mann gefunden«, stellte Véronique du Puissac fest.

Ihr Mann strich ihr über die Stirn und küßte sie. Nein, bis jetzt habe er noch niemandem seine Mission anvertrauen können. Die heiligen Kapellen lagen tief unten in der großen Kiste aus Zedernholz. Die einzige, die eingeweiht war, war Rose. Ihr hatte man die Wahrheit über die Aktivitäten des Chevaliers in Frankreich sagen müssen. Sie hatte nicht sehr begeistert reagiert, und du Puissac war noch mißtrauischer geworden, denn die Macht der Kirche in der Kolonie schien kaum zu unterschätzen.

»Aber ich hoffe, daß Victor Le Morhier nach Québec kommen wird«, sagte der Chevalier. »Ich brauche Pulver, um weiterzuforschen. Meine Vorräte sind aufgebraucht.«

»Bereuen Sie es, hierher zurückgekommen zu sein?«

Véronique du Puissac sah ihren Mann an und versuchte, dessen Gefühle zu erraten. Seit drei Wochen fand sie ihn sehr verschlossen. Neulich hatte er mit großer Begeisterung getanzt, aber er verheimlichte ihr etwas.

»Nein. Ich liebe dieses Land, aber Sie ...«

»Wenn Sie hier glücklich sind, dann bin ich es auch. Sind Sie auch wirklich offen zu mir?«

Der Chevalier küßte seine Frau, um ihr nicht antworten zu müssen. Jedesmal wenn Véronique auf Noémie aufpaßte, dachte er an den Tag, an dem sie die Wahrheit erfahren würde. Sie würde verletzt sein, weil er sie belogen hatte. Aber konnte er denn sein Wort brechen? Maries Verschwinden gestaltete die Dinge schwieriger, und er hätte sich gewünscht, daß Le Morhier nach Québec käme. Er war der Pate und er mußte eine Entscheidung wegen Noémie treffen. Aber Véronique wäre natürlich überglücklich, Noémie adoptieren zu können.

Die Wintertage waren lang. Madame du Puissac las die Bücher, die sie mitgebracht hatte, wieder und wieder, stickte, nähte oder besuchte jeden Tag Rose, ganz gleich wie das Wetter war. Der Februar war bitter kalt, aber Véronique du Puissac zog sich warm an und ging zu Fuß zu ihrer Freundin. Diese freute sich jetzt sehr über ihre Gesellschaft. Sie erzählte ihr oft von Marie LaFlamme und Guillaume Laviolette, und Véronique hatte den Eindruck, sie gekannt zu haben und schon Jahre in der Kolonie zu leben. Sie liebte Québec. Was sie aber nicht mochte, war die Unruhe, die sie in den Augen ihres Mannes sah, wenn sie Noémie in ihren Armen wiegte. Sie, die so offen und direkt war, wagte nicht, ihn danach zu fragen.

Die Geschichte mit den Frauen der Heiligen Familie zerstreute sie, wie die meisten Québecer.

Du Puissac versicherte Einbein, daß man über die Sache gar nicht so viel geredet hätte, wenn sie im Juni passiert wäre, als alle mit der Feldarbeit beschäftigt gewesen waren. Aber im

März hatte gähnende Langeweile geherrscht! Da war die kleinste Zerstreuung willkommen gewesen. Jeder hatte sich an den Karnevalsball und an die bescheideneren, aber genauso lustigen Feste, die diesem noch gefolgt waren, erinnert. Alle hatten so viel Spaß gehabt! Außer Monsignore de Laval. Einen Monat nach dem Fest hatte er die Versammlungen der Frauen der Heiligen Familie untersagt, dieses frommen Vereins, den er, der heidnische Feste streng verurteilte, gegründet hatte. Die Frauen, die dem Besuch des Balls nicht hatten widerstehen können, waren jetzt bestraft. Jean Talon hatte sich über den Bischof geärgert, weil dieser die persönliche Freiheit der Menschen eingeschränkt hatte. Er war nicht befugt gewesen, gesellschaftliche Zusammenkünfte zu verbieten. Der Intendant hatte sogar den Obersten Rat angewiesen, sich mit dieser Affäre zu befassen, und zwei Bevollmächtigte hatten ihm recht gegeben.

»Viel Ärger um nichts«, sagte der Chevalier.

»Finden Sie Monsieur Talons Handlungsweise nicht richtig?«

Du Puissac zuckte. Nein, dem Intendanten mache er keinen Vorwurf. Er denke nur, daß er sich mit dieser Geschichte beinahe lächerlich gemacht und einen diplomatischen Zwischenfall verursacht habe, denn Monsignore de Lavals Einfluß sei ungeheuer einflußreich.

Alphonse Rousseau teilte die Meinung seines Herrn, selbst wenn er begeistert gewesen war, als der Intendant dem Bischof die Stirn geboten hatte. Wenn er an diese Geschichte zurückdachte, lächelte er lediglich und wunderte sich, daß du Puissac sich nicht auch darüber amüsierte.

»Was ist los mit Ihnen, Monsieur?«

Julien du Puissac seufzte.

»Seit Weihnachten sind Sie nur am Stöhnen! Ist es der Winter, der Sie so trübsinnig macht?«

Der Chevalier schwieg, was Alphonse wütend machte.

»Kommen Sie mit Ihren Forschungen nicht voran? Was haben Sie denn erwartet, als Sie nach Québec zurückkehrten? Die Bruderschaft muß neu erstehen, und sie wird nie mehr so sein wie in Paris. Sie sind nicht Guy Chahinian, sondern der

Chevalier du Puissac und sollten bestrebt sein, der Kolonie zu helfen, anstatt sich Illusionen hinzugeben!«

»Alphonse!« protestierte der Chevalier.

»Nein! Sie werden mir jetzt zuhören! Sie wollen das Licht herstellen? Gut. Aber dann sorgen Sie zuerst dafür, daß es in Ihrer Seele heller wird. Seit Monaten sind Sie hier in Ihre Bücher vertieft und versuchen, allein etwas herauszufinden, was Ihre Meister bislang noch nicht entdeckt haben. Sie vernachlässigen sogar Ihre Frau, die ihre Nachmittage bei uns verbringt, weil sie sich langweilt, obwohl sie die Bücher liebt. Aber sie liebt auch das Leben!«

Alphonse rüttelte am Vorhang und zeigte auf Kinder, die mit einer vereisten Schneekugel spielten.

»Sie werden uns helfen! Unsere Kinder werden klüger sein als wir. Das müssen sie. Und wir müssen ihnen unser Wissen vermitteln. Erinnern Sie sich nur an Louis Joliet. Er hat zuerst studiert, bevor er seinen Weg gefunden hat. Er wird große Dinge vollbringen!«

»Was schlagen Sie vor?« fragte du Puissac, den die Vorhaltungen Einbeins neugierig gemacht hatten.

»Unterrichten Sie! Sie und auch Ihre Frau. Ich war jahrelang in Ihren Diensten, und Sie haben nie daran gedacht, mir das Schreiben beizubringen. Vielleicht wäre ich jetzt etwas klüger. Geben Sie Unterricht! Ihre Schüler werden ganz von selbst begreifen, daß man dieses merkwürdige Licht suchen muß. Alle Menschen träumen insgeheim und seit jeher davon. Sie sind nicht die einzigen, die sich darüber Gedanken machen! Und die anderen Brüderschaften werden auch glauben, daß sie einmalig seien ... entwickelten sich alle Kinder zu gebildeten Menschen, dann würden sie alle gemeinsam versuchen, das Licht zu erfinden, und würden ihre Kapellen in aller Öffentlichkeit bewundern.«

»Du scheinst alle unsere Brüder, die wegen dieser Idee umgebracht worden sind, zu vergessen?«

»Nein, ich vergesse sie nicht. Ganz im Gegenteil. Ich wünsche mir, daß ihr Tod Ihnen eine Lehre ist. Sie sind ja am Leben! Aber Sie vergraben sich nur! Warum sind Sie dann nach Québec zurückgekommen?«

Der Chevalier zuckte mit den Schultern.

»Das wissen Sie selbst nicht einmal! Ich will Ihnen sagen, warum! Es ist aus Gehorsam Chahinian gegenüber, der Sie gebeten hat, die Kapellen an einen sicheren Ort zu bringen. Aber diese Kapellen haben nur einen Sinn für diejenigen, die sie lesen können. Hier ist niemand dazu in der Lage. Sie sind der einzige, der sie entziffern kann, und Sie trauen sich nicht, Ihr Wissen weiterzugeben ... Sie haben das menschenmögliche für Ihren Meister getan, Sie haben ihm das Leben gerettet. Wenn Ihnen wirklich daran liegt, sein Werk fortzuführen, dann müssen Sie hier unter die Menschen gehen. Monsieur Talon braucht Männer, die die Zahlen, die Buchstaben und die Länder kennen. Frauen werden nach Québec kommen und die Soldaten, die hiergeblieben sind, heiraten. Die Mehrheit ihrer Kinder wird in der Landarbeit beschäftigt sein, aber einige werden von der Kirche Unterricht bekommen. Geben Sie auch Unterricht! Sonst wird es nur gelehrte Priester geben.« Alphonse schwieg, völlig verblüfft über seine Ausführungen.

Hatte er dem Chevalier wirklich Vorhaltungen gemacht? Einen Augenblick schloß er die Augen, holte tief Luft und sah seinen Meister an.

Du Puissac sagte ihm, daß er schon viel früher ein ernstes Wort mit ihm hätte reden müssen. Und daß es gut sei, einen so zuverlässigen Freund zu haben. Er würde seine Ratschläge befolgen. »Du hast meine Frau erwähnt. Ich weiß, daß sie hier nicht glücklich ist.«

»Sie ist besorgt. Sie glaubt, daß Sie ihr etwas verheimlichen und stellt sich das Schlimmste vor. Da muß es noch etwas anderes geben, aber Rose will mir nichts von ihren Frauengeheimnissen verraten.«

Dann berichtete der Chevalier Einbein von dem Versprechen, das er Marie gegeben hatte, und von Noémies wirklicher Herkunft.

»Ich habe geschworen, daß ich ihrer Familie nichts sagen werde. Aber konnte ich ahnen, daß ich Véronique de Roche-Brieux heiraten würde? Jeden Abend bete ich, daß Victor Le Morhier alle Entscheidungen für Noémie trifft. Ich habe dir davon erzählt, weil eine Vertrauensperson hier Bescheid wissen muß, falls mir etwas zustoßen sollte.«

Als du Puissac sah, wie bekümmert Alphonse war, beruhigte er ihn; er erfreue sich bester Gesundheit. Er mache sich nur Sorgen, weil er seiner Frau nicht die Wahrheit sagen könne und weil er seit seiner Ankunft in Québec noch nichts für die Brüderschaft getan habe. Aber jetzt könne er diesbezüglich etwas unternehmen, er brauche ja nur die Ratschläge seines Dieners zu befolgen.

»Und du könntest den Kindern das Tischlern beibringen.«

Einbein war begeistert, er liebte es, Holz zu bearbeiten. Manchmal holte man ihn, um den anderen Zimmerleuten zu helfen, aber sein künstliches Bein hinderte ihn daran, schwere Teile oder Bretter zu tragen, und so vertraute man ihm nur leichte Arbeiten an. Er wäre begeistert, seine Fähigkeiten zu zeigen.

Vielleicht würde sein Sohn Bernard einmal seinem Beispiel folgen?

Er liebte seinen Sohn abgöttisch! Mit einer Bewunderung, die er kaum verbergen konnte, sah er ihn heranwachsen. Die Männer machten sich ein bißchen lustig über Einbein, aber nur weil sie neidisch waren: Bernard war der hübscheste Junge in der Kolonie, und Alphonse war stolz darauf, ihm eine andere Kindheit zu ermöglichen als die, die er oder seine Mutter erlebt hatten.

»Meine Mutter ist gerächt!« sagte Justine Bonnet zu Gervaise, Geoffroy de Saint-Arnauds jungem Dienstmädchen. »Jetzt aber mach, daß du in die Küche zurückkommst!«

»Und er?«

»In fünf Minuten werde ich schreiend aus diesem Zimmer laufen und sagen, der Reeder hätte sich umgebracht. Dann werden die Soldaten kommen, und ich werde ihnen meine Geschichte erzählen.«

»Ich hätte dir niemals helfen dürfen!« stammelte Gervaise.

»Jeden Abend hätte er dich gevögelt und geschlagen, bis er genug von dir gehabt hätte. Er hätte dich geschwängert und dann hinausgeworfen. Du weißt, wie es deinen Vorgängerinnen ergangen ist.«

»Aber die Soldaten werden dir Fragen stellen! Und mir auch.«

»Aber nein! In Nantes wird man ziemlich erleichtert sein, daß dein Herr tot ist.«

Gervaise hoffte, daß ihre Freundin recht hatte. Als ihr zwei Wochen zuvor Justine Bonnet anvertraut hatte, daß sie Geoffroy de Saint-Arnaud umbringen wolle, hatte sie das Dienstmädchen mehr aus Spaß ermutigt. Sie war davon überzeugt gewesen, daß Justine Bonnet nur von ihren Wunschträumen erzählte, aber nie zur Tat schreiten würde. Jeder wollte, daß de Saint-Arnaud starb, aber niemand hatte ihn bislang umgebracht. Der Kleine, sein böser Geist, hatte ihn verraten, aber der Reeder war viel zu einflußreich, als daß man ihn verhaftet und verurteilt hätte. Er war ja so reich! Den Schatz Maries hatte er zwar nie bekommen, aber der Handel mit Ebenholz begann allmählich zu florieren. Langsam, aber sicher würde sich ein gutes Geschäft daraus entwickeln. Geoffroy de Saint-Arnaud sah auch voraus, daß man in den nächsten Jahren immer mehr Schwarze brauchen würde. Dem Bürgermeister hatte er empfohlen, in dieser Richtung zu investieren, denn dadurch könne Nantes in diesem Bereich eine führende Rolle übernehmen. Der Bürgermeister aber hatte ihm kaum geglaubt.

Dann hatte ihm der Bürgermeister Fragen gestellt, jedoch zu einem anderen Thema und auf sehr höfliche Art. Er hatte dem Reeder anvertraut, daß ihn die Enthüllungen des Kleinen in große Verlegenheit brächten. Dieses Ungeheuer beschuldige seinen ehemaligen Herrn, für seine Verbrechen verantwortlich zu sein.

»Und ich habe derweil schön brav seine Ziegen gehütet!« hatte der Schiffseigner laut lachend gesagt.

»Ich weiß, daß man ihm auch brutalen Mord vorgeworfen hat, aber er behauptet, daß er Pierre Longpré auf Ihren Befehl die Kehle durchgeschnitten hätte.«

»Ich kenne den Mann nicht einmal!«

»Er sagt, sie hätten ihn angewiesen, Seeleute aufzutreiben,

die die Fremden töten sollten, nachdem sie von Ihnen ausgeraubt worden seien. Und daß er, der Kleine, die Leichen danach hätte verschwinden lassen müssen.«

Geoffroy de Saint-Arnaud hatte nicht aufgehört zu lachen.

»Und warum habe ich nicht direkt den Kleinen beauftragt, diese Fremden umzubringen? Das wäre ja einfacher gewesen.«

Der Bürgermeister hatte hinzugefügt, der Kleine habe seine Geschichte allen Kerkermeistern und allen Priestern, die ihn ihm Gefängnis besucht hätten, erzählt.

»Auf diese Anschuldigungen werde ich nichts erwidern! Jahrelang war der Kleine in meinen Diensten, aber mit den Verbrechen, aufgrund derer er verhaftet wurde, habe ich nichts zu tun. Von seiner Zelle aus hat er mich angefleht, ihm zu helfen. Das haben mir die Soldaten erzählt. Ich kann nichts und will nichts für ihn tun! Er versucht sich zu rächen, indem er mir seine Schandtaten in die Schuhe schiebt!«

De Saint-Arnaud hatte sich beruhigt und ergänzt, daß er nie geglaubt hätte, daß der Kleine so gerissen sei.

»Ich habe ihn immer für einen Dummkopf gehalten.«

Der Bürgermeister hatte sich von seinem Vorgänger in der Überzeugung verabschiedet, daß dieser schuldig war, aber daß man es nie würde beweisen können.

Ohne anzuhalten, war der Bürgermeister an der Kathedrale vorbeigegangen, hatte dann aber doch kehrtgemacht. Er hatte sich in der Kirche niedergekniet und gebetet, daß die Opfer des Reeders in Frieden ruhen mögen. Auch für sein eigenes Seelenheil hatte er gebetet, denn er war ratlos gewesen. Dabei hätte er schnell etwas unternehmen müssen, denn Ende März würde er verreisen, und er hatte Nantes nicht verlassen wollen, ohne über das weitere Schicksal des Reeders entschieden zu haben. Der Kleine würde hingerichtet werden, auch wenn er seinen Herrn in der Hoffnung auf eine Begnadigung verraten hatte.

Aber was sollte mit Geoffroy de Saint-Arnaud geschehen? Seit der Verhaftung des Dieners wurden immer mehr anonyme Mitteilungen in den Opferstöcken der Kirchen gefunden. Anscheinend hatte die gesamte Bevölkerung Nantes' noch eine Rechnung mit dem Schiffseigner offen.

Monsieur de Saint-Arnaud jedoch hatte tausend Livres für die Wiederinstandsetzung des Rathauses gespendet und noch mal den gleichen Betrag für die Fenster der Kathedrale, die durch Sturm beschädigt worden waren. Konnte man einen solchen Wohltäter anklagen?

Und konnte man die Hälfte der Bevölkerung, wenn nicht mehr, verdrießen, die verlangte, daß ihm der Prozeß gemacht wurde?

»Es gibt so viele Leute, Gervaise, die gern an meiner Stelle wären!« sagte Justine Bonnet und spuckte dem Toten ins Gesicht. »So viele!« wiederholte sie, »das weißt du genau! Und sie haben ihm den Tod gewünscht. Wenn's nach dem Bürgermeister gegangen wäre, der hätte noch lange gezögert. Geh jetzt!«

Gervaise gehorchte. Als sie das Zimmer verließ, stolperte sie. Doch erhobenen Hauptes ging sie dann die große Treppe hinunter, die sie so oft hinauf gegangen war, um den Launen des Schiffseigners willfährig zu sein. Sie war stolz darauf, daß sie Justine Bonnet geholfen hatte.

Alles war so schnell beschlossen und so schnell ausgeführt worden! Justine hatte Gervaise ihren Plan anvertraut. Zwei Wochen später hatte diese sie in das Zimmer ihres Herrn geschmuggelt, wo sie sich bis zum Abend versteckt gehalten hatte. Sie hatte gesehen, wie der Schiffseigner in sein Zimmer gekommen und sich ins Bett gelegt hatte, und ihn nach Gervaise rufen hören, die kurz darauf zu ihm gekommen war. Er hatte sich über sie hergemacht. Dann war Justine aus ihrem Versteck aufgetaucht und hatte ihm den Wasserkrug, den Gervaise hinaufgetragen hatte, an den Kopf geschleudert: Man mußte zu zweit sein, um Geoffroy de Saint-Arnaud zu überwältigen, denn er schlief immer mit einem Dolch an seiner Seite! Nach dem ersten Schlag hatte er sich gewehrt. Aber Gervaise hatte verhindert, daß er nach seiner Waffe hatte greifen können. Dann hatte ihm Justine ein Messer ins Herz gestoßen.

Sie hatte nur einmal zugestochen, denn die Behörden sollten annehmen, daß der Schiffseigner sich umgebracht habe. Sie hatte ihr Messer zurückgezogen und statt dessen den Dolch des Toten in die Wunde gesteckt. Das Messer hatte sie in der Wasserschale gereinigt. Ihre Hand hatte nicht einmal gezittert. Dann hatte sie die Schale genommen und das Wasser ausgetrunken.

Gervaise hatte bei Justine einen solchen Zorn gespürt, daß sie sich nicht von der Stelle gerührt hatte. Dann hatte ihr Justine, die bereits dabei gewesen war, sich anzuziehen, befohlen, es ihr gleichzutun, denn sie hatten ihre Kleider abgelegt, um sie nicht mit Blut zu beschmutzen.

Gervaise hatte gerade das Feuer geschürt, als sie von oben den Hilfeschrei Justines gehört hatte. Sie war aus der Küche gerannt und hatte die beiden Dienstboten am Fuß der Treppe stehen sehen.

»Der Schrei kommt aus dem Zimmer von Monsieur.«

»Seht mal! Das ist ja die kleine Justine! Die hat sich aber verändert!«

»Was macht sie hier?« fragte Gervaise.

Justine stürzte die Stufen hinunter und warf sich weinend in die Arme des Kutschers. Sie habe Monsieur de Saint-Arnaud besuchen wollen, aber als sie in sein Zimmer gekommen sei, da sei er tot gewesen.

»Er hat mich gestern auf dem Markt angesprochen. Er sagte, er hätte etwas für mich.«

»Und du hast ihm geglaubt?« spottete Gervaise.

Justine tat so, als sei sie beleidigt, und erinnerte daran, daß der Reeder seit der Verhaftung des Kleinen reichlich Ärger gehabt hatte.

Sie habe geglaubt, daß er ihr Geld geben würde, damit sie nicht weitersage, was sie alles in seinem Haus gesehen hatte.

»Euch hat er doch auch ein paar Livres gegeben, oder nicht?« fügte sie hinzu und sah ihre alten Freunde an.

Der Kutscher, die Köchin und ein Kammerdiener verneinten; de Saint-Arnaud habe keinem von ihnen etwas gegeben.

»Er ist doch tot, oder?« flüsterte die Köchin, die besorgt zur Tür des Zimmers sah.

Und wenn ihr Herr nur verletzt war? Wenn er sie gehört hatte?

»Er hat ein Messer mitten in der Brust!«

»Wir müssen Monsieur Hornet benachrichtigen«, sagte der Kutscher.

»Er wird nichts mehr für ihn tun können«, erwiderte der Kammerdiener. »Ich gehe einen Polizeioffizier holen.«

Der Diener war mit drei Männern zurückgekehrt. Der Bürgermeister war ins Haus gekommen und hatte mit den Polizeibeamten die Leiche untersucht. Sie zweifelten an Geoffroy de Saint-Arnauds Selbstmord, weil jeder wußte, daß er nicht zu den Menschen gehörte, die sich Gewissensbisse machten oder ihresgleichen fürchteten. Aber sie konnten Justine nicht des Mordes beschuldigen, weil sie keinerlei Beweise hatten, auch schien ihnen der Verdacht weit hergeholt. Sie sagten sich immer, daß sie zu zierlich war, um den Reeder erdolcht haben zu können. Er hätte sich gewehrt. Und wenn er geschlafen hatte? Nein, Gervaise hatte versichert, ihm einen Krug mit Wasser gebracht zu haben. Monsieur habe über die Hitze geklagt und sie wieder weggeschickt. Sie habe sich natürlich gewundert, weil es Mitte März und gar nicht so warm gewesen sei. Dann sei sie wieder in die Küche gegangen.

Dann habe Justine geschrien, daß der Herr tot sei.

Man machte ihr Vorwürfe, weil sie vom Reeder Schweigegeld genommen hatte. Sie wehrte sich dagegen und erklärte, sie habe nicht die Absicht gehabt, es anzunehmen, und dies Geoffroy de Saint-Arnaud mitteilen wollen. Die Versuchung sei zwar groß gewesen, aber ihr Gewissen habe es ihr verboten. Die Polizeibeamten begnügten sich mit dieser Version. De Saint-Arnaud hatte keine Erben, somit fiel sein Vermögen der Gemeinschaft zu. Das traf sich gut, denn der Bürgermeister plante gerade, den Sitzungssaal des Stadtrates instand setzen zu lassen. Auch die kirchlichen Einrichtungen würden das Geld des Schiffseigners nehmen, wenngleich er mit seinem Selbstmord eine schwere Sünde begangen hatte.

Die Le Morhiers waren froh über seinen Tod.

Sie halfen Justine Bonnet, die ihre Stellung verloren hatte, weil ihre Herrin einen Skandal befürchtet hatte. Louise Beaumont stellte sie ein, damit sie ihr in ihrem neu eröffneten Laden half, in dem sie allerlei Nippes verkaufte. Neugierige Menschen, die mehr über Geoffroy de Saint-Arnauds Tod wissen wollten, würden ihn aufsuchen; so könnte ihnen Louise Beaumont dann den einen oder anderen Krimskrams andrehen.

Weder Myriam Le Morhier noch ihr Mann fragten Justine, was wirklich beim Reeder geschehen war. Madame Le Morhier schrieb ihrem Sohn, daß Geoffroy de Saint-Arnauds Selbstmord alle Leute in Nantes überrascht habe. Aber wie auch immer, viele Beschuldigungen hätten gegen ihn vorgelegen, und so sei seine Verzweiflungstat vielleicht zu erklären.

Victor Le Morhier erhielt die Nachricht in La Rochelle, und er freute sich; seine Patin war gerächt. Damit Anne LaFlamme aber in Frieden ruhen konnte, mußte ihre Tochter wiedergefunden werden. Victor hoffte, daß die *Nouvelle-France* ein schnelleres Schiff war als die *Alouette.*

Victors Wunsch ging in Erfüllung: Am 2. Juli 1667 sah er die Kirchtürme von Québec wieder. Das Wetter war zwar trostlos, aber die Stadt erschien ihm fröhlich, farbig und belebter als bei seinem ersten Besuch. In der Tat war die Bevölkerungszahl beträchtlich angestiegen; das rege Treiben am Hafen bewies es. Le Morhier hielt Black Jack am Halsband fest und ging von Bord, nachdem eine kleine Delegation den Schiffskapitän willkommen geheißen hatte. Dann stieß Le Morhier auf Monsieur de Tracy, der überrascht schien, ihn am Quai Champlain zu sehen.

Victor fand, daß der Marquis alt geworden war, auch wenn er immer noch sehr wachsame Augen hatte. Er teilte dem Generalstatthalter mit, daß er gekommen sei, um Marie LaFlamme zu helfen. Monsieur de Tracy machte ihn mit Jean Talon bekannt. Dieser begrüßte ihn, verabschiedete sich aber sehr rasch. Prouville de Tracy erklärte Victor, daß der Intendant enttäuscht sei. Er warte nämlich mit Ungeduld auf die neuen Siedler, die Frauen und die Stuten, die man ihm versprochen habe.

»Pierre Le Gagneur und seine Partner in Rouen rüsten gerade sechs Schiffe für Québec aus. Monsieur Talon wird mit den nächsten Landungen glücklicher sein.«

»Sagen Sie es ihm!«

Der einsetzende Regen trieb die Menge auseinander. Daher konnte Victor Le Morhier leichter auf den Intendanten zugehen und ihm berichten, was er in La Rochelle erfahren hatte. Er versicherte ihm, daß die jährliche Lieferung der siebenhundert Fässer mit Speck an die Kolonie abgehen würde. Dann unterhielten sie sich über Québec, und Victor hörte sich mit großem Interesse Talons Pläne für die Stadt an. Er beglückwünschte ihn, daß er bald grüne Erbsen, Hopfen und Gerste nach den Antillen würde exportieren können. Dann setzte er ihm seine Handelsvorstellungen auseinander und erkundigte sich zuletzt nach Marie LaFlamme, nachdem er ihm klargemacht hatte, daß er ein Jugendfreund und Noémies Pate sei.

»Gehen Sie zu Rose und Alphonse Rousseau. Seit fast einem Jahr suchen sie nach ihr. In der Kolonie vermißt sie jeder.«

»Ist Schwester Sainte-Blandine immer noch bei den Ursulinerinnen? Und hat sich Monsieur du Puissac gut in Québec eingelebt?«

»Ja. Aber Monsignore de Laval mag ihn nicht, doch ist er nicht der einzige ... Schwester Sainte-Blandine gibt im Kloster Katechismusunterricht.«

Um sein Interesse für die Kolonie zu bekunden, fragte Victor nach der Zusammensetzung des Obersten Rates. Talon wollte gerade zu seiner Antwort ansetzen, als ein Mann auf ihn zukam und ihm mitteilte, daß man ihn im Schloß erwarte.

»Monsieur de Courcelle hat wenig Geduld. Aber wir werden uns wiedersehen, Monsieur Le Morhier.«

Victor sah, wie der Intendant über die Anhöhe auf die Oberstadt zuging. Er pfiff nach Black Jack, bevor er sich selbst in die entgegengesetzte Richtung entfernte. Er hatte ihn frei herumlaufen lassen, nachdem die meisten Leute den Hafen verlassen hatten. Le Morhier konnte es kaum erwarten, den Chevalier wiederzusehen, aber er mußte sich zunächst ein bißchen umsehen. In jeder Stadt machte er einen Spaziergang, bevor er sich mit den Kaufleuten traf, mit denen er Geschäfte abschloß. Julien du Puissac freilich würde er nichts verkaufen. Er würde ihn besuchen, zuvor aber einen Schluck trinken, dann würde er nicht so aufgeregt sein. Er fürchtete sich davor, ihm den Tod Elizabeths und Guy Chahinians mitzuteilen, denn er wußte, daß die Trauer du Puissacs seinen eigenen Schmerz wieder aufleben lassen würde.

In der Schenke saßen schon viele Leute, aber es gelang Victor, etwas zu trinken zu bekommen. Die Gaststube kam ihm enger, dafür aber heller vor, als er sie in Erinnerung hatte. Er erkannte den Schankwirt wieder und fragte ihn, wo er Alphonse Rousseau finden könne.

»Kennen Sie ihn?«

»Ich war mit Marie LaFlamme auf der *Alouette*, und ich bin Noémies Pate. Monsieur Talon hat mir gesagt, Monsieur Rousseau sei ein Freund Maries.«

»Da, der am Kamin, mit dem Holzbein, das ist er.«

Der Schankwirt hätte beinahe hinzugefügt, daß er die Füchsin besser vergessen solle, anstatt Trübsal zu blasen wie Einbein. Dauernd von dieser Frau zu reden, das würde sie auch nicht zurückbringen!

Victor und Alphonse waren einander auf Anhieb sympathisch. Nach einer Stunde verließen sie die Schenke, damit sich Rose keine Sorgen machte, denn sie wußte, daß ihr Mann sich nie sehr lange bei Boisdon aufhielt. Sie empfing Victor sehr herzlich, erzählte ihm von Marie, von ihrer Heirat mit dem Waldläufer, von der Martin-Affäre und wie sehr Marie Noémie liebe. Bald würde er sie sehen. Sie sei noch mit Françoise unterwegs.

»Françoise?«

Rose erklärte ihm, wer sie war, und berichtete dann von Maries Tapferkeit nach Guillaumes Tod, von ihrem Verschwinden und von der erfolglosen Suchaktion.

»Nicht einmal Simon Perrot hat eine Spur gefunden, als er die Dörfer der Montagnais durchsucht hat.«

»Simon Perrot?« rief Victor le Morhier. »Ist er hier?«

Victor wußte, daß der Soldat nicht tot war, denn seine

Eltern hatten es ihm ein paar Monate vorher erzählt, als er sie in Nantes besucht hatte. Aber er hatte nicht erwartet, ihn in Québec wiederzutreffen.

»Kennst du ihn?«

»Er ist ein Landsmann. Hat er sich auch verändert?«

»Was meinst du damit?« fragte Alphonse. Victor hatte sich gefreut, von Marie in solch lobenden Worten sprechen zu hören. Sie schien reifer geworden zu sein und ihre Launenhaftigkeit abgelegt zu haben. Natürlich war sie immer noch eigensinnig und würde es auch bleiben, aber ihre Mutter wäre stolz auf sie gewesen. Falls Perrot sich gebessert hatte, dann mußte er jetzt bescheiden und ruhig sein.

»Er ist wie früher«, sagte Rose und verzog das Gesicht.

»Ein Angeber, grausam und jähzornig? Und was war mit Marie?«

»Er hat sie gequält.«

Rose zögerte, über das Verhältnis ihrer Freundin zu sprechen, aber Victor sagte ihr, daß er von Maries Liebe zum Soldaten wisse und daß ihn nichts wundern würde. Dann erzählte Rose von der stürmischen Leidenschaft der Füchsin, von ihrer Demütigkeit und ihrer Angst.

»Wir haben Perrot nicht gesagt, daß sie ihn nicht wiedersehen möchte, denn wir wollten, daß er sie sucht!«

»Wir fragen uns aber, warum er so an ihr hängt, denn er liebt sie nicht …«

Victor seufzte. Perrot hatte von dem Schatz gewußt. Er hatte Marie verführt, bedrängt und schließlich bedroht, damit sie ihm half, an die Beute zu kommen. Pierre LaFlamme hatte einen großen Fehler gemacht, als er Geoffroy de Saint-Arnaud dieses Märchen aufgetischt hatte.

»Simon ist sehr eitel«, bemerkte Victor nur. »Er kann es nicht ertragen, daß eine Frau ihn zurückweist.«

»Das hat Einbein auch immer gesagt.«

»Einbein?«

Rose tätschelte die Hand ihres Mannes und lächelte. Dann rief Victor: »Sie kennen den Chevalier!«

Er teilte ihnen mit, daß Julien du Puissac ihm in Paris von Einbein erzählt habe. Und Guy Chahinian auch. Und daß er dem Chevalier den Tod des Goldmachers mitteilen müsse.

Seufzend bekreuzigte sich Alphonse. Er hätte nicht an Victor Le Morhiers Stelle sein wollen, bot ihm aber an, ihn zu seinem Herrn zu begleiten.

»Ihr Herr?«

»Er ist nicht wirklich mein Herr. Ich erledige kleinere Arbeiten für Monsieur, werde ihn aber nie anders nennen können.«

Victor nahm Roses Einladung zum Essen in der Rue Sault-au-Matelot an und ging mit Alphonse weg, der ihm von der Füchsin erzählte, bis sie beim Chevalier ankamen.

Véronique du Puissac jubelte, als sie Victor wiedererkannte, dann dankte sie ihm:

»Sie kommen wie gerufen und werden meinen Mann auf andere Gedanken bringen!«

Sie schien so erleichtert zu sein, daß Victor sich zu beunruhigen begann. Bereute der Chevalier etwa, nach Neufrankreich gekommen zu sein?

Seine Frau zuckte mit den Schultern. Sie wisse es nicht. Er erzähle ihr überhaupt nichts mehr. Dann hörte sie die Schritte des Chevaliers und schwieg. Als Julien du Puissac seinen Freund sah, rief er: »Le Morhier! Sie sind tatsächlich gekommen!«

»Ich habe Ihr Pulver dabei, Chevalier.«

Du Puissac rieb sich die Hände: Jetzt konnte er weiterforschen! Er hatte über das, was ihm Alphonse vorgeworfen hatte, nachgedacht und war zum Schluß gekommen, daß er seine Forschungsarbeiten ordnen mußte, bevor er die Jesuitenschüler in Chemie unterrichten konnte. Man würde ihn schikanieren, aber die jungen Leute würden sicher neugierig sein und von ihm lernen wollen. Ob es Monsignore de Laval nun gefiel oder nicht. Vielleicht würde der Bischof nichts sagen; der Mann war ja nicht dumm und wollte genauso wie Jean Talon, daß die Kolonie weiter Aufschwung nahm. Er müßte ihm sein Projekt, die jungen Leute in den Eigenschaften der Metalle zu unterweisen, nur geschickt vorstellen. Es ging schließlich um Stoffe, die von Gott geschaffen waren.

Julien du Puissac bemerkte, daß weder Victor noch Alphonse lächelten. Sogar Black Jack schien verlegen.

»Aber Sie machen so ernste Gesichter …«

»Ich komme mit sehr traurigen Nachrichten, Monsieur«, sagte Victor. »Monsieur Chahinian ist tot.«

»Was?«

»Und Elizabeth ebenfalls.«

Véronique du Puissac stöhnte auf und ging zu ihrem Mann, dessen fassungsloses Gesicht ihr fast das Herz brach. Der Chevalier ließ sich in einen Sessel fallen und schwieg sehr lange. Er erinnerte sich an seine erste Begegnung mit Guy Chahinian, seine Flucht und die Verhaftung ihrer Brüder, an seine Freude, als er die Eigenschaften des Bernsteins getestet hatte, und an sein Mitgefühl, als Catherine, seine erste Frau, gestorben war. Dann entschuldigte er sich bei Victor und sagte ihm, wie sehr er Elizabeth gemocht hatte.

»Darüber reden wir noch«, unterbrach ihn Victor. »Ich muß Ihnen erzählen, wie Chahinian gestorben ist. Ich würde sagen, daß er einen glücklichen Tod hatte, obwohl die Umstände schrecklich waren.«

Julien du Puissac räumte ein, daß Victor Le Morhier wohl recht hatte, wenn er behauptete, daß der Meister einen schönen Tod gehabt habe: Endlich war er von Péronne befreit.

»London hat schlimm gelitten in diesem Jahr«, seufzte er. »Und Sie auch.«

Victor sah, wie der Regen an der Scheibe hinunterlief, und erklärte, daß es am nächsten Tag schön sein würde. So sei das Leben.

»Sie sind sehr weise«, bemerkte seine Gastgeberin leise.

»Mir bleibt nichts anderes übrig. Elizabeth hat mich nicht von der Pest geheilt, nur damit ich mich jetzt gehenlasse. Und ich habe Marie gegenüber Pflichten, weil ich bereit war, Noémies Pate zu sein. Jetzt, nachdem ihre Mutter verschollen ist, muß ich ihr helfen.«

»Sie werden sehen, wie hübsch die Kleine ist!« sagte Véronique du Puissac. »Sie vermißt Marie sehr, aber Rose und ich tun alles, damit sie sich geborgen fühlt.«

»Haben Sie denn jegliche Hoffnung, Marie wiederzufinden, aufgegeben?«

Der Chevalier blickte kurz zu Alphonse, bevor er antwortete. Er wollte ihn nicht entmutigen.

»Es hat Leute gegeben, die nach monatelanger Gefangenschaft zurückgekehrt sind. Die Montagnais haben sich ergeben. Der letzte kriegerische Stamm wird in ein paar Tagen den Friedensvertrag unterzeichnen.«

»Ich dachte, das sei schon geschehen.«

»Ja, in gewisser Weise schon. Monsieur de Tracy hat den Irokesen seine Macht bewiesen. Stellen Sie sich Hunderte von Soldaten und die von Trommelwirbeln erfüllten Wälder vor! Die Montagnais sind aus ihren Dörfern geflüchtet und haben sich unterworfen. Erst kürzlich hat uns ein Kundschafter mitgeteilt, daß sie offiziell um Frieden gebeten haben. Jetzt hoffen wir, daß wir Nachrichten von Marie erhalten.«

»Und daß wir sie freibekommen, als Beweis ihrer Aufrichtigkeit!«

Marie LaFlamme fragte sich, was mit ihr geschehen würde, seit sie erfahren hatte, daß die Montagnais beschlossen hatten, den Frieden anzunehmen.

Sie konnte nicht nach Québec zurückkehren, auch wenn sie sich jetzt frei bewegen durfte.

Sie war zwar frei, aber im siebten Monat schwanger!

Unter einem Baum suchte sie Schutz vor dem Regen. Denn sie fühlte sich schon schwer genug und wollte nicht noch zusätzlich nasse Kleider ertragen müssen. Das Kleid, das über ihrem Bauch spannte, war so warm! Schon lange hatte sie ihre französische Kleidung abgelegt und sich daran gewöhnt, Leder auf der Haut zu tragen, aber der Sommer war sehr heiß.

»Sgechnaxen!« rief Sena und zeigte ihr eine Schüssel.

»Ich habe keine Lust zu spielen«, antwortete Marie, obwohl sie sehr geschickt war bei diesem Schüsselspiel. Sie hatte immer viel Glück, wenn sie die schwarz und weiß angemalten Kerne warf. Die Kinder schauten ihr zu, um zu lernen, wie man die Schüssel bewegte.

Sena wußte, daß Sondareintas Tod Marie traurig gemacht hatte, wenngleich sie nicht in ihn verliebt gewesen war. Er war ein guter Ehemann gewesen, und sie war wütend, daß er tot war. Die Schamanen hatten ihn gepflegt, ohne Marie zu sagen, welche Pflanzen sie verwendet hatten. Sondareinta aber hatte trotzdem einen Absud aus Vogelkirsche und Kiefer getrunken, den ihm Marie zubereitet hatte. Sie hatte gewußt, daß die Indianer mit diesen Hölzern Darmbeschwerden behandelten. Die Schamanen hatten ihre Geheimnisse einer Weißen nicht preisgeben wollen, denn die Kräuter würden sonst ihre magische Kraft verlieren, aber seit Monaten hatte sie die Medizinmänner mit großer Aufmerksamkeit beobachtet, und die Frauen, die sich vor ihr miteinander unterhalten hatten, hatten ihr viel beigebracht: Die Schwarzwurzel heilte Durchfall, die Lärche Magengeschwüre und Wunden, der Weißdorn linderte Herzbeschwerden, Fuchsschwanz war gut für die Hoden, während Tannenrinde das Blut reinigte. Sie hatte den *tsa-wo-yan* erkannt, den Mani ihr in Québec gezeigt hatte und mit dem man Sodbrennen kurierte.

Aber keine dieser Pflanzen hatte Sondareinta helfen können. Tapfer hatte er den Schmerz ertragen, und er wäre glücklich darüber gewesen, daß man so lange für ihn getanzt hatte, auch wenn er vor seinem Tod noch bedauert hatte, daß er kein ebenso prächtiges Fest würde bieten können, wie es seine Vorfahren für alle Mitglieder des Stammes getan hatten.

Marie hatte befürchtet, daß man sie beschuldigen würde, einen bösen Zauber über ihn gebracht zu haben, aber ihre Schwangerschaft hatte sie geschützt. Nachdem sie etliche Monate bei den Montagnais verbracht hatte, hatten sich ihre Vermutungen bestätigt: die Frauen hatten eine gewisse Macht. Sena hatte gesagt, daß eine Frau namens Aataentsic die Erde und die Männer geschaffen habe. Diese hätten sehr wenig Autorität über die Frauen, auch wenn sie Häuptling eines Dorfes seien, denn die Frauen könnten sie absetzen. Im Kriegsrat spielten sie eine wichtige Rolle, manchmal, wenn die Abwesenheit der Männer eine Gefahr für den Stamm bedeute, untersagten sie ihnen, ins Feld zu ziehen. Es seien auch die Frauen, die über Eheschließungen entschieden und die Namen der Kinder aussuchten. Man freue sich genauso, wenn nicht sogar mehr, über die Geburt eines Mädchens. Zwei Huronenmädchen, die in den Stamm aufgenommen worden waren und dann schon bald geheiratet hatten, hatten Marie erklärt, daß die Irokesen gerne Huronenmädchen zur Frau nehmen würden, um den Erbpflichten zu entgehen, die das Prinzip der mütterlichen Abstammung auferlege. Marie hatte Sena befragt, und diese hatte ihr bestätigt, daß die Erbschaften von den Frauen vermacht wurden. Alles komme von den Frauen; ein Mensch werde bestimmt durch seine Zugehörigkeit zu einer Frau, und die Männer lebten in der Familie ihrer Frauen.

Marie wollte nicht ihr ganzes Leben in einem Indianerstamm verbringen, aber selbstverständlich war ihr diese Stellung der Frau lieber, auch wenn sie nicht immer eindeutig war. So war Sondareinta dagegen gewesen, daß sie ihn in den Wald begleitet hatte, sobald er von ihrer Schwangerschaft gewußt hatte, denn durch bloßes Anschauen hätte sie die Tiere in die Flucht geschlagen. Aber trotz des heidnischen Glaubens hätten die Montagnais Anne LaFlamme sicher nicht der Hexerei beschuldigt und zum Scheiterhaufen verurteilt!

Die Füchsin dachte immer noch über ihre sexuelle Freiheit nach, auch wenn sie zugeben mußte, daß sie ihre Beziehung zu Sondareinta genossen hatte. Sie erinnerte sich an das erste Mal, als sie sich am Fluß geliebt hatten. Dann das zweite Mal in einer Höhle. Sie hatte nie akzeptiert, daß er nachts zu ihr ins Langhaus gekommen war, weil sie von vielen Menschen umgeben gewesen waren. Diese Verweigerung war ihm seltsam vorgekommen, aber er hatte sich damit abgefunden. Im übrigen hatte er nur selten mit ihr geschlafen, um seine Kräfte zu schonen.

Sondareinta war sehr glücklich gewesen, als er erfahren hatte, daß sie Mutter werden würde. Die anderen Mitglieder des Stammes waren ebenfalls sehr erfreut gewesen. Diese allgemeine Zufriedenheit hatte Marie geholfen, ihre Schwangerschaft zu akzeptieren. In der ersten Zeit hatte sie nicht schlafen können, weil sie vor Sorgen schier umgekommen war, wenn sie an ihre Rückkehr nach Québec gedacht hatte: Man würde sie und ihr Kind verstoßen. Darüber gab es keinen Zweifel, denn sie erinnerte sich, wie man mit dem Finger auf Rose gezeigt hatte, als man erfahren hatte, daß sie nach einer Vergewaltigung schwanger geworden war. Man würde sie verachten, weil sie die Frau eines Indianers gewesen war. Und Noémie und Françoise würden auch darunter zu leiden haben …

Dann hatte sie gespürt, wie das Kind in ihrem Leib gewachsen war, und angefangen, mit ihm zu reden und es zu lieben. Sie hatte vor Glück gebebt, als sie seine ersten Bewegungen wahrgenommen hatte. Sondareinta hatte von einem Jungen geträumt, aus dem er einen großen Jäger machen würde.

Sie hätte von einem Jungen geträumt, der Medizinmann, Schamane oder Arzt sein und alle Genehmigungen bekommen würde, um die Heilkunst auszuüben.

Nein, vielleicht nicht. Denn eine etwas dunklere Haut, zu schwarze Haare und Augen würden die Québecer stören. Vielleicht würde ihr Sohn auf die gleichen Schwierigkeiten stoßen wie sie selbst? Würde es ihr gelingen, daß die Gesellschaft Québecs ihn aufnahm? Schließlich hatte sie sich besonnen, denn sie hatte die Zukunft nicht voraussagen können. Das Wichtigste war gewesen, ihr Kind zu lieben und ihm das Beste zu bieten.

Dann war Sondareinta gestorben.

Im darauffolgenden Monat hatten die Häuptlinge den Frieden beschlossen, und Sondareintas Bruder hatte ihr vorgeschlagen, sie zu heiraten. Das war eine Möglichkeit gewesen, sie und das werdende Kind zu schützen, aber sie hatte um Bedenkzeit gebeten.

Obwohl sie gewußt hatte, was sie tun würde.

20. KAPITEL

»Ich weiß nicht, was ich tun soll«, sagte Julien du Puissac zu Victor Le Morhier. »Ich habe Marie versprochen, über Noémies Herkunft Stillschweigen zu bewahren, aber meine Frau merkt, daß ich ihr etwas verheimliche und leidet darunter. Sie weiß nicht, was es ist und stellt sich das Schlimmste vor …«

»Sagen Sie ihr die Wahrheit!«

»Sie sind damit einverstanden? Ich fürchte mich vor ihrem Zorn und ihrem Schmerz, aber ich bin ihr die Wahrheit schuldig.«

»Sie lieben sie sehr und erinnern mich an meine Eltern. Ein Geheimnis soll Ihre Beziehung nicht zerstören. Außerdem kenne ich Ihre Frau zu gut und glaube daher nicht, daß sie Noémies Glück schaden würde.«

»Das würde ich in der Tat nicht tun«, sagte Véronique du Puissac. »Ich hänge sehr an meiner Nichte!«

Madame du Puissacs schöne Stimme hallte durch den Raum. Der Chevalier sah seine Frau näher kommen und wurde blaß vor Angst. Wie war sie eingetreten, ohne daß er es bemerkt hatte?

»Ich bin nicht aus dem Haus gegangen, wie Sie geglaubt haben«, antwortete sie. »Und ich schäme mich auch nicht, daß ich zu dieser List gegriffen habe, denn ich habe mir Ihretwegen zu große Sorgen gemacht.«

»Sie wußten also, daß Noémie ihre Nichte ist? Wer hat es Ihnen gesagt?«

»Sie sieht meiner Schwester immer ähnlicher. Ich habe mir das Hirn zermartert, um Ihr Schweigen zu begreifen und befürchtet, daß es nötig sei, um das Kind zu beschützen. Es hätte einen Zusammenhang mit der Verfolgung der Brüder geben können … Ich wußte nicht mehr, was ich denken sollte.«

»Können Sie mir verzeihen?«

Véronique du Puissac reichte dem Chevalier die Hände, und er küßte sie leidenschaftlich.

»Ich werde keine Zeit damit verschwenden, Sie zu hassen. Das Leben ist zu kurz. Meine arme Julie hat keine Möglichkeit gehabt, ihre Tochter zu lieben. Wir werden sie an ihrer Stelle lieben, und an Maries, die eine gute Mutter war. Eine umsichtige Mutter.«

Véronique du Puissac holte tief Luft und fügte dann hinzu, daß der Marquis de Roche-Brieux Noémie hätte entführen lassen, wenn ihm ihre Existenz bekannt gewesen wäre. Hätte er sie auch verstümmelt oder ins Kloster gesperrt?

»Was werden wir mit Noémie machen?«

»Zuerst mit den Rousseaus sprechen. Sie ahnen übrigens die Wahrheit ... Ich habe Rose oft gesagt, daß Noémie mich an meine jüngere Schwester erinnert. Bevor wir gekommen sind, haben sie dieses Kind geliebt und aufgenommen. Noémie hat das Verschwinden ihrer Mutter schon genug mitgenommen. Die Rue Sault-au-Matelot verlassen zu müssen, das würde sie kaum verkraften. Wenn die Rousseaus bereit sind, sie zu behalten, dann soll sie bei ihnen bleiben, und wir werden ihnen helfen, sie großzuziehen. Eben wie Onkel und Tante, das sind wir ja auch.«

Véronique du Puissac hatte mit so sanfter Stimme gesprochen, daß die Männer gerührt waren.

»Ich hoffe, daß mein Patenkind auch in den Genuß Ihrer Großmut kommen wird, Madame«, sagte Victor Le Morhier.

»Vor allem hoffe ich, daß sie ihre Mutter wiedersehen wird. Fast jede Nacht verlangt sie nach ihr. Rose und Françoise müssen sie oft trösten. Tagsüber, wenn sie spielt, vergißt sie manchmal ihren Kummer, aber sobald es Abend wird, erinnert sie sich wieder. Haben Sie Monsieur de Tracy gesehen?«

»Ja. Ich muß ihn lediglich noch davon überzeugen, unsere Expedition vorzuverlegen. Monsieur Le Marquis sagt mir aber, daß wir Geduld haben und auf Bâtard Flamands Rückkehr warten müssen.«

»Er ist jetzt seit mehr als acht Monaten weg.«

»Das weiß ich«, sagte Victor.

»Und Simon Perrot?«

»Ich werde ihm klarmachen, daß er in Québec bleiben

muß. Ich werde zu verhindern wissen, daß er Marie zu nahe tritt.«

»Wie wollen Sie das machen?«

»Ich werde ihm androhen, Monsieur de Tracy von seiner Pariser Vergangenheit zu erzählen.«

»Er wird versuchen, Maries Ruf in den Schmutz zu ziehen.«

»Wer wird ihm schon glauben?«

»Viele Leute«, antwortete Véronique du Puissac. »Die Leute lästern gern. Bieten Sie diesem Perrot lieber Geld und sagen Sie ihm, daß wir ihm auch welches geben können.«

Victor lehnte dies ab und versicherte, daß der Soldat sie dann erpressen würde. Perrot sei ein habgieriger Mensch, der nie genug bekommen könne. Außerdem suche er Marie nur aus Geldgier. Victor erzählte dann von Pierre LaFlammes Schatz.

»Den Schatz hat es nie gegeben, aber Marie hat so fest daran geglaubt, daß es ihr gelungen ist, de Saint-Arnaud und Perrot von dessen Existenz zu überzeugen. Der eine ist tot, doch der andere kann ihr immer noch schaden. Aber ich werde versuchen, ihn zum Schweigen zu bringen und ihn zu überreden, nach Ville-Marie zu gehen oder nach Frankreich zurückzukehren.«

Als Victor sich aufmachte, Simon Perrot zu suchen, sagte Véronique du Puissac zu ihrem Mann, daß ihr Freund immer noch in Marie LaFlamme verliebt sein müsse, um so vielen Gefahren zu trotzen.

»Er würde alles abstreiten, wenn Sie ihn danach fragten«, sagte der Chevalier, »aber Sie haben recht. Er hat Elizabeth geliebt, aber Marie hat ihn immer verhext, und er steht wieder unter ihrem Einfluß, als weile ihr Geist unter uns.«

Véronique schien zu zittern bei dem Gedanken.

»Erzählen Sie mir nichts von Geistern, sonst kann ich heute nacht nicht schlafen!«

»Ich werde Sie beschützen!«

»Victor bräuchte eher einen Schutzengel«, meinte Madame du Puissac, die wieder ernst geworden war.

Die Sonne ließ den Strom in einem rötlichen Licht erstrahlen, als Victor Le Morhier vor dem Brunnen auf Simon Perrot stieß. Er mißtraute dem Soldaten zu sehr, um ihn an einem abgelegenen Ort zu treffen, aber bei Boisdon konnte er nicht offen mit ihm sprechen. Deshalb hatten sie sich auf diesen Ort geeinigt. Niemand würde sich wundern, sie miteinander reden zu sehen, denn beide stammten aus Nantes. Sie sahen sich lange an, taxierten sich, wie zwei Kater, die miteinander kämpfen wollen. Sie haßten sich immer noch, sogar noch mehr als früher. Aber le Morhier hoffte, den Soldaten zur Vernunft bringen zu können. Perrot hörte sich Le Morhiers Argumente an und lachte hämisch: »Glaubst du denn, ich bin blöde? Du willst den Schatz für dich allein behalten! Aber Geoffroy de Saint-Arnaud wird dich erledigen, wenn du nach Nantes zurückkehrst.«

»Er ist tot.«

»Der Reeder?«

Diese Nachricht brachte Simon Perrot aus der Fassung, obwohl er immer daran gedacht hatte, de Saint-Arnaud bei günstiger Gelegenheit loszuwerden. Dann war Marie also Witwe, sie würde ihren Mann aber nicht beerben. Plötzlich war ihm alles klar! Victor Le Morhier wollte Marie LaFlamme heiraten. Er würde sie umgarnen und sich bei ihr einschmeicheln, um an ihren Schatz zu kommen, das war es! Er würde nicht zulassen, daß er Marie verführte!

»Ich werde an der Expedition, die mit der Suche Maries beauftragt wird, teilnehmen, ob es dir gefällt oder nicht.«

»Ich werde mit Monsieur de Tracy reden.«

»Und ich werde erzählen, daß Marie meine Geliebte war.«

»Wie willst du das beweisen?«

Simon Perrot brüllte, daß er schon einen Weg finden würde, ihm zu schaden: Marie liebte ihn, nur ihn, und zwar schon immer!

Vorsichtig, ohne sich umzudrehen, entfernte sich Victor. Er hatte Simon zwar nicht zur Einsicht bringen können, aber dennoch war er jetzt einigermaßen beruhigt. Der Soldat war sich seines Charmes nämlich nicht so sicher, wie er behauptete.

Wenn sie Marie wiedergefunden hätten, dann würde sich Simon nach ihm, Victor, richten müssen! Der Soldat würde von seinem Verhältnis mit Marie erzählen, und Marie würde es abstreiten. Perrot hatte einen viel zu schlechten Ruf, als daß die Leute ihm geglaubt hätten, und jeder wußte, daß er ein Angeber war. Sie würden sich nicht lange für Simons Prahlereien interessieren. Abgesehen von Monsignore de Laval, der erst den Nachweis über ein unbescholtenes Leben haben wollte, bevor er Marie erlauben würde, Hebamme zu werden. Rose hatte gesagt, daß ihrer Freundin dieser Berufswunsch wichtiger sei als alles andere. Würde sie ihn eines Tages verwirklichen können?

Victor fragte sich, ob Marie Montagnais-Frauen bei der Entbindung geholfen hatte. Wie mochte sie leben? Wurde sie mißhandelt? Hatte man sie in den Stamm aufgenommen oder womöglich getötet? Nein. Er weigerte sich, an ihren Tod zu denken. Marie LaFlamme war viel zu beharrlich, um sich unterkriegen zu lassen. Sie würde nicht sterben. De Saint-Arnaud und Perrot hatte sie ja auch überlebt.

Aber die Montagnais … Was bekam Marie zu essen? Wo schlief sie und mit wem?

Sie schlief zusammen mit ihrem Sohn.

Pierre. Ostenia.

Als er geboren wurde, stand die Sonne sehr hoch. Marie hatte zwischen zwei Preßwehen an Guy Chahinians goldene Kapelle gedacht und über das unpassende Bild lachen müssen. Dann hatte sie sich gesagt, daß der Himmel eine leuchtende Kuppel sei und daß der Sonnengott sie beschützen würde. Die Wehen hatten sie überrascht, denn sie hatte geglaubt, erst gut zwei Wochen später niederzukommen. Sie hatte sich am Ufer des kleinen Sees, an dem sie Kräuter gesammelt hatte, im Schutz einer Kiefer niedergehockt. Sie war allein gewesen wie die anderen Frauen.

Sie hatte so laut geschrien, daß alle Vögel in der Nähe davongeflogen waren. Sie hatte so heftig gepreßt, daß ihr Atem die Wasseroberfläche gekräuselt hatte, und so stark geschwitzt, daß die Kiefer ihren Durst hatte löschen können, als Marie ihren nassen Leib an den Stamm gedrückt hatte.

Sie hatte Anne LaFlamme angefleht, ihr beizustehen.

Sie hatte die Indianerinnen, die so leicht niederkamen, verflucht.

Sie hatte vor Freude geweint, als sie den Kopf ihres Sohnes erblickt hatte.

Sie hatte ihn gewaschen und dann an ihre Brust gelegt. Bis zum Abend war sie am See geblieben und dann ins Dorf zurückgegangen. Niemand hatte die Vorbereitungen für ihre Flucht bemerken sollen; deshalb hatte sie ihrem Sohn mit einer Fischgräte ein Ohr durchbohrt und die Porzellanperlen herumgezeigt, die sie ihm bald ans Ohr hängen würde.

Dann hatte sie ausgiebig gegessen, denn sie hatte schnell wieder zu Kräften kommen müssen. Sie hatte beschlossen, die Montagnais beim nächsten Vollmond zu verlassen.

Jetzt war sie schon drei Tage unterwegs. Wann würde sie ein französisches Fort erreichen? Sie hatte noch für vier Tage Vorräte. Oft machte sie halt, um ihren Sohn zu stillen oder um zu baden und sich auszuruhen. Man würde sie nicht verfolgen, denn sie hatte einen Sohn geboren, dessen Vater tot war. Vielleicht wäre es anders gewesen, wenn sie ein Mädchen bekommen hätte, aber Marie war davon überzeugt, daß man sie nicht zur Rückkehr ins Dorf zwingen würde. Die Zeit der Entführungen und Morde war zu Ende, denn ein Friedensvertrag war unterzeichnet worden.

Und diesen Vertrag würde man lange genug einhalten, damit sie Zeit hatte, wieder zu den Weißen zu gelangen.

Jetzt hatte sie endlich einen Fluß erreicht, der fast so breit war wie der Sankt-Lorenz-Strom. Folglich ging sie in die richtige Richtung. Sie blieb stehen, um Himbeeren zu essen, und erinnerte sich, wie sehr Noémie die Beeren mochte. Bald würde sie sie wiedersehen. An einer Wegbiegung sah sie ein Reh, das mit seinem Jungen graste. Das Tier beobachtete Marie einen Augenblick, schaute ihren Sohn an, dann ihr Junges, als würde es sie miteinander vergleichen. Dann flüchteten die Tiere. Marie hoffte, daß sie auch so einen sanften Gesichtsausdruck hatte, wenn sie sich über Pierre beugte.

Sie liebte ihn so sehr! Sie konnte gar nicht damit aufhören, ihn zu küssen, ihn zu streicheln und ihn an ihre Brust zu drücken. Immer wieder. Sie bewunderte seine langen Wimpern, seine runden Lippen, seine breite Stirn, seine Nase und sein Kinn, seine kräftigen Hände, seinen Appetit und seinen lustigen Blick. Ja, ein lustiger Knabe würde er sein, das ahnte sie. Und klug und vertrauensvoll.

Pierre glaubte bestimmt, daß seine Mutter Québec erreichen würde, und sie würde ihn nicht enttäuschen.

Doch nach sechs Tagen Marsch war sie erschöpft, obwohl sie Pfefferminze und Ingwerwurzel kaute. Dennoch hatte sie keine Angst, an Hunger zu sterben, denn im Wald gab es Früchte und Niederwild in Hülle und Fülle. Sie beschloß, sich zwei Tage in einer verlassenen Hütte auszuruhen. Sie legte zusätzlich Tannenäste auf das Schlaflager der Jäger, die diese Hütte errichtet hatten. Nachdem sie ihren Sohn gestillt hatte, legte sie sich hin. Es war noch Tag.

Der Mond leuchtete, als Ostenia sie aufweckte, weil er gestillt werden wollte. Sie gab ihm die Brust und erinnerte sich an ihren Traum: Ihr Sohn war am Tag ein Weißer, in der Nacht Indianer. Dann sprach er zum Mond und zu den Sternen, zu den Eulen und den Füchsen, im Morgengrauen aber nahm er Monsieur Chahinians Kapelle und entzifferte, was darauf eingraviert war, bevor er sie mit einer Kraft erfüllte, die Wunden heilte.

Marie sang ihrem Sohn ein Wiegenlied, bis sie beinahe selber einschlief. Noch zweimal mußte sie ihn in der Nacht stillen, dann aber schlief er fest. Marie tat es ihm gleich. Doch eine Stunde später schreckte sie auf, als sie ein leises Geräusch vernahm. Sie betete, daß ihr Sohn nicht zu weinen anfing. Dann hielt sie den Atem an. War es ein Tier oder ein Mensch, der sich hier herumtrieb? Hatte man sie gesehen oder gerochen?

Das Geräusch kam näher.

Sie bedeckte Ostenia mit einem Fell und einem Tannenast, holte ihr Messer hervor und schlich sich aus der Hütte.

Dann vernahm sie französische Wörter.

Die Sprache der Weißen. Ihre Sprache! Sie wollte ›Mama‹

schreien, besann sich aber schnell und rief: »Es lebe der König!« denn sie vermutete, daß diese Franzosen Soldaten waren, die ein Fort in der Nähe bewachten und auf der Jagd oder beim Fischen waren.

Die Männer antworteten ihr mit dem gleichen Satz. Sie führte sie in ihre Richtung, indem sie »Es lebe der König!« wiederholte.

»Eine Wilde!« rief ein Soldat.

»Ich bin Französin!« rief Marie. »Aus Nantes!«

»Marie?« rief Victor. »Marie?«

War sie es auch wirklich? In diesem Fellkleid und in Mokassins, mit geölten Haaren und schmutzigem Gesicht? Fülliger als in seiner Erinnerung, größer und kräftiger?

Sogar ihre violetten Augen erschienen ihm übergroß. Er stammelte nur »Marie« und streckte ihr die Arme entgegen.

Sie flüchtete in seine Arme, und er hielt sie so fest, daß sie sich losreißen mußte.

»Marie!«

»Victor!«

Sie hatten sich tausend Dinge zu sagen, brachten aber kein Wort heraus. Sie sahen sich so intensiv an, daß der Soldat, der Victor begleitete, verlegen wurde. Er hustete: »Ich gehe den anderen Bescheid sagen.«

Marie kam wieder zu sich, und während sich der Soldat entfernte, bedeutete sie Victor, sich zu bücken, damit er die Hütte betreten konnte. Dann deckte sie ihren Sohn auf.

»Er heißt Pierre. Wie mein Vater.«

Später würde sie ihm erklären, daß sie ihn auch Ostenia nannte, wenn es Nacht wurde. Dann erkundigte sie sich nach Noémie. Es kam ihr so seltsam vor, nach einem Jahr ihren Namen auszusprechen. Manchmal suchte sie nach Wörtern, zögerte und lachte über ihre Fehler. Victor teilte ihr die Ankunft ihrer Tante Véronique mit. Marie fand es richtig, ihr die Wahrheit über Noémie gesagt zu haben.

Die Männer der Expedition waren erstaunt über ihre Widerstandsfähigkeit. Das Leben bei den Montagnais hatte die Füchsin geprägt, und auch ihnen erschien sie jetzt stämmiger. Sie hatten schon Huronen ihre Kinder in diesem seltsamen Beutel tragen sehen, aber es war ein eigenartiger Anblick, wenn eine rothaarige Frau es diesen gleichtat. Außerdem hatte ihr Kleid die gleiche Farbe wie ihre Haare.

Marie sprach nur wenig über ihre Gefangenschaft, und Victor hütete sich, sie zu bedrängen. Auch er hatte lange gebraucht, bevor er über Elizabeth hatte reden können. Er erzählte Marie von seiner Heirat, vom Tod seiner Frau und von du Puissacs Brief. Und von de Saint-Arnauds Tod. Marie klatschte in die Hände, sagte aber zu Victor, daß sie sich weniger über diese Nachricht freue, als sie zunächst erwartet habe: Ihre Vergangenheit in Nantes war jetzt so weit entfernt!

»Und dein Schatz?«

»Den Schatz hat es nie gegeben«, erklärte Marie, »und du hast es immer gewußt.«

Sie berührte die feinen Haare ihres Sohnes und fügte dann hinzu: »Meinen Schatz, den halt' ich hier in meinen Armen.«

Victor lobte sie für ihre Vernunft.

»Nanette würde es gar nicht fassen, wenn sie dich so besonnen sehen könnte!«

»Meine arme Amme hatte oft recht. Aber ich habe so selten auf sie gehört.«

»Weder auf sie noch auf sonst irgend jemanden. Alle in Québec sagen, daß du ebenso tapfer wie eigensinnig bist.«

Lachend fragte Marie, ob man Wetten auf sie abgeschlossen habe. Victor mußte zugestehen, daß sie ihre Landsleute sehr gut kannte. Es seien sogar Belohnungen ausgesetzt worden. Er berichtete ihr von der Rückkehr des Chevaliers und von Chahinians Tod.

»Und Simon? Von ihm sagst du nichts. Die gute Rose hat dir bestimmt erzählt …«

Victor Le Morhier schilderte das Gespräch, das er mit Perrot geführt hatte, bevor er Québec verlassen hatte. Dieser habe an der Expedition nicht teilgenommen. Nach einer Prügelei sei er ins Schloß abgeführt worden. Er habe aber um eine Unterredung gebeten, und ihm gesagt, daß er Marie zurückgewinnen würde.

»Er ist verrückt!« Die Füchsin schauderte, obwohl es Ende August noch sehr mild war.

»Ich bin … Wir sind alle hier, um dich zu beschützen. Er wird dir nichts antun können.«

Victor berührte Maries Haare. Sie erklärte ihm, daß sie sie vor ihrer Ankunft in Québec waschen würde, daß das Öl sie aber vor den Mücken schütze.

»Doch keine Angst, ich esse meine Läuse nicht!« fügte sie hinzu.

Sie hatte sich nie an den Anblick der Indianer gewöhnen können, die die Insekten aßen oder sich schneuzten und dann ihre Hände im Fell eines Hundes oder in ihren eigenen Haaren abwischten. Sie wußte, daß in allen Schlössern in Frankreich in die Ecken gepinkelt wurde, aber das fand sie nicht so widerlich.

Sie schwieg. Victor hörte ihr nicht zu.

»Was ist los? Habe ich dich schockiert?«

»Nein, nicht mehr als früher auch. Nein, ich dachte an deinen Sohn.«

»Er ist schön! Seine Augen und seine Haare sind fast so schwarz wie die Sondareintas, aber er hat eine helle Haut und meinen Mund und meine Nase. Wenn man ihn sieht, wird man nicht ständig an die Montagnais denken. Sein Vater ist tot, ich bin seine einzige Familie, sein Leben. Und er ist mein Leben. Ich werde sagen, daß man mich zur Heirat gezwungen hat.«

»Ob tot oder lebendig, sein Vater war Indianer. Mit dem Finger wird man auf deinen Sohn zeigen, und er wird darunter leiden. Die Priester werden diese heidnische Ehe nicht akzeptieren. Sie werden sagen, daß du eher hättest sterben sollen, als dich zu unterwerfen. Daß du entehrt bist.«

»Ja, die Schwarzröcke werden es so sehen, das stimmt. Aber die Frauen werden begreifen, daß ich Noémie wiedersehen wollte, daß ich für sie am Leben bleiben wollte.«

Victor antwortete, daß sie niemals Hebamme sein würde. Monsignore de Laval würde es nicht zulassen.

»Diese Genehmigung wird immer wieder aufgeschoben. Aber eines Tages werde ich sie bekommen. Ich habe Geduld, auch wenn die Schwarzröcke so starrköpfig sind wie die Montagnais. Vielleicht kann Monsieur Talon sich einschalten oder Monsieur de Tracy? Wie geht es ihnen?«

Sie hatten beschlossen, den Zehnten herabzusetzen, zum Mißfallen der Kirche, die sich jedoch schließlich damit hatte abfinden müssen. Der Marquis würde bald nach Frankreich zurückkehren. Mit etwas Glück würde Marie ihn noch vor seiner Abreise begrüßen können.

Sie kamen am nächsten Tag, am 29. August 1667, in Québec an. Maries Rückkehr wurde gleichsam zu einem Ereignis, das das Fest überstrahlte, das zu Ehren von Prouville de Tracy gegeben worden war. Trotz Victors Ratschlägen, Männerkleidung anstatt des Fellkleides anzuziehen, hatte Marie ihre Kleider anbehalten. Warum sollte sie die Tatsachen leugnen? Sie hatte bei den Montagnais gelebt, das wußten alle. Und alle würden ihren Sohn sehen. Sie schämte sich nicht für ihn.

»Du bist doch nicht so vernünftig«, bemerkte Victor Le Morhier lediglich.

Insgeheim fand er ihre Einstellung richtig, obwohl er die Reaktionen der Québecer befürchtete.

Da gab es alle möglichen Reaktionen. Sie wurde bemitleidet und kritisiert, man ging ihr aus dem Weg oder suchte ihre Nähe, man beglückwünschte sie aufrichtig oder tuschelte hinter ihrem Rücken. Aber kein einziger ihrer Freunde wandte sich von ihr ab. Nicht einmal die sehr bigotte Agathe Souci, die ihr sogar einen Kuchen brachte!

Marie gewöhnte sich langsam wieder an das Stadtleben und hatte jetzt Verständnis für Guillaumes Unbehagen, wenn er von seinen Streifzügen wiedergekehrt war. Alles schien ihr so klein und so groß zugleich. Die Stühle waren sehr hart, und Françoise und Noémie sahen sie deshalb häufig auf dem Boden sitzen. Bei jedem Essen hörten sie sie über die gute Suppe oder das gute Omelett staunen. Sie wunderten sich darüber, bis sie ihnen von dem Maiseintopf erzählte, in dem sommers wie winters Fischköpfe geschwommen waren.

In der ersten Zeit blieb Noémie noch bei Rose, obwohl Marie es kaum noch abwarten konnte, sie wieder zu sich zu nehmen. Aber sie mußte zuerst Noémies Vertrauen wiedergewinnen. Françoise half ihr sehr dabei. Jedesmal, wenn sie zu Marie ging, um Pierre zu besuchen, brachte sie Noémie mit. Marie stellte fest, daß Françoise immer noch so mütterlich war, und stellte sich manchmal die Hochzeit dieser jungen Frau vor. Sie hatte sich völlig verändert, die Männer machten ihr schon den Hof!

Viele Dinge hatten sich innerhalb eines Jahres verändert, dachte Marie. Viele Leute hatten geheiratet oder waren nach Frankreich zurückgekehrt. Viele Soldaten waren Siedler geworden und fingen an, hoffnungsvoll in die Zukunft zu blicken.

Viele Leute, außer Simon.

Er hatte die Dreistigkeit besessen, zu ihr zu kommen. Sie hatte ihn angehört, weil sie von den Montagnais gelernt hatte, daß man seinen Feind immer aussprechen lassen sollte. Simon hatte ihr gesagt, daß er sie heiraten wolle, daß nichts und niemand ihn daran hindern würde.

Mit einem hatte er nicht gerechnet: Daß sie sich weigern würde. Sie hatte ihn vor die Tür gesetzt.

Sie hatte keine Angst mehr vor ihm.

An einem Septemberabend, als sie gerade mit Rose Apfelgelee kochte, legte ihr Rose nahe, weiterhin auf der Hut zu sein. Marie erwiderte, daß Simon den ganzen Monat nicht mehr bei ihr aufgetaucht sei. Außerdem sei ihm bestimmt nicht entgangen, daß Victor Le Morhier ihr den Hof machte.

Er hatte es in der Tat bemerkt, und es mißfiel ihm. An ihren Schatz dachte er gar nicht mehr, sondern nur noch daran, daß ein Weibsbild es gewagt hatte, ihn, Simon Perrot, zurückzuweisen, und daß Marie für diese Unverschämtheit zahlen mußte!

Tagelang lauerte er Marie auf, bis er sich entschloß, sie zu überfallen. Er hatte die Abenddämmerung dafür ausgesucht, die Zeit, zu der sie gewöhnlich vom Kräutersammeln zurückkam. Doch es ergab sich für ihn nur eine einzige Gelegenheit, sie kurz zu berühren. Schon stürzte eine riesige schwarze Gestalt auf ihn zu und zerquetschte ihm das Handgelenk. Eine Gestalt packte ihn an der Kehle. Er hörte Maries Schreie und hatte das Gefühl, daß man ihm mit einem Brenneisen den Bauch durchbohrte. Er brach zusammen und begriff, daß es Mkazawi und Black Jack waren, die ihn bei lebendigem Leib zerfleischten. Victor versuchte einzugreifen, aber die Hunde waren wie irrsinnig vor Wut. Sie rissen Simon Perrot in Stücke, angestachelt von der Erinnerung an viele hinterhältige Fußtritte, die sie einst bekommen hatten. Sie zerfetzten ihn wie ein erbeutetes Tier, dann leckten sie sich die Lefzen, beschnupperten sich gegenseitig, wie um sich zu beglückwünschen, und liefen schwanzwedelnd zurück zu Marie und Victor, die den Blick längst abgewendet hatten.

Victor erinnerte Marie daran, daß er den Kindern versprochen hatte, mit ihnen eine kleine Bootsfahrt zu unternehmen, wenn die Sterne am Himmel leuchteten. Die Füchsin schmiegte sich eng an ihren Jugendfreund. Zärtlich umschlungen gingen sie hinunter in die Unterstadt, sehr langsam, denn sie hatten alle Zeit der Welt.

ENDE

Band 13 783

Barbara Riefe

Die Frau, die vom Himmel fiel

Deutsche Erstveröffentlichung

Die hübsche, aristokratische Margaret Addison verschlägt es aus dem prunkvollen London des 17. Jahrhunderts in die rauhen Kolonien Amerikas. Kaum daß sie Land unter den Füßen hat, wird sie auch schon Zeuge eines Überfalls der Mohikaner, den nur sie allein überlebt. Zwei-Adler und Der-in-die-Bärenhöhle-geworfen-wurde, zwei Indianer vom Stamm der Oneidas, entdecken sie zwischen den Bäumen. Die Haltung, in der sie bewußtlos daliegt, erinnert Zwei-Adler an Die-Frau-die-vom-Himmel-fiel, nach indianischer Legende ein gottähnliches Wesen.
Die beiden Indianer sind bereit, der Fremden durch das von den verschiedenen Irokesenstämmen beherrschte Gebiet zu helfen. Das Ziel ist Stadacona, wo die Fremde ihren Verlobten, einen Franzosen, zum Mann nehmen will. Aber bevor sie ihn wiedertrifft, ist sie längst eine andere Frau geworden.

BASTEI LÜBBE

Sie erhalten diesen Band im Buchhandel, bei Ihrem Zeitschriftenhändler sowie im Bahnhofsbuchhandel.

Band 13 736

Candace M. Robb

Das Geheimnis der Nonne

Deutsche Erstveröffentlichung

England im Jahre 1365.
Aus dem Kloster St. Clement in York ist eine junge Nonne entflohen, die Gerüchten zufolge kurz darauf an einer Krankheit starb und anschließend begraben wurde.
Ein Jahr später taucht jene totgeglaubte Joanna de Calverley völlig verwahrlost in York auf und behauptet, von den Toten wiederauferstanden zu sein. Zudem scheint Joanna über zwei mysteriöse Mordfälle, die sich unmittelbar nach ihrer Rückkehr ereignen, mehr zu wissen, als sie vorgibt . . .
Als Owen Archer, einst Hauptmann der Bogenschützen, von Erzbischof Thoresby den Auftrag erhält, Nachforschungen anzustellen, wird er Zeuge einer schrecklichen Tragödie . . .

BASTEI LÜBBE

Sie erhalten diesen Band im Buchhandel, bei Ihrem Zeitschriftenhändler sowie im Bahnhofsbuchhandel.

Band 13 723

Maria Helleberg

Vogelfrei

Deutsche Erstveröffentlichung

Schweden in den Jahren 1292 – 1324: Jofrid, das uneheliche Kind des Königs Magnusson, wird von ihrer vornehmen Mutter großgezogen; die muß unter ihrem Stand heiraten, damit das Kind auch einen ›Vater‹ hat. Der Fluch der heiklen Herkunft lastet auf Jofrids ganzem Leben. Als junges Mädchen verliebt sie sich in einen Priester, aber der Vater zwingt sie zu einer Heirat mit einem ungeliebten Großbauern. Jofrid fügt sich in ihr Schicksal – bis sie als erwachsene Frau dem Ritter Sten Alogottsson begegnet. Die leidenschaftliche Liebe der beiden setzt sich über alle Tabus der rauhen schwedischen Gesellschaft des 13. Jahrhunderts hinweg und löst ein blutiges Drama aus ...

BASTEI LÜBBE

Sie erhalten diesen Band im Buchhandel, bei Ihrem Zeitschriftenhändler sowie im Bahnhofsbuchhandel.